第十二册

陳文帝天嘉四年癸未起
隋恭帝義寧元年丁丑止

資治通鑑

卷一百六十九
至一百八十四

中華書局

資治通鑑卷第一百六十九

端明殿學士兼翰林侍讀學士朝散大夫右諫議大夫充集賢殿修撰提舉西京嵩山崇福宮上柱國河内郡開國侯食邑一千八百戶食實封六百戶賜紫金魚袋臣司馬光奉敕編集

後學天台胡三省音註

陳紀三

起昭陽協洽（癸未），盡柔兆閹茂（丙戌），凡四年。

世祖文皇帝下

天嘉四年（癸未、五六三）

1春，正月，齊以太子少傅魏收兼尚書右僕射。時齊主終日酣飲，朝事專委侍中高元海。酣，戶甘翻。朝，直遙翻；下同。元海庸俗，帝亦輕之；以收才名素盛，故用之。而收畏懦避事，尋坐阿縱，除名。考異曰：北齊書帝紀，「正月，乙亥，收爲僕射，己卯，除名。」相去五日，不容如此之速，恐誤，今去其日。

兗州刺史畢義雲作書與高元海，論敍時事，元海入宮，不覺遺之。給事中李孝貞得而奏之，帝由是疏元海，以孝貞兼中書舍人，徵義雲還朝。和士開復譖元海，復，扶又翻。帝以馬鞭箠元海六十，責曰：「汝昔教我反，事見上卷二年。箠，止蕋翻。以弟反兄，幾許不義！以鄴城兵抗幷州，幾許無智！」幾，居豈翻。出爲兗州刺史。

2 甲申，周迪衆潰，脫身踰嶺，奔晉安，臨川郡南城縣有東興嶺，通晉安。依陳寶應。官軍克臨川，獲迪妻子。寶應以兵資迪，留異又遣子忠臣隨之。

虞寄與寶應書，以十事諫之曰：「自天厭梁德，英雄互起，人人自以爲得之，然夷凶翦亂，四海樂推者，陳氏也；樂，音洛。豈非曆數有在，惟天所授乎！一也。以王琳之強，侯瑱之力，進足以搖蕩中原，爭衡天下，退足以屈強江外，瑱，他甸翻，又音鎮。屈，其勿翻。強，其兩翻。雄張偏隅；張，知亮翻。然或命一旅之師，或資一士之說，琳則瓦解冰泮，投身異域，瑱則厥角稽顙，書泰誓曰：若崩厥角。言如角之崩也。孟子曰：若崩厥角稽首。文雖小異，意則大同。此止言厥角稽顙，當以顚蹶之蹶爲義。說，式芮翻。稽，音啓。委命闕庭，斯又天假其威而除其患。二也。今將軍以藩戚之重，陳編寶應於屬籍，故云然。東南之衆，盡忠奉上，勠力勤王，豈不勳高竇融，竇融以河西歸漢，累世貴盛。寵過吳芮，吳芮以長沙奉漢，高祖賢之，制詔御史：「長沙王忠，其定著令，」至傳國五世。析珪判野，楊雄解嘲曰：析人之珪。師古註云：析，分也。判，亦分也。判野，謂畫野分土，君國子民而傳之後世也。南面稱孤乎！三也。聖朝棄瑕忘過，寬厚得人，至於余孝頃、潘純陀、李孝欽、歐陽頠等，朝，直遙翻。高祖永定元年，歐陽頠爲周文育所禽。潘純陀、李孝欽，皆王琳將也。孝欽及余孝頃，二年爲周迪所禽，純陀蓋琳敗而歸陳也。頠，魚委翻。悉委以心腹，任以爪牙，胸中豁然，曾無纖芥。況將軍釁非張繡，罪異畢諶，張繡殺曹操之子，其後歸操，操厚待之。事見漢獻帝紀。又，操爲兖州，以畢諶爲別駕。張邈以兖州叛，劫諶母弟妻子，操謝遣之。諶頓首言無二心，既出，遂亡去。及破呂布，諶生得，衆爲之懼。操曰：「夫人孝于親者，豈有不忠於君乎！吾所求也。」以爲魯相。釁，許覲翻。諶，氏壬翻。當何慮於危亡，何失於富貴！四也。方今周、齊鄰睦，境外無虞，并兵一向，匪朝伊夕，非劉、項競逐之機，楚、趙連從之勢；從，子容翻。何得雍容高拱，坐論西伯哉！五也。范曄論隗囂曰：若囂命會符運，敵非天力，雖坐論西伯，豈爲過哉！註云：言不遇光武爲敵，則不謝西伯也。且留將軍狼顧一隅，亟經摧衂，亟，去吏翻，頻數也。聲實虧喪，膽氣衰沮。其將帥首鼠兩端，唯利是視，孰能被堅執鋭，長驅深入，繫馬埋輪，奮不顧命，以先士卒者乎！六也。喪，息浪翻。沮，在呂翻。將，即亮翻。帥，所類翻。被，皮義翻。先，悉薦翻。將軍之強，孰如侯景？將軍之衆，孰如王琳？武皇滅侯景於前，今上摧王琳於後，此乃天時，非復人力。復，扶又翻。且兵革已後，民皆厭亂，其孰能棄墳墓，捐妻子，出萬死不顧之計，從將軍於白刃之間乎！七也。歷觀前古，子陽、季孟，顛覆相尋；餘善、右渠，危亡繼及。子陽，公孫述字；季孟，隗囂字。二人事見漢光武紀。餘善、右渠事見漢武帝紀。天命可畏，山川難恃。況將軍欲以數郡之地當天下之兵，以諸侯之資拒天子之命，強弱逆順，可得侔乎！八也。且非我族類，其心必異；左傳季文子引史佚之言。不愛其親，豈能及物！留將軍身縻國爵，子尚王姬，易曰：我有好爵，吾與爾縻之。子尚王姬，謂異子貞臣尚主也。猶且棄天屬而不顧，背明君而孤立，危急之日，豈能同憂共患，不背將軍者乎！背，蒲妹翻。至於師老力屈，懼誅利賞，必有韓、智晉陽之謀，張、陳井陘之勢。九也。韓、智事見一卷周威烈王二十三年。張、陳事始秦二世三年，終漢高帝三年。陘，音刑。北軍萬里遠鬭，鋒不可當。兵自建康來，建康於晉安爲北，故曰北軍。萬里遠鬭者，無反顧之心，有必死之志，故其鋒不可當。將軍自戰其地，人多顧後；衆寡不敵，將帥不侔。師以無名而出，事以無機而動，以此稱兵，稱，猶舉也。未知其利。十也。爲將軍計，莫若絶親留氏，寶應娶留異之女爲妻。釋【章：十二行本「釋」上有「遣子入質」四字；乙十一行本同；孔本同；張校同；退齋校同。】甲偃兵，一遵詔旨。方今藩維尚少，少，詩沼翻。皇子幼沖，凡豫宗族，皆蒙寵樹。況以將軍之地，將軍之才，將軍之名，將軍之勢，而克脩藩服，北面稱臣，寧與劉澤同年而語其功業哉！劉澤，漢高祖疏屬，事見十三卷漢高后七年。寄感恩懷德，不覺狂言，斧鉞之誅，其甘如薺。」薺，齊濟翻。寶應覽書大怒。或謂寶應曰：「虞公病勢稍篤，言多錯謬。」寶應意乃小釋，亦以寄民望，故優容之。

3 周梁躁公侯莫陳崇從周主如原州。諡法：好變動民曰躁。帝夜還長安，人竊怪其故，崇謂所親曰：「吾比聞術者言，晉公今年不利，車駕今忽夜還，不過晉公死耳。」比，毗至翻。宇文護封晉公。或發其事。乙酉，帝召諸公於大德殿，面責崇，崇惶恐謝罪。其夜，冢宰護遣使將兵就崇第，逼令自殺，護當恐懼脩省，引咎避權，不當專殺功臣。使，疏吏翻。將，卽亮翻。葬如常儀。

4 壬辰，以高州刺史黃法𣰋爲南徐州刺史，臨川太守周敷爲南豫州刺史。五代志：高涼郡，梁置高州。南豫州，時治宣城。𣰋，巨俱翻。

5 周主命司憲大夫拓跋迪唐六典：御史大夫，秦官。歷晉、宋、齊、梁、陳、後魏、北齊、後周，並不置大夫，而以中丞爲臺主。後周秋官置司憲中大夫二人，掌丞司寇之法，以左右刑罰，蓋比御史中丞之職也。造大律十五篇。【章：十二行本「篇」下有「二月庚子頒行之」七字；乙十一行本同；孔本同；張校同；退齋校同。】五代志：周造大律凡二十五篇：一刑名，二法例，三祀享，四朝會，五婚姻，六戶禁，七水火，八興繕，九衞宮，十市廛，十一鬬競，十二劫盜，十三賊叛，十四毁亡，十五違制，十六關津，十七諸侯，十八廄牧，十九雜犯，二十詐僞，二十一請求，二十二告言，二十三逃亡，二十四繫訊，二十五斷獄。當從志作「二十五篇」。其制罪：一曰杖刑，自十至五十；二曰鞭刑，自六十至百；三曰徒刑，自一年至五年；四曰流刑，自二千五百里至四千五百里；五曰死刑，磬、絞、斬、梟、裂；古者公族有罪，磬于甸人。鄭玄曰：縣縊殺之曰磬。絞者，全其身首。斬者，殊死。梟者，掛其首於木上。裂者，車裂。梟，堅堯翻。凡二十五等。五刑之屬各有五，合二十五等。

6 庚戌，以司空南徐州刺史侯安都爲江州刺史。

7 辛酉，周詔：「大冢宰晉國公，親則懿昆，昆，兄也。任當元輔，自今詔誥及百司文書，並不得稱公名。」護抗表固讓。

8 三月，乙丑朔，日有食之。

9 齊詔司空斛律光督步騎二萬，築勳掌城於軹關；五代志：軹關，在河內郡王屋縣。騎，奇寄翻。軹，音只。仍築長城二百里，置十二戍。

10 丙戌，齊以兼尚書右僕射趙彥深爲左僕射。「左僕射」，當作「右僕射」，蓋先是兼官，今正除右僕射也。

11 夏，四月，乙未，周以柱國達奚武爲太保。

12 周主將視學，以太傅燕國公于謹爲三老。燕，因肩翻。謹上表固辭，不許，仍賜以延年杖。戊午，帝幸太學。謹入門，帝迎拜於門屛之間，謹答拜。有司設三老席於中楹，南向。太師護升階，設几，謹升席，南面憑几而坐。大司馬豆盧寧升階，正舄。帝升階，立於斧扆之前，西面。扆，屛風也。斧扆，畫文爲斧形。扆，於豈翻。有司進饌，帝跪設醬豆，醬，食味之主。古之養老，執醬而饋，今跪而設豆。親爲之袒割。爲，于僞翻。袒割，袒而割牲也。謹食畢，帝親跪授爵以酳。酳，羊晉翻；以酒漱口也。有司撤訖，帝北面立而訪道。謹起，立於席後，對曰：「木受繩則正，后從諫則聖。書傳說告高宗之言。明王虛心納諫以知得失，天下乃安。」又曰：「去食去兵，信不可去；論語孔子答子貢之言。去，羌呂翻。願陛下守信勿失。」又曰：「有功必賞，有罪必罰，則爲善者日進，爲惡者日止。」又曰：「言行者，立身之基，行，下孟翻。願陛下三思而言，九慮而行，勿使有過。天子之過，如日月之食，人莫不知，願陛下慎之。」帝再拜受言，謹答拜。禮成而出。三代而下，視學、養老、乞言之禮，唯漢明帝、周武帝行之。

13 司空侯安都恃功驕橫，橫，戶孟翻。數聚文武之士騎射賦詩，數，所角翻；下又數同。騎，奇寄翻。齋中賓客，動至千人。部下將帥，多不遵法度，檢問收攝，攝，錄也，捕也。將，卽亮翻。帥，所類翻。輒奔歸安都。上性嚴整，内銜之，安都弗之覺。每有表啓，封訖，有事未盡，開封自書之云：「又啓某事。」及侍宴，酒酣，或箕踞傾倚。常陪樂遊園禊飲，樂，音洛。謂上曰：「何如作臨川王時？」上不應。安都再三言之。上曰：「此雖天命，抑亦明公之力。」宴訖，啓借供帳水飾，欲載妻妾於御堂宴飲。上雖許之，意甚不懌。明日，安都坐於御座，賓客居羣臣位，稱觴上壽。上，時掌翻。會重雲殿災，安都帥將士帶甲入殿，上甚惡之，陰爲之備。此皆日前事，史歷敍安都致敗之由。重，直龍翻。惡，烏路翻。

及周迪反，朝議謂當使安都討之，朝，直遙翻；下同。而上更使吳明徹。更，工衡翻。又數遣臺使按問安都部下，檢括亡叛。使，疏吏翻。安都遣其別駕周弘實自託於舍人蔡景歷，蔡景歷爲中書舍人，自武帝以來，特蒙親任，蓋陳朝事權皆在中書也。并問省中事。景歷錄其狀，具奏之，因希旨稱安都謀反。上慮其不受召，故用爲江州。

五月，安都自京口還建康，部伍入于石頭。六月，帝引安都宴於嘉德殿，又集其部下將帥會于尚書朝堂，於坐收安都，囚于嘉德西省，坐，徂臥翻。又收其將帥，盡奪馬仗而釋之。因出蔡景歷表，以示於朝，乃下詔暴其罪惡，明日，賜死，宥其妻子，資給其喪。

初，高祖在京口，高祖與王僧辯既平臺城，出鎮京口。嘗與諸將宴，杜僧明、周文育、侯安都爲壽，奉觴上壽也。各稱功伐。積功曰伐。高祖曰：「卿等悉良將也，而並有所短。杜公志大而識闇，狎於下而驕於上；周侯交不擇人，而推心過差；侯郎傲誕而無厭，輕佻而肆志；厭，於鹽翻。佻，他彫翻。並非全身之道。」卒皆如其言。「知臣莫若君」，誠哉是言也。卒，子恤翻。

14 乙卯，齊主使兼散騎常侍崔子武來聘。散，悉亶翻。騎，奇寄翻；下同。

15 齊侍中、開府儀同三司和士開有寵於齊主，齊主外朝視事，或在內宴賞，須臾之間，不得不與士開相見，或累日不歸，一日數入；或放還之後，俄頃卽追，未至之間，連騎督趣。趣，讀曰促。姦諂百端，寵愛日隆，前後賞賜，不可勝紀。每侍左右，言辭容止，極諸鄙褻；以夜繼晝，無復君臣之禮。常謂帝曰：「自古帝王，盡爲灰土，堯舜、桀紂，竟復何異！陛下宜及少壯，極意爲樂，縱橫行之。勝，音升。復，扶又翻。少，詩照翻。樂，音洛。縱，子容翻。一日取快，可敵千年。國事盡付大臣，何慮不辦，無爲自勤約也！」帝大悅。於是委趙彥深掌官爵，元文遙掌財用，唐邕掌外、騎兵，外兵及騎兵也。勃海王歡相魏，丞相府外兵曹、騎兵曹分掌兵馬。及文宣受禪，諸司咸歸尚書，惟此二曹不廢，謂之外兵省、騎兵省。據和士開傳，時委邕掌外兵，白建掌騎兵。信都馮子琮、胡長粲掌東宮。帝三四日一視朝，書數字而已，朝，直遙翻。略無所言，須臾罷入。長粲，僧敬之子也。胡僧敬見一百五十八卷梁武帝大同七年。

帝使士開與胡后握槊。河南康獻王孝瑜諫曰：「皇后天下之母，豈可與臣下接手！」孝瑜又言：「趙郡王叡，其父死於非命，叡父琛，勃海王歡之弟也，亂歡後庭，因杖而斃。不可親近。」近，其靳翻。由是叡及士開共譖之。士開言孝瑜奢僭，叡言「山東唯聞河南王，不聞有陛下。」齊主多居晉陽，在山西；司、冀、定、殷、瀛、滄之地，皆在山東。帝由是忌之。孝瑜竊與爾朱御女言，齊制，八十一御女，比正四品，古之御妻也。孝瑜傳云：爾朱事太后，孝瑜先與之通。帝聞之，大怒。庚申，頓飲孝瑜酒三十七盃。飲，於禁翻。孝瑜體肥大，腰帶十圍，帝使左右婁子彥載以出，酖之於車，至西華門，煩躁投水而絕。躁，則到翻。贈太尉、錄尚書事。諸侯在宮中者，莫敢舉聲，唯河間王孝琬大哭而出。孝琬，孝瑜之弟也。

16 秋，七月，戊辰，周主幸原州。

17 八月，辛丑，齊以三臺宮爲大興聖寺。

18 九月，壬戌，廣州刺史陽山穆公歐陽頠卒，詔子紇襲父爵位。陽山郡公。五代志：南海郡含洭縣，梁置陽山郡。爲歐陽紇不就徵、阻兵而反張本。頠，魚委翻。紇，下沒翻。

19 甲子，周主自原州登隴。登隴坂也。

20 周迪復越東興嶺爲寇，東興嶺，在臨川郡南城縣界。唐志，撫州南城縣，武德四年，析置永城、東興二縣，七年省。沈約曰：東興縣，吳立，屬臨川郡。復，扶又翻。辛未，詔護軍章昭達將兵討之。昭達時爲護軍將軍。

21 丙戌，周主如同州。

22 初，周人欲與突厥木杆可汗連兵伐齊，厥，九勿翻。杆，公旦翻。可，從刊入聲。汗，音寒。許納其女爲后，遣御伯大夫楊荐唐六典曰：後周天官新置御伯中大夫二人，天子出入則侍于左右，大祭祀盥洗則授巾。武帝改御伯爲納言，蓋侍中之職也。宣帝末，又別置侍中爲加官。及左武伯太原王慶左武伯，蓋侍衛之官，註見後。往結之。齊人聞之懼，亦遣使求婚於突厥，賂遺甚厚。使，疏吏翻。遺，于季翻。木杆貪齊幣重，欲執荐等送齊。荐知之，責木杆曰：「太祖昔與可汗共敦鄰好，好，呼到翻。蠕蠕部落數千來降，太祖悉以付可汗使者，以快可汗之意，事見一百六十六卷梁敬帝紹泰元年。蠕，人兗翻。降，戶江翻。如何今日遽欲背恩忘義，獨不愧鬼神乎？」背，蒲妹翻。木杆慘然良久曰：「君言是也。吾意決矣，當相與共平東賊，然後遣女。」荐等復命。考異曰：典略在保定二年。按王慶傳云，是歲乃興入并之役。故置於此。

公卿請發十萬人擊齊，柱國楊忠獨以爲得萬騎足矣。戊子，遣忠將步騎一萬，與突厥自北道伐齊，又遣大將軍達奚武帥步騎三萬，自南道出平陽，期會於晉陽。忠將，卽亮翻，又音如字，領也。騎，奇寄翻。帥，讀曰率；下同。

23 冬，十一月，辛酉，章昭達大破周迪。迪脫身潛竄山谷，民相與匿之，雖加誅戮，無肯言者。

24 十二月，辛卯，周主還長安。自隴上還。

25 丙申，大赦。

26 章昭達進軍，度嶺，趣建安，討陳寶應。趣，七喻翻。詔益州刺史余孝頃梁元帝之世，益州之地已入于周，陳命余孝頃遙領益州刺史耳。督會稽、東陽、臨海、永嘉諸軍自東道會之。會，工外翻。

27 是歲，初祭始興昭烈王於建康，用天子禮。帝嗣高祖，以子伯茂奉始興昭烈王之祀。今初以天子禮祀之，非禮也。

28 周楊忠拔齊二十餘城。齊人守陘嶺之隘，唐志：代州鴈門縣有東陘關、西陘關。陘，音刑。隘，烏懈翻。忠擊破之。突厥木杆、地頭、步離三可汗以十萬騎會之。木杆分國爲三部：木杆牙帳居都斤山，地頭可汗統東方，步離可汗統西方。厥，九勿翻。杆，公旦翻。己酉，自恆州三道俱入。恆，戶登翻。時大雪數旬，南北千餘里，平地數尺。齊主自鄴倍道赴之，戊午，至晉陽。斛律光將步兵【章：十二行本「兵」作「騎」；乙十一行本同；孔本同。】三萬屯平陽。拒達奚武之兵也。己未，周師及突厥逼晉陽。齊主畏其強，戎服帥宮人欲東走避之。趙郡王叡、河間王孝琬叩馬諫。孝琬請委叡部分，分，扶問翻。必得嚴整。帝從之，命六軍進止皆取叡節度，而使并州刺史段韶總之。委叡部分而段韶總其事。

五年（甲申、五六四）

1春，正月，庚申朔，齊主登北城，晉陽北城也。軍容甚整。突厥咎周人曰：「爾言齊亂，故來伐之。今齊人眼中亦有鐵，何可當邪！」厥，九勿翻。邪，音耶。

周人以步卒爲前鋒，從西山下去城二里許。諸將咸欲逆擊之，將，即亮翻。段韶曰：「步卒力勢，自當有限。今積雪既厚，逆戰非便，不如陳以待之。彼勞我逸，破之必矣。」既至，齊悉其銳師鼓譟而出。突厥震駭，引上西山，不肯戰，陳，讀曰陣。上，時掌翻。周師大敗而還。還，從宣翻，又如字；下同。突厥引兵出塞，縱兵大掠，自晉陽以往七百餘里，人畜無遺。謂晉陽以北七百餘里。畜，許救翻。段韶追之，不敢逼。突厥還至陘嶺，凍滑，乃鋪氈以度，胡馬寒瘦，膝已下皆無毛；比至長城，陘，音刑。比，必利翻。長城，即文宣所築者。馬死且盡，截矟杖之以歸。達奚武至平陽，未知忠退。斛律光與書曰：「鴻鵠已翔於寥廓，羅者猶視於沮澤。」漢司馬相如難蜀父老曰：焦明已翔乎寥廓，羅者猶視乎藪澤。沮，將預翻。武得書，亦還。光逐之，入周境，獲二千餘口而還。

光見帝於晉陽，帝以新遭大寇，抱光頭而哭。任城王湝進曰：「何至於此！」乃止。見，賢遍翻。湝，音皆，又戶皆翻。

初，齊顯祖之世，周人常懼齊兵西渡，每至冬月，守河椎冰。及世祖卽位，嬖倖用事，朝政漸紊，嬖，卑義翻，又博計翻。朝，直遙翻。紊，音問。齊人椎冰以備周兵之逼。斛律光憂之，曰：「國家常有吞關、隴之志，今日至此，而唯翫聲色乎！」

2 辛巳，上祀南郊。

3 二月，庚寅朔，日有食之。

4 初，齊顯祖命羣官刊定魏麟趾格爲齊律，見一百六十三卷梁簡文帝大寶元年。久而不成。時軍國多事，決獄罕依律文，相承謂之「變法從事」。世祖卽位，思革其弊，乃督修律令者，至是而成，律十二篇：五代志：齊律十二篇：一名例，二禁衞，三婚戶，四擅興，五違制，六詐僞，七鬭訟，八賊盜，九捕斷，十毁損，十一廐牧，十二雜律。令四十卷。其刑名有五：一曰死，重者轘之，轘，胡慣翻；卽車裂也。次梟首，次斬，次絞；二曰流，投邊裔爲兵；三曰刑，自五歲至一歲；四曰鞭，自百至四十；五曰杖，自三十至十；凡十五等。死四等，流一，刑五等，鞭五等，杖三等，通十八等。今曰凡十五等，通鑑依五代志「大凡爲十五等」之文也。梟，堅堯翻。其流外【章：十二行本「外」作「內」；乙十一行本同；孔本同。】官及老、小、閹、癡老者、小者、閹者、癡者與流外官皆贖。鄭玄曰：閹，精氣閉藏者。癡，不慧也。幷過失應贖者，皆以絹代金。三月，辛酉，班行之，因大赦。赦其宿罪，此後有犯者，皆以法令施行。是後爲吏者始守法令。又敕仕門子弟常講習之，仕門，謂入仕之家。故齊人多曉法。

又令民十八受田輸租調，二十充兵，六十免力役，六十六還田，免租調。一夫受露田八十畝，杜佑曰：不栽樹者，謂之露田。調，力弔翻；下夫調、牛調同。婦人四十畝，奴婢依良人，言奴婢受田依良人畝數。牛受六十畝。按五代志，丁牛一頭受田六十畝，限止四年。丁牛者，勝耕之牛，牧牛者得受其田。大率一夫一婦調絹一匹，綿八兩，墾租二石，義租五斗；奴婢準良人之半；奴婢者，官常役其力，故所調半於良人。牛調二尺，墾租一斗，義租五升。墾租送臺，義租納郡以備水旱。調，力弔翻。

5 己巳，齊羣盜田子禮等數十人，共劫太師彭城景思王浟爲主，詐稱使者，徑向浟第，至內室，稱敕，牽浟上馬，臨以白刃，欲引向南殿。浟大呼不從，浟，夷周翻。使，疏吏翻。上，時掌翻。呼，火故翻。盜殺之。

6 庚辰，周初令百官執笏。記玉藻曰：史進象笏，書思對命。註云：意所思念，將以告君者也。對，所以對君也。命，所受命也。書之於笏，爲失忘也。又曰：凡有指畫於君前者用笏，造受命於君前用笏。笏，畢用也，因飾焉。笏度二尺有六寸，其中博三寸，其殺六分而去一。應劭曰：昔荆軻逐秦王，其後謁者持匕首以備不虞，從此侍官皆執刀劍。高祖偃武修文，始制手版代焉。隋志曰：中世以來，唯八座尚書執笏。笏者，白筆綴其頭，紫囊裹之。其餘公卿，但執手板，謂之筆笏，蓋以記事受言。西魏以降，通用象牙，五品已下，通用竹木。爾雅（二字衍）釋名：笏，忽也，君有教命及所白，則書其上以備忽忘也。唐會要曰：笏，舊制三品已上，前挫後屈；武德已來，一例上圓下方。開元八年，諸笏三品已上，前詘後直，五品以上，前詘後挫，並用象；九品已上，任用竹木，上挫下方；男以上聽依品爵執笏；假版官亦依此例。

7 齊以斛律光爲司徒，武興王普爲尚書左僕射。普，歸彥之兄子也。甲申，以馮翊王潤爲司空。

8 夏，四月，辛卯，齊主使兼散騎常侍皇甫亮來聘。散，悉亶翻。騎，奇寄翻。

9 庚子，周主遣使來聘。使，疏吏翻。

10 癸卯，周以鄧公河南竇熾爲大宗伯。五月，壬戌，封世宗之子賢爲畢公。

11 甲子，齊主還鄴。自晉陽還。

12 壬午，齊以趙郡王叡爲錄尚書事，前司徒婁叡爲太尉。甲申，以段韶爲太師。丁亥，以任城王湝爲大將軍。湝，戶皆翻，又音皆。

13 壬辰，齊主如晉陽。

14 周以太保達奚武爲同州刺史。

15 六月，齊主殺樂陵王百年。時白虹暈日兩重，重，直龍翻。又横貫而不達，赤星見，齊主欲以百年厭之。見，賢遍翻。厭，於叶翻。會博陵人賈德胄教百年書，百年嘗作數敕字，德胄封以奏之。帝發怒，使召百年。百年自知不免，割帶玦留與其妃斛律氏，見帝於涼風堂。見，賢遍翻。使百年書敕字，驗與德胄所奏相似，遣左右亂捶之，又令曳之遶堂行且捶，所過血皆遍地，氣息將盡，乃斬之，孝昭殺文宣之子，武成又殺孝昭之子，天之報應固不爽，遺言諄諄，竟何益哉！捶，止橤翻。棄諸池，池水盡赤。妃把玦哀號不食，號，戶高翻。月餘亦卒，玦猶在手，拳不可開；其父光自擘之，乃開。擘，博厄翻，分擘也。

16 庚寅，周改御伯爲納言。

17 初，周太祖之從賀拔岳在關中也，遣人迎晉公護於晉陽。梁武帝中大通二年，宇文泰從賀拔岳入關。按下護答母書云：「違離膝下，三十五年，」逆而數之，正在是年。護母閻氏及周主之姑皆留晉陽，周主之姑，蓋宇文泰之妹也。齊人以配中山宮。中山宮，慕容氏之故宮，自魏以來，以爲別宮。及護用事，遣間使入齊求之，莫知音息。間，古莧翻。音息，猶今人言信息也。使，疏吏翻；下同。齊遣使者至玉壁，求通互市。護欲訪求母、姑，使司馬下大夫尹公正至玉壁，與之言，司馬下大夫，即軍司馬之職。使者甚悅。勳州刺史韋孝寬獲關東人，復縱之，因致書爲言西朝欲通好之意。復，扶又翻，又音如字。爲，于僞翻。好，呼到翻；下同。周在關西，故稱西朝。朝，直遙翻。是時，周人以前攻晉陽不得志，謀與突厥再伐齊。厥，九勿翻。齊主聞之，大懼，許遣護母西歸，且求通好，先遣其姑歸。

18 秋，八月，丁亥朔，日有食之。

19 周遣柱國楊忠【章：十二行本「忠」下有「將兵」二字；乙十一行本同；孔本同。】會突厥伐齊，至北河而還。水經：河水東逕沃野故城南，又北屈而爲南河出焉。河水又北，迆西溢於窳渾縣故城東，又屈而東流爲北河，東逕高闕南。還，從宣翻，又音如字。

20 戊子，周以齊公憲爲雍州牧，雍，於用翻。宇文貴爲大司徒。九月，丁巳，以衞公直爲大司空。追錄佐命元功，封開府儀同三司隴西公李昞爲唐公，錄昞父虎佐命之功也。李氏有天下，國號曰唐，本此。昞，音丙。太馭中大夫長樂公若干鳳爲徐公。周官：大馭中大夫，掌馭玉路以祀及犯軷，屬夏官。樂，音洛。昞，虎之子；鳳，惠之子也。李虎始見一百五十六卷梁武帝中大通六年。若干惠見一百五十八卷大同九年。

21 乙丑，齊主封其子綽爲南陽王，儼爲東平王。儼，太子之母弟也。

22 突厥寇齊幽州，衆十餘萬，入長城，大掠而還。

23 周皇姑之歸也，齊主遣人爲晉公護母作書，言護幼時數事，又寄其所著錦袍，以爲信驗。爲，于僞翻。著，陟略翻。且曰：「吾屬千載之運，屬，之欲翻。載，子亥翻。蒙大齊之德，矜老開恩，許得相見。禽獸草木，母子相依。吾有何罪，與汝分離！今復何福，還望見汝！復，扶又翻，又音如字。言此悲喜，死而更蘇。世間所有，求皆可得，母子異國，何處可求！假汝貴極王公，富過山海，有一老母，八十之年，飄然千里，死亡旦夕，不得一朝蹔見，蹔，與暫同。不得一日同處，處，昌呂翻。寒不得汝衣，飢不得汝食，汝雖窮榮極盛，光耀世間，於吾何益！吾今日之前，汝既不得申其供養，供，居用翻。養，羊亮翻。事往何論；今日以後，吾之殘命，唯繫於汝爾。戴天履地，中有鬼神，勿云冥昧，而可欺負！」

護得書，悲不自勝。勝，音升。復書曰：「區宇分崩，遭遇災禍，違離膝下，三十五年。離，力智翻。受生稟氣，皆知母子，誰同薩保，護，字薩保。薩，桑葛翻。如此不孝！子爲公侯，母爲俘隸，暑不見母暑，寒不見母寒，衣不知有無，食不知飢飽，泯如天地之外，無由暫聞。分懷冤酷，終此一生，分，扶問翻。死若有知，冀奉見於泉下耳！不謂齊朝解網，惠以德音，磨敦、四姑，並許矜放。護兄弟呼其母爲「阿摩敦」。四姑卽周主之姑也，第四。朝，直遙翻；下同。初聞此旨，魂爽飛越，左傳：鄭子產曰：「人生始化曰魄。既生魄，陽曰魂，用物精多則魂魄強，是以有精爽，至於神明。」號天叩地，號，戶刀翻。不能自勝。勝，音升；下足勝同。齊朝霈然之恩，既已霑洽，有家有國，信義爲本，伏度來期，已應有日。朝，直遙翻。度，徒洛翻。一得奉見慈顏，永畢生願。生死肉骨，生死，謂使死者復生；肉骨，謂使枯骨再肉。豈過今恩；負山戴岳，未足勝荷。」勝，音升。荷，下可翻。

齊人留護母，使更與護書，邀護重報，往返再三。時段韶拒突厥軍於塞下，厥，九勿翻。

齊主使黃門徐世榮乘傳齎周書問詔。詔以「周人反覆，本無信義，比晉陽之役，其事可知。護外託爲相，其實主也。既爲母請和，傳，張戀翻。比，毗至翻。相，息亮翻。爲，于僞翻；下主爲同。不遣一介之使。使，疏吏翻；下同。若據移書，卽送其母，恐示之以弱。不如且外許之，待和親堅定，然後遣之未晚。」齊主不聽，卽遣之。護母至長安，席未及煖，而洛陽之師已出，卒如段韶之言。

閻氏至周，舉朝稱慶，周主爲之大赦。凡所資奉，窮極華盛。每四時伏臘，周主帥諸親戚行家人之禮，稱觴上壽。朝，直遙翻。帥，讀曰率；下同。上，時掌翻。

24 突厥自幽州還，還，從宣翻，又如字。留屯塞北，更集諸部兵，遣使告周，欲與共擊齊如前約。閏月，乙巳，突厥寇齊幽州。

晉公護新得其母，未欲伐齊；恐負突厥約，更生邊患，不得已，徵二十四軍及左右廂散隸秦、隴、巴、蜀之兵二十四軍，六柱國及十二大將軍所統關中諸府兵也。安定公泰相魏，左右各十二軍，並屬相府。左右廂，禁衞兵也，兼有秦、隴、巴、蜀之兵，散隸於左右廂者。散，悉亶翻。幷羌、胡內附者，凡二【張：「二」作「三」。】十萬人。冬，十月，甲子，周主授護斧鉞於廟庭；丁卯，親勞軍於沙苑；勞，力到翻。癸酉，還宮。

護軍至潼關，遣柱國尉遲迥帥精兵十萬爲前鋒，趣洛陽，大將軍權景宣帥山南之兵趣懸瓠，山南，荆、襄之兵。尉，紆勿翻。帥，讀曰率；下同。趣，七喻翻。少師楊檦出軹關。少，始照翻。檦，與標同。

25 周迪復出東興，復，扶又翻；下衆復同。宣城太守錢肅鎮東興，以城降迪。守，式又翻。降，戶江翻。吳州刺史陳詳將兵擊之，五代志：鄱陽郡，梁置吳州；陳廢鄱陽之吳州，而於吳郡置吳州。將，卽亮翻，又音如字，領也。詳兵大敗，迪衆復振。

南豫州刺史西豐脫侯周敷帥所部擊之，謚法，無脫謚。蓋以周敷輕脫而死，故以爲謚。至定川，據周敷傳，定川，縣名。與迪對壘。迪紿敷曰：「吾昔與弟勠力同心，事見一百六十六卷梁敬帝太平元年。紿，蕩亥翻。豈規相害！今願伏罪還朝，朝，直遙翻。因弟披露心腑，先乞挺身共盟。」敷許之，方登壇，爲迪所殺。

26 陳寶應據晉安、建安二郡，水陸爲柵，以拒章昭達。昭達與戰，不利，因據上流，命軍士伐木爲筏，施拍其上。會大雨江漲，昭達放筏衝寶應水柵，盡壞之，筏，音伐。壞，音怪。又出兵攻其步軍。方合戰，上遣將軍余孝頃自海道適至，去年遣孝頃督會稽諸郡兵自東道合攻陳寶應。幷力乘之。十一月，己丑，寶應大敗，逃至莆口，莆口，在唐泉州莆田縣界。莆田，今興化軍卽其地。虞寄傳作「莆田」。莆，音蒲。謂其子曰：「早從虞公計，不至今日。」昭達追擒之，幷擒留異及其族黨，送建康，斬之。異子貞臣以尚主得免；寶應賓客皆死。

上聞虞寄嘗諫寶應，命昭達禮遣詣建康。旣見，勞之曰：「管寧無恙。」漢末，管寧客遼東，不受公孫度爵命，已而復得還鄉里，故以寄況之。勞，力到翻。以爲衡陽王掌書記。上子伯信封衡陽王，奉獻王昌祀。

27周晉公護進屯弘農。尉【章：十二行本「尉」上有「甲午」二字；乙十一行本同；孔本同；張校同。】遲迥圍洛陽，雍州牧齊公憲、同州刺史達奚武、涇州總管王雄軍於邙山。雍，於用翻。邙，音亡。

28戊戌，齊主遣兼散騎常侍劉逖來聘。散，悉亶翻。騎，奇寄翻。

29初，周楊檦爲邵州刺史，五代志，絳郡垣縣，後魏置邵郡及白水縣，後周置邵州，改白水爲亳城，隋廢州及郡，改亳城爲垣縣。鎮捍東境二十餘年，數與齊戰，數，所角翻。未嘗不捷，由是輕之。既出軹關，獨引兵深入，又不設備。甲辰，齊太尉婁叡將兵奄至，大破檦軍，檦遂降齊。將，卽亮翻；下同。降，戶江翻；下同。

權景宣圍懸瓠，十二月，齊豫州道行臺・豫州刺史太原王士良、永州刺史蕭世怡並以城降之。景宣使開府郭彥守豫州，謝徹守永州，五代志：汝南郡城陽縣，舊置楚州，後齊曰永州。送士良、世怡及降卒千人於長安。

周人爲土山、地道以攻洛陽，三旬不克。晉公護命諸將塹斷河陽路，塹，七豔翻。斷，音短。遏齊救兵，然後同攻洛陽；諸將以爲齊兵必不敢出，唯張斥候而已。

齊遣蘭陵王長恭、大將軍斛律光救洛陽，畏周兵之強，未敢進。齊主召并州刺史段韶，謂曰：「洛陽危急，今欲遣王救之。突厥在北，復須鎮禦，如何？」復，扶又翻。對曰：「北虜侵邊，事等疥癬。今西鄰闚逼，乃腹心之病，請奉詔南行。」齊主曰：「朕意亦爾。」乃令詔督精騎一千發晉陽。騎，奇寄翻。丁巳，齊主亦自晉陽赴洛陽。

30 己未，齊太宰平原靖翼王淹卒。

31 段韶自晉陽行，五日濟河，會連日陰霧，壬戌，韶至洛陽，帥帳下三百騎，與諸將登邙阪，觀周軍形勢。邙阪，北邙之阪也。帥，讀曰率。至太和谷，與周軍遇，韶即馳告諸營，追集騎士，結陳以待之。陳，讀曰陣；下光陳同。韶爲左軍，蘭陵王長恭爲中軍，斛律光爲右軍。周人不意其至，皆恟懼。恟，許拱翻。韶遙謂周人曰：「汝宇文護纔得其母，遽來爲寇，何也？」周人曰：「天遣我來，有何可問！」韶曰：「天道賞善罰惡，當遣汝送死來耳！」

周人以步兵在前，上山逆戰。上北邙逆齊兵與戰。上，時掌翻。韶且戰且卻以誘之；誘，音酉。待其力弊，然後下馬擊之。周師大敗，一時瓦解，投墜溪谷死者甚衆。

蘭陵王長恭以五百騎突入周軍，遂至金墉城下。城上人弗識，長恭免胄示之面，乃下弩手救之。周師在城下者亦解圍遁去，委棄營幕，自邙山至穀水，水經：穀水出弘農澠池縣墦塚林穀陽谷，東北過穀城縣北，又東過河南縣北，東南入于洛。三十里中，軍資器械，彌滿川澤。唯齊公憲、達奚武及庸忠公王雄在後，勒兵拒戰。諡法：危身奉上曰忠。

王雄馳馬衝斛律光陳，光退走，雄追之。光左右皆散，唯餘一奴一矢。雄按矟不及光者丈餘，矟，色角翻。謂光曰：「吾惜爾不殺，當生將爾見天子。」光射雄中額，雄抱馬走，至營而卒。射，而亦翻。中，竹仲翻。卒，子恤翻。軍中益懼。

齊公憲拊循督勵，衆心小安。至夜，收軍，憲欲待明更戰。達奚武曰：「洛陽軍散，人情震駭，若不因夜速還，明日欲歸不得。武在軍久，備見形勢；公少年未經事，少，詩照翻。豈可以數營士卒委之虎口乎！」乃還。權景宣亦棄豫州走。

丁卯，齊主至洛陽。己巳，以段韶爲太宰，斛律光爲太尉，蘭陵王長恭爲尚書令。賞戰勝之功也。壬申，齊主如虎牢，遂自滑臺如黎陽，丙子，至鄴。

楊忠引兵出沃野，應接突厥，軍糧不給，諸軍憂之，計無所出。忠乃招誘稽胡酋長咸在坐，此稽胡與離石稽胡同種，散居銀、夏之間。誘，音酉。酋，慈秋翻。長，知兩翻。坐，徂臥翻。詐使河州刺史王傑勒兵鳴鼓而至，曰：「大冢宰已平洛陽，欲與突厥共討稽胡之不服者。」坐者皆懼，忠慰諭而遣之。於是諸胡相帥饋輸，軍糧塡積。屬周師罷歸，忠亦還。帥，讀曰率。屬，之欲翻。

晉公護本無將略，是行也，又非本心，故無功，兵出無名，事故不成，其宇文護之謂乎！將，即亮翻。與諸將稽首謝罪。周主慰勞罷之。稽，音啓。勞，力到翻。

32 是歲，齊山東大水，飢死者不可勝計。勝，音升。

33 宕昌王梁彌定屢寇周邊，周大將軍田弘討滅之，以其地置宕州。宕州在長安西南一千六百五十六里。宕，徒浪翻。

六年（乙酉、五六五）

1 春，正月，癸卯，齊以任城王湝爲大司馬。湝，戶皆翻，又音皆。任，音壬。

2 齊主如晉陽。

3 二月，辛丑，周遣陳公純、許公貴、神武公竇毅、南陽公楊荐等魏收志：朔州有神武郡，領尖山、樹頹二縣。水經註：樹頹水出沃陽縣東山下，西南流，右合誥升爰水。其水左合中陵川。後魏置神武郡於神武川，治尖山縣。隋爲神武縣，屬馬邑郡。荐，在甸翻。備皇后儀衛行殿，并六宮百二十人，詣突厥可汗牙帳逆女。毅，熾之兄子也。熾時爲柱國。周主既誅宇文護，以爲太傅。

4 丙寅，周以柱國安武公李穆爲大司空，綏德公陸通爲大司寇。李穆、陸通，皆縣公也。五代志：襄陽郡舊有安武縣，西魏併爲南漳縣。雕陰郡有綏德縣，西魏置。

5 壬申，周主如岐州。

6 夏，四月，甲寅，以安成王頊爲司空。頊以帝弟之重，勢傾朝野。直兵鮑僧叡，恃頊勢爲不法，自秦以來，王公府皆有直兵。御史中丞徐陵爲奏彈之，從南臺官屬引奏案而入。御史臺爲南臺。上見陵章服嚴肅，爲斂容正坐。為，于僞翻；下上為同。陵進讀奏版，時頊在殿上侍立，仰視上，流汗失色。陵遣殿中御史引頊下殿。殿中侍御史，居殿中察非法，故使之引頊下殿。上為之免頊侍中、中書監。朝廷肅然。

7 丙【嚴：「丙」改「戊」。】午，齊大將軍東安王婁叡坐事免。

8 齊著作郎祖珽，有文學，多技藝，而疏率無行。珽，它鼎翻。技，渠綺翻。行，下孟翻。嘗為高祖中外府功曹，高歡都督中外諸軍事，以珽為府功曹。因宴失金叵羅，叵羅，盃觴之屬。叵，普火翻。於珽髻上得之；又坐詐盜官粟三千石，鞭二百，配甲坊。珽與令史李雙、倉督成祖等作晉州啓請粟三千石，珽代功曹趙彥深宣教給之。事覺，鞭配。顯祖時，珽為祕書丞，盜華林遍略，及有他贓，當絞，除名為民。華林遍略，梁武帝集諸學士所撰也。南人持至鄴下賣之，高澄集書吏，一日一夜寫畢，退還其本。珽盜遍略數帙，質錢樗蒲，重以得罪。至顯祖時，又盜遍略一部，及擬補令史十餘人，皆有受，由是除名。顯祖雖憎其數犯法，而愛其才伎，令直中書省。伎，渠綺翻。

世祖為長廣王，珽為胡桃油獻之，珽善為胡桃油，以塗畫。因言「殿下有非常骨法。孝徵夢殿下乘龍上天。」孝徵，祖珽字也。是時人多以字行。上，時掌翻。王曰：「若然，當使兄大富貴。」及卽位，擢拜中書侍郎，遷散騎常侍。與和士開共為姦諂。

珽私說士開曰：「君之寵幸，振古無比。振古，猶云自古也。說，式芮翻；下宜說、微說同。宮車一日晚駕，晚，晏也，義與晏駕同。欲何以克終？」士開因從問計。珽曰：「宜說主上云：『文襄、文宣、孝昭之子，俱不得立，今宜令皇太子早踐大位，以定君臣之分。』踐，慈演翻。分，扶問翻。若事成，中宮、少主必皆德君，此萬全計也。請君微說主上令粗解，少，詩照翻。粗，坐五翻。解，戶買翻，曉也。珽當自外上表論之。」士開許諾。

會有彗星見。彗，祥歲翻。見，賢遍翻。太史奏云：「彗，除舊布新之象，當有易主。」珽於是上書言：「陛下雖爲天子，未爲極貴，宜傳位東宮，且以上應天道。」幷上魏顯祖禪子故事。見一百三十二卷宋明帝泰始六年。是上、幷上，時掌翻；下公上同。齊主從之。

丙子，使太宰段韶持節奉皇帝璽綬，傳位於太子緯。太子卽皇帝位於晉陽宮，諱緯，字仁綱，武成帝之長子也。璽，斯氏翻。綬，音受。大赦，改元天統。又詔以太子妃斛律氏爲皇后。於是羣公上世祖尊號爲太上皇帝，軍國大事咸以聞。使黃門侍郎馮子琮、尚書左丞胡長粲輔導少主，出入禁中，專典敷奏。子琮，胡后之妹夫也。

祖珽拜祕書監，加儀同三司，大被親寵，被，皮義翻。見重二宮。

9 丁丑，齊以賀拔仁爲太師，侯莫陳相爲太保，馮翊王潤爲司徒，趙郡王叡爲司空，河南【嚴：「南」改「間」。】王孝琬爲尚書令。戊寅，以瀛州刺史尉粲爲太尉，斛律光爲大將軍，東安王婁叡爲太尉，尉粲、婁叡並爲太尉，此承齊紀之誤。按尉粲傳，粲爲太傅，當從之。婁叡封郡王。五代志：琅邪郡沂水縣，舊置東安郡。尚書僕射趙彥深爲左僕射。按齊紀，彥深自右僕射遷爲左僕射。

10 五月，突厥遣使至齊，使，疏吏翻。始與齊通。

11 六月，己巳，齊主使兼散騎常侍王季高來聘。

12 秋，七月，辛巳朔，日有食之。

13 上遣都督程靈洗自鄱陽別道擊周迪，破之。迪與麾下十餘人竄于山穴中，日月浸久，從者亦稍苦之。從，才用翻。後遣人潛出臨川市魚鮭，吳人總稱魚菜爲鮭，音戶皆翻。臨川太守駱牙執之，令取迪自效，因使腹心勇士隨之入山。其人誘迪出獵，守，式又翻。誘，音酉。勇士伏於道傍，出斬之。丙戌，傳首至建康。

14 庚寅，周主如秦州；八月，丙子，還長安。

15 己卯，立皇子伯固爲新安王，伯恭爲晉安王，伯仁爲廬陵王，伯義爲江夏王。夏，戶雅翻。

16 冬，十月，辛亥，周以函谷關城爲通洛防，以金州刺史賀若敦爲中州刺史，鎮函谷。五代志：河南郡新安縣，後周置中州。杜佑曰：在今洛州新安縣東。敦恃才負氣，顧其流輩皆爲大將軍，敦獨未得，兼以湘州之役，全軍而返，謂宜受賞，翻得除名，事見上卷元年、二年。對臺使出怨言。使，疏吏翻。晉公護怒，徵還，逼令自殺。臨死，謂其子弼曰：「吾志平江南，今而不果，汝必成吾志。吾以舌死，汝不可不思。」因引錐刺弼舌出血以誡之。刺，七亦翻。弼能從父之志而取江南，不能守父之戒而保其身。

17 十一月，癸未，齊太上皇至鄴。

18 齊世祖之爲長廣王也，數爲顯祖所捶，數，所角翻。捶，止橤翻。心常銜之。顯祖每見祖珽，常呼爲賊，故珽亦怨之；且欲求媚於世祖，乃說世祖曰：「文宣狂暴，何得稱『文』？既非創業，何得稱『祖』？若文宣爲祖，陛下萬歲後當何所稱？」帝從之。己丑，改謚太祖獻武皇帝【章：十二行本「帝」下有「爲神武皇帝」五字；乙十一行本同；孔本同；張校同；退齋校同。】廟號高祖，獻明皇后爲武明皇后。令有司更議文宣謚號。說，式芮翻。更，工衡翻。謚，神至翻。

19 十二月，乙卯，封皇子伯禮爲武陵王。

20 壬戌，齊上皇如晉陽。

21 庚午，齊改謚文宣皇帝爲景烈皇帝，廟號威宗。謚法：布義行剛曰景；有功安民曰烈；猛以強果曰威；有威可畏曰威；以刑服遠曰威。

天康元年（丙戌、五六六）是年二月改元。

1 春，正月，己卯，日有食之。

2 癸未，周大赦，改元天和。

3 辛卯，齊主祀圜丘；癸巳，祫太廟。五代志：齊制：圜丘方澤，並三年一祭，謂之禘祀。圜丘則以蒼璧束帛。正月上辛，祀昊天上帝。太廟則春祠，夏禴，秋嘗，冬烝，皆以孟月，幷臘凡五祭。三年一禘，五年一祫，謂之殷祭。

4 丙申，齊以吏部尚書尉瑾爲右僕射。

5 己亥，周主耕藉田。藉，在亦翻。

6 庚子，齊主如晉陽。

7 周遣小載師杜杲來聘。周禮：載師，掌任土之法，以物地事，授地職而待其政令，屬地官。其官有上士二人，中士四人，而無大、小之別。五代志：後周置載師，掌任土之法，辯夫家田里之數，會六畜車乘之稽，審賦役斂弛之節，制畿疆脩廣之役，頒施惠之要，審牧產之政。

8 二月，庚戌，齊上皇還鄴。

9 丙子，大赦，改元。改元天康。

10 三月，己卯，以安成王頊爲尚書令。

11 丙午，周主祀南郊。夏，四月，辛亥，大雩。

12 上不豫，臺閣衆事，並令尚書僕射到仲舉、五兵尚書孔奐共決之。奐，琇之之曾孫也。孔琇之見一百三十九卷齊明帝建武元年。琇，音秀。疾篤，奐、仲舉與司空·尚書令·揚州刺史安成王頊、吏部尚書袁樞、中書舍人劉師知入侍醫藥。樞，君正之子也。袁君正見一百六十三卷梁武帝太清三年。太子伯宗柔弱，上憂其不能守位，謂頊曰：「吾欲遵太伯之事。」言以天下讓也。頊拜伏泣涕，固辭。上又謂仲舉、奐等曰：「今三方鼎峙，四海事重，宜須長君。長，知兩翻。朕欲近則晉成，遠隆殷法，晉成帝立母弟爲嗣，事見九十七卷咸康八年。殷法，兄死弟及。卿等宜遵此意。」孔奐流涕對曰：「陛下御膳違和，痊復非久。痊，愈也；復，謂復初。痊，且緣翻。皇太子春秋鼎盛，聖德日躋。毛萇曰：躋，升也。鄭玄曰：言日進也。安成介弟之尊，足爲周旦。若有廢立之心，臣等愚誠，不敢聞詔。」上曰：「古之遺直，復見於卿。」復，扶又翻。乃以奐爲太子詹事。

臣光曰：夫人臣之事君，宜將順其美，正救其惡。孝經記夫子之言。孔奐在陳，處腹心之重任，處，昌呂翻。決社稷之大計，苟以世祖之言爲不誠，則當如竇嬰面辯，袁盎廷爭，竇嬰事見十六卷漢景帝三年。袁盎事見十二年。爭，讀曰諍。防微杜漸以絕覬覦之心。覬，音冀。覦，音俞。以爲誠邪，邪，音耶。則當請明下詔書，宣告中外，使世祖有宋宣之美，高宗無楚靈之惡。左傳：宋宣公舍其子與夷而立其弟穆公。穆公卒，捨其子馮而立與夷。君子曰：「宋宣公可謂知人矣，立穆公，其子饗之。」楚康王有疾，其弟圍入問王疾，縊而弒之，遂殺其二子幕及平夏而自立，是爲靈王。不然，謂太子嫡嗣，不可動搖，欲保輔而安全之，則當盡忠竭節，【章：十二行本「節」下有「以死繼之」四字；乙十一行本同；孔本同；張校同；退齋校同。】如晉之荀息，趙之肥義。左傳：晉獻公有疾，屬其子奚齊於荀息。息曰：「臣竭其股肱之力，繼之以死。」公薨，里克殺奚齊。荀息將死之。人曰：「不如立卓子而輔之。」荀息立卓子以葬獻公。里克殺卓子，荀息死之。肥義事見卷四周赧王二十年。柰何於君之存，則逆探其情而求合焉；探，吐南翻。及其既沒，則權臣移國而不能救，嗣主失位而不能死！斯乃姦諛之尤者，而世祖謂之遺直，以託六尺之孤，豈不悖哉！悖，蒲內翻。

13 癸酉，上殂。殂，祚于翻。

上起自艱難，知民疾苦。性明察儉約，每夜刺閨取外事分判者，前後相續。以錐爇物曰刺；閨，宮中小門也。就閨中刺取外事，故曰「刺閨」。刺，七賜翻。敕傳更籤於殿中者，必投籤於階石之上，令鎗然有聲，更，工衡翻。更籤，更籌也。鎗，楚庚翻。曰：「吾雖眠，亦令驚覺。」覺，古孝翻。

太子卽位，大赦。五月，己卯，尊皇太后曰太皇太后，皇后曰皇太后。

14 乙酉，齊以兼尚書左僕射武興王普爲尚書令。

15 吐谷渾龍涸王莫昌帥部落附于周，以其地爲扶州。五代志：同昌郡嘉誠縣，後周置縣，幷龍涸郡及扶州總管府。吐，從暾入聲。谷，音浴。帥，讀曰率。

16 庚寅，以安成王頊爲驃騎大將軍、司徒、錄尚書、都督中外諸軍事。頊，吁玉翻。驃，匹妙翻。騎，奇寄翻。丁酉，以中軍大將軍、開府儀同三司徐度爲司空，以吏部尚書袁樞爲左僕射，吳興太守沈欽爲右僕射，守，式又翻。御史中丞徐陵爲吏部尚書。

陵以梁末以來，選授多濫，乃爲書示衆曰：「梁元帝承侯景之凶荒，王太尉接荊州之禍敗，王太尉，謂僧辯也。荆州禍敗，謂江陵陷沒也。故使官方，窮此紛雜。方，法也。窮，極也。永安之時，南史徐陵傳作「永定」。永定，高祖受禪初元也，當從之。聖朝草創，白銀難得，黃札易營，朝，直遥翻。易，以豉翻。權以官階，代於錢絹。致令員外、常侍，路上比肩，諮議、參軍，市中無數，豈是朝章固應如此！朝，直遥翻。今衣冠禮樂，日富年華，謂一日富於一日，一年華於一年也。何可猶作舊意【退：「意」作「章」。】非理望也！」衆咸服之。

17 己亥，齊立上皇子弘爲齊安王，仁固爲北平王，仁英爲高平王，仁光爲淮南王。

18 六月，齊遣兼散騎常侍韋道儒來聘。散，悉亶翻。騎，奇寄翻。

19 丙寅，葬文皇帝于永寧陵，廟號世祖。

20 秋，七月，戊寅，周築武功等諸城以置軍士。武功，卽漢扶風武功縣。周紀：築武功、郿、斜谷、武都、留谷、津坑諸城。

21 丁酉，立妃王氏爲皇后。臨海王立后。

22 八月，齊上皇如晉陽。

23 周信州蠻冉令賢、向五子王等據巴峽反，巴峽，在巴郡巴縣，有明月、廣德等峽，亦謂之三峽。攻陷白帝，黨與連結二千餘里。周遣開府儀同三司元契、趙剛等前後討之，終不克。九月，詔開府儀同三司陸騰督開府儀同三司王亮、司馬裔討之。

騰軍于湯口，水經：江水自朐䏰縣東逕瞿巫灘，左則湯溪水注之，謂之湯口。令賢於江南據險要，置十城，遠結涔陽蠻爲聲援，涔，鉏簪翻。丁度曰：涔陽渚在郢中。此蓋荆州蠻也。又水經：涔水出漢中南鄭縣東南旱山，東北流，逕成固縣南城北，北至沔陽縣，南入于沔。水經又曰：涔水出作唐縣西北天門郡界，東南流，注于澧水。九域志：江陵府公安縣有涔陽鎮。此涔陽當從九域志。自帥精卒固守水邏城。帥，讀曰率。邏，郎佐翻。騰召諸將問計，皆欲先取水邏，後攻江南。騰曰：「令賢內恃水邏金湯之固，外託涔陽輔車之援，資糧充實，器械精新。以我懸軍，攻其嚴壘，脫一戰不克，更成其氣。不如頓軍湯口，先取江南，翦其羽毛，然後進軍水邏，此制勝之術也。」乃還【章：十二行本「還」作「遣」；乙十一行本同；孔本同；退齋校同。】王亮帥衆渡江，旬日，拔其八城，捕虜及納降各千計。遂間募驍勇，「間」當作「簡」。驍，堅堯翻。數道進攻水邏。蠻帥冉伯犂、冉安西素與令賢有仇，騰說誘，賂以金帛，使爲鄉導。帥，讀曰率。說，式芮翻。鄉，讀曰嚮。水邏之旁有石勝城，令賢使其兄子龍真據之。騰密誘龍真，龍真遂以城降。水邏衆潰，斬首萬餘級，捕虜萬餘口。令賢走，追獲，斬之。騰積骸於水邏城側爲京觀。是後羣蠻望之，輒大哭，不敢復叛。觀，古玩翻。復，扶又翻。

向五子王據石墨城，使其子寶勝據雙城。今歸州巴東縣，北臨大江，有鐵槍頭，長數丈，經數百年不損，目曰「向王槍」，蓋諸向所據處也。水邏既平，騰頻遣諭之，猶不下。進擊，皆擒之，盡斬諸向酋長，捕虜萬餘口。酋，慈秋翻。長，知兩翻。

信州舊治白帝，騰徙之於八陳灘北，諸葛亮壘石爲八陣於魚復平沙之上，今謂之八陣磧。夔州圖經云：八陣磧在奉節縣西南七里。又云：在永安宮南一里。渚下平磧，上聚細石爲之，各高五丈，皆碁布相當。中間相去九尺，正中開南北巷，悉廣五尺，凡六十四聚。或爲人散亂，及爲夏水所沒，水退則依然如故。又有二十四聚，作兩層，其後每層各十二聚。陳，讀曰陣。以司馬裔爲信州刺史。

小吏部隴西辛昂，周既建六官，以六部分屬六官，小吏部屬天官。奉使梁、益，且爲騰督軍糧。使，疏吏翻；下同。爲，于僞翻。時臨、信、楚、合等州，民多從亂，五代志：巴東郡臨江縣，後周置臨州。巴郡，梁置楚州。涪陵郡，西魏置合州。唐改臨州爲忠州。昂諭以禍福，赴者如歸。乃令老弱負糧，壯夫拒戰，咸樂爲用。樂，音洛。使還，會巴州萬榮郡民反，五代志：清化郡，梁置巴州，所領永穆縣，舊置萬榮郡。唐志：永穆縣屬通州，我朝改通州爲達州。攻圍郡城，遏絕山路。昂謂其徒曰：「凶狡猖狂，若待上聞，孤城必陷。苟利百姓，專之可也。」遂募通、開二州，五代志：通川郡，梁置萬州，西魏曰通川。所領西流縣，後魏之漢興縣也，西魏置開州；唐省西流縣入盛山縣。杜佑曰：通州，漢宕渠之地，梁於此置萬州，以州內地萬餘頃，故以爲名；西魏改通州，以居四達之地。得三千人。倍道兼行，出其不意，直趣賊壘。趣，七喻翻。賊以爲大軍至，望風瓦解，一郡獲全。周朝嘉之，以爲渠州刺史。五代志：宕渠郡，梁置渠州。朝，直遙翻。

24 冬，十月，齊以侯莫陳相爲太傅，任城王湝爲太保，婁叡爲大司馬，馮翊王潤爲太尉，開府儀同三司韓祖念爲司徒。

25 庚申，帝享太廟。

26 十一月，乙亥，周遣使來弔。使，疏吏翻。

27 丙戌，周主行視武功等新城；行，下孟翻。十二月，庚申，還長安。

28 齊河間王孝琬怨執政，怨讒殺其兄孝瑜也。爲草人而射之。射，而亦翻。和士開、祖珽譖之於上皇曰：「草人以擬聖躬也。又，前突厥至幷州，孝琬脫兜鍪抵地，抵，諸氏翻，側擊也；北齊書作「抵」，丁禮翻。云：『我豈老嫗，須著此物！』此言屬大家也。嫗，威遇翻。著，陟略翻。屬，之欲翻。比時已謂天子爲「大家」，言比上皇於婦人。又，魏世謠言：『河南種穀河北生，白楊樹上金雞鳴。』河南、北者，河間也。孝琬將建金雞大赦耳。」五代志曰：後齊赦日，武庫令設金雞及鼓於闕門外之右，集囚於闕前，撾鼓千聲，釋焉。爾雅翼曰：海中星占曰：天雞聲動爲有赦。故後魏、北齊赦日，皆設金雞揭于竿。上皇頗惑之。

會孝琬得佛牙，置第內，夜有光。上皇聞之，使搜之，得塡庫矟幡數百，塡，讀曰鎭。矟，色角翻。上皇以爲反具，收訊。諸姬有陳氏者，無寵，誣孝琬云：「孝琬常畫陛下像而哭之」，其實世宗像也。孝琬父澄，謚文襄皇帝，廟號世宗。上皇怒，使武衛赫連輔玄倒鞭撾之。倒鞭者，執小頭，以大頭撾之。孝琬呼叔。上皇曰：「何敢呼我爲叔！」孝琬曰：「臣神武皇帝嫡孫，文襄皇帝嫡子，魏孝靜皇帝之甥，何爲不得呼叔！」上皇愈怒，折其兩脛而死。折，而設翻。

安德王延宗哭之，淚赤。延宗亦文襄之子，幼爲文宣所養，問：「欲作何王？」對曰：「欲作衝天王。」文宣問楊愔。愔曰：「天下無此郡名，願使安於德。」乃封安德王。淚赤者，泣盡而繼之以血也。魏中興初，分樂陵，置安德郡。又爲草人，鞭而訊之曰：「何故殺我兄？」奴告之，上皇覆延宗於地，馬鞭鞭之二百，幾死。幾，居依翻。

29是歲，齊賜侍中、中書監元文遙姓高氏，文遙，孝昭帝之后黨也。頃之，遷尚書左僕射。

魏末以來，縣令多用廝役，廝，音斯，今相傳讀從詵入聲。由是士流恥爲之。文遙以爲縣令治民之本，治，直之翻。遂請革選，革，更改也。密擇貴遊子弟，發敕用之；猶恐其披訴，悉召之集神武門，令趙郡王叡宣旨唱名，厚加尉諭而遣之。齊之士人爲縣自此始。

章錫琛標點容肇祖聶崇岐覆校

資治通鑑卷第一百七十

端明殿學士兼翰林侍讀學士朝散大夫右諫議大夫充集賢殿修撰提舉西京嵩山崇福宮上柱國河内郡開國侯食邑一千八百户食實封六百户賜紫金魚袋臣司馬光　奉敕編集

後　學　天　台　胡三省　音　註

陳紀四 起強圉大淵獻(丁亥)，盡重光單閼(辛卯)，凡五年。

臨海王 諱伯宗，字奉業，小字藥王，文帝嫡長子也。

光大元年(丁亥、五六七)

1 春，正月，癸酉朔，日有食之。

2 尚書左僕射袁樞卒。卒，子恤翻。

3 乙亥，大赦，改元。改元光大。

4 辛卯，帝祀南郊。

5 壬辰，齊上皇還鄴。去年八月如晉陽，今還。

6 己亥，周主耕藉田。藉，秦昔翻。

7 二月，壬寅朔，齊主加元服，大赦。

8 初，高祖爲梁相，高祖殺王僧辯，立梁敬帝，遂相之，因以受禪。相，息亮翻；下同。用劉師知爲中書舍人。師知涉學工文，練習儀體，儀體，謂朝儀國體。歷世祖朝，雖位宦不遷，而委任甚重，朝，直遙翻；下同。與揚州刺史安成王頊、尚書僕射到仲舉同受遺詔輔政。師知、仲舉恆居禁中，參決衆事，恆，戶登翻。頊與左右三百人入居尚書省。師知見頊地望權勢爲朝野所屬，心忌之，屬，之欲翻。與尚書左丞王暹等謀出頊於外。暹，思廉翻。衆猶豫，未敢先發。東宮通事舍人殷不佞，素以名節自任，按蕭子顯齊志，東宮職僚，未有通事舍人。五代志，梁東宮官有通事守舍人、典事守舍人、典法守舍人員，陳因之。又受委東宮，言在東宮，爲上所親委。乃馳詣相府，是時以尚書省爲相府。矯敕謂頊曰：「今四方無事，王可還東府經理州務。」州務，謂揚州事務。

頊將出，中記室毛喜五代志：梁制：蕃王國及庶姓有持節，府有中錄事、中記室。馳入見頊曰：「陳有天下日淺，國禍繼臻，謂八年之間，國連有大喪。中外危懼。太后深惟至計，惟，思也。令王入省共康庶績，今日之言，必非太后之意。宗壯【章：十二行本「壯」作「社」；乙十一行本同；孔本同。】之重，願王三思，三，息暫翻，又如字。須更聞奏，無使姦人得肆其謀。今出外即受制於人，譬如曹爽，願作富家翁，其可得邪！」曹爽事見四十五卷魏邵陵厲公嘉平元年。頊遣喜與領軍將軍吳明徹籌之，明徹曰：「嗣君諒闇，闇，音陰。萬機多闕。殿下親實周、邵，當輔安社稷，願留中勿疑。」

頊乃稱疾，召劉師知，留之與語，使毛喜先入言於太后。太后曰：「今伯宗幼弱，政事並委二郎。文帝居長，頊居次，故稱爲二郎。此非我意。」喜又言於帝。帝曰：「此自師知等所爲，朕不知也。」喜出，以報頊。頊因囚師知，自入見太后及帝，見，賢遍翻。極陳師知之罪，仍自草敕請畫，請畫可也。以師知付廷尉，其夜，於獄中賜死。以到仲舉爲金紫光祿大夫。王暹、殷不佞並付治。付治，付有司治罪也。或作「付治」，付東治使徒作也。以下文不害免官言之，「治」字爲是。暹，息廉翻。不佞，不害之弟也，少有孝行，不佞少居父喪，以至孝稱。江陵之陷，不佞母死於亂兵。不佞在吳，道路隔絕，久不得奔赴，四年之中，晝夜號泣，居處飲食，常爲居喪之禮。後其兄不齊迎母喪歸葬，不佞居處之節，如始聞問，若此者又三年。身自負土，手植松柏，每歲時伏臘，必三日不食。少，詩照翻。行，下孟翻。頊雅重之，故獨得不死，免官而已。王暹伏誅。自是國政盡歸於頊。劉師知之事，大類楊愔。

右衞將軍會稽韓子高，鎮領軍府，在建康諸將中士馬最盛，會，工外翻。將，即亮翻。與仲舉通謀。事未發。毛喜請簡士馬配子高，并賜鐵炭，使脩器甲。頊驚曰：「子高謀反，方欲收執，何爲更如是邪？」邪，音耶。喜曰：「山陵始畢，邊寇尚多，而子高受委前朝，名爲杖順。若收之，恐不卽授首，或能爲人患。宜推心安誘，朝，直遙翻。誘，音酉。使不自疑，伺間圖之，一壯士之力耳。」頊深然之。間，古莧翻。考異曰：陳書文沈后傳云：「安成王旣專，沈太后憂悶，計無所出，乃密賂宦者蔣裕，令誘建安人張安國，使據郡反，冀因此以圖高宗。安國事覺，並爲高宗所誅。時后左右近侍頗知其事，后恐連，逮黨與並殺之。」按后欲圖高宗，而令安國據建安反，理不相涉。且后若實有此謀，高宗既立，后豈得自全！今刪去。

仲舉既廢歸私第，心不自安。子郁，尚世祖妹信義長公主，信義，郡名。五代志：吳郡常熟縣，梁置信義郡。長，知兩翻。除南康內史，未之官。子高亦自危，求出爲衡、廣諸鎮；郁每乘小輿，蒙婦人衣，與子高謀。會前上虞令陸昉及子高軍主告其謀反。昉，分罔翻。項在尚書省，因召文武在位議立皇太子。平旦，仲舉、子高入省，皆執之，到仲舉既廢歸私第，非在位者。蓋項召其會議，因而執之。并郁送廷尉，下詔，於獄賜死，考異曰：陳書子高傳，死在光大元年八月。按華皎傳，子高誅後，皎始謀叛。帝紀，此年五月，皎已謀反。又慈訓太后令，先言劉師知、子高誅，後乃及余孝頃。始興王伯茂傳，師知等誅後，伯茂乃進號中衛。然則子高傳誤也。餘黨一無所問。

9 辛亥，南豫州刺史余孝頃坐謀反誅。

10 癸丑，以東揚州刺史始興王伯茂爲中衛大將軍、開府儀同三司。梁置四中將軍，軍、衛、撫、護，止施於內。伯茂，帝之母弟也，劉師知、韓子高之謀，伯茂皆預之；司徒項恐扇動內外，故以爲中衛，專使之居禁中，與帝遊處。處，昌呂翻。

11 三月，甲午，以尚書右僕射沈欽爲侍中、左僕射。史言沈欽官兼兩省。

12 夏，四月，癸丑，齊遣散騎常侍司馬幼之來聘。散，悉亶翻。騎，奇寄翻。

13 湘州刺史華皎華，戶化翻。聞韓子高死，內不自安，皎與劉師知、韓子高皆爲文帝所親任，二人既死，故皎不自安。繕甲聚徒，撫循所部，啓求廣州，以卜朝廷之意。司徒頊僞許之，而詔書未出。皎遣使潛引周兵，又自歸於梁，以其子玄響爲質。使，疏吏翻。質，音致。

五月，癸巳，頊以丹楊尹吳明徹爲湘州刺史。

14 甲午，齊以東平王儼爲尚書令。

15 司徒頊遣吳明徹帥舟師三萬趣郢州，帥，讀曰率；下同。趣，七喻反；下同。丙申，遣征南大將軍淳于量帥舟師五萬繼之，又遣冠武將軍楊文通從安成步道出茶陵，梁置冠武將軍，與折衝同班。五代志：廬陵郡安復縣，舊置安成郡。茶陵縣，漢屬長沙郡，吳分屬湘東郡，隋幷入衡山郡湘潭縣。九域志：茶陵縣屬衡州，在州東三百五十五里。巴山太守黃法慧從宜陽出澧陵，宜陽，卽豫章郡宜春縣也，晉孝武帝更名宜陽，避太后諱也。隋復曰宜春縣，帶袁州。後漢立醴陵縣，屬長沙郡。九域志：在郡東一百六十里。自宜春至醴陵二百二十里。守，式又翻。共襲華皎，幷與江州刺史章昭達、郢州刺史程靈洗合謀進討。六月，壬寅，以司空徐度爲車騎將軍，總督建康諸軍，步道趣湘州。

16 辛亥，周主尊其母叱奴氏爲皇太后。按魏收官氏志：拓跋興於代北，兼幷他部，以本部中別族爲內姓；其他諸部隨方分之，北方有叱奴氏。

17己未，齊封皇弟仁機爲西河王，仁約爲樂浪王，樂，音洛；下同。浪，音琅。仁儉爲潁川王，仁雅爲安樂王，仁直爲丹楊王，考異曰：北齊書帝紀：名統，今從列傳。統，謂仁直。仁謙爲東海王。皆郡王也。五代志：安樂郡密雲縣，舊置安樂郡。

18華皎使者至長安；梁王亦上書言狀，且乞師；華，戶化翻。使，疏吏翻。上，時掌翻。周人議出師應之。司會崔猷曰：「前歲東征，死傷過半。謂攻齊洛陽也，事見上卷文帝天嘉五年。會，古外翻。比雖循撫，瘡痍未復。今陳氏保境息民，共敦鄰好，比，毗至翻。好，呼到翻。豈可利其土地，納其叛臣，違盟約之信，興無名之師乎！」晉公護不從。閏六月，戊寅，遣襄州總管衞公直督柱國陸通、大將軍田弘、權景宣、元定等將兵助之。將，卽亮翻，又音如字，領也。

19辛巳，齊左丞相咸陽武王斛律金卒，年八十。長子光爲大將軍，相，息亮翻。卒，子恤翻。長，知兩翻。次子羨及孫武都並開府儀同三司，出鎭方岳，斛律羨鎭幽州，武都鎭梁、兗二州。其餘子孫封侯顯貴者甚衆。門中一皇后，二太子妃，金子光長女，孝昭納爲太子妃；次女，武成納爲太子妃，後主受內禪，立爲皇后。三公主，按後祖珽言光男尚公主，蓋光子武都、世雄、恆伽皆尚主也。事齊貴寵，三世無比。自肅宗以來，禮敬尤重，每朝見，常聽乘步挽車至階，朝，直遙翻。見，賢遍翻。步挽車，不用牛馬，令人步挽之。或以羊車迎之。然金不以爲喜，嘗謂光曰：「我雖不讀書，聞古來外戚鮮有能保其族者。鮮，息淺翻。女若有寵，爲諸貴所嫉；無寵，爲天子所憎。我家直以勳勞致富貴，何必藉女寵也！」史言斛律金有識。

20 壬午，齊以東平王儼錄尚書事，以左僕射趙彥深爲尚書令，幷省尚書左僕射婁定遠爲左僕射，自幷省入爲鄴省左僕射。中書監徐之才爲右僕射。定遠，昭之子也。昭，婁后之弟。

21 秋，七月，戊申，立皇子至澤爲太子。

22 八月，齊以任城王湝爲太師，任，音壬。湝，音皆，又戶皆翻。馮翊王潤爲大司馬，段韶爲左丞相，賀拔仁爲右丞相，侯莫陳相爲太宰，婁叡爲太傅，斛律光爲太保，韓祖念爲大將軍，趙郡王叡爲太尉，東平王儼爲司徒。

儼有寵於上皇及胡后，時兼京畿大都督、領軍大將軍，領御史中丞。魏朝故事：中丞出，與皇太子分路，分路而行，不引車避道。朝，直遙翻。王公皆遙駐車，去牛，頓軛於地，以待其過；去，羌呂翻。軛，於革翻。其或遲違，不即駐車頓軛，是遲，遲爲違法。則前驅以赤棒棒之。棒，部項翻。自遷鄴以後，此儀廢絕，上皇欲尊寵儼，命一遵舊制。儼初從北宮出，將上中丞，將上，時掌翻。今人謂領職視事爲禮上。凡京畿步騎、領軍官屬、中丞威儀、司徒鹵簿，莫不畢從。騎，奇寄翻。從，才用翻。上皇與胡后張幕於華林園東門外而觀之，遣中使驟馬趣仗。趣儼前導儀仗也。使，疏吏翻。趣，七喻翻。不得入，自言奉敕，赤棒卒應聲碎其鞍，馬驚，人墜。上皇大笑，以爲善，更敕駐車，勞問良久。勞問儼也。勞，力到翻。觀者傾鄴城。

儼恆在宮中，坐含光殿視事，恆，戶登翻；下同。諸父皆拜之。上皇或時如并州，晉陽宮在并州。儼恆居守。恆，戶登翻。守，式又翻。每送行，或半路，或至晉陽乃還。還，從宣翻，又音如字。器玩服飾，皆與齊主同，所須悉官給。嘗於南宮見新冰早李，齊主時居鄴之南宮，儼從上皇、胡后居北宮。還，怒曰：「尊兄已有，我何意無！」儼常謂齊主爲尊兄。自是齊主或先得新奇，屬官及工人必獲罪。儼性剛決，嘗言於上皇曰：「尊兄懦，何能帥左右！」上皇每稱其才，有廢立意，胡后亦勸之，既而中止。儼與齊主既定君臣之分，而常以兄弟相呼，又有奪嫡之意。史歷言之，爲儼怙寵致禍張本。帥，讀曰率。

23 華皎遣使誘章昭達，昭達執送建康。又誘程靈洗，靈洗斬之。華，戶化翻。使，疏吏翻。誘，音酉；下並同。皎以武州居其心腹，五代志，武陵郡，梁置武州。遣使誘都督陸子隆，子隆不從；遣兵攻之，不克。巴州刺史戴僧朔等並隸於皎，文帝命皎都督湘、巴等四州。五代志，巴陵郡，梁置巴州。長沙太守曹慶等，本隸皎下，遂爲之用。湘州與長沙郡同治所，以州統郡，故曰本隸皎下。守，手又翻。司徒頊恐上流守宰皆附之，乃曲赦湘、巴二州。九月，乙巳，悉誅皎家屬。

梁以皎爲司空，遣其柱國王操將兵二萬助之。周權景宣將水軍，元定將陸軍，衞公直總之，與皎俱下。將，卽亮翻，又音如字，領也。淳于量軍夏口，直軍魯山，使元定以步騎數千圍郢州。騎，奇寄翻。考異曰：陳帝紀云「步騎二萬」，蓋夸誕之辭。今從周帝紀。皎軍于白螺，水經：江水過長沙下雋縣北，湘水從南來注之。江水又東過彭城口，又東過如山北，又東過白螺山南。螺，盧戈翻。雋，辭兗翻。與吳明徹等相持。徐度、楊文通由嶺路襲湘州，嶺路，即前所出安成、宜陽步道也。盡獲其所留軍士家屬。

皎自巴陵與周、梁水軍順流乘風而下，軍勢甚盛，戰于沌口。沌，柱兗翻。量、明徹募軍中小艦，多賞金銀，令先出當西軍大艦受其拍；西軍諸艦發拍皆盡，然後量等以大艦拍之，西軍艦皆碎，沒于中流。戰船置拍竿，發之以拍敵船。艦，戶黯翻。西軍又以艦載薪，因風縱火，俄而風轉，自焚，西軍大敗。皎與戴僧朔單舸走，舸，古我翻。過巴陵，不敢發岸，「發」，恐當作「登」。徑奔江陵；衞公直亦奔江陵。

元定孤軍，進退無路，斫竹開徑，且戰且引，欲趣巴陵。趣，七喻翻。巴陵已爲徐度等所據，度等遣使僞與結盟，許縱之還國；定信之，解仗就度，度執之，盡俘其衆，考異曰：陳書云「獲萬餘人，馬四千匹」。亦恐夸誕，今不取。幷擒梁大將軍李廣。定憤恚而卒。恚，於避翻。卒，子恤翻。

皎黨曹慶等四十餘人並伏誅。唯以岳陽太守章昭裕，昭達之弟，桂陽太守曹宣，高祖舊臣，衡陽內史汝陰任忠，嘗有密啓，皆宥之。

吳明徹乘勝攻梁河東，拔之。守，式又翻。五代志：巴陵郡湘陰縣，梁置岳陽郡。桂陽郡郴縣，梁置桂陽郡。長沙郡衡山縣，舊置衡陽郡。陳以衡陽爲王國，故置內史。南郡松滋縣，舊置河東郡。任，音壬。

周衞公直歸罪於梁柱國殷亮；梁主知非其罪，然不敢違，遂誅之。

周與陳既交惡，周沔州刺史裴寬白襄州總管，請益戍兵，并遷城於羊蹄山以避水。五代志：沔陽郡甑山縣，梁置梁安郡，西魏改曰魏安郡，置江州，廢帝三年，改曰沔州。甑山有陽臺山，在漢川之南三十五里，土俗訛爲羊蹄山。總管兵未至，程靈洗舟師奄至城下。會大雨，水暴漲，靈洗引大艦臨城發拍，擊樓堞皆碎，堞，徒協翻。矢石晝夜攻之三十餘日；陳人登城，寬猶帥衆執短兵拒戰；帥，讀曰率。又二日，乃擒之。

24 丁巳，齊上皇如晉陽。山東水，饑，按李百藥書：山東大水，人飢。僵尸滿道。僵，居良翻。

25 冬，十月，甲申，帝享太廟。

26 十一月，戊戌朔，日有食之。

27 丙午，齊大赦。

28 癸丑，周許穆公宇文貴自突厥還，卒于張掖。宇文貴與陳公純等如突厥逆女，突厥留之；貴以疾先得還。厥，九勿翻。還，從宣翻，又音如字。卒，子恤翻。掖，音亦。

29 齊上皇還鄴。

30 十二月，周晉公護母卒，卒，子恤翻。詔起，令視事。令，力丁翻。

31 齊祕書監祖珽，與黃門侍郎劉逖友善。珽欲求宰相，乃疏趙彥深、元文遙、和士開罪狀，令遜奏之，遜不敢通；彥深等聞之，先詣上皇自陳。上皇大怒，執珽，詰之，珽，他鼎翻。詰，去吉翻。珽因陳士開、文遙、彥深等朋黨、弄權、賣官、鬻獄事。上皇曰：「爾乃誹謗我！」珽曰：「臣不敢誹謗，陛下取人女。」上皇曰：「我以其饑饉，收養之耳。」珽曰：「何不開倉振給，乃買入後宮乎？」上皇益怒，以刀環築其口，鞭杖亂下，將撲殺之。撲，弼角翻。珽呼曰：「陛下勿殺臣，臣爲陛下合金丹。」呼，火故翻。爲，于僞翻。合，音閤。遂得少寬。少，詩照翻。珽曰：「陛下有一范增不能用。」漢高帝之言。上皇又怒曰：「爾自比范增，以我爲項羽邪？」邪，音耶。珽曰：「項羽布衣，帥烏合之衆，五年而成霸業。帥，讀曰率。陛下藉父兄之資，纔得至此，臣以爲項羽未易可輕。」上皇愈怒，令以土塞其口。易，以豉翻。塞，悉則翻。珽且吐且言，乃鞭二百，配甲坊，尋徙光州，五代志：東萊郡，舊置光州。敕令牢掌。別駕張奉福曰：「牢者，地牢也。」乃置地牢中，桎梏不離身；離，力智翻。夜，以蕪菁子爲燭，眼爲所熏，由是失明。本草曰：蕪菁主明目。今珽由是失明，蓋其子餌之則明目，以之爲燭，則煙熏眼而失明。衍義曰：蕪菁，今世俗謂之蔓菁，夏則枯，蔬圃復種之，謂之雞毛菜。正在春時採擷之餘，收子爲油。審是，則菜油也，東南之人多以之照夜，未嘗熏眼失明。

32 齊七兵尚書畢義雲，杜佑曰：魏始置五兵尚書，謂中兵、外兵、別兵、都兵、騎兵也。晉分中、外各爲左、右，雖與舊爲七曹，唯有五兵尚書，無七兵尚書之名。至後魏，始有七兵尚書。今諸家著述，或謂晉太康中置七兵尚書，誤矣。爲治酷忍，非人理所及，治，直吏翻。於家尤甚。夜，爲盜所殺，遺其刀，驗之，其子善昭所佩刀也。有司執善昭，誅之。史書此以垂戒。然以情觀之，善昭果弑其父，必不遺刀以待驗，蓋盜爲此計以殺其子。

二年（戊子、五六八）

1春，正月，己亥，安成王頊進位太傅，領司徒，加殊禮。

2辛丑，周主祀南郊。

3癸亥，齊主使兼散騎常侍鄭大護來聘。

4湘東忠肅公徐度卒。卒，子恤翻。

5二月，丁卯，周主如武功。

6突厥木杆可汗貳於周，厥，九勿翻。杆，公旦翻。可，從刊入聲。汗，音寒。更許齊人以婚，留陳公純等數年不返。純等逆女，見上卷文帝天嘉六年。會大雷風，壞其穹廬，壞，音怪。旬日不止。木杆懼，以爲天譴，卽備禮送其女於周，純等奉之以歸。三月，癸卯，至長安，周主行親迎之禮。迎，魚敬翻。古者天子娶于諸侯，使同姓諸侯爲之主。桓八年，祭公來，遂逆王后于紀。杜預註云：祭公來，受命於魯，是也。周主行親迎，與突厥爲敵國之禮。甲辰，周大赦。

7乙巳，齊以東平王儼爲大將軍，南陽王綽爲司徒，開府儀同三司徐顯秀爲司空，廣寧王孝珩爲尚書令。珩，音行。

8 戊午，周燕文公于謹卒。燕，因肩翻。卒，子恤翻。謹勳高位重，而事上益恭，每朝參，所從不過二三騎。朝廷有大事，多與謹謀之。朝，直遥翻。騎，奇寄翻。謹盡忠補益，於功臣中特被親信，禮遇隆重，始終無間；被，皮義翻。間，古莧翻。教訓諸子，務存靜退，而子孫蕃衍，蕃，音煩。率皆顯達。

9 吳明徹乘勝進攻江陵，乘沌口之勝也。引水灌之。梁主出頓紀南以避之。劉昭曰：江陵縣北十餘里有紀南城。周總管田弘從梁主，副總管高琳與梁僕射王操守江陵三城，晝夜拒戰十旬。梁將馬武、吉徹擊明徹，敗之。將，卽亮翻。敗，補邁翻。明徹退保公安，梁主乃得還。

10 夏，四月，辛巳，周以達奚武爲太傅，尉遲迥爲太保，齊公憲爲大司馬。

11 齊上皇如晉陽。

12 齊尚書左僕射徐之才善醫，上皇有疾，之才療之，既愈；中書監和士開欲得次遷，乃出之才爲兗州刺史。爲齊主疾作、追之才不及張本。五代志：魯郡，舊兗州，治瑕丘。五月，癸卯，以尚書右僕射胡長仁爲左僕射，士開爲右僕射。長仁，太上皇后之兄也。

13 庚戌，周主享太廟；庚申，如醴泉宮。醴泉宮，卽漢甘泉宮之舊地，在漢馮翊池陽縣西，後魏於此置寧夷縣，隋改曰醴泉縣。

14 壬戌，齊上皇還鄴。還，從宣翻。又音如字。

15 秋，七月，壬寅，周隨桓公楊忠卒，卒，子恤翻。子堅襲爵。堅爲開府儀同三司、小宮伯，周禮：宮伯屬天官，中士二人，下士二人。鄭玄註云：伯，長也；掌王宮宿衛之官及其政令，行其秩敍，作其徒役之事。後周置左、右宮伯，掌侍衛之禁，各更直於內，小宮伯貳之。晉公護欲引以爲腹心。堅以白忠，忠曰：「兩姑之間難爲婦，汝其勿往！」堅乃辭之。史以楊忠有識，因書其卒而書之。楊堅始見于此。

16 丙午，帝享太廟。

17 戊午，周主還長安。

18 壬戌，封皇弟伯智爲永陽王，伯謀爲桂陽王。

19 八月，齊請和於周，周遣軍司馬陸程聘于齊；九月，丙申，齊使侍中斛斯文略報之。

20 冬，十月，癸亥，周主享太廟。

21 庚午，帝享太廟。

22 辛巳，齊以廣寧王孝珩錄尚書事，左僕射胡長仁爲尚書令，右僕射和士開爲左僕射，中書監唐邕爲右僕射。

23 十一月，壬辰朔，日有食之。

24 齊遣兼散騎常侍李諧來聘。散，悉亶翻。騎，奇寄翻。

25甲辰，周主如岐陽。五代志：太原郡雍縣有岐陽宮。

26周遣開府儀同三司崔彥等聘于齊。

27始興王伯茂以安成王頊專政，意甚不平，屢肆惡言。頊，吁玉翻。甲寅，以太皇太后令誣帝，云與劉師知、華皎等通謀。言「以」者，明太皇太后令，頊爲之也。華，戶化翻。且曰：「文皇知子之鑒，事等帝堯；傳弟之懷，又符太伯。今可還申曩志，崇立賢君。」遂廢帝爲臨海王，以安成王入纂。又下令，黜伯茂爲溫麻侯，溫麻縣侯也。沈約曰：晉武帝以溫麻船屯立縣，屬晉安郡。晉安，隋改爲建安。寘諸別館，安成王使盜邀之於道，殺之車中。

28齊上皇疾作，驛追徐之才，未至。辛未，疾亟，以後事屬和士開，屬，之欲翻。握其手曰：「勿負我也！」遂殂於士開之手。殂，祚乎翻。年三十二。明日，之才至，復遣還州。還兗州也。復，扶又翻。

士開祕喪三日不發。黄門侍郎馮子琮問其故，士開曰：「神武、文襄之喪，皆祕不發。神武卒，見一百六十卷梁武帝太清元年；文襄卒，見一百六十二卷太清三年。今至尊年少，少，詩照翻。恐王公有貳心者，意欲盡追集於涼風堂，然後與公議之。」士開素忌太尉錄尚書事趙郡王叡及領軍婁定遠，子琮恐其矯遺詔出叡於外，奪定遠禁兵，乃說之曰：說，式芮翻。「大行先已傳位於今上，羣臣富貴者，皆至尊父子之恩，但令在內貴臣一無改易，王公必無異志。令，力丁翻。

世異事殊，豈得與霸朝相比！高歡、高澄未卽篡魏，握魏之政，北齊君臣皆謂之霸朝。朝，直遥翻；下同。且公不出宫門已數日，升遐之事，鄭玄曰：升，上也；遐，已也。上已者，若仙去云耳。行路皆傳，久而不舉，謂不舉哀成服也。恐有他變。」士開乃發喪。

丙子，大赦。戊寅，尊太上皇后爲皇太后。

侍中尚書左僕射元文遥，以馮子琮，胡太后之妹夫，恐其贊太后干預朝政，朝，直遥翻。與趙郡王叡、和士開謀，出子琮爲鄭州刺史。

世祖驕奢淫泆，役繁賦重，吏民苦之。史言亡齊者武成。甲申，詔：「所在百工細作，悉罷之。鄴下、晉陽、中山宫人、官口之老病者，悉簡放。齊有鄴宫、晉陽宫、中山宫。官口，罪人家口沒官爲奴婢者。諸家緣坐在流所者，聽還。」緣坐，謂罪非正犯，緣親戚而坐罪者。

29 周梁州恆稜獠叛，據趙文表傳：恆稜，地名，所在險固，方數百里，羣獠居之。文表既平獠，遂置爲蓬州。恆，戶登翻。獠，魯皓翻；下同。總管長史南鄭趙文表討之。趙文表爲梁州總管府長史。長，知兩翻。諸將欲四面進攻，將，卽亮翻。文表曰：「四面攻之，獠無生路，必盡死以拒我，未易可克。今吾示以威恩，爲惡者誅之，從善者撫之。善惡既分，破之易矣。」易，以豉翻。遂以此意遍令軍中。時有從軍熟獠，多與恆稜親識，卽以實報之。境上内附者，謂之熟獠。恆稜猶豫未決，文表軍已至其境。獠中先有二路，一平一險，有獠帥數人來見，帥，所類翻。請爲鄉導。鄉，讀曰嚮。

文表曰：「此路寬平，不須爲導。卿但先行慰諭子弟，使來降也。」降，戶江翻；下同。乃遣之。文表謂諸將曰：「獠帥謂吾從寬路而進，必設伏以邀我，當更出其不意。」乃引兵自險路入。乘高而望，果有伏兵。獠既失計，爭帥衆來降。降，戶江翻。文表皆慰撫之，仍徵其租稅，無敢違者。周人以文表爲蓬州長史。蓬州本漢宕渠之地，李勢時爲獠所據。蕭齊立歸化郡，梁置安固縣及伏虞郡。後周置蓬州，因蓬山而以爲名也。

高宗宣皇帝上之上

諱頊，字紹世，小字師利，始興王道譚第二子也。

太建元年（己丑、五六九）

1 春，正月，辛卯朔，周主以齊世祖之喪罷朝會，朝，直遙翻。遣司會李綸弔賻，賻，音附。公羊傳曰：貨財曰賻。會，古外翻。且會葬。

2 甲午，安成王卽皇帝位，改元，大赦。復太皇太后爲皇太后，皇太后爲文皇后；立妃柳氏爲皇后，世子叔寶爲太子；封皇子叔陵爲始興王，奉昭烈王祀。文帝以子伯茂奉始興昭烈王祀，帝既殺伯茂，以叔陵奉祀。乙未，上謁太廟。丁酉，以尚書僕射沈欽爲左僕射，度支尚書王勱爲右僕射。勱，份之孫也。度，徒洛翻。勱，音邁。份，府巾翻。份，奐之弟，肅之叔父也。

3 辛丑，上祀南郊。

4 壬寅，封皇子叔英爲豫章王，叔堅爲長沙王。

5 戊午，上享太廟。

6 齊博陵文簡王濟，世祖之母弟也，爲定州刺史，語人曰：「次敍當至我矣。」言以兄弟之次，亦當爲天子也。語，牛倨翻。齊主聞之，陰使人就州殺之，葬贈如禮。

7 二月，乙亥，上耕藉田。藉，秦昔翻。

8 甲申，齊葬武成帝于永平陵，廟號世祖。

9 乙【章：十二行本「乙」作「己」；乙十一行本同；孔本同；張校同。】丑，齊徙東平王儼爲琅邪王。邪，音耶。

10 齊遣侍中叱列長叉聘于周。姓纂：叱列，複姓，出於拓跋氏西部。

11 齊以司空徐顯秀爲太尉，并省尚書令婁定遠爲司空。

初，侍中、尚書右僕射和士開，爲世祖所親狎，出入臥內，無復期度，復，扶又翻。遂得幸於胡后。及世祖殂，齊主以士開受顧託，深委任之，威權益盛；與婁定遠及錄尚書事趙彥深、侍中・尚書左僕射元文遙、開府儀同三司唐邕、領軍綦連猛、高阿那肱、李延壽曰：綦連，其先姬姓，六國末，避亂出塞，保祁連山，因以山爲姓，北人語訛，故曰綦連。魏收官氏志：綦連氏出於西方諸部。度支尚書胡長粲俱用事，時號「八貴」。樂，音洛。太尉趙郡王叡、大司馬馮翊王潤、安德王延宗與婁定遠、元文遙皆言於齊主，請出士開爲外任。會胡太后觴朝貴於前殿，朝，直遙翻。叡面陳士開罪失云：「士開先帝弄臣，城狐社鼠，受納貨賂，穢亂宮掖。掖，音亦。臣等義無杜口，冒死陳之。」太后曰：「先帝在時，王等何不言？今日欲欺孤寡邪？邪，音耶。且飲酒，勿多言！」叡等辭色愈厲。儀同三司安吐根曰：「臣本商胡，安吐根，本安息胡人。天平初，柔然主使至晉陽，吐根密啓柔然情狀，高歡因爲之備，柔然入掠，無獲而返。其後歡與柔然和親，結成婚媾，皆吐根爲行人。既而歸歡，由是見親待。得在諸貴行末，行，戶剛翻。既受厚恩，豈敢惜死！不出士開，朝野不定。」太后曰：「異日論之，王等且散！」叡等或投冠於地，或拂衣而起。明日，叡等復詣雲龍門，復，扶又翻。令文遙入奏之，三返，太后不聽。左丞相段韶使胡長粲傳太后言曰：「梓宮在殯，事太怱怱，欲王等更思之！」叡等遂皆拜謝。長粲復命，太后曰：「成妹母子家者，兄之力也。」長粲，胡太后之兄，故云然。厚賜叡等，罷之。

太后及齊主召問士開，對曰：「先帝於羣臣之中，待臣最厚。陛下諒闇始爾，闇，音陰。大臣皆有覬覦。覬，音冀。覦，音俞。今若出臣，正是翦陛下羽翼。宜謂叡云：『文遙與臣，俱受先帝任用，豈可一去一留！並可用爲州，且出納如舊。尚書出納帝命，今且如舊領職。待過山陵，然後遣之。』叡等謂臣眞出，心必喜之。」喜，許記翻。帝及太后然之，告叡等如其言。乃以士開爲兗州刺史，文遙爲西兗州刺史。西兗州，時治滑臺。葬畢，叡等促士開就路。太后欲留士開過百日，古者葬日虞，既三虞，用剛日卒哭；後人百日而卒哭，至今猶然。叡不許；數日之內，太后數以爲言。后數，所角翻。有中人知太后密旨者，謂叡曰：「太后意既如此，殿下何宜苦違！」叡曰：「吾受委不輕。今嗣主幼沖，豈可使邪臣在側！不守之以死，何面戴天！」遂更見太后，苦言之。太后令酌酒賜叡，叡正色曰：「今論國家大事，非爲卮酒！」爲，于僞翻。言訖，遽出。

士開載美女珠簾詣婁定遠，謝曰：「諸貴欲殺士開，蒙王力，武成帝封婁定遠臨淮郡王，故稱之。特全其命，用爲方伯。今當奉別，謹上二女子，一珠簾。」上，時掌翻。定遠喜，謂士開曰：「欲還入不？」不，讀曰否。士開曰：「在內久不自安，今得出，實遂本志，不願更入。但乞王保護，長爲大州刺史足矣。」定遠信之。送至門，士開曰：「今當遠出，願得一辭覲二宮。」定遠許之。士開由是得見太后及帝，進說曰：見，賢遍翻。說，式芮翻。「先帝一旦登遐，臣愧不能自死。觀朝貴意勢，欲以陛下爲乾明。乾明，齊濟南王年號也，事見一百六十八卷文帝天嘉元年。臣出之後，必有大變，臣何面目見先帝於地下！」因慟哭。帝、太后皆泣，問：「計安出？」士開曰：「臣已得入，復何所慮，正須數行詔書耳。」復，扶又翻；下將復、后復、復以同。行，戶剛翻。於是詔出定遠爲青州刺史，責趙郡王叡以不臣之罪。

旦日，叡將復入諫，妻子咸止之，叡曰：「社稷事重，吾寧死事先皇，不忍見朝廷顛沛。」

至殿門，又有人謂曰：「殿下勿入，恐有變。」叡曰：「吾上不負天，死亦無恨。」入，見太后，太后復以爲言，叡執之彌固。出，至永巷，遇兵，執送華林園雀離佛院，釋氏西域見，賢遍翻。記：龜茲國北四十里，山上有寺，名曰雀離，大清淨，故倣以建佛院。令劉桃枝拉殺之。拉，盧合翻。考異曰：北齊帝紀：「天統三年，六月，以并省尚書左僕射婁定遠爲尚書左僕射。五年二月，殺趙郡王叡。三月，以并省尚書令婁定遠爲司空。」蓋定遠既爲僕射，復爲并省尚書令也。按和士開傳，先出定遠，然後殺叡，叡死必在定遠作司空後，帝紀誤也。但不知果在何時耳。又士開傳云「出爲青州」。定遠傳云「尋除瀛州」。蓋先出爲青州，後乃除瀛州也。叡久典朝政，文宣帝時，濟南以太子監國，立大都督府，與尚書省分理衆事，以叡攝大都督府長史。至武成之世，拜尚書令，又進攝錄尚書事，又進太尉。朝，直遙翻；下同。清正自守，朝野寃惜之。復以士開爲侍中、尚書左僕射。定遠歸士開所遺，遺，于季翻。加以餘珍賂之。

12 三月，齊主如晉陽。夏，四月，甲子，以并州尚書省爲大基聖寺，晉祠爲大崇皇寺。魏收志：太原郡晉陽縣有晉祠。乙丑，齊主還鄴。

13 齊主年少，多嬖寵。少，詩照翻。武衞將軍高阿那肱，素以諂佞爲世祖及和士開所厚，世祖多令在東宮侍齊主，由是有寵；累遷并省尚書令，封淮陰王。世祖簡都督二十人，使侍衞東宮，齊左、右衞府領左、右府，其御仗屬官，各有正、副都督。昌黎韓長鸞預焉，齊主獨親愛長鸞。長鸞，名鳳，以字行，累遷侍中、領軍，總知內省機密。

宮婢陸令萱者，其夫漢陽駱超，坐謀叛誅，令萱配掖庭，子提婆，亦沒爲奴。齊主之在襁褓，令萱保養之。令萱巧黠，善取媚，黠，戶八翻。有寵於胡太后，宮掖之中，獨擅威福，封爲郡君，和士開、高阿那肱皆爲之養子。齊主以令萱爲女侍中。後魏孝文改定內官，左・右昭儀、三夫人、九嬪、世婦、御女之外，又置內職，典內司，視尚書令、僕；作司、大監、女侍中三官，視二品監。令萱引提婆入侍齊主，朝夕戲狎，累遷至開府儀同三司、武衛大將軍。宮人穆舍利者，斛律后之從婢也，從，才用翻。有寵於齊主；令萱欲附之，乃爲之養母，薦爲弘德夫人，河清新令：弘德、崇德、正德三夫人，位比三公。因令提婆冒姓穆氏。然和士開用事最久，諸幸臣皆依附之以固其寵。

齊主思祖珽，齊主受內禪，祖珽啓其謀，故思之。就流囚中除海州刺史。祖珽去年徙光州。五代志：東海郡，梁置南、北二青州，東魏改爲海州。珽乃遺陸媼弟儀同三司悉達書曰：「趙彥深心腹深沈，欲行伊、霍事，遺，于季翻。媼，烏老翻。陸媼，卽謂令萱。沈，持林翻。儀同姊弟豈得平安，何不早用智士邪！」和士開亦以珽有膽略，欲引爲謀主，乃棄舊怨，虛心待之，與陸媼言於帝曰：「襄、宣、昭三帝之子，皆不得立。謂文襄、文宣、孝昭之子也。今至尊獨在帝位者，祖孝徵之力也。祖珽，字孝徵，事見上卷文帝天嘉元年。人有功，不可不報。孝徵心行雖薄，行，下孟翻。奇略出人，緩急可使。且其人已盲，必無反心，請呼取，問以籌策。」齊主從之，召入，爲祕書監，加開府儀同三司。

士開譖尚書令隴東王胡長仁驕恣，出爲齊州刺史。長仁怨憤，謀遣刺客殺士開。事覺，士開與珽謀之，珽引漢文帝誅薄昭故事，薄昭事見十四卷漢文帝十年。胡長仁，帝舅也，故引此事以誅之。遂遣使就州賜死。使，疏吏翻。

14 五月，庚戌，周主如醴泉宮。

15 丁巳，以吏部尚書徐陵爲左僕射。

16 秋，七月，辛卯，皇太子納妃沈氏，考異曰：陳書、南史沈后傳，皆云太建三年拜皇太子妃，誤也。今從帝紀。吏部尚書君理之女也。

17 辛亥，周主還長安。

18 八月，庚辰，盜殺周孔城防主，以其地入齊。魏收志：漢、晉河南新城縣，後魏置新城郡，治孔城。其地在隋河南郡伊闕縣界。九月，辛卯，周遣齊公憲與柱國李穆將兵趣宜陽，杜佑曰：宜陽郡，今福昌縣。築崇德等五城。趣，七喻翻。

19 歐陽紇在廣州十餘年，武帝永定二年，紇與父頠定廣州，至是凡十二年。紇，下沒翻。威惠著於百越。自華皎之叛，帝心疑之，華，戶化翻。徵爲左衞將軍。紇恐懼，其下多勸之反，遂舉兵攻衡州刺史錢道戢。此始興之衡州。五代志：南海郡始興縣，梁置安遠郡及東衡州。

帝遣中書侍郎徐儉持節諭旨。紇初見儉，盛仗衞，言辭不恭。儉曰：「呂嘉之事，誠當已遠，呂嘉事見二十卷漢武帝元鼎五年、六年。將軍獨不見周迪、陳寶應乎！周迪、陳寶應皆以叛換敗死，事並見文帝紀。轉禍爲福，未爲晚也。」紇默然不應，置儉於孤園寺，累旬不得還。紇嘗出見儉，儉謂之曰：「將軍業已舉事，儉須還報天子。儉之性命，雖在將軍，將軍成敗，不在於儉，幸不見留。」紇乃遣儉還。儉，陵之子也。徐陵時貴顯於陳朝。

冬，十月，辛未，詔車騎將軍章昭達討紇。

20 壬午，上享太廟。

21 十一月，辛亥，周鄫文公長孫儉卒。鄫，茲陵翻。長，知兩翻。卒，子恤翻。

22 辛丑，齊以斛律光爲太傅，馮翊王潤爲太保，琅邪王儼爲大司馬。十二月，庚午，以蘭陵王長恭爲尚書令。庚辰，以中書監魏收爲左僕射。

23 周齊公憲等圍齊宜陽，絕其糧道。

24 自華皎之亂，與周人絕，至是周遣御正大夫杜杲來聘，請復脩舊好。杜杲屢聘于陳，故使來脩舊好。復，扶又翻。好，呼到翻。上許之，遣使如周。使，疏吏翻。

二年（庚寅、五七〇）

1 春，正月，乙酉朔，齊改元武平。

2 齊東安王婁叡卒。東安郡王。五代志：琅邪郡沂水縣，舊置東安郡也。

3 丙午，上享太廟。

4 戊申，齊使兼散騎常侍裴讞之來聘。散，悉亶翻。騎，奇寄翻。讞，魚蹇翻，又魚列翻。

5 齊太傅斛律光，將步騎三萬救宜陽，屢破周軍，築統關、豐化二城【章：十二行本「城」字下有「以通宜陽糧道」六字；乙十一行本同；孔本同；張校同。】而還。還，從宣翻，又如字。周軍追之，光縱擊，又破之，獲其開府儀同三司宇文英、梁景興。周軍雖屢敗，而攻宜陽不輟。二月，己巳，齊以斛律光爲右丞相、并州刺史，又以任城王湝爲太師，賀拔仁錄尚書事。任，音壬。湝，音皆，又戶皆翻。

6 歐陽紇召陽春太守馮僕至南海，五代志：高涼郡陽春縣，梁置陽春郡。廣州，治南海郡。守，式又翻。誘與同反。僕遣使告其母洗夫人。夫人曰：「我爲忠貞，經今兩世，僕及父融爲兩世。誘，音酉。使，疏吏翻。洗，息典翻。不能惜汝負國。」遂發兵拒境，帥諸酋長迎章昭達。帥，讀曰率。酋，慈秋翻。長，知兩翻。

昭達倍道兼行，至始興。紇聞昭達奄至，恇擾不知所爲，出頓洭口，水經：洭水出桂陽縣盧聚，東南過含洭縣，南出洭浦關，右合溱水，謂之洭口。洭，去王翻。多聚沙石，盛以竹籠，盛，時征翻。置于水柵之外，用遏舟艦。昭達居上流，裝艦造拍，艦，戶黯翻；下同。令軍人銜刀潛行水中，以斫籠，篾皆解，篾，莫結翻。因縱大艦隨流突之。紇衆大敗，生擒紇，送之；癸未，斬於建康市。

紘之反也，士人流寓在嶺南者皆惶駭。前著作佐郎蕭引獨恬然，曰：「管幼安、袁曜卿，亦但安坐耳。管寧，字幼安，依公孫度，度安其賢；魏文帝初，卒還鄉里。袁渙，字曜卿，爲呂布所拘而不爲布所脅；布敗，歸魏武。君子直己以行義，何憂懼乎！」紘平，上徵爲金部侍郎。唐六典曰：漢置尚書郎四人，其一人主財帛委輸，蓋金部郎曹之任也。歷魏、晉、宋、齊、後魏、北齊，並有金部郎中，梁、陳、隋爲侍郎，煬帝但曰郎。引，允之弟也。蕭允見一百六十二卷梁武帝太清三年。史言蕭允兄弟，處大難而不懾。

馮僕以其母功，封信都侯，遷石龍太守，五代志：石龍縣屬高涼郡，蓋梁、陳置郡也。今爲化州。遣使持節册命冼氏爲石龍太夫人，賜繡幰油絡駟馬安車一乘，幰，許偃翻。安車加繡幰油絡也。乘，繩證翻。給鼓吹一部，幷麾幢旌節，吹，尺瑞翻。幢，傳江翻。其鹵簿一如刺史之儀。

7 三月，丙申，皇太后章氏殂。

8 戊戌，齊安定武王賀拔仁卒。

9 丁未，大赦。

10 夏，四月，甲寅，周以柱國宇文盛爲大宗伯。

11 周主如醴泉宮。

12 辛酉，齊以開府儀同三司徐之才爲尚書左僕射。

13 戊寅，葬武宣皇后於萬安陵。章太后，謚武宣。

14閏月，戊申，上謁太廟。

15五月，壬午，齊遣使來弔。使，疏吏翻。

16六月，乙酉，齊以廣寧王孝珩爲司空。珩，音行。

17甲辰，齊穆夫人生子恆。恆，戶登翻。齊主時未有男，爲之大赦。爲，于僞翻；下請爲、爲之同。陸令萱欲以恆爲太子，恐斛律后恨怒，乃白齊主，使斛律后母養之。

18己丑，齊以開府儀同三司唐邕爲尚書右僕射。

19秋，七月，【章：十二行本「月」下有「癸丑」二字；乙十一行本同；孔本同；張校同。】齊立肅宗子彥基爲城陽王，彥忠爲梁郡王。甲寅，以尚書令蘭陵王長恭爲錄尚書事，中領軍和士開爲尚書令，賜爵淮陽王。

士開威權日盛，朝士不知廉恥者，或爲之假子，與富商大賈同在伯仲之列。朝，直遙翻。賈，音古。嘗有一人士參士開疾，參者，候問其疾。值醫云：「王傷寒極重，【章：十二行本「重」下有「他藥無效」四字；乙十一行本同；孔本同；張校同。】應服黃龍湯。」陶弘景曰：今近城寺別塞空罌口，內糞倉中，久年得汁，甚黑而苦，名爲黃龍湯，治溫病，垂死者皆差。士開有難色。人士曰：「此物甚易服，易，以豉翻。王不須疑，請爲王先嘗之。」一舉而盡。士開感其意，爲之強服，強，其兩翻。遂得愈。

20乙卯，周主還長安。

21 癸酉，齊以華山王凝爲太傅。華山郡王。五代志：京兆郡鄭縣，後魏置華山郡。華，戶化翻。

22 司空章昭達攻梁，章昭達破歐陽紇而還，遂引兵攻梁。梁主與周總管陸騰拒之。周人於峽口南岸築安蜀城，峽口，西陵峽口也。杜佑曰：安蜀城在夷陵郡界。橫引大索於江上，編葦爲橋，以度軍糧。昭達命軍士爲長戟，施於樓船上，仰割其索。索斷，糧絕，索，昔洛翻。因縱兵攻安蜀城，下之。

梁主告急于周襄州總管衛公直，直遣大將軍李遷哲將兵救之。遷哲以其所部守江陵外城，自帥騎兵出南門，使步出北門，將，即亮翻。帥，讀曰率。「步」下有「兵」字，文意較明。首尾邀擊陳兵，陳兵多死。夜，陳兵竊於城西以梯登城，登者已數百人，遷哲與陸騰力戰拒之，乃退。

昭達又決龍川寧朔隄，水經註：紀南城西南有赤坂岡，岡下有瀆水，東北流入城，又東北出城，西南注于龍陂。陂在靈溪東江堤內，水至淵深，有龍見於其中，故曰龍陂。「寧朔」，周書陸騰傳作「寧邦」。引水灌江陵。騰出戰於西隄，昭達兵不利，乃引還。還，從宣翻，又如字。

23 八月，辛卯，齊主如晉陽。

24 九月，乙巳，齊立皇子恆爲太子。

25 冬，十月，辛巳朔，日有食之。

26 齊以廣寧王孝珩爲司徒，上洛王思宗爲司空。上洛，古郡名。復以梁永嘉王莊爲開府儀同三司、梁王，復，扶又翻。許以興復，竟不果。及齊亡，莊憤邑，卒於鄴。史終言之。卒，子恤翻。

27 乙酉，上享太廟。

28 己丑，齊復威宗謚曰文宣皇帝，廟號顯祖。齊改文宣謚號，見上卷文帝天嘉六年。謚，神至翻。

29 丁酉，周鄭桓公達奚武卒。謚法：辟土服遠曰桓。卒，子恤翻。

30 十二月，丁亥，齊主還鄴。

31 周大將軍鄭恪將兵平越嶲，置西寧州。西寧州，後改曰嶲州。嶲，音髓。

32 周、齊爭宜陽，久而不決。勳州刺史韋孝寬謂其下曰：周置勳州於玉壁。「宜陽一城之地，不足損益，兩國爭之，勞師彌年。彼豈無智謀之士，若棄崤東，宜陽在三崤之東。來圖汾北，我必失地。今宜速於華谷及長秋築城以杜其意。水經：涑水出河內聞喜縣黍葭谷。註云：涑水所出，俗謂之華谷。又曰：汾水過臨汾縣東，又屈從縣南西流，又西過長修縣南，又西與華水合，水出於北山華谷。此所謂長秋，蓋即漢長修縣故墟也。俗語訛以「修」爲「長秋」耳。脫其先我，先，悉薦翻。圖之實難。」乃畫地形，具陳其狀。晉公護謂使者曰：「韋公子孫雖多，數不滿百，汾北築城，遣誰守之！」事遂不行。

齊斛律光果出晉州道，於汾北築華谷、龍門二城。五代志：絳郡稷山縣有後魏龍門郡。光至汾東，與孝寬相見，光曰：「宜陽一城，久勞爭戰。今已舍彼，舍，讀曰捨。欲於汾北取償，幸勿怪也。」孝寬曰：「宜陽，彼之要衝，汾北，我之所棄。我棄彼取，其償安在！君輔翼幼主，位望隆重，不撫循百姓而極武窮兵，苟貪尋常之地，塗炭疲弊之民，竊爲君不取也！」爲，于僞翻。

光進圍定陽，築南汾城以逼之。魏收志：後魏延興四年，置定陽縣及定陽郡。五代志：文城郡吉昌縣，後魏置定陽縣及定陽郡。文城郡，東魏置南汾州，後周改曰汾州吉昌縣，後唐避李國昌諱，又改爲吉鄉縣。九域志：屬汾州。宋白曰：慈州吉鄉縣，本漢北屈縣，後魏孝文帝置定陽郡及定陽縣。時會有河西定陽胡人渡河居此，因以爲名。周人釋宜陽之圍以救汾北。晉公護問計於齊公憲，憲曰：「兄宜暫出同州以爲聲勢，憲請以精兵居前，隨機攻取。」護從之。汾，扶云翻。

三年（辛卯、五七一）

1 春，正月，乙【章：十二行本「乙」作「癸」；乙十一行本同；孔本同。】丑，以尚書右僕射徐陵爲左僕射。

2 丁巳，齊使兼散騎常侍劉環儁來聘。散，悉亶翻。騎，奇寄翻。

3 辛酉，上祀南郊；辛未，祀北郊。

4 齊斛律光築十三城於西境，汾北之地，於鄴爲西。馬上以鞭指畫而成，拓地五百里，而未嘗伐功。又與周韋孝寬戰於汾北，破之。齊公憲督諸將東拒齊師。將，卽亮翻。

5 二月，辛巳，上祀明堂。丁酉，耕藉田。藉，秦昔翻。

6 壬寅，齊以蘭陵王長恭爲太尉，趙彥深爲司空，和士開錄尚書事，徐之才爲尚書令，唐邕爲左僕射，吏部尚書馮子琮爲右僕射，仍攝選。仍攝吏部選。選，須絹翻；下典選同。子琮素諂附士開，至是，自以太后親屬，且典選，頗擅引用人，不復啓稟，由是與士開有隙。爲子琮勸琅邪王儼殺士開張本。復，扶又翻。

7 三月，丁丑，大赦。

8 周齊公憲自龍門渡河，此自夏陽渡汾陰也。考異曰：北齊書段韶傳云：「二月，周師來寇。」周書帝紀云：「三月，憲渡河。」今從之。斛律光退保華谷，憲攻拔其新築五城。齊太宰段韶、蘭陵王長恭將兵禦周師，攻柏谷城，拔之而還。此齊遣段韶等出伊、洛以牽制汾北也。將，卽亮翻；下同。

9 夏，四月，戊寅朔，日有食之。

10 壬午，齊以琅邪王儼爲太保。邪，音耶。

11 壬辰，齊遣使來聘。使，疏吏翻。

12 周陳公純取齊宜陽等九城，考異曰：北齊斛律光傳云：「周柱國紇干廣略圍宜陽。」今從周帝紀。齊斛律光將步騎五萬赴之。騎，奇寄翻。

13 五月，癸亥，周使納言鄭詡來聘。唐六典：後周天官府，置御伯中大夫二人，天子出入則侍于左右。武帝改御伯爲納言，蓋侍中之職也。

14 周晉公護使中外府參軍郭榮城於姚襄城南、定陽城西，姚襄城者，襄爲桓溫所敗，奔平陽所築，後人因以爲名。杜佑曰：今汾州吉昌縣西，則姚襄所築城，西臨黃河，控帶龍門之險，春秋時晉之北屈也。「郭榮」之下有「築」字，文意乃明。齊段韶引兵襲周師，破之。六月，韶圍定陽城，考異曰：韶傳：「七月，屠其外城。」周書、北齊帝紀，皆云「六月陷汾州」，今從之。周汾州刺史楊敷固守不下。周汾州治定陽城，隋改爲吉昌縣。汾州，唐改爲慈州。韶急攻之，屠其外城。時韶臥病，謂蘭陵王長恭曰：「此城三面重澗，重，直龍翻。皆無走路；唯慮東南一道耳，賊必從此出。宜簡精兵專守之，此必成擒。」長恭乃令壯士千餘人伏於東南澗口。城中糧盡，齊公憲總兵救之，憚韶，不敢進。敷帥見兵突圍夜走，帥，讀曰率。見，賢遍翻。伏兵擊擒之，盡俘其衆。考異曰：周書齊王憲傳：「屢破齊師。」北齊書斛律光、段韶傳：「屢破周師。」要之，周失汾州，齊師勝耳。乙巳，齊取周汾州及姚襄城，唯郭榮所築城獨存。敷，愔之族子也。楊愔以死殉齊，而敷爲周死於城郭，各盡忠於其所事也。愔，於今翻。

敷子素，少多才藝，少，詩照翻。有大志，不拘小節，以其父守節陷齊，未蒙贈謚，上表申理。周主不許，至於再三，帝大怒，命左右斬之。素大言曰：「臣事無道天子，死其分也！」分，扶問翻。帝壯其言，贈敷大將軍，謚曰忠壯，謚法：武而不遂曰壯。以素爲儀同三司，漸見禮遇。帝命素爲詔書，下筆立成，詞義兼美，帝曰：「勉之，勿憂不富貴。」素曰：「但恐富貴來逼臣，臣無心圖富貴也。」

15 齊斛律光與周師戰於宜陽城下，取周建安等四戍，捕虜千餘人而還。軍未至鄴，齊主敕使散兵，光以軍士多有功者，未得慰勞，乃密通表，請遣使宣旨，宣慰勞之旨也。勞，力到翻。使，疏吏翻；下待使同。軍仍且進，齊朝發使遲留。朝，直遙翻；下同。軍還，將至紫陌，光乃駐營待使。帝聞光軍已逼，心甚惡之，惡，烏路翻。亟令舍人召光入見，然後宣勞散兵。史言齊主已有疑斛律光之心。見，賢遍翻。勞，力到翻。

16 齊琅邪王儼以和士開、穆提婆等專横奢縱，意甚不平。横，戶孟翻。二人相謂曰：「琅邪王眼光奕奕，數步射人，向者暫對，不覺汗出；吾輩見天子奏事尚不然。」由是忌之，乃出儼居北宮，北宮，在鄴之北城。五日一朝，不得無時見太后。見，賢遍翻。

儼之除太保也，餘官悉解，猶帶中丞及京畿。士開等以北城有武庫，欲移儼於外，然後奪其兵權。京畿大都督總京畿兵。治書侍御史王子宜，治，直之翻。與儼所親開府儀同三司高舍洛、中常侍劉辟彊說儼曰：說，式芮翻。「殿下被疏，正由士開間搆，被，皮義翻。疏，與疎同。間，古莧翻。何可出北宮入民間也！」儼謂侍中馮子琮曰：「士開罪重，兒欲殺之，何如？」馮子琮，胡太后之妹夫，故儼自稱曰兒。子琮心欲廢帝而立儼，因勸成之。

儼令子宜表彈士開罪，請禁推。請收禁而推鞫之。彈，徒丹翻。子琮雜他文書奏之，帝主不審省而可之。「主」字衍。據北齊書琅邪王儼傳云：「後主不審省而可之。」通鑑就舊史刪潤以成一家言，本云「帝不審省而可之，」書吏繕寫，因舊史之文，遂衍「主」字。杭本作「齊主」。【章：十二行本正作「齊主」；乙十一行本同；孔本同；張校同。】省，悉井翻。儼誑領軍庫狄伏連曰：「奉敕，令領軍收士開。」魏收官氏志：次南諸姓有庫狄氏。誑，居況翻。伏連以告子琮，且請覆奏，子琮曰：「琅邪受敕，何必更奏。」伏連信之，發京畿軍士，伏於神虎門外，神虎門，卽神武門。南、北國四史成於唐臣之手，避唐諱，凡「虎」字悉改爲「武」，此獨存舊。并戒門者不聽士開入。秋，七月，庚午旦，士開依常早參，依常日早入禁中朝參。伏連前執士開手曰：「今有一大好事。」王子宜授以一函，云：「有敕，令王向臺。」因遣軍士護送。儼遣都督馮永洛就臺斬之。

儼本意唯殺士開，其黨因逼儼曰：「事既然，不可中止。」儼遂帥京畿軍士三千餘人屯千秋門。帥，讀曰率。帝使劉桃枝將禁兵八十人召儼，將，卽亮翻。桃枝遙拜，儼命反縛，將斬之，禁兵散走。帝又使馮子琮召儼，儼辭曰：「士開昔來實合萬死，謀廢至尊，剃家家髮爲尼，剃，他計翻。臣爲是矯詔誅之。尊兄若欲殺臣，不敢逃罪。若赦臣，願遣姊姊來迎，臣卽入見。」齊諸王皆呼嫡母爲家家，乳母爲姊姊，婦爲妹妹。爲，于僞翻。見，賢遍翻。姊姊，謂陸令萱也，儼欲誘出殺之。誘，羊久翻。令萱執刀在帝後，聞之，戰栗。

帝又使韓長鸞召儼，儼將入，劉辟彊牽衣諫曰：「若不斬穆提婆母子，殿下無由得入。」廣寧王孝珩、安德王延宗自西來，珩，音行。曰：「何不入？」辟彊曰：「兵少。」少，詩沼翻；下謂少同。延宗顧衆而言曰：「孝昭帝殺楊遵彥，殺楊愔事見百六十八卷文帝天嘉元年。止八十人。今有數千，何謂少？」

帝泣啓太后曰：「有緣，復見家家；復，扶又翻。無緣，永別！」乃急召斛律光，儼亦召之。

光聞儼殺士開，撫掌大笑曰：「龍子所爲，固自不似凡人！」以儼帝子，故謂之龍子。入，見帝於永巷。見，賢遍翻。帝帥宿衛者步騎四百，授甲，將出戰，帥，讀曰率。光曰：「小兒輩弄兵，與交手卽亂。鄙諺云：『奴見大家心死。』大家，謂主也。臣妾呼天子爲大家，亦此義。至尊宜自至千秋門，琅邪必不敢動。」帝從之。

光步道，道，讀曰導，言步而前導也。使人走出，曰：「大家來。」儼徒駭散。帝駐馬橋上遙呼之，儼猶立不進，光就謂曰：「天子弟殺一夫，何所苦！」執其手，強引以前，強，其兩翻。請於帝曰：「琅邪王年少，腸肥腦滿，輕爲舉措，稍長自不復然，邪，音耶。少，詩照翻。長，謂年長，音展兩翻。願寬其罪。」帝拔儼所帶刀鐶，亂築辮頭，辮頭，示將斬之也。良久，乃釋之。

收庫狄伏連、高舍洛、王子宜、劉辟彊、都督翟顯貴，翟，萇伯翻，又音狄。於後園支解，暴之都街。帝欲盡殺儼府文武職吏，光曰：「此皆勳貴子弟，誅之，恐人心不安。」趙彥深亦曰：「春秋責帥。」春秋左氏傳：韓獻子謂中行桓子曰：「子爲元帥，師不用命，誰之罪也？」帥，所類翻。於是罪之各有差。

太后責問儼，儼曰：「馮子琮教兒。」太后怒，遣使就內省以弓絃絞殺子琮，使，疏吏翻。使內參以庫車載尸歸其家。內參，宦者也。庫車，載庫物者也。自是太后常置儼於宮中，每食必自嘗之。慮鴆毒也。

17 八月，己亥，齊主如晉陽。

18 九月，辛亥，齊以任城王湝爲太宰，任，音壬。湝，音皆，又戶皆翻。馮翊王潤爲太師。

19 己未，齊平原忠武王段韶卒。韶有謀略，得將士死力，卒，子恤翻。將，即亮翻。出總軍旅，入參幃幄，功高望重，而雅性溫慎，得宰相體。事後母孝，閨門雍肅，齊勳貴之家，無能及者。

20 齊祖珽說陸令萱，出趙彥深爲兗州刺史。齊主以珽爲侍中。

陸令萱說帝曰：「人稱琅邪王聰明雄勇，當今無敵；觀其相表，邪，音耶。說，式芮翻。相，息亮翻。殆非人臣。自專殺以來，常懷恐懼，宜早爲之計。」幸臣何洪珍等亦請殺之。帝未決，以食轝密迎珽，問之。食轝，載粱肉以輸太官者也。珽稱「周公誅管叔，周公使管叔監殷，管叔以殷畔，周公誅之。季友酖慶父。」左傳：魯莊公有疾，問後於叔牙。對曰：「慶父材。」問於季友。季友曰：「臣以死奉般。」乃使鍼季酖叔牙而立般。慶父使人弒般。季友立閔公，慶父又使人弒之。季友以僖公適邾。慶父奔莒，季友乃入，立僖公。以賂求慶父于莒，莒人歸之。及密，使公子奚斯請，弗許，哭而往。慶父聞之曰：「奚斯之聲也。」乃縊。慶父、叔牙、季友，皆桓公之子，兄弟也。然而以酖死者，叔牙也。夫漢儒固有以經義斷獄者，若祖珽者，舞經義以成其獄者也，不可不察。帝乃擕儼之晉陽，使右衛大將軍趙元侃誘儼執之，誘，音酉。元侃曰：「臣昔事先帝，見先帝愛王。今寧就死，不忍行此。」帝出元侃爲豫州刺史。

庚午，帝啓太后曰：「明旦欲與仁威早出獵。」儼，字仁威。夜四鼓，帝召儼，儼疑之。陸令萱曰：「兄呼，兒何爲不去！」儼出，至永巷，劉桃枝反接其手。儼呼曰：「乞見家家、尊兄。」桃枝以袖塞其口，呼，火故翻。塞，悉則翻。反袍蒙頭負出，至大明宮，鼻血滿面，拉殺之，拉，盧合翻。時年十四，裹之以席，埋於室內。帝使啓太后，太后臨哭，十餘聲，卽擁入殿。遺腹四男，皆幽死。

冬，十月，罷京畿府，入領軍。以儼以京畿兵弄兵，故罷之。

21 壬午，周冀公通卒。

22 甲申，上享太廟。【上二條據宋刻通鑑無註本增。】

23 乙未，周遣右武伯谷會琨等聘於齊。五代志：周置左、右武伯，掌內、外衛之禁令，兼六率之士，左、右小武伯各二人貳之。谷會，虜複姓。

24 齊胡太后出入不節，與沙門統曇獻通，諸僧至有戲呼曇獻爲太上皇者。齊主聞太后不謹而未之信，後朝太后，朝，直遙翻。見二尼，悅而召之，乃男子也。於是曇獻事亦發，皆伏誅。

己亥，帝自晉陽奉太后還鄴，至紫陌，遇大風。舍人魏僧伽習風角，伽，戌迦翻。奏言：「卽時當有暴逆事。」帝詐云「鄴中有變」，彎弓纏弰，馳入南城，弰，所交翻，弓末也。北齊書胡后傳作「纏稍」。鄴都有南、北城。遣宦者鄧長顒幽太后於北宮，幽母之事，隱於心而未發，而暴風已應於上，天人之際可畏哉！顒，魚容翻。仍敕內外諸親皆不得與胡太后相見。太后或爲帝設食，爲，于僞翻。帝亦不敢嘗。

25 庚戌，齊遣侍中赫連子悅聘于周。

26 十一月，丁巳，周主如散關。散，悉亶翻。

27 丙寅，齊以徐州行臺廣寧王孝珩珩，音行。錄尚書事；庚午，又以爲司徒。癸酉，以斛律光爲左丞相。

28 十二月，己丑，周主還長安。

29 壬辰，邵陵公章昭達卒。

30 是歲，梁華皎將如周，華，戶化翻。過襄陽，說衞公直曰：「梁主既失江南諸郡，吳明徹、章昭達再攻梁，江南諸郡皆爲陳所取。說，式芮翻。民少國貧；朝廷興亡繼絕，理宜資贍，望借數州以資梁國。」直然之，遣使言狀，周主詔以基、平、鄀三州與之。五代志：竟陵郡豐鄉縣，西魏置基州及章山郡。又，竟陵郡樂鄉縣，舊置武寧郡，西魏置鄀州。又，南郡紫陵縣，其城南面，梁置鄀州。今周以與梁者，蓋武寧之鄀州也。當陽縣，後周置平州。少，詩沼翻。贍，昌豔翻。使，疏吏翻。鄀，音若。

章錫琛標點容肇祖聶崇岐覆校

資治通鑑卷第一百七十一

端明殿學士兼翰林侍讀學士朝散大夫右諫議大夫充集賢殿修撰提舉嵩山崇福宮上柱國河内郡開國侯食邑一千八百户食實封六百户賜紫金魚袋臣　司馬光　奉敕編集

後　學　天　台　胡三省　音　註

陳紀五起玄黓執徐（壬辰），盡閼逢敦牂（甲午），凡三年。

高宗宣皇帝上之下

太建四年（壬辰、五七二）

1春，正月，丙午，以尚書僕射徐陵爲左僕射，尚書置二僕射，分爲左、右；若省一僕射，則止稱僕射。中書監王勱爲右僕射。勱，莫敗翻。

2己巳，齊主祀南郊。五代志：後齊制：圜丘、方澤並三年一祭，謂之禘祀。其南、北郊則歲一祀，皆以正月上辛。今書己巳，以致齋之日爲始也。南郊，爲壇於國南，廣輪三十六尺，高九尺，四面各一陛，爲三壝，内壝去壇二十五步，中壝、外壝相去如内壝，四面各通一門。又爲大營於外壝之外，廣輪二百七十步，營壍廣一丈，深八尺，四面各一門。又爲燎壇於中壝之外丙地，廣輪二十七尺，高一尺八寸，四面各一陛。祀所感帝靈威仰於壇，以高祖神武皇帝配。禮用四圭，有邸幣，各如方色。其上帝及配帝，各用騂特牲一。

3庚午，上享太廟。

4辛未，齊主贈琅邪王儼爲楚恭哀帝以慰太后心，儼死，見上卷上年。又以儼妃李氏爲楚帝后。

5二月，癸酉，周遣大將軍昌城公深聘於突厥，厥，九勿翻。司賓李除、小賓部賀遂禮聘於齊。後周倣成周之制以建官，司賓，蓋周官大行人之職；小賓部，其小行人之職歟？杜佑曰：後周秋官之屬有小賓部下大夫、上士。深，護之子也。

6己卯，齊以衞菩薩爲太尉。菩，薄胡翻。薩，桑割翻。考異曰：北齊書、北史並同。不知菩薩何人，亦不言何官。辛巳，以并省吏部尚書高元海爲尚書左僕射。自元魏置諸道行臺，各置令、僕、尚書等官。齊神武破爾朱兆，得晉陽，建大丞相府而居之；文宣受禪，遂置尚書省。

7乙酉，封皇子叔卿爲建安王。

8庚寅，齊以尚書左僕射唐邕爲尚書令，侍中祖珽爲左僕射。珽，他鼎翻。初，胡太后既幽於北宮，事見上卷上年。珽欲以陸令萱爲太后，爲令萱言魏保太后故事。保太后，事見百二十卷宋文帝元嘉二年。爲令之爲，于僞翻。且謂人曰：「陸雖婦人，然實雄傑，自女媧以來，未之有也。」司馬貞曰：女媧亦風姓，有神聖之德，代宓羲立，號曰女希氏。蓋宓羲之後已經數世，金木輪環，周而復始也。孫愐曰：女媧，古女后也。媧，古華翻。令萱亦謂珽爲「國師」、「國寶」，由是得僕射。

9 三月，癸卯朔，日有食之。

10 初，周太祖爲魏相，立左右十二軍，總屬相府；太祖殂，皆受晉公護處分，立十二軍事見百六十二卷梁簡文帝大寶元年。敬帝太平元年，周太祖殂，十二軍受護處分，始是年也。世祖天嘉元年，護歸政於周世宗，寔武成元年，護猶總軍旅。次年，護弑世宗，立高祖，改元保定，政悉歸護。事具百六十六卷至百六十八卷。相，息亮翻。處，昌呂翻。分，扶問翻。凡所徵發，非護書不行。護第屯兵侍衞，盛於宮闕。諸子、僚屬皆貪殘恣横，横，戶孟翻。士民患之。周主深自晦匿，無所關預，人不測其淺深。

護問稍伯大夫庾季才曰：「比日天道何如？」後周稍伯，蓋周官稍人之職。周官稍人，主爲縣師令都鄙丘甸之政。距王城三百里曰稍。杜佑曰：後周地官之屬，有每方稍伯，中大夫。又每遂有小稍伯、稍大夫，皆下大夫。又有小稍伯、稍正，上士、中士。庾季才明於天文，故護問之。稍，所教翻。比，毗至翻。季才對曰：「荷恩深厚，敢不盡言。頃上台有變，荷，下可翻。隋志曰：三台六星，兩兩而居，起文昌，列招搖，三公之位也。西近文昌二星，謂之上台。公宜歸政天子，請老私門。此則享期頤之壽，曲禮：百年曰期頤。鄭玄曰：期，猶要也；頤，養也。受旦、奭之美，周公旦、召公奭。子孫常爲藩屏。屏，必郢翻。不然，非復所知。」復，扶又翻。護沈吟久之，曰：「吾本志如此，但辭未獲免耳。沈，持林翻。沈吟者，深味其言，微發於聲而不能自決之貌。公既爲王官，可依朝例，朝，直遙翻；下同。無煩別參寡人也。」自是疏之。

衞公直，帝之母弟也，深昵於護；及沌口之敗，沌口敗，事見上卷臨海王光大二年。昵，尼質翻。沌，杜兗翻。坐免官，由是怨護，勸帝誅之，冀得其位。帝乃密與直及右宮伯中大夫宇文神舉、內史下大夫太原王軌、右侍上士宇文孝伯謀之。周官，宮伯掌王宮宿衞次舍之職事。內史掌詔王爵祿、廢置、殺生、予奪之法，命諸侯、孤、卿、大夫，則策命之。凡四方之事書，內史讀之。後周蓋髣髴其意以置官。至隋諱「忠」字，以中書爲內史，其位任尤重。左、右侍亦倣周官侍御以置官而刱其名。五代志：周置左、右宮伯，掌侍衞之禁，各更直於內，小宮伯貳之，臨朝則在前侍之首，行則夾路車左右。中侍，掌御寢之禁；左、右侍，陪中侍之後。左、右前侍，掌御寢南門之左右；左、右後侍，掌寢北門之左右。杜佑曰：周制：宮伯，中大夫，屬天官；內史，屬春官，有中大夫、下大夫。神舉，顯和之子；孝伯，安化公深之子也。安化公書爵，以別護子深。安化郡，唐之慶州。

帝每於禁中見護，常行家人禮，以兄弟齒。太后賜護坐，帝立侍於旁。丙辰，護自同州還長安，帝御文安殿見之。因引護入含仁殿謁太后，且謂之曰：「太后春秋高，頗好飲酒，好，呼到翻。雖屢諫，未蒙垂納。兄今入朝，願更啓請。」因出懷中酒誥授之，周成王作酒誥，戒毋彝酒，毋敢崇飲。曰：「以此諫太后。」護既入，如帝所戒讀酒誥；未畢，帝以玉珽自後擊之，記：天子搢珽。鄭玄曰：珽，亦笏也；珽之言珽然無所屈也。或謂之大圭，長三尺，杼上，終葵首。終葵首者，於杼上又廣其首如椎頭。隋志：今制，珽長尺二寸，方而不折，以球玉爲之。珽，他頂翻。護踣於地。踣，蒲北翻。帝令宦者何泉以御刀斫之，泉惶懼，斫不能傷。衞公直匿於戶內，躍出，斬之。時神舉等皆在外，更無知者。史言周主勇決。

帝召宮伯長孫覽等，告以護已誅，長，知兩翻。令收護子柱國譚公會、大將軍莒公至、譚、莒，古國名。崇業公靜、正平公乾嘉崇業、正平皆郡公。按隋書帝紀，隨州有崇業郡，而志不載。五代志：絳郡正平縣，舊置正平郡。及其弟乾基、乾光、乾蔚、乾祖、乾威蔚，紆勿翻。幷柱國北地侯龍恩、龍恩弟大將軍萬壽、侯，姓也。大將軍劉勇、中外府司錄尹公正、袁傑、護都督中外，故置中外府，其屬有長史、司馬、司錄。膳部下大夫李安等，於殿中殺之。覽，稚之孫也。長孫稚著功名於正光、永安之間。

初，護既殺趙貴等，【章：十二行本「等」下有「諸將多不自安」六字；乙十一行本同；孔本同；張校同。】護殺貴等，事見百六十七卷高祖永定元年。侯龍恩爲護所親，其從弟開府儀同三司植謂龍恩曰：從，才用翻。「主上春秋既富，安危繫於數公。若多所誅戮以自立威權，豈唯社稷有累卵之危，恐吾宗亦緣此而敗，兄安得知而不言！」龍恩不能從。植又承間言於護曰：間，古莧翻。「公以骨肉之親，當社稷之寄，願推誠王室，擬迹伊、周，則率土幸甚！」護曰：「我誓以身報國，卿豈謂吾有他志邪！」邪，音耶。又聞其先與龍恩言，陰忌之，植以憂卒。卒，子恤翻。及護敗，龍恩兄弟皆死，高祖以植爲忠，特免其子孫。

大司馬兼小冢宰、雍州牧齊公憲，素爲護所親任，雍，於用翻。賞罰之際，皆得參預，權勢頗盛。護欲有所陳，多令憲聞奏，其間或有可不，不，讀曰否。憲慮主相嫌隙，相，息亮翻。每曲而暢之，帝亦察其心。及護死，召憲入，憲免冠拜謝；帝慰勉之，使詣護第收兵符及諸文籍。衛公直素忌憲，固請誅之，帝不許。

護世子訓爲蒲州刺史，是夜，帝遣柱國越公盛乘傳徵訓，至同州，賜死。自蒲州西南至同州一百三十里，同州西南至長安二百二十五里。傳，張戀翻。昌城公深使突厥未還，使，疏吏翻。遣開府儀同三司宇文德齎璽書就殺之。護長史代郡叱羅協、叱羅，虜複姓。魏收官氏志：拓跋內入諸姓有叱羅氏。協時在同州。璽，斯氏翻。司錄弘農馮遷及所親任者，皆除名。

丁巳，大赦，改元。改元建德。

以宇文孝伯爲車騎大將軍，騎，奇寄翻。與王軌並加開府儀同三司。初，孝伯與帝同日生，太祖愛之，養於第中，幼與帝同學。及即位，欲引致左右，託言欲與孝伯講習舊經，故護弗之疑也，以爲右侍上士，出入臥內，預聞機務。孝伯爲人，沈正忠諒，沈，持林翻。朝政得失，外間細事，無不使帝聞之。朝，直遥翻；下同。

帝閱護書記，有假託符命妄造異謀者，皆坐誅；唯得庾季才書兩紙，盛言緯候災祥，緯，謂七緯日月五星之行，失行則爲災。候，謂月令七十二候，失節則爲災。緯，于貴翻。宜返政歸權，帝賜季才粟三百石，帛二百段，遷太中大夫。

癸亥，以尉遲迥爲太師，尉，紆勿翻。柱國竇熾爲太傅，李穆爲太保，齊公憲爲大冢宰，衛公直爲大司徒，陸通爲大司馬，柱國辛威爲大司寇，趙公招爲大司空。後周之制：三公九命，六官七命。

時帝始親覽朝政，頗事威刑，雖骨肉無所寬借。齊公憲雖遷冢宰，實奪之權。又謂憲侍讀裴文舉曰：「昔魏末不綱，後周諸王有侍讀之官。不綱，言人君不能操持大綱，致衆目紊亂。太祖輔政，及周室受命，晉公復執大權；積習生常，愚者謂法應如是。豈有年三十天子而可爲人所制乎！詩云：『夙夜匪懈，以事一人。』詩大雅烝民之詩。懈，古隘翻。一人，謂天子耳。卿雖陪侍齊公，不得遽同爲臣，欲死於所事。宜輔以正道，勸以義方，輯睦我君臣，協和我兄弟，勿令自致嫌疑。」文舉咸以白憲，憲指心撫几曰：「吾之夙心，公寧不知！但當盡忠竭節耳，知復何言。」復，扶又翻。

衞公直，性浮詭貪狠，狠，戶懇翻。意望大冢宰；既不得，殊怏怏；更請爲大司馬，欲據兵權。帝揣知其意，曰：「汝兄弟長幼有序，豈可返居下列！」由是用爲大司徒。爲後三年衞公直作亂張本。怏，於兩翻。揣，初委翻。長，知兩翻。

11 夏，四月，周遣工部成公建、小禮部辛彥之聘於齊。杜佑通典：周制：工部中大夫屬冬官，五命；禮部屬春官，中大夫，五命；小禮部，上士也，三命。

12 庚寅，周追尊略陽公爲孝閔皇帝。廢略陽公事見百六十七卷高祖永定元年。

13 癸巳，周立皇子魯公贇爲太子，贇，於倫翻。大赦。

14 五月，癸卯，王勱卒。勱，音邁。卒，子恤翻。

15 齊尚書右僕射祖珽，勢傾朝野，左丞相咸陽王斛律光惡之，珽，他鼎翻。朝，直遙翻。惡，烏路翻。遙見，輒罵曰：「多事乞索小人，乞索，求取也。小人求取無厭，致國家多事。索，山客翻。欲行何計！」又嘗謂諸將曰：「兵【章：十二行本「兵」上有「邊境消息」四字；乙十一行本同；孔本同；張校同。】馬處分，趙令恆與吾輩參論。趙令，謂趙彥深，爲尚書令，以其官稱之也。處，昌呂翻。分，扶問翻。將，卽亮翻。恆，戶登翻。盲人掌機密以來，祖珽病盲，故詆之。盲事始上卷臨海王光大元年。全不與吾輩語，正恐誤國家事耳。」光嘗在朝堂垂簾坐，朝，直遙翻；下同。珽不知，乘馬過其前，光怒曰：「小人乃敢爾！」爾，猶言如此也。後珽在內省，齊蓋以門下省爲內省。言聲高慢，光適過，聞之，又怒。珽覺之，私賂光從奴問之，從，才用翻。奴曰：「自公用事，相王每夜抱膝歎曰：『盲人入，國必破矣。』」相，息亮翻。

穆提婆求娶光庶女，不許。齊王賜提婆晉陽田，光言於朝曰：「此田，神武帝以來常種禾，飼馬數千匹，以擬寇敵。飼，祥吏翻。今賜提婆，無乃闕軍務也！」由是祖、穆皆怨之。

斛律后無寵，珽因而間之。間，古莧翻。光弟羨，爲都督、幽州刺史、行臺尚書令，亦善治兵，治，直之翻。士馬精強，鄣候嚴整，突厥畏之，謂之「南可汗」。可，從刊入聲。汗，音寒。光長子武都，爲開府儀同三司、梁・兗二州刺史。長，知兩翻。

光雖貴極人臣，性節儉，不好聲色，好，呼到翻。罕接賓客，杜絕饋餉，不貪權勢。每朝廷會議，常獨後言，言輒合理。或有表疏，令人執筆，口占之，務從省實。語省而事實。行兵倣其父金之法，營舍未定，終不入幕；或竟日不坐，身不脫介胄，常爲士卒先。士卒有罪，唯大杖撾背，撾，側瓜翻。未嘗妄殺，衆皆爭爲之死。爲，于僞翻。自結髮從軍，未嘗敗北，深爲鄰敵所憚。周勳州刺史韋孝寬高歡、宇文泰兵爭，泰使韋孝寬守玉壁，歡盡力攻之，不克而歸，遂死。宇文氏於此立勳州以旌其功。其地在隋絳郡稷山縣。密爲謠言曰：「百升飛上天，明月照長安。」上，時掌翻。又曰：「高山不推自崩，推，吐雷翻。槲木不扶自舉。」令諜人傳之於鄴，諜，達協翻。鄴中小兒歌之於路。珽因續之曰：「盲老公背受大斧，饒舌老母不得語。」珽，屯鼎翻。今人猶謂多口爲饒舌。使其妻兄鄭道蓋奏之。帝以問珽，珽與陸令萱皆曰：「實聞有之。」珽因解之曰：「百升者，斛也。盲老公，謂臣也，與國同憂。饒舌老母，似謂女侍中陸氏也。且斛律累世大將，明月聲震關西，豐樂威行突厥，斛律光，字明月；羨，字豐樂。將，卽亮翻。樂，音洛。女爲皇后，男尚公主，謠言甚可畏也。」帝以問韓長鸞，長鸞以爲不可，事遂寢。

珽又見帝，請間，間，古莧翻，又音如字。唯何洪珍在側，帝曰：「前得公啓，卽欲施行，長鸞以爲無此理。」珽未對，洪珍進曰：「若本無意則可；既有此意而不決行，萬一泄露，如何？」帝曰：「洪珍言是也。」然猶未決。會丞相府佐封士讓密啓云：「光前西討還，敕令散兵，光引兵逼帝城，將行不軌，事不果而止。還，從宣翻，又音如字。令，力丁翻。事見上卷三年。封士讓密啓，亦珽等使之也。家藏弩甲，僮奴千數，每遣使往豐樂、武都所，使，疏吏翻；下同。陰謀往來。若不早圖，恐事不可測。」帝遂信之，謂何洪珍曰：「人心亦大靈，我前疑其欲反，果然。」帝性怯，恐卽有變，令洪珍馳召祖珽告之：「欲召光，恐其不從命。」珽請：「遣使賜以駿馬，語云：使，疏吏翻。語，牛倨翻。『明日將遊東山，王可乘此同行。』光必入謝，因而執之。」帝如其言。

六月，戊辰，光入，至涼風堂，劉桃枝自後撲之，不仆。撲，弼角翻。顧曰：「桃枝常爲如此事。齊自文宣以來，每殺諸王大臣，劉桃枝率攘臂爲之，故光云然。我不負國家。」桃枝與三力士以弓弦罥其頸，拉而殺之，罥，古縣翻。拉，盧合翻。血流於地，剗之，迹終不滅。剗，初限翻，削也。於是下詔稱其欲反，并殺其子開府儀同三司世雄、儀同三司恆伽。齊制：開府儀同三司，從一品；儀同三司，第二品。恆，戶登翻。伽，求加翻。

祖珽使二千石郎邢祖信簿錄光家。齊制：二千石郎，掌畿外得失等事。珽於都省問所得物，都省，卽尚書都省。五代志：後齊制，錄、令、僕射總理六尙書事，謂之都省。祖信曰：「得弓十五，宴射箭百，刀七，賜矟二。」明非私藏兵器。矟，色角翻。珽厲聲曰：「更得何物？」曰：「得棗杖二十束，擬奴僕與人鬬者，不問曲直，即杖之一百。」棗木堅而密理，可以爲杖。斑大慚，乃下聲曰：「朝廷已加重刑，郎中何宜爲雪！」爲，于僞翻。及出，人尤其抗直，祖信慨然曰：「賢宰相尚死，我何惜餘生！」

齊主遣使就州斬斛律武都，又遣中領軍賀拔伏恩乘驛捕斛律羨，仍以洛州行臺僕射中山獨孤永業代羨，與大將軍鮮于桃枝發定州騎卒續進。騎，奇寄翻。伏恩等至幽州，門者白：「使人衷甲，使，疏吏翻；下同。馬有汗，宜閉城門。」羨曰：「敕使豈可疑拒！」敕使，謂使者奉敕而來；至唐時，率以稱宦者。出見之。伏恩執而殺之。初，羨常以盛滿爲懼，表解所職，不許。臨刑，歎曰：「富貴如此，女爲皇后，公主滿家，常使三百兵，何得不敗！」及其五子伏護、世達、世遷、世辨、世酋皆死。酋，慈由翻。

周主聞光死，爲之大赦。幸其死也。爲，于僞翻。

祖珽與侍中高元海共執齊政。元海妻，陸令萱之甥也，元海數以令萱密語告珽。數，所角翻。珽求爲領軍，齊主許之，元海密言於帝曰：「孝徵漢人，祖珽，字孝徵。兩目又盲，豈可爲領軍！」因言珽與廣寧王孝珩交結，孝珩，文襄之子，齊主所忌也。珩，戶庚翻。由是中止。珽求見，自辨，見，賢遍翻。且言：「臣與元海素嫌，必元海譖臣。」帝弱顏，不能諱，以實告之，見人輒自羞而顏有忸怩者爲弱顏，今人猶有是言。珽因言元海與司農卿尹子華等結爲朋黨。又以元海所泄密語告令萱，令萱怒，出元海爲鄭州刺史。地形志：天平初，置潁州，治長社城；武定七年，改鄭州，治潁陰城。周滅齊，改鄭州曰許州，於滎陽置鄭州。子華等皆被黜。被，皮義翻。

珽自是專主機衡，尚書職掌機密，任居銓衡。總知騎兵、外兵事，後齊制：尚書郎有中兵、外兵，各分左、右。左外兵掌河南及潼關已東諸州，右外兵掌河北及潼關已西諸州丁帳及發召征兵等事。騎，奇寄翻。內外親戚，皆得顯位。帝常令中要人扶侍出入，中要人，宦官之親要者。直至永巷，每同御榻論決政事，委任之重，羣臣莫比。

16 秋，七月，遣使如周。使，疏吏翻；下同。

17 八月，庚午，齊廢皇后斛律氏爲庶人。斛律光既死，則其女廢矣。以任城王湝爲右丞相，湝，戶皆翻，又音皆。馮翊王潤爲太尉，蘭陵王長恭爲大司馬，廣寧王孝珩爲大將軍，安德王延宗爲大司徒。

18 齊使領軍封輔相聘于周。相，息亮翻。

19 辛未，周使司城中大夫杜杲來聘。宋以武公名改司空爲司城，侯國之卿也。後周倣成周之遺制，必不以諸侯之卿名官，蓋髣髴周官掌固之職。上謂之曰：「若欲合從圖齊，從，子容翻。宜以樊、鄧見與。」對曰：「合從圖齊，豈弊邑之利！必須城鎮，宜待得之於齊，先索漢南，索，山客翻。使臣不敢聞命。」使，疏吏翻。

20 初，齊胡太后自愧失德，胡太后失德久矣，事發則見上卷上年。欲求悅於齊主，乃飾其兄長仁之女置宮中，令帝見之，帝果悅，納爲昭儀。元魏以來，昭儀次於皇后，位視大司馬。及斛律后廢，陸令萱欲立穆夫人；太后欲立胡昭儀，力不能遂，乃卑辭厚禮以求令萱，結爲姊妹。令萱亦以胡昭儀寵幸方隆，不得已，與祖珽白帝立之。戊子，立皇后胡氏。

21 己丑，齊以北平王仁堅爲尚書令，特進許季良爲左僕射，彭城王寶德爲右僕射。

22 癸巳，齊主如晉陽。

23 九月，庚子朔，日有食之。

24 辛亥，大赦。

25 冬，十月，庚午，周詔：「江陵所虜充官口者，悉免爲民。」梁元帝承聖三年，江陵破，士民皆爲魏所虜入關。

26 辛未，周遣小匠師楊勰等來聘。匠師，大司空之屬也。杜佑通典：周小匠師下大夫，屬冬官，四命。又有上士，三命。勰，音協。

27 周綏德公陸通卒。綏德縣公也。西魏於綏州上縣置綏德縣。卒，子恤翻。

28 乙酉，上享太廟。五代志：陳立七廟，一歲五祠，春、夏、秋、冬、臘也。每祭，共以一太牢，始祖以三牲首，餘惟骨體而已。

29 齊陸令萱欲立穆昭儀爲皇后，私謂齊主曰：「豈有男爲皇太子而身爲婢妾者！」胡后有寵於帝，不可離間，間，古莧翻。令萱乃使人行厭蠱之術，厭，一琰翻。旬朔之間，胡后精神恍惚，恍，呼廣翻。惚，音忽。言笑無恆，帝漸畏而惡之。恆，戶登翻。惡，烏路翻。令萱一旦忽以皇后服御衣被昭儀，衣，於既翻。被，皮義翻。又別造寶帳，爰及枕席器玩，莫非珍奇。坐昭儀於帳中，謂帝曰：「有一聖女出，將大家看之。」及見昭儀，令萱乃曰：「如此人不作皇后，遣何物人作！」帝納其言。

甲午，立穆氏爲右皇后，以胡氏爲左皇后。

30 十一月，庚戌，周主行如羌橋，羌橋在長安東，以苻、姚諸羌而得名。集長安以東諸軍都督以上，頒賜有差。乙卯，還宮。以趙公招爲大司馬。壬申，周主如斜谷，斜，音耶，又似嗟翻。谷，音欲，又古祿翻。集長安已西都【章：十二行本「都」上有「諸軍」二字；乙十一行本同；孔本同。】督已上，頒賜有差。丙戌，還宮。

31 庚寅，周主遊道會苑，以上善殿壯麗，焚之。

32 十二月，辛巳，周主祀南郊。五代志曰：後周憲章姬周，祭祀之式，多依儀禮。南郊，爲方壇於國南五里，其崇一丈二尺，其廣四丈，其壝方百二十步，內壝半之。祭以正月上辛，以始祖獻侯莫那配所感帝靈威仰於其上。

33 齊胡后之立，非陸令萱意，令萱一旦於太后前作色而言曰：「何物親姪，作如此語！」

太后問其故，令萱曰：「不可道。」固問之，乃曰：「語大家云：語大，牛倨翻。『太后行多非法，不可以訓。』」行，下孟翻。太后大怒，呼后出，立剃其髮，送還家。剃，他計翻。辛丑，廢胡后爲庶人。然齊主猶思之，每致物以通意。

自是令萱與其子侍中穆提婆勢傾內外，賣官鬻獄，聚斂無厭。斂，力贍翻。厭，一鹽翻。每一賜與，動傾府藏。藏，徂浪翻。令萱則自太后以下，皆受其指麾；提婆則唐邕之徒，皆重足屏氣；重，直龍翻。屏，必郢翻。殺生予奪，唯意所欲。

34 乙巳，周以柱國田弘爲大司空。

35 乙卯，周主享太廟。五代志：後周思復古之道，右宗廟而左社稷，置太祖之廟并高祖已下二昭二穆，凡五，親盡則遷。其有德者，謂之祧廟，亦不毀。

36 是歲，突厥木杆可汗卒，復捨其子大邏便而立其弟，是爲佗鉢可汗。佗鉢以攝圖爲爾伏可汗，統其東面；又以其弟褥但可汗之子爲步離可汗，居西面。厥，九勿翻。梁世祖承聖二年，突厥土門可汗卒，捨其子攝圖，立其弟俟斗〔斤〕，稱爲木杆可汗。褥但既佗鉢之弟，蓋小可汗也。杆，古按翻。可，從刊入聲。汗，音寒。卒，子恤翻。復，扶又翻。佗，徒何翻。周人與之和親，歲給繒絮錦綵十萬段。繒，慈陵翻。突厥在長安者，衣錦食肉，常以千數。衣，於既翻。齊人亦畏其爲寇，爭厚賂之。佗鉢益驕，謂其下曰：「但使我在南兩兒常孝，何憂於貧！」在南兩兒，謂爾伏、步離二人，所部分西北，皆南近中國。

阿史那后無寵於周主，考異曰：周書曰：「后有姿貌，善容止，周帝甚敬焉。」按房玄齡唐高祖實錄云：「武帝納突厥女，陋而無寵，太穆皇后勸帝強撫慰之。」今從之。神武公竇毅尚襄陽公主，神武郡公，拓跋魏置神武郡於尖山。生女尚幼，密言於帝曰：「今齊、陳鼎峙，齊、陳及周，三國鼎峙。突厥方強，願舅抑情慰撫，以生民爲念！」帝深納之。此女後適李淵，是爲唐高祖竇皇后。

五年（癸巳、五七三）

1春，正月，癸酉，以吏部尚書沈君理爲右僕射。

2戊寅，齊以并省尚書令高阿那肱錄尚書事，總知外兵及內省機密，與侍中城陽王穆提婆、領軍大將軍昌黎王韓長鸞共處衡軸，處，昌呂翻。車轅曰衡，持輪者曰軸。車非二者不行，故以爲喻。號曰「三貴」，蠹國害民，日月滋甚。滋，益也。

長鸞弟萬歲，子寶行、寶信，並開府儀同三司，萬歲仍兼侍中，寶行、寶信皆尚公主。每羣臣旦參，參，朝參也。帝常先引長鸞顧訪，出後，方引奏事官。若不視事，內省有急奏事，皆附長鸞奏聞，軍國要密，無不經手。尤疾士人，朝夕宴私，唯事譖訴。常帶刀走馬，未嘗安行，瞋目張拳，瞋，昌眞翻。有啖人之勢。朝士咨事，莫敢仰視，動致呵叱。每罵云：「漢狗大不可耐，唯須殺之！」呵，虎何翻。叱，昌栗翻。耐，奴代翻。

3庚辰，齊遣崔象來聘。

4辛巳，上祀南郊；甲午，享太廟；二月，辛丑，祀明堂。

5乙巳，齊立右皇后穆氏爲皇后。穆后母名輕霄，本穆氏之婢也，面有黥字。北史：輕霄本穆子倫婢，轉入宋欽道家。欽道之婦妬輕霄，黥其面爲「宋」字，姦私而生此女，莫知其姓。后既以陸令萱爲母，穆提婆爲外家，號令萱曰「太姬」。太姬者，齊皇后母號也，視一品，班在長公主上。長，知兩翻。由是不復問輕霄。復，扶又翻。輕霄自療面，欲求見后，太姬使禁掌之，竟不得見。

齊主頗好文學。好，呼到翻。丙午，祖珽奏置文林館，多引文學之士以充之，謂之待詔；以中書侍郎博陵李德林、黄門侍郎琅邪顏之推同判館事，又命共撰修文殿御覽。齊大統中，毁東宫，起修文等殿。撰，士免翻。

6甲寅，周太子贇巡省西土。省，悉景翻。

7乙卯，齊以北平王堅錄尚書事。按上年秋八月，齊以北平王仁堅錄尚書事，此恐逸「仁」字。丁巳，齊主如晉陽。

8壬戌，周遣司會侯莫陳凱等聘於齊。周官司會屬冢宰。鄭玄曰：會，大計也。司會主天下之大計，計官之長，若今尚書。後周司會屬天官，中大夫也。會，工外翻。

9庚辰，齊主還鄴。

10 三月，己卯，周太子於岐州獲二白鹿以獻，因巡省而獲白鹿。周主詔曰：「在德不在瑞。」

11 帝謀伐齊，公卿各有異同，唯鎮前將軍吳明徹決策請行。梁武帝置八鎮將軍，東、西、南、北止施在外，左、右、前、後止施在內。帝謂公卿曰：「朕意已決，卿可共舉元帥。」帥，所類翻。衆議以中權將軍淳于量位重，共署推之。梁置四中將軍，與八鎮將軍同擬官品第二。然四中班四征之上，八鎮班四征之下，故以量位爲重。尚書左僕射徐陵獨曰：「吳明徹家在淮左，吳明徹，秦郡人。悉彼風俗；將略人才，當今亦無過者。」將，卽亮翻；下同。都官尚書河東裴忌曰：「臣同徐僕射。」陵應聲曰：「非但明徹良將，裴忌卽良副也。」壬午，分命衆軍，以明徹都督征討諸軍事，忌監軍事，將，卽亮翻。監，工銜翻。統衆十萬伐齊。明徹出秦郡，都督黄法氍出歷陽。氍，巨俱翻。

12 夏，四月，己亥，周主享太廟。

13 癸卯，前巴州刺史魯廣達與齊師戰于大峴，破之。梁置巴州於巴陵。此大峴在合肥之南，歷陽之北。峴，戶典翻。

14 戊申，齊以蘭陵王長恭爲太保，南陽王綽爲大司馬，安德王延宗爲太尉，武興王普爲司徒，開府儀同三司宜陽王趙彥深爲司空。

15 齊人於秦郡置秦州，州前江浦通涂水，今眞州閘卽其地。涂，讀曰滁。齊人以大木爲柵於水中。辛亥，吳明徹遣豫章內史程文季將驍勇拔其柵，克之。將，卽亮翻，又音如字，領也。驍，堅堯翻。文季，靈洗之子也。梁、陳之間，程靈洗以勇鳴。

齊人議禦陳師，開府儀同三司王紘曰：「官軍比屢失利，人情騷動。考之史，比年以來，齊師未嘗失利，蓋爭宜陽、汾北，周、齊更勝迭負，周師雖退，齊師亦疲也。比，毗至翻。若復出頓江、淮，恐北狄、西寇，乘弊而來。【章：十二行本「來」下有「則世事去矣」五字；乙十一行本同；孔本同；張校同。】復，扶又翻。北狄，謂突厥；西寇，謂周。莫若薄賦省傜，息民養士，使朝廷輯睦，遐邇歸心。天下皆當肅清，豈直陳氏而已。」不從。遣軍救歷陽，考異曰：陳書帝紀云：「齊遣兵十萬救歷陽。」黃法𣰰傳云：「步騎五萬援歷陽。」蕭摩訶傳云：「尉破胡等帥衆十萬來援。」按源文宗之語，恐無此數。今不取。庚申，黃法𣰰擊破之。又遣開府儀同三司尉破胡、長孫洪略救秦州。尉，紆勿翻。

趙彥深私問計於祕書監源文宗曰：「吳賊侏張，遂至於此。侏，舊音張流切，蓋因書「譸張爲幻」，爾雅「譸」作「侜」，遂有此音。按類篇：侏，音張流切，其義華也。書所謂侜張，其義誕也。以文理求之，皆於此不近，姑闕之以待知者。弟往爲秦、涇刺史，齊置秦州於秦郡，涇州於石梁。悉江、淮間情事，今何術以禦之？」文宗曰：「朝廷精兵，必不肯多付諸將；將，卽亮翻。數千已下，適足爲吳人之餌。尉破胡人品，王之所知，彥深封宜陽王，故稱之。敗績之事，匪朝伊夕。國家待遇淮南，失之同於蒿箭。唐高祖遣李密徇山東，廷臣多諫。帝曰：「如以蒿箭射蒿中耳。」言不足惜也。乃知此語之來久矣。如文宗計者，不過專委王琳，招募淮南三四萬人，風俗相通，能得死力；兼令舊將將兵屯於淮北。【章：十二行本「北」下有「足以固守」四字；乙十一行本同；孔本同；張校同。】將，即亮翻。且琳之於瑱，必不肯北面事之，明矣。竊謂此計之上者。若不推赤心於琳，更遣餘人掣肘，宓子賤爲單父宰，言於魯君，請與二吏俱至邑，使二吏書而掣其肘，書不工，輒怒之。吏不能堪，歸以告魯君。魯君曰：「是慮我掣其肘耳。」宓賤是以能爲單父。後之言「掣肘」者本此。掣，昌列翻。復成速禍，彌不可爲。」是役卒如文宗之言。復，扶又翻。彥深歎曰：「弟此策誠足制勝千里，但口舌爭之十日，已不見從。時事至此，安可盡言！」因相顧流涕。文宗名彪，以字行，子恭之子也。源子恭以幹用稱於熙平、永安之間。

文宗子師爲左外兵郎中，攝祠部，嘗白高阿那肱：「龍見當雩。」阿那肱驚曰：「何處龍見？其色如何？」師曰：「龍星初見，禮當雩祭，非眞龍也。」阿那肱怒曰：「漢兒多事，強知星宿！」遂不祭。師出，竊歎曰：「禮既廢矣，齊能久乎！」見，賢遍翻。強，其兩翻。春秋左氏傳曰：龍見而雩。杜預註云：龍見建巳之月，蒼龍宿之體，昏見東方，萬物始盛，待雨而大，故祭天，遠爲百穀祈甘雨。鄭玄曰：雩，吁嗟求雨之祭。孔穎達曰：天之四方，皆有七宿，各成一形：東方成龍形，西方成虎形，皆南首而北尾；南方成鳥形，北方成龜形，皆西首而東尾。五代志：後齊以孟夏龍見而雩，祭太微五精帝於夏郊之東，爲圓壇於其上，祈穀實，以顯祖文宣帝配。通鑑言國之將亡，其禮先亡。諸源本出於鮮卑禿髮，高氏生長於鮮卑，自命爲鮮卑，未嘗以爲諱，鮮卑遂自謂貴種，率謂華人爲漢兒，率侮詬之。諸源世仕魏朝，貴顯習知典禮，遂有雩祭之請，冀以取重，乃以取詬。通鑑詳書之，又一嘅也。因源文宗不敢盡言，併及其子竊歎之事。

齊師選長大有膂力者爲前隊，又有蒼頭、犀角、大力，其鋒甚銳，又有西域胡，善射，弦無虛發，衆軍尤憚之。辛酉，戰于呂梁。呂梁在彭城，疑此卽石梁。將戰，吳明徹謂巴山太守蕭摩訶曰：「若殪此胡，守，式又翻。殪，一計翻。則彼軍奪氣，君才不減關羽矣。」摩訶曰：「願示其狀，當爲公取之。」爲，于僞翻。明徹乃召降人有識胡者，使指示之，自酌酒以飲摩訶。降，戶江翻。飲，於禁翻。摩訶飲畢，馳馬衝齊軍。胡挺身出陳前十餘步，陳，讀曰陣。彀弓未發，摩訶遙擲銑鋧，銑，蘇典翻。鋧，他典翻。類篇曰：銑鋧，小鑿也。正中其額，應手而仆。中，竹仲翻。齊軍大力十餘人出戰，摩訶又斬之。於是齊軍大敗，尉破胡走，考異曰：北齊書，破胡敗在五月。今從齊書。長孫洪略戰死。

破胡之出師也，齊人使侍中王琳與之俱。琳謂破胡曰：「吳兵甚銳，宜以長策制之，慎勿輕鬬！」破胡不從而敗。琳單騎僅免，騎，奇寄翻。還，至彭城，齊人卽使之赴壽陽召募以拒陳師，復以盧潛爲揚州道行臺尚書。復，扶又翻。盧潛在壽陽，與王琳不協，事見一百六十八卷世祖天嘉二年。

甲子，南譙太守徐槾克石梁城。槾，謨干翻。五代志：石梁在江都郡永福縣，齊置涇州於此。五月，己巳，瓦梁城降。以五代志考之，瓦梁城當在江都郡六合縣界。癸酉，陽平郡降。以地形志考之，梁置淮州，治淮陰城，其屬有陽平郡，治陽平城，其地當在淮陰城西。甲戌，徐槾克廬江城。按地形志，梁置廬江郡，治灊縣。灊縣今屬無爲軍界，徐槾之師蓋漸西向。歷陽窘蹙乞降，黃法𣰰緩之，則又拒守。法𣰰怒，帥卒急攻，帥，讀曰率。丙子，克之，盡殺戍卒。進軍合肥，合肥望旗請降，法氍禁侵掠，撫勞戍卒，勞，力到翻。與之盟而縱之。

16 丁丑，周以柱國侯莫陳瓊爲大宗伯，滎陽公司馬消難爲大司寇，難，乃旦翻。江陵總管陸騰爲大司空。瓊，崇之弟也。侯莫陳崇，八柱國之一也。

17 己卯，齊北高唐郡降。五代志：同安郡宿松縣，梁置高唐郡。降，戶江翻。辛巳，詔南豫州刺史黃法氍徙鎮歷陽。氍，巨俱翻。晉氏南渡，豫部殲覆，刺史祖約自譙城退屯壽春。咸和間，庾亮治蕪湖。咸康間，毛寶治邾城。永和初，趙胤鎮牛渚。二年，謝尚鎮蕪湖，四年，進壽春，九年，鎮歷陽，十一年，進馬頭。寧康初，桓沖戍姑孰。宋永初中，分淮東爲南豫州，治歷陽，淮西爲豫州。泰始中，淮西陷沒，以揚州之淮南、宣城爲南豫州，治宣城，蕭齊治姑孰。梁武佳兵，治無定所。侯景之亂，江、淮之地皆歸高齊。陳治宣城，今復歷陽，命徙鎮焉。乙酉，南齊昌太守黃詠克齊昌外城。五代志：蘄春郡蘄春縣，舊曰蘄陽，梁改蘄水，後齊改曰齊昌，置齊昌郡。守，式又翻。丙戌，廬陵內史任忠軍于東關，克其東、西二城，東關東、西二城，吳諸葛恪所築也。任，音壬。進克蘄城；五代志：廬江郡襄安縣，梁曰蘄。蘄，居衣翻，又音其。戊子，又克譙郡城。此地形志合州之南譙郡城也，亦在蘄縣界。秦州城降。自四月辛亥拔秦州水柵，至是三十八日，州城始降。癸巳，瓜步、胡墅二城降。二城皆在六合縣界，臨江。降，戶江翻。帝以秦郡、吳明徹之鄉里，詔具太牢，令拜祠上冢，上，時掌翻。文武羽儀甚盛，鄉人榮之。

18齊自和士開用事以來，政體隳紊。和士開用事，始一百六十九卷世祖天嘉四年。隳，音揮。紊，扶問翻。及祖珽執政，頗收舉才望，內外稱美。珽復欲增損政務，沙汰人物，汰，音太。官號服章，並依故事。又欲黜諸閹豎及羣小輩，爲致治之方，豎，臣庾翻，童僕未冠者也，又音樹。治，直之翻。陸令萱、穆提婆議頗同異。珽乃諷御史中丞麗伯律，令劾主書王子沖納賂。麗，姓，伯律，名。姓苑有麗姓。後齊制：中書省有舍人、主書各十人。劾，戶概翻，又戶得翻。知其事連提婆，欲使贓罪相及，望因此并坐及令萱。猶恐齊主溺於近習，溺，奴狄翻。欲引后黨爲援，乃請以胡后兄君瑜爲侍中、中領軍；又徵君瑜兄梁州刺史君璧，元魏置梁州於大梁城。欲以爲御史中丞。令萱聞而懷怒，百方排毀，出君瑜爲金紫光祿大夫，解中領軍；出者，自內省出就朝列。金紫光祿大夫，本晉之左、右光祿大夫，假金章紫綬，後遂於左、右光祿大夫之下又置金紫光祿大夫，而光祿大夫假銀印青綬者，爲銀青光祿大夫。後齊制：金紫光祿大夫從二品，中領軍第三品。君瑜既解中領軍，有品秩而無職事。君璧還鎮梁州。胡后之廢，頗亦由此。釋王子沖不問。

珽日以益疏，諸宦者更共譖之。帝以問陸令萱，令萱憫默不對，憫默，憂而不敢言之貌。三問，乃下牀拜曰：「老婢應死。言其罪應死也。老婢始聞和士開言孝徵多才博學，意謂善人，故舉之。比來觀之，比，毗至翻。大是姦臣。人寔難知，老婢應死。」帝令韓長鸞檢按。檢，察也，搜也，校也，舉也。按，考驗也，亦舉也。長鸞素惡珽，惡，烏路翻。得其詐出敕受賜等十餘事。帝以嘗與之重誓，故不殺，解珽侍中、僕射，出爲北徐州刺史。五代志：琅邪郡，舊置北徐州。珽求見帝，長鸞不許，遣人推出柏閤，見，賢遍翻。推，吐雷翻。珽坐，不肯行，長鸞令牽曳而出。

癸巳，齊以領軍穆提婆爲尚書左僕射，侍中、中書監段孝言爲右僕射。孝言，韶之弟也。段韶歷事高氏，五世著忠孝，戰功爲多。初，祖珽執政，引孝言爲助，除吏部尚書。孝言凡所進擢，非賄則舊，求仕者或於廣會膝行跪伏，公自陳請，孝言顏色揚揚，以爲己任，隨事酬許。將作丞崔成忽於衆中抗言曰：「尚書，天下尚書，豈獨段家尚書也！」孝言無辭以應，唯厲色遣下而已。既而與韓長鸞共搆祖珽，逐而代之。

19 齊蘭陵武王長恭，貌美而勇，以邙山之捷，威名大盛，考異曰：北齊書：「長恭與周戰於邙山。後主謂曰：『入陳太深，失利悔無所及。』對曰：『家事親切，不覺遂然。』帝嫌其稱『家事』，遂忌之。」按邙山之戰在河清三年，後主時年九歲，尚未卽位，何得有此問！且稱「家事」亦何足致忌！今不取。武士歌之，爲蘭陵王入陳曲，杜佑曰：北齊蘭陵王長恭，才武而貌美，常著假面以對敵。嘗擊周師金墉城下，勇冠三軍。齊人壯之，作此舞，以效其指麾擊刺之容，謂之蘭陵王入陳曲。齊主忌之。及代段韶督諸軍攻定陽，頗務聚斂，邙山之捷見一百六十九卷世祖天嘉五年。攻定陽見上卷太建三年。陳，讀曰陣。斂，力贍翻。其所親尉相願尉，紆勿翻。問之曰：「王受朝寄，何得如此？」朝，直遥翻。長恭未應。相願曰：「豈非以邙山之捷，欲自穢乎？」長恭曰：「然。」相願曰：「朝廷若忌王，卽當用此爲罪，無乃避禍而更速之乎！」長恭涕泣前膝問計，俯身而問，膝前於席，故曰前膝。相顧曰：「王前既有功，今復告捷，復，扶又翻。威聲太重。宜屬疾在家，屬，之欲翻。勿預時事。」長恭然其言，未能退。及江、淮用兵，恐復爲將，復，扶又翻。將，息亮翻。歎曰：「我去年面腫，今何不發！」自是有疾不療。齊主遣使酖殺之。療，力弔翻。使，疏吏翻。

20 六月，【章：十二行本「月」下有「庚子」二字；乙十一行本同；孔本同；張校同。】郢州刺史李綜克灄口城。水經註：江水逕魯山南，左得湖口水，又東合灄口水，水上承沔水於安陸縣而東，逕灄陽縣北，東南注于江。灄，書涉翻。乙巳，任忠克合州外城。按地形志及五代志，皆云合州治合肥。合肥前已降黃法𣰰，今任忠又克合州外城，何也？當考。庚戌，淮陽、沭陽郡皆棄城走。五代志：梁置淮陽郡於下邳郡之淮陽縣，又置潼陽郡於東海郡之沭陽縣，東魏改曰沭陽郡。沭，食聿翻。

21 壬子，周皇孫衍生。

22 齊主遊南苑，從官賜死者六十人。史言齊主淫刑以逞。從，才用翻。以高阿那肱爲司徒。

23 癸丑，程文季攻齊涇州，拔之。按齊涇州治石梁，是年四月，徐槾已克石梁城。乙卯，宣毅司馬湛陀克新蔡城。梁置鎮兵、翊師、宣惠、宣毅四將軍，代舊四中郎將，蓋皆有長史、司馬。湛，姓；陀，名。後漢有大司農湛重。五代志：廬江郡灊水縣，弋陽郡定城縣、殷城縣，皆有梁所置新蔡郡。又，固始縣有後齊所置新蔡郡，未知孰是。湛，徒減翻。陀，徒何翻。

24 丙辰，齊使開府儀同三司王紘聘於周。

25 癸亥，黄法𣰰克合州。以此觀之，則前請降者，合肥戍卒也。𣰰，巨俱翻。吳明徹進攻仁州，地形志：梁置仁州，治赤坎城，蓋在山陽縣界。甲子，克之。

26 治明堂。五代志：陳制：明堂殿屋十二間，中央六間，安六座，四方帝各依其方，黄帝居坤維。治，直之翻。

27 秋，七月，戊辰，齊遣尚書左丞陸騫將兵二萬救齊昌，出自巴、蘄，出自巴水、蘄水之間也。將，卽亮翻。蘄，音機，又音祈。遇西陽太守汝南周炅。西陽郡在黄岡縣界。炅，枯迥翻，又古惠翻。炅留羸弱，設疑兵以當之，身帥精鋭，由間道邀其後，大破之。羸，倫爲翻。帥，讀曰率。間，古莧翻。己巳，征北大將軍吳明徹軍至峽口，克其北岸城；南岸守者棄城走。峽口，峽石口也。夾岸築兩城以扼淮流。吳明徹以功進律，自從二品升第二品。周炅克巴州。後齊置巴州於黄岡。淮北、絳城及穀陽士民，並殺其戍主，以城降。絳城蓋虹縣城，音同而字異耳。五代志：彭城郡穀陽縣，後齊置穀陽郡。

齊巴陵王王琳與揚州刺史王貴顯保壽陽外郭，吳明徹以琳初入，衆心未固，丙戌，乘夜攻之，城潰。齊兵退據相國城及金城。二城皆在壽陽城中。相國城，劉裕伐長安所築，故名。金城，壽陽中城也。自晉以來，率謂中城爲金城。

八月，乙未，山陽城降。五代志：江都郡山陽縣，舊置山陽郡。壬寅，盱眙城降。盱眙縣亦屬江都，舊置盱眙郡。盱眙，音吁怡。壬子，戎昭將軍徐敬辯克海安城。陳制：戎昭將軍，品第八，秩六百石。

海安城，在海陵縣東，今爲海安鎮。青州東海城降。東海郡，梁置南、北二青州，今朐山縣。戊午，平固侯敬泰等克晉州。平固縣，沈約志，屬南康郡，吳立，曰平陽，晉武帝太康元年更名。五代志：同安郡，梁置晉州，因晉熙以爲名。九月，甲子，陽平城降。五代志：江都郡安宜縣，梁置陽平郡。壬申，高陽太守沈善慶克馬頭城。五代志：鍾離郡塗山縣，古當塗也，後齊置馬頭郡。甲戌，齊安城降。五代志：永安郡黄岡縣，後齊置齊安郡。丙子，左衞將軍樊毅克廣陵楚子城。此廣陵非江都之廣陵。按魏太和中，蠻帥田益宗納土於魏，魏爲立東豫州，治廣陵城。五代志：汝南郡新息縣，魏置東豫州。則此廣陵乃新息之廣陵也。又，梁武帝置楚州於汝南郡之城陽縣，治楚城，卽楚子城也。水經：淮水先過城陽縣而後過新息縣，則知廣陵城與楚子城相近。

28 壬午，周太子贇納妃楊氏。妃，大將軍隨公堅之女也。爲楊堅由后父而篡周張本。

太子好昵近小人，好，呼到翻。昵，尼質翻。近，其靳翻。左宮正宇文孝伯言於周主曰：「皇太子四海所屬，屬，之欲翻。而德聲未聞，臣忝宮官，實當其責。且春秋尚少，少，詩照翻。志業未成，請妙選正人，爲其師友，調護聖質，猶望日就月將。就，從也；將，行也；從事於學，將以行之也。鄭玄曰：日就月將，言當習之以積。如或不然，悔無及矣。」帝斂容曰：「卿世載鯁直，鯁，古杏翻。毛晃曰：鯁，魚骨，又骨不下咽。世謂謇諤者爲骨鯁，謂直言難受，如骨之哽咽也。竭誠所事。觀卿此言，有家風矣。」孝伯拜謝曰：「非言之難，受之難也。」帝曰：「正人豈復過卿！」復，扶又翻。於是以尉遲運爲右宮正。運，迥之弟子也。尉，紆勿翻。

帝嘗問萬年縣丞南陽樂運曰：「卿言太子何如人？」對曰：「中人。」帝顧謂齊公憲曰：「百官佞我，皆稱太子聰明睿智。唯運所言忠直耳。」因問運中人之狀。對曰：「如齊桓公是也：管仲相之則霸，豎貂輔之則亂，相，息亮翻。可與爲善，可與爲惡。」帝曰：「我知之矣。」乃妙選宮官以輔之，仍擢運爲京兆丞。由赤縣丞擢京郡丞。太子聞之，意甚不悅。

29 癸未，沈君理卒。卒，子恤翻。

30 壬辰晦，前鄱陽內史魯天念克黃城。地形志，譙州下蔡郡有黃城縣。按東魏置譙州於渦陽，則黃城亦其屬縣也。蓋下蔡在淮北，而黃城在壽陽西。水經註：柴水東逕黃城西，故弋陽縣也。城內二城，西卽黃城也。柴水東北入于淮，謂之淮口。甲【章：十二行本「甲」上有「冬十月」三字；乙十一行本同；孔本同。】午，郭默城降。晉氏不競，劉、石強盛；郭默轉徙而南，築城以自保，故有其名。

31 己亥，以特進領國子祭酒周弘正爲尚書右僕射。

32 齊國子祭酒張雕，以經授齊主爲侍讀，帝甚重之。雕與寵胡何洪珍相結，穆提婆、韓長鸞等惡之。惡，烏路翻。洪珍薦雕爲侍中，加開府儀同三司，奏度支事，度，徒洛翻。後齊六尚書，度支其一也，統度支、倉部、左戶、右戶、金部、庫部六曹。凡度支事，雕以奏聞。大爲帝所委信，常呼「博士」。雕自以出於微賤，致位大臣，欲立效以報恩，論議抑揚，無所回避，省宮掖不急之費，禁約左右驕縱之臣，數譏切寵要，獻替帷幄，數，所角翻。帝亦深倚仗之。雕遂以澄淸爲己

任，意氣甚高，貴倖皆側目。【章：十二行本「目」下有「陰謀陷之」四字；乙十一行本同；孔本同；張校同。】

尚書左丞封孝琰，隆之之弟子，封隆之，高氏起兵，佐命之臣。與侍中崔季舒，皆爲祖珽所厚。孝琰嘗謂珽曰：「公是衣冠宰相，異於餘人。」近習聞之，大以爲恨。

會齊主將如晉陽，季舒與張雕議，以爲：「壽陽被圍，被，皮義翻。大軍出拒之，信使往還，使，疏吏翻。須稟節度。且道路小人，或相驚恐，以爲大駕向幷州，畏避南寇。若不啓諫，恐人情駭動。」遂與從駕文官連名進諫。從，才用翻。時貴臣趙彥深、唐邕、段孝言等，意有異同，季舒與爭，未決。長鸞遽言於帝曰：「諸漢官連名總署，聲云諫幸幷州，其實未必不反，宜加誅戮。」辛丑，齊主悉召已署名者集含章殿，斬季舒、雕、孝琰及散騎常侍劉逖、黄門侍郎裴澤、郭遵於殿庭，家屬皆徙北邊，婦女配奚官，幼男下蠶室，下，戶嫁翻。沒入貲產。癸卯，遂如晉陽。

33 吳明徹攻壽陽，堰肥水以灌城，按水經註：肥水過壽陽城而入淮。然引流入城，交絡城中，吳明徹堰之以灌城，其勢順易。城中多病腫泄，泄，私列翻。死者什六七。齊行臺右僕射琅邪皮景和等救壽陽，「琅邪」之下，疑脫「王」字。以尉破胡新敗，怯懦不敢前，屯於淮口，淮口蓋卽潁口。景和之師自潁上出至淮而屯，因謂之淮口。敕使屢促之。使，疏吏翻；下同。然始渡淮，然，如此也。如此始渡淮也。衆數十萬，去壽陽三十里，頓軍不進。諸將皆懼，將，卽亮翻；下同。曰：「堅城未拔，大援在近，將若之何？」明徹曰：「兵貴神速，而彼結營不進，自挫其鋒，吾知其不敢戰，明矣。」乙巳，躬擐甲冑，擐，音宦。四面疾攻，一鼓拔之，生擒王琳、王貴顯、盧潛及扶風王可朱渾道裕、尚書左丞李騊駼送建康。可朱渾，虜三字姓。騊，徒刀翻。駼，同都翻。景和北遁，盡收其駝馬輜重。重，直用翻。

琳體貌閑雅，喜怒不形於色；強記內敏，軍府佐吏千數，皆能識其姓名；識，職吏翻。刑罰不濫，輕財愛士，得將卒心；雖失地流寓在鄴，齊人皆重其忠義。及被擒，故麾下將卒多在明徹軍中，見者皆歔欷，不能仰視，爭爲之請命將，卽亮翻。被，皮義翻。歔，音虛。欷，音希，又許既翻。爲，于僞翻。及致資給。明徹恐其爲變，遣使追斬之於壽陽東二十里，使，疏吏翻。哭者聲如雷。有一叟以酒脯來祭，哭盡哀，收其血而去。田夫野老，知與不知，聞者莫不流涕。

齊穆提婆、韓長鸞聞壽陽陷，握槊不輟，曰：「本是彼物，從其取去。」南、北兵爭，壽陽本屬江南，故云然。史言齊之君臣以樂慆憂。齊主聞之，頗以爲憂，提婆等曰：「假使國家盡失黃河以南，猶可作一龜茲國。龜茲，音丘慈，唐人又讀爲屈佳。更可憐人生如寄，唯當行樂，樂，音洛。何用愁爲！」左右嬖臣因共贊和之，嬖，卑義翻，又匹計翻。和，戶臥翻。帝卽大喜，酣飲鼓舞，酣，戶甘翻。仍使於黎陽臨河築城戍。懼陳兵之來，眞欲畫河自保。

丁未，齊遣兵萬人至潁口，潁水入淮之口。樊毅擊走之。辛亥，遣兵援蒼陵，又破之。地形志：揚州淮南郡壽春縣，故楚有蒼陵城。水經註：淮水東流，與潁口會，東南逕蒼陵北，又東北流，逕壽春縣故城西。齊主以皮景和全軍而還，賞之，除尚書令。還，從宣翻，又音如字。

丙辰，詔以壽陽復爲豫州，復宋、齊之舊也。以黄城爲司州。以明徹爲都督豫・合等六州諸軍事、車騎大將軍、豫州刺史，遣謁者蕭淳風就壽陽册命，騎，奇寄翻。陳依梁制，謁者僕射，秩千石。於城南設壇，士卒二十萬，陳旗鼓戈甲。明徹登壇拜受，成禮而退，將卒榮之。上置酒，舉杯屬徐陵曰：「賞卿知人。」將，卽亮翻。屬，之欲翻。陵避席曰：「定策聖衷，非臣力也。」以黄法氍爲征西大將軍、合州刺史。氍，巨俱翻。

戊午，湛陀克齊昌城。十一月，甲戌，淮陰城降。五代志：江都郡山陽縣有淮陰郡。降，戶江翻。庚辰，威虜將軍劉桃枝克朐山城。陳制：威虜將軍，品第八，秩六百石。此劉桃枝自是陳將，非齊之劉桃枝。五代志，東海郡有朐山縣。朐，音劬。辛巳，樊毅克濟陰城。五代志：鍾離郡化明縣，故曰睢陵，置濟陰郡。濟，子禮翻。己丑，魯廣達攻濟南徐州，克之；「濟」當作「齊」。書「齊南徐」，以別京口之南徐。以五代史考之，齊之南徐州，本置於下邳郡宿豫縣。詳又註於考異之下。以廣達爲北徐州刺史，鎮其地。考異曰：陳書帝紀及廣達傳，皆云北徐州。按北齊書祖珽傳：「珽保全北徐州城不陷。」蓋南人謂京口爲南徐州，故謂此爲北徐州，其實乃北齊之南徐州也。按此所謂齊南徐州，乃舊琅邪郡。宋泰始初，琅邪沒魏，莊帝永安二年，置北徐州於琅邪。時齊以祖珽爲北徐州，鎮琅邪。魏收地形志：太和中，立北徐州於宿豫。蕭衍置北徐州於鍾離。南、北兵爭，疆埸之間，一彼一此，各立州郡，當隨其所立州名書之，恐不可以齊之北徐州爲齊南徐州也。

齊北徐州民多起兵以應陳，逼其州城，按五代志，齊置北徐州於琅邪。祖珽命不閉城門，禁人不得出衢路，爾雅：四達謂之衢。珽，他鼎翻。城中寂然。反者不測其故，疑人走城空，不設備。珽忽令鼓譟震天，反者皆驚走。既而復結陳向城，復，扶又翻。陳，讀曰陣。珽令錄事參軍王君植將兵拒之，自乘馬臨陳左右射。射，食亦翻。反者先聞其盲，謂其必不能出，忽見之，大驚。穆提婆欲令城陷，不遣援兵，珽且戰且守，十餘日，反者竟散走。

詔懸王琳首於建康市。故吏梁驃騎倉曹參軍朱瑒梁制：將軍府有功曹、倉曹、中兵、外兵、騎兵、長流、城局等參軍。驃，匹妙翻。騎，奇寄翻。瑒，雉杏翻，又音暢。致書徐陵求其首，曰：「竊以典午將滅，徐廣爲晉家遺老；典，司也，午屬馬；故謂司馬爲典午。徐廣事見一百十九卷宋高祖永初元年。當塗已謝，馬孚稱魏室忠臣。「當塗高」者，魏也。司馬孚事見七十九卷晉世祖泰始元年。梁故建寧公琳，當離亂之辰，總方伯之任，天厭梁德，尚思匡繼，徒蘊包胥之志，左傳：吳破楚，入郢，申包胥赴秦請救，以秦師破吳而復楚。終遘萇弘之眚，周靈王卽位，諸侯不朝。萇弘乃明鬼神事，設射諸侯之不來者，欲依怪物以致諸侯。諸侯不從，而周室愈微。後二世至敬王，晉人殺萇弘。至使身沒九泉，頭行千里。伏惟聖恩博厚，明詔爰發，赦王經之哭，按魏元帝景元元年，司馬昭弒高貴鄉公，倂收王經。其吏向雄，抱經哭於東市，昭赦雄。許田橫之葬。漢高帝葬田橫，事見十一卷五年。不使壽春城下，唯傳報葛之人；魏高貴鄉公甘露三年，司馬昭破壽春，諸葛誕麾下不降而死，事見七十七卷。滄洲島上，獨有悲田之客。」卽田橫事。陵爲之啓上。爲，于僞翻。十二月，壬辰朔，并熊曇朗等首皆還其親屬。熊曇朗誅，見一百六十八卷世祖天嘉元年。瑒瘞琳於八公山側，義故會葬者數千人。瑒問道奔齊，義故，故舊以義結者。瘞，於計翻。間，古莧翻。別議迎葬，尋有壽陽人茅智勝等五人，密送其柩於鄴。柩，音舊。齊贈琳開府儀同三司、錄尚書事，謚曰忠武王，給轀輬車以葬之。自秦、漢以來，天子葬用轀輬車。轀，音溫。輬，音涼。

34 癸巳，周主集羣臣及沙門、道士，帝自升高坐，辨三教先後，坐，徂臥翻。以儒爲先，道爲次，釋爲後。

35 乙未，譙城降。五代志：譙郡山桑縣，梁置渦州，東魏改曰譙州。降，戶江翻。

36 乙巳，立皇子叔明爲宜都王，叔獻爲河東王。

37 壬午，任忠克霍州。五代志：廬江郡霍山縣，梁置霍州。任，音壬。

詔徵安州刺史周炅入朝。按五代志：西魏置安州於安陸，梁、陳無安州。隋書周法尚傳：炅爲定州刺史，或者「安」字其「定」字之誤歟？朝，直遙翻。初，梁定州刺史田龍升以城降，定州，梁置，治蒙龍城。水經註：舉水出龜頭山，西北流，逕蒙龍城南，梁定州治。五代志：永安郡麻城縣，陳置定州。詔仍舊任。及炅入朝，龍升以江北六州、七鎮叛入于齊，齊遣歷陽王景安將兵應之。詔以炅爲江北道大都督，總衆軍以討龍升，斬之。景安退走，盡復江北之地。

38 是歲，突厥求婚於齊。

六年（甲午、五七四）

1春，正月，壬戌朔，周齊公憲等七人進爵爲王。

2己巳，周主享太廟；乙亥，耕藉田。藉，秦昔翻。

3壬子，【章：十二行本「子」作「午」；乙十一行本同；張校同。】上享太廟。

4甲申，廣陵金城降。去年九月，樊毅克廣陵楚子城，其金城至是始降。降，戶江翻。

5二月，壬午【章：孔本「午」作「辰」；張校同。】朔，日有食之。

6乙未，齊主還鄴。去年十月如晉陽，至是始還。

7丁酉，周紀國公賢等六人進爵爲王。

8辛亥，上耕藉田。梁初，依宋、齊，以正月用事。天監十二年，武帝以爲啓蟄而耕，書云：「以殷仲春」，藉田理在建卯，於是改用二月。陳因而不改。藉，而亦翻。

9齊朔州行臺南安王思好，本高氏養子，驍勇，得邊鎮人心。驍，堅堯翻。齊主使嬖臣斫骨光弁至州，斫骨，虜複姓。嬖，卑義翻，又博計翻。光弁不禮於思好，思好怒，遂反，云「欲入除君側之惡」。進軍至陽曲，五代志：太原郡汾陽縣，舊曰陽曲。自號大丞相。武衞將軍趙海在晉陽，【章：十二行本「陽」下有「掌兵」二字；乙十一行本同；孔本同；張校同。】蒼猝不暇奏，矯詔發兵拒之。帝聞變，使尚書令唐邕等馳之晉陽，之，往也。辛丑，帝勒兵繼進。未至，思好軍敗，投水死。

其麾下二千人，劉桃枝圍之，且殺且招，終不降，降，戶江翻。以至於盡。

先是有人告思好謀反，先，悉薦翻。韓長鸞女適思好子，奏言：「是人誣告貴臣，不殺無以息後。」乃斬之。思好既誅，告者弟伏闕下求贈官，長鸞不爲通。通鑑言齊嬖倖壅蔽之禍。爲，于僞翻。

丁未，齊主還鄴。甲寅，以唐邕爲錄尚書事。

10乙卯，周主如雲陽宮。

11丙辰，周大赦。

12庚申，周叱奴太后有疾。叱奴，虜複姓。三月，辛酉，周主還長安。癸酉，太后殂。帝居倚廬，陸德明曰：廬倚東牆而爲之，故曰「倚廬」。考異曰：隋書張衡傳云：「武帝居憂，與左右出獵，衡露髮輿櫬切諫。」按帝居喪有禮，疑衡自敍之妄。朝夕進一溢米。鄭玄曰：二十兩爲溢。於粟米之法，一溢，爲米一升二十四分升之一。溢，音逸。羣臣表請，累旬乃止。命太子總釐庶政。釐，治也。

衞王直譖齊王憲於帝曰：「憲飲酒食肉，無異平日。」帝曰：「吾與齊王異生，異生，謂異母也。俱非正嫡，特以吾故，同袒括髮。袒者，肉袒；括者，結也。杜預曰：以麻約髮。汝當愧之，何論得失！汝，親太后之子，特承慈愛；但當自勉，無論他人。」

13夏，四月，乙卯，齊遣侍中薛孤康買弔於周，薛孤，虜複姓。且會葬。

初，齊世祖爲胡后造珠裙袴，爲，于僞翻；下同。所費不可勝計；勝，音升。爲火所焚。至是，齊主復爲穆后營之。復，扶又翻。使商胡齎錦綵三萬，與弔使偕往市珠。使，疏吏翻。周人不與，齊主竟自造之。及穆后愛衰，其侍婢馮小憐大幸，拜爲淑妃；與齊主坐則同席，出則並馬，誓同生死。

14 五月，庚申，周葬文宣皇后於永固陵；周主跣行至陵所。辛酉，詔曰：「三年之喪，達於天子。但軍國務重，須自聽朝。衰麻之節，苫廬之禮，率遵前典，喪服小記：斬衰括髮以麻，寢苫居廬。朝，直遥翻。衰，七回翻。苫，息廉翻。以申罔極。詩：父兮生我，母兮鞠我，欲報之德，昊天罔極。百僚宜依遺令，既葬而除。」除服也。公卿固請依權制，帝不許，卒申三年之制。卒，子恤翻。五服之內，亦令依禮。五服者，斬衰三年服，齊衰期年服，大功九月服，小功五月服，緦麻三月服。

15 庚午，齊大赦。

16 齊人恐陳師渡淮，使皮景和屯西兗州以備之。西兗州治定陶。

17 丙子，周禁佛、道二教，經、像悉毁，經，謂二教之書。像，謂佛像、天尊像。罷沙門、道士，並令還俗。并禁諸淫祀，非祀典所載者盡除之。

18 六月，壬辰，周弘正卒。卒，子恤翻。

19 壬子，周更鑄五行大布錢，一當十，與布泉並行。行布泉見一百六十八卷世祖天嘉元年。更，工衡翻。

20 戊午，周立通道觀以壹聖賢之教。觀，古玩翻。

21 秋，七月，庚申，周主如雲陽，以右宮正尉遲運兼司武，左傳：宋平公曰：「司武而梏于朝。」杜預註：司武，司馬。周建六官，已有大司馬，司武蓋其屬也。尉，紆勿翻。與薛公長孫覽輔太子守長安。長，知兩翻。

初，帝取衛王直第爲東宮，建德元年，立太子，始建東宮。使直自擇所居。直歷觀府署，無如意者；末取廢陟岵寺，欲居之。陟岵寺，取望母爲名，直意欲以同母感動周主。齊王憲謂直曰：「弟子孫多，此無乃褊小？」岵，墟里翻。褊，補辨翻。直曰：「一身尚不自容，何論子孫！」直嘗從帝校獵而亂行，帝對衆撻之，直積怨憤，因帝在外，遂作亂。乙酉，帥其黨襲肅章門。肅章，宮門名。唐長安太極宮，太極殿後，兩儀殿前，中爲朱明門，東則虔化門，西則肅章門，蓋周遺制。帥，讀曰率。長孫覽懼，奔詣帝所。尉遲運偶在門中，直兵奄至，手自闔門。直黨與運爭門，斫傷運指，僅而得閉。直不得入，縱火焚門。運恐火盡，直黨得進，取宮中材木及牀榻以益火，膏油灌之，火轉熾。久之，直不得進，乃退。運帥留守兵，因其退而擊之，帥，讀曰率；下同。直大敗，帥百餘騎奔荆州。欲就梁。騎，奇寄翻。戊子，帝還長安。八月，辛卯，擒直，廢爲庶人，囚於別宮，尋殺之。以尉遲運爲大將軍，賜賚甚厚。

丙申，周主復如雲陽。復，扶又翻。

22 癸丑，齊主如晉陽。甲辰〔寅〕，齊以高勱爲尚書右僕射。勱，音邁。

23 九月，庚申，周主如同州。

24 冬，十月，丙申，周遣御正弘農楊尚希、禮部盧愷來聘。武成元年，增御正四人，位上大夫。保定四年，又改禮部爲司宗，大司禮爲禮部。杜佑曰：周制：禮部中大夫，屬春官。愷，柔之子也。盧柔仕魏爲中書監。

25 甲寅，周主如蒲州；丙辰，如同州；十一月，甲戌，還長安。

26 十二月，戊戌，以吏部尚書王瑒爲右僕射，度支尚書孔奐爲吏部尚書。瑒，沖之子也。瑒，雉杏翻，又音暢。度，徒洛翻。

時新復淮、泗，攻戰、降附，功賞紛紜。攻戰敍其功，降附敍其賞。降，戶江翻。奐識鑒精敏，不受請託，事無凝滯，人皆悅服。湘州刺史始興王叔陵，屢諷有司，求爲三公。奐曰：「袞章之職，本以德舉，三公一命。袞，命服，身之章也。未必皇枝。」因以白帝。帝曰：「始興那忽望公！且朕兒爲公，須在鄱陽王後。」言世祖之子當先爲公。奐曰：「臣之所見，亦如聖旨。」

27 齊定州刺史南陽王綽，喜爲殘虐，此定州治中山。喜，許既翻。嘗出行，見婦人抱兒，奪以飼狗。婦人號哭，飼，祥吏翻。號，戶刀翻。綽怒，以兒血塗婦人，縱狗使食之。常云：「我學文宣伯之爲人。」齊主聞之，鎖詣行在，至而宥之。問：「在州何事最樂？」樂，音洛；下同。對曰：「多聚蠍於器，置狙其中，觀之極樂。」帝卽命夜索蠍一斗，比曉，得三二升，置浴斛，使人裸臥斛中，號叫宛轉。帝與綽臨觀，喜噱不已。蠍，許竭翻，螫人蟲，渡淮以北卽有之。通俗文：長尾曰蠆，短尾曰蠍。索，山客翻。比，必寐翻，及也。浴斛，浴器也。裸，郎果翻，赤體也。號，戶刀翻。噱，其虐翻。嗢噱，笑不止。因讓綽曰：「如此樂事，何不馳驛奏聞！」樂，音洛。由是有寵，拜大將軍，朝夕同戲。韓長鸞疾之，是歲，出爲齊州刺史。將發，使人誣告其反，奏云：「此犯國法，不可赦！」帝不忍明誅，使寵胡何猥薩與之手搏，搤而殺之。薩，桑割翻。搤，於革翻。

章錫琛標點容肇祖聶崇岐覆校

資治通鑑卷第一百七十二

端明殿學士兼翰林侍讀學士朝散大夫右諫議大夫充集賢殿修撰提舉嵩山崇福宮上柱國河内郡開國侯食邑一千八百戶食實封六百戶賜紫金魚袋臣　司馬光　奉敕編集

後　學　天　台　胡三省　音　註

陳紀六

起旃蒙協洽（乙未），盡柔兆涒灘（丙申），凡二年。

高宗宣皇帝中之上

太建七年（乙未、五七五）

1 春，正月，辛未，上祀南郊。

2 癸酉，周主如同州。

3 乙亥，左衞將軍樊毅克潼州。五代志：下邳郡夏丘縣，梁、後齊置潼州，治取慮城。潼，音童。

4 齊主還鄴。去年二月，齊主如晉陽討思好，尋已還鄴。八月，復如晉陽，今還。

5 辛巳，上祀北郊。陳制亦以間歲正月上辛用特牛一祀天、地於南、北二郊。間歲者，一歲祀南郊，一歲祀北郊也。

6 二月，丙戌朔，日有食之。

7 戊申，樊毅克下邳、高柵等六城。地形志，下邳郡有柵淵縣，武定八年分宿豫置。柵，楚格翻。

8 齊主言語澀吶，不喜見朝士，自非寵私昵狎，未嘗交語。澀，色立翻，不滑順也。吶，女劣翻，聲不出也。趙文子其言吶吶不能出諸口。喜，許既翻。朝，直遙翻。昵，尼質翻。性懦，不堪人視，所謂弱顏也。懦，乃臥翻，又奴亂翻。雖三公、令、錄奏事，令，尚書令。錄，錄尚書事。莫得仰視，皆略陳大指，驚走而出。承世祖奢泰之餘，齊主之父，廟號世祖。以爲帝王當然，後宮皆寶衣玉食，一裙之費，至直萬匹；競爲新巧，朝衣夕弊。朝衣，於既翻。盛脩宮苑，窮極壯麗；所好不常，數毀又復。好，呼到翻；下同。數，所角翻。百工土木，無時休息，夜則然火照作，寒則以湯爲泥。鑿晉陽西山爲大像，一夜然油萬盆，光照宮中。晉陽宮也。每有災異寇盜，不自貶損，唯多設齋，以爲脩德。後之有天下者，可以鑒矣。好自彈琵琶，爲無愁之曲，近侍和之者以百數，民間謂之「無愁天子」。五代志：帝倚絃而歌，別採新聲爲無愁曲，音韻窈窕，極於哀思，使胡兒、閹宦輩齊唱和之。曲終樂闋，無不殞涕。雖行幸道路，或時馬上奏之。樂往哀來，竟以亡國。和，戶臥翻。於華林園鄴都有華林園。華，如字。立貧兒村，帝自衣藍縷之服，行乞其間以爲樂。衣服穿弊如懸鶉者爲藍縷。衣，於既翻；下人衣同。樂，盧各翻。又寫築西鄙諸城，使人衣黑衣攻之，帝自帥內參拒鬭。寫築者，寫諸城之形而築以象之。黑衣者，象周之戎衣。內參者，諸閹宦也。帥，讀曰率。

寵任陸令萱、穆提婆、高阿那肱、韓長鸞等宰制朝政，宦官鄧長顒、陳德信、胡兒何洪珍等並參預機權，朝，直遥翻。顒，魚容翻。各引親黨，超居顯位。官由財進，獄以賄成，競爲姦諂，蠹政害民。舊蒼頭劉桃枝等皆開府封王，其餘宦官、胡兒、歌舞人、見鬼人、官奴婢等濫得富貴者，殆將萬數，庶姓封王者以百數，開府千餘人，儀同無數，領軍一時至二十人，侍中、中常侍數十人，乃至狗、馬及鷹亦有儀同、郡君之號，有鬬雞，號開府，皆食其幹禄。魏、齊官制，凡禄各以品秩爲差。官一品每歲禄八百匹，二百匹爲一秩。從一品七百匹，一百七十五匹爲一秩。二品六百匹，一百五十匹爲一秩。從二品五百匹，一百二十五匹爲一秩。三品四百匹，一百匹爲一秩。從三品三百匹，七十五匹爲一秩。四品二百四十匹，六十匹爲一秩。從四品二百匹，五十匹爲一秩。五品一百六十匹，四十匹爲一秩。從五品一百二十匹，三十匹爲一秩。六品一百匹，二十五匹爲一秩。從六品八十匹，二十匹爲一秩。七品六十匹，十五匹爲一秩。從七品四十匹，十匹爲一秩。八品三十六匹，九匹爲一秩。從八品三十二匹，八匹爲一秩。九品二十八匹，七匹爲一秩。從九品二十四匹，六匹爲一秩。禄率一分以帛，一分以粟，一分以錢。幹出所部之人，一幹輸絹十八匹，幹身放之。諸嬖倖朝夕娛侍左右，嬖，卑義翻，又博計翻。一戲之費，動踰巨萬。既而府藏空竭，藏，徂浪翻。乃賜二三郡或六七縣，使之賣官取直。由是爲守令者，率皆富商大賈，守，音狩。賈，音古。競爲貪縱，【章：十二行本「縱」下有「賦繁役重」四字；乙十一行本同；孔本同；張校同。】民不聊生。史極言齊氏政亂，以啓敵國兼并之心，又一年而齊亡。有天下者，可不以爲鑒乎！書名通鑑，豈苟然哉！

周高祖謀伐齊，命邊鎮益儲偫，加戍卒；偫，直里翻。齊人聞之，亦增修守禦。柱國于翼諫曰：「疆埸相侵，互有勝負，徒損兵儲，無益大計。不如解嚴繼好，使彼懈而無備，然後乘間，出其不意，好，呼到翻。懈，古隘翻。間，古莧翻；下間隙、乘間同。一舉可取也。」周主從之。

韋孝寬上疏陳三策：上，時掌翻。其一曰：「臣在邊積年，頗見間隙，不因際會，難以成功。是以往歲出軍，徒有勞費，功績不立，由失機會。周主保定初再伐齊，攻并州，圍洛陽，趣懸瓠，出軹關，皆無功，事見一百六十九卷世祖天嘉四年、五年。爭宜陽、爭汾北事見一百七十卷太建元年至三年。何者？長淮之南，舊爲沃土，陳氏以破亡餘燼，猶能一舉平之；曰「破亡餘燼」者，言陳氏承梁元帝江陵破亡之後，收合餘燼，再立國於江南。燼，徐刃翻；火餘燭餘曰燼。齊人歷年赴救，喪敗而返。事見上卷五年、六年。喪，息浪翻。內離外叛，計盡力窮，讎敵有釁，不可失也。左傳：鬭伯比曰：「讎有釁，不可失也。」釁，與釁同。宇文、高氏，世爲讎敵。今大軍若出軹關，方軌而進，五代志：軹關，在河內郡王屋縣。周師若自軹關出險趨鄴，前無阻隘，可以方軌橫行。兼與陳氏共爲掎角，欲約陳共攻之。左傳：譬如捕鹿，晉人角之，諸戎掎之。角者，當其前。掎者，掎其後。掎，居綺翻。并令廣州義旅出自三鵶，魏永安中，置廣州於魯陽。魏分東、西廣州，西屬三鵶谷，在魯陽界。又募山南驍銳，沿河而下，周都長安，以褒、漢、荆、襄爲山南。驍，堅堯翻；下同。復遣北山稽胡，絕其并、晉之路。稽胡，南匈奴之餘種，散在河東、西河郡界，阻山而居，在長安北。復，扶又翻。并，卑經翻。凡此諸軍，仍令各募關、河之外勁勇之士，厚其爵賞，使爲前驅。關、河之外，指齊境而言，欲募其土人以爲鄉導。岳動川移，雷駭電激，百道俱進，並趨虜庭。趨，七喻翻。必當望旗奔潰，所向摧殄，一戎大定，寔在此機。」武王伐紂，一戎衣而天下大定。

其二曰：「若國家更爲後圖，未即大舉，宜與陳人分其兵勢。三鵶以北，萬春以南，萬春，地名。新唐志：武德五年，析龍門置萬春縣。蓋以舊地名名縣也。三鵶以北，萬春以南，韋孝寬袤指周東、北之境，舉兩端而言。廣事屯田，預爲貯積，貯，直呂翻。募其驍悍，立爲部伍。悍，侯旰翻，又下罕翻。彼既東南有敵，戎馬相持，謂齊人與陳人爲敵也。我出奇兵，破其疆場。場，音亦。彼若興師赴援，我則堅壁清野，待其去遠，還復出師。復，扶又翻。常以邊外之軍，引其腹心之衆。我無宿舂之費，莊子：適百里者宿舂糧。彼有奔命之勞，左傳：申公巫臣遺楚令尹子重、司馬子反書曰：「吾必使汝疲於奔命以死。」於是導吳伐楚，子重、子反一歲七奔命。一二年中，必自離叛。且齊氏昏暴，政出多門，鬻獄賣官，唯利是視，荒淫酒色，忌害忠良，闔境嗷然，不勝其弊。闔，戶臘翻。勝，音升。以此而觀，覆亡可待。然後乘間電掃，事等摧枯。」間，古莧翻。

其三曰：「昔句踐亡吳，尚期十載；左傳：伍員曰：「越十年生聚，十年教訓，二十年之外，吳其爲沼乎！」此言十載，以教訓言之也。句，音鉤。踐，慈演翻。載，作亥翻。武王取紂，猶煩再舉。史記：武王三年喪畢，觀兵孟津，諸侯不期而會者八百，皆曰「紂可伐。」武王曰：「汝未知天命。」乃還師。三年，紂淫暴日甚。武王告諸侯曰：「殷有重罪，不可不伐。」遂復伐紂，滅之。今若更存遵養，詩周頌：於鑠王師，遵養時晦。毛傳云：遵，率；養，取；晦，昧也。鄭箋云：文王率殷之叛國以事紂，養是晦昧之君以老其惡。自是說者悉祖其義，故云然。且復相時，左傳：相時而動，無累後人。復，扶又翻。相，息亮翻。臣謂宜還崇鄰好，申其盟約，安民和衆，通商惠工，蓄銳養威，觀釁而動。斯乃長策遠馭，坐自兼幷也。」好，呼到翻。通商惠工，左傳語。自古以來，謀臣智士，陳三策者，其上策率非常人所能行，中策亦必度其才足以行之，然後能聽而用之。通鑑蓋謂于翼、韋孝寬所見略同也。

書奏，周主引開府儀同三司伊婁謙入內殿，伊婁，虜複姓。拓跋之興於代北也，獻帝以其次弟爲伊婁氏。從容謂曰：「朕欲用兵，何者爲先？」對曰：「齊氏沈溺倡優，耽昏麴糵。從，七容翻。沈，持林翻。倡，音昌。糵，魚列翻。其折衝之將斛律明月，已斃於讒口。事見上卷四年。將，即亮翻。上下離心，道路以目。道路以目，本周語，言道路以目相視而不敢言。此易取也。」易，以豉翻。帝大笑。喜其所見與己同。三月，丙辰，使謙與小司寇元衛聘於齊以觀釁。爲周滅齊張本。考異曰：謙傳作「拓跋偉」，今從周書帝紀。余按：伊婁與拓跋同所自出而各爲氏，則伊婁謙本傳作「拓跋」不爲無據。

9 丙寅，周主還長安。自同州還。還，從宣翻，又音如字。

10 夏，四月，甲午，上享太廟。

11 監豫州陳桃根得青牛，獻之，監，工銜翻。詔遣還民。又表上織成羅文錦被各二百首，上，時掌翻。詔於雲龍門外焚之。

12 庚子，齊以中書監陽休之爲尚書右僕射。

13 六月，壬辰，以尚書右僕射王瑒爲左僕射。瑒，雉杏翻，又音暢。

14 甲戌，齊主如晉陽。

15 秋，七月，丙戌，周主如雲陽宮。

大將軍楊堅姿相奇偉。堅爲人龍顏，額有五柱入頂，目光外射，有文在手曰「王」。長上短下，沈深嚴重。相，息亮翻；下同。畿伯下大夫長安來和畿伯，周置，屬大司徒。杜佑曰：周地官之屬，每方畿伯，中大夫也；每縣小畿伯，則下大夫。嘗謂堅曰：「公眼如曙星，無所不照，當王有天下，曙星，向曉之星，其光閃爍。曙，常恕翻。王，于況翻。願忍誅殺。」蓋以其姿相殺氣重也。後堅之篡，內夷宇文，外翦尉遲迥、檀讓、王謙，死者不可勝數。人固有相乎？

周主待堅素厚，齊王憲言於帝曰：「普六茹堅，相貌非常，堅父忠，從周太祖屢有戰功，賜姓普六茹氏。臣每見之，不覺自失；恐非人下，請早除之！」帝亦疑之，以問來和。和詭對曰：「隨公止是守節人，可鎭一方；若爲將領，陳無不破。」言不以實曰詭。將，卽亮翻。

丁卯，周主還長安。

先是周主獨與齊王憲及內史王誼謀伐齊，先，悉薦翻。又遣納言盧韞周保定四年，改宗伯爲納言。乘駬三詣安州總管于翼問策，駬，人質翻，驛傳也。周置安州於安陸。餘人皆莫之知。丙子，始召大將軍以上於大德殿告之。

丁丑，下詔伐齊，以柱國陳王純、滎陽公司馬消難、鄭公達奚震爲前三軍總管，難，乃旦翻。越王盛、周【嚴：「周」改「同」。】昌公侯莫陳崇、【嚴：「崇」改「瓊」。】侯莫陳崇已死於保定三年，此又一侯莫陳崇也。不則「崇」字誤。趙王招爲後三軍總管。齊王憲帥衆二萬趨黎陽，帥，讀曰率；下同。趨，七喻翻。隨公楊堅、廣寧公薛迥將舟師三萬自渭入河，將，即亮翻。梁公侯莫陳芮帥衆二萬守太行道，太行道在河陽北，守之，欲以斷并、冀、殷、定之兵。行，戶剛翻。申公李穆帥衆三萬守河陽道，自河陰北渡河爲河陽。周主將攻河陽、洛陽，守之以斷其相往來。常山公于翼帥衆二萬出陳、汝。蓋令于翼自安州出陳、汝。自齊王憲以下皆指授諸將所出之道。誼，盟之兄孫；震，武之子也。王盟、達奚武皆周初功臣。

周主將出河陽，內史上士宇文㢸曰：㢸，音弼。「齊氏建國，於今累世；雖曰無道，藩鎮之任，尚有其人。今之出師，要須擇地。河陽衝要，精兵所聚，盡力攻圍，恐難得志。如臣所見，出於汾曲，戍小山平，汾曲，汾水之曲也。攻之易拔。用武之地，莫過於此。」易，以豉翻。民部中大夫天水趙煚曰：民部，蓋屬大司徒。煚，俱永翻。「河南、洛陽，四面受敵，縱得之，不可以守。請從河北直指太原，此卽出蒲、晉抵晉陽路。其後周主再舉，卒出於此。傾其巢穴，可一舉而定。」遂伯下大夫鮑宏曰：遂伯，蓋髣髴周官遂師之職。杜佑曰：周地官之屬有左、右遂伯，中大夫也。小遂伯則下大夫，每鄉一人。「我強齊弱，我治齊亂，何憂不克！治，直吏翻。但先帝往日屢出洛陽，先帝，謂宇文泰。彼既有備，每有不捷。如臣計者，進兵汾、潞，汾、潞，謂汾川、潞川。鮑宏欲出師以攻平陽、上黨也。直掩晉陽，出其不虞，不虞，謂不備也。虞，慮也，度也，測也，三者所及則爲備。似爲上策。」周主皆不從。周主蓋欲淺攻以觀釁，觀其再舉所以告羣臣者可知。宏，泉之弟也。鮑泉事梁元帝，江陵破，宏入關。

壬午，周主帥衆六萬，直指河陰。楊素請帥其父麾下先驅，周主許之。楊素父敷死，事見一百七十卷太建三年。帥，讀曰率。

16 八月，癸卯，周遣使來聘。

17 周師入齊境，禁伐樹踐稼，犯者皆斬。丁未，周主攻河陰大城，拔之。齊王憲拔武濟；武濟，城名。周武王伐紂，由此濟河，故以名城。進圍洛口，洛水入河之口，於此置城。拔東、西二城，縱火焚浮橋，橋絕。齊永橋大都督太安傅伏，自永橋夜入中潬城。周人既克南城，圍中潬，二旬不下。河陽有三城，南城、北城、中潬是也。永橋地近三城。按懷縣有永橋鎮。懷縣，隋、唐爲懷州武德縣。宋白曰：隋大業十一年，移脩武縣於永橋，卽今武陟縣。潬，徒旱翻。水中沙曰潬。地形志：朔州有太安郡。洛州刺史獨孤永業守金墉，周主自攻之，不克。永業通夜辦馬槽二千，周人聞之，以爲大軍且至而憚之。

九月，齊右丞【章：十二行本「丞」下有「相」字；乙十一行本同；孔本同；張校同。】高阿那肱自晉陽將兵拒周師。考異曰：北齊書云「閏月，己丑。」按是月癸丑朔，無己丑，又下有庚辰。蓋誤也。至河陽，會周主有疾，辛酉夜，引兵還。還，音旋，又如字。水軍焚其舟艦。河水迅急，泝流西歸，追兵且至，故焚其舟艦，由陸道退還。艦，戶黯翻。傅伏謂行臺乞伏貴和曰：「周師疲弊，願得精騎二千追擊之，可破也。」貴和不許。

齊王憲、于翼、李穆，所向克捷，降拔三十餘城，降者，迎降；拔者，以兵力攻拔。降，戶江翻；下同。皆棄而不守。唯以王藥城要害，令儀同三司韓正守之，正尋以城降齊。

戊寅，周主還長安。

18 庚辰，齊以趙彥深爲司徒，斛阿列羅爲司空。斛阿列，虜三字姓。

19 閏月，車騎大將軍吳明徹將兵擊齊彭城；壬辰，敗齊兵數萬於呂梁。敗，補邁翻。

20 甲午，周主如同州。

21 冬，十月，己巳，立皇子叔齊爲新蔡王，叔文爲晉熙王。

22 十二月，辛亥朔，日有食之。

23 壬戌，以王瑒爲尚書左僕射，瑒，雉杏翻，又音暢。太子詹事吳郡陸繕爲右僕射。

24 庚午，周主還長安。

八年（丙申、五七六）

1 春，正月，癸未，周主如同州；辛卯，如河東涑川；杜預曰：涑水出河東聞喜縣，西南至蒲坂入河。涑，音速。甲午，復還同州。

2 甲寅，齊大赦。

3 乙卯，齊主還鄴。去年六月如晉陽，今還。

4 二月，辛酉，周主命太子巡撫西土，因伐吐谷渾，吐，從暾入聲。谷，音浴。上開府儀同大將軍王軌、建德四年，改驃騎大將軍開府儀同三司爲開府儀同大將軍，仍增上開府儀同大將軍。宮正宇文孝伯從行。軍中節度，皆委二人，太子仰成而已。仰，如字，又五亮翻。

5 齊括雜戶【章：十二行本「戶」下有「女」字；乙十一行本同；孔本同；張校同。】未嫁者悉集，魏虜西涼之人沒入，名爲「隸戶」。魏武入關，隸户皆在東魏。後齊因之，仍供廝役。周平齊，乃悉放諸雜戶爲百姓。有隱匿者，家長坐死。長，知兩翻。

6 壬申，以開府儀同三司吳明徹爲司空。

7 三月，壬寅，周主還長安；夏，四月，乙卯，復如同州。

8 己未，上享太廟。

9 尚書左僕射王瑒卒。考異曰：陳書：「庚寅，瑒卒。」按長曆，是月己酉朔，無庚寅，陳書誤。

10 五月，壬辰，周主還長安。

11 六月，戊申朔，日有食之。

12 辛亥，周主享太廟。

13 初，太子叔寶欲以左戶部尚書江總爲詹事，按五代志：梁置吏部、祠部、度支、左戶、都官、五兵等六尚書；陳因梁制。此蓋左戶也，「部」字衍。令管記陸瑜言於吏部尚書孔奐。奐謂瑜曰：「江有潘、陸之華晉惠帝爲太子，潘岳、陸機皆爲東宮官。而無園、綺之實，園公、綺里季羽翼漢太子盈，高帝遂不易太子。輔弼儲宮，竊有所難。」太子深以爲恨，自言於帝。帝將許之，奐奏曰：「江總，文華之士。今皇太子文華不少，少，詩沼翻。豈藉於總！如臣所見，願選敦重之才，以居輔導之職。」帝曰：「卽如卿言，誰當居此？」奐曰：「都官尚書王廓，世有懿德，識性敦敏，可以居之。」太子時在側，乃曰：「廓，王泰之子，不宜爲太子詹事。」謂回避父諱，不宜居是官也。奐曰：「宋朝范曄，朝，直遙翻。卽范泰之子，亦爲太子詹事，前代不疑。」太子固爭之，帝卒以總爲詹事。卒，子恤翻。總，斅之曾孫也。江斅，湛之子，齊朝以風流冠冕一時。斅，音效。

甲寅，以尚書右僕射陸繕爲左僕射。帝欲以孔奐代繕，詔已出，太子沮之而止；更以晉陵太守王克爲右僕射。更，工衡翻。守，音狩。

頃之，總與太子爲長夜之飲，養良娣陳氏爲女；太子亟微行，遊總家。亟，去吏翻。上怒，免總官。

14周利州刺史紀王康，五代志：義城郡，古晉壽也，後魏立益州，世號小益州；梁曰黎州，西魏復曰益州，又改曰利州。驕矜無度，繕脩戎器，陰有異謀。司錄裴融諫止之，康殺融。丙辰，賜康死。

15丁巳，周主如雲陽。

16庚申，齊宜陽王趙彥深卒。彥深歷事累朝，常參機近，趙彥深事齊神武，已掌機密，至後主，歷事六君。朝，直遙翻。以溫謹著稱。既卒，朝貴典機密者，唯侍中、開府儀同三司斛律孝卿一人而已，其餘皆嬖倖也。卒，子恤翻。朝，直遙翻。嬖，卑義翻，又博計翻。孝卿，羌舉之子，斛律羌舉見一百五十七卷梁武帝大同三年。比於餘人，差不貪穢。

17秋，八月，乙卯，周主還長安。

18周太子伐吐谷渾，至伏俟城而還。伏俟城，吐谷渾國都也，其地卽漢西海允谷鹽池，在清海西。吐，從暾入聲。谷，音浴。還，音旋，又如字；下軍還同。宮尹鄭譯、王端等周置太子宮尹，蓋卽詹事之職。皆有寵於太子。太子在軍中多失德，譯等皆預焉。軍還，王軌等言之於周主。周主怒，杖太子及譯等，仍除譯等名，宮臣親幸者咸被譴。還，從宣翻，又音如字。被，皮義翻；下同。太子復召譯，戲狎如初。譯因曰：「殿下何時可得據天下？」太子悅，益昵之。復，扶又翻，又音如字。昵，尼質翻。譯，儼之兄孫也。亂魏朝，使靈太后不得良死者，鄭儼也。

周主遇太子甚嚴，每朝見，朝，直遙翻。見，賢遍翻。進止與羣臣無異，雖隆寒盛暑，不得休息；以其耆酒，耆，讀曰嗜。禁酒不得至東宮；有過，輒加捶撻。捶，止蘂翻。嘗謂之曰：「古來太子被廢者幾人？餘兒豈不堪立邪！」邪，音耶。乃敕東宮官屬錄太子言語動作，每月奏聞。太子畏帝威嚴，矯情修飾，由是過惡不上聞。上，時掌翻。

王軌嘗與小內史賀若弼言：「太子必不克負荷。」賀若，虜複姓。北史云：北人謂忠貞爲賀若，魏孝文帝以其先祖有忠貞之節，遂以賀若爲氏。若，人者翻。荷，下可翻，又如字。弼深以爲然，勸軌陳之。軌後因侍坐，坐，徂臥翻。言於帝曰：「皇太子仁孝無聞，恐不了陛下家事。愚臣短暗，不足可信。陛下恆以賀若弼有文武奇才，恆，戶登翻。亦常以此爲憂。」帝以問弼，對曰：「皇太子養德春宮，太子居東宮，東方主春，故亦曰春宮。未聞有過。」既退，軌讓弼曰：「平生言論，無所不道，今者對揚，對揚，本於傅說、召虎。對，答也；揚，稱也；後人遂以面對敷奏爲對揚。何得乃爾反覆？」爾，如此也。弼曰：「此公之過也。太子，國之儲副，豈易發言！事有蹉跌，易，以豉翻。蹉，七何翻。跌，徒結翻。便至滅族。本謂公密陳臧否，否，音鄙。何得遂至昌言！」昌，顯也。昌言，顯言也。軌默然久之，乃曰：「吾專心國家，遂不存私計。向者對衆，良實非宜。」

後軌因內宴內宴，宴於宮中也。上壽，上，時掌翻。捋帝須曰：捋，郎括翻。須，與鬚同。「可愛好老公，但恨後嗣弱耳。」先是，帝問右宮伯宇文孝伯曰：「吾兒比來何如？」先，悉薦翻。比，毗至翻。對曰：「太子比懼天威，更無過失。」罷酒，帝責孝伯曰：「公常語我云：『太子無過。』今軌有此言，公爲誑矣。」語，牛倨翻。誑，居況翻。孝伯再拜曰：「父【章：十二行本「父」上有「臣聞」二字；乙十一行本同；孔本同；張校同。】子之際，人所難言。臣知陛下不能割慈忍愛，遂爾結舌。」孝伯此言，亦不可謂之不忠切也。帝知其意，默然久之，乃曰：「朕已委公矣，公其勉之！」

王軌驟言於帝曰：「皇太子非社稷主。普六茹堅貌有反相。」不從容而言之爲驟言。相，息亮翻。帝不悦，曰：「必天命有在，將若之何！」楊堅聞之，甚懼，深自晦匿。

帝深以軌等言爲然，爲太子得位殺軌等張本。但漢王贊次長，長，知兩翻。又不才，餘子皆幼，故得不廢。史言周武帝明於知子而不廢太子之由。

19 丁卯，以司空吳明徹爲南兗州刺史。五代志：江都郡，梁置南兗州，後齊改爲東廣州，陳復曰南兗。

20 齊主如晉陽。營邯鄲宮。此二事也。既如晉陽，又營宮於邯鄲，以趙故都也。其地在隋、唐臨洺縣。邯鄲，音寒丹。

21 九月，戊戌，以皇子叔彪爲淮南王。

22 周主謂羣臣曰：「朕去歲屬有疾疢，屬，之欲翻。疢，丑刃翻；丁度曰：熱病也。遂不得克平逋寇。前入齊境，備見其情，彼之行師，殆同兒戲。況其朝廷昏亂，朝，直遙翻。政由羣小，百姓嗷然，朝不謀夕。天與不取，恐貽後悔。前出河外，直爲拊背，未扼其喉。謂去年河陰之役。漢婁敬曰：「今與人鬭，不扼其吭而拊其背，未能全勝。」晉州本高歡所起之地，高歡起兵晉州，事始見一百五十四卷梁武帝中大通二年。鎮攝要重，攝，總持也。今往攻之，彼必來援；吾嚴軍以待，擊之必克。然後乘破竹之勢，鼓行而東，足以窮其巢穴，混同文軌。」記曰：今天下，書同文，車同軌。諸將多不願行。將，卽亮翻。帝曰：「機不可失。有沮吾軍者，當以軍法裁之！」沮，在呂翻。

冬，十月，己酉，周主自將伐齊，將，卽亮翻。以越王盛、杞公亮、隨公楊堅爲右三軍，譙王儉、大將軍竇泰、廣化公丘崇爲左三軍，廣化郡公。五代志：河池縣，後魏曰廣化，置廣化郡。齊王憲、陳王純爲前軍。亮，導之子也。

丙辰，齊主獵於祁連池；癸亥，還晉陽。先是，晉州行臺左丞張延雋公直勤敏，儲偫有備，先，悉薦翻。偫，直里翻。百姓安業，疆埸無虞。諸嬖倖惡而代之，埸，音亦。嬖，卑義翻，又博計翻。惡，烏路翻。由是公私煩擾。

周主至晉州，軍于汾曲，汾曲，汾水之曲，在平陽南。水經：汾水南過平陽縣東，又南過臨汾縣東，又屈從縣南西流，是汾曲也。遣齊王憲將兵【章：十二行本「兵」字作「精騎」二字；乙十一行本同；孔本同；張校同。】二萬守雀鼠谷，水經：汾水南過冠爵津，在介休縣西南，俗謂之雀鼠谷。數十里間，道隘，水左右悉結偏梁閣道，累石就路，縈帶巖側，或去水一丈，或高六丈，上戴山阜，下臨絕澗，俗謂之魯般橋。蓋通古之津隘，又在今之地險也。將，卽亮翻。陳王純步騎二萬守千里徑，千里徑亦當在平陽北，要路之一也。杜佑曰：汾州界北接太原，當千里徑。騎，奇寄翻；下同。鄭公達奚震步騎一萬守統軍川，統軍川，地闕。大將軍韓明步騎五千守齊子嶺，齊子嶺在邵郡東。焉氏公尹升步騎五千守鼓鍾鎭，焉氏，讀曰燕支。燕，平聲。此焉氏縣公也。地形志：涼州番和郡有燕支縣，因燕支山以名縣，隋併入番和縣。水經註：教水出垣縣北教山，其水南歷鼓鍾上峽，又南流歷鼓鍾川；西南有冶官，世人謂之鼓鍾城。山海經曰：鼓鍾之山，帝臺之所以觴百神，卽是山也。垣縣，後魏於此置邵郡。涼城公辛韶步騎五千守蒲津關，此涼城郡公也。後魏立涼城郡於漢沃陽縣鹽澤北七里，池西有舊城，俗謂之涼城，郡取名也。按後魏自六鎭反亂，此地皆棄之不能有，後周特取郡名以封爵耳。漢、魏以後，五等之封，皆無實土，其來久矣。蒲津關在蒲坂，因津濟處以立關。漢書：武帝元封六年，立蒲津關。趙王招步騎一萬自華谷攻齊汾州諸城，水經：涑水出河東聞喜縣東山黍葭谷。俗謂之華谷。卽齊將斛律光取周汾北以進築者也。柱國宇文盛步騎一萬守汾水關。汾水關當在霍邑縣，南臨汾縣北。自此以上，凡言守者，皆以斷齊援兵之路，獨守蒲津關者爲後繼。括地志：汾州靈石縣有雀鼠谷、汾水關。遣內史王誼監諸軍攻平陽城。監，工銜翻。齊行臺僕射海昌王尉相貴嬰城拒守。尉，紆勿翻。【章：十二行本「守」下有「相貴，相願之兄也」七字；乙十一行本同；孔本同；張校同。】甲子，齊集兵晉祠。地形志：晉陽有晉王祠。庚午，齊主自晉陽帥諸軍趣晉州。帥，讀曰率；下同。趣，七喻翻。周主日自汾曲至城下督戰，城中窘急。窘，巨隕翻。庚午，行臺左丞侯子欽出降於周。降，戶江翻。壬申，晉州刺史崔景嵩守北城，夜，遣使請降於周，王軌帥衆應之。未明，周將北海段文振，杖槊與數十人先登，使，疏吏翻。帥，讀曰率。將，卽亮翻。槊，色角翻。與景嵩同至尉相貴所，拔佩刀劫之。城上鼓譟，齊兵大潰，遂克晉州，虜相貴及甲士八千人。

齊主方與馮淑妃獵於天池，考異曰：馮淑妃傳云：「獵於三堆。」今從高阿那肱傳。余按宋白續通典，嵐州靜樂縣，本三堆也；天池亦在縣界。晉州告急者，自旦至午，驛馬三至。右丞相高阿那肱曰：「大家正爲樂，樂，音洛。邊鄙小小交兵，乃是常事，何急奏聞！」至暮，使更至，使，疏吏翻。云「平陽已陷」，乃奏之。齊主將還，淑妃請更殺一圍，齊主從之。按齊主獵於祁連池，癸亥，還晉陽。甲子，卽集兵，庚午，自晉陽帥兵趣晉州。壬申，晉州陷時，齊主方獵於天池，馮淑妃請更殺一圍。審如是，則晉州陷之日，齊主猶在天池。天池，今在憲州靜樂縣，至晉陽一百七十餘里，自晉陽南至晉州又五百有餘里。齊主既以庚午違晉陽而南，無緣復北至天池。竊謂獵祁連池與獵天池，共是一事，北人謂天爲祁連，故天池亦謂之祁連池。通鑑稡集諸書成一家言，自癸亥排日書至庚午發晉陽，是據北齊紀；書高阿那肱不急奏邊報，是據阿那肱傳；書請更殺一圍，是據馮淑妃傳；合三者而書之，不能不相牴牾。又，馮淑妃傳以爲獵於三堆，三堆在肆州永安郡平寇縣界，亦在晉陽北。

周齊王憲攻拔洪洞、永安二城，二城皆在晉州北。洪洞城在楊縣，取城北洪洞嶺名之。永安，古彘縣地，隋改曰霍邑。更圖進取。齊人焚橋守險，軍不得進，乃屯永安。使永昌公椿屯雞栖原，永昌郡公。五代志：巴東郡大昌縣，後周置永昌郡。雞栖原在永安北。伐柏爲菴以立營。菴，烏含翻。漢皇甫規親入菴廬巡視三軍。椿，廣之弟也。

癸酉，齊主分軍萬人向千里徑，壬申，晉州陷，癸酉，齊軍已向千里徑，則知晉州陷不與獵天池同日，明矣。又分軍出汾水關，自帥大軍上雞栖原。上，時掌翻。宇文盛遣人告急，齊王憲自救之。齊師退，盛追擊，破之。俄而椿告齊師稍逼，憲復還救之。復，扶又翻。與齊對陳，至夜不戰。陳，讀曰陣。會周主召憲還，還，從宣翻，又如字。憲引兵夜去。齊人見柏菴在，不之覺，明日，始知之。齊主使高阿那肱將前軍先進，仍節度諸軍。將，卽亮翻。

甲戌，周以上開府儀同大將軍安定梁士彥爲晉州刺史，留精兵一萬鎮之。

十一月，己卯，齊主至平陽。周主以齊兵新集，聲勢甚盛，且欲西還以避其鋒。開府儀同大將軍宇文忻諫曰：「以陛下之聖武，乘敵人之荒縱，何患不克！若使齊得令主，君臣協力，雖湯、武之勢，未易平也。易，以豉翻。今主暗臣愚，士無鬭志，雖有百萬之衆，實爲陛下奉耳。」軍正京兆王紘【章：十二行本「紘」作「韶」；乙十一行本同；孔本同。】曰：時因行軍，倣漢制置軍正之官，不常置也。「齊失紀綱，於茲累世。世祖嗣位，齊政不綱，今再世矣。天奬周室，一戰而扼其喉。取亂侮亡，正在今日。取亂侮亡，商仲虺之誥。釋之而去，臣所未諭。」周主雖善其言，竟引軍還。忻，貴之子也。宇文貴本朔方人，徙京兆，仕周爲大司馬，非周之族也。

周主留齊王憲爲後拒，齊師追之，憲與宇文忻各將百騎與戰，斬其驍將賀蘭豹子等，將，卽亮翻；下同。騎，奇寄翻。驍，堅堯翻。齊師乃退。憲引軍渡汾，追及周主於玉壁。

齊師遂圍平陽，晝夜攻之。城中危急，樓堞皆盡，樓，城上敵樓。堞，城短垣。堞，徒協翻。所存之城，尋仞而已。六尺爲尋，七尺爲仞。或短兵相接，槍槊爲短兵。或交馬出入，外援不至，衆皆震懼。梁士彥忼慨自若，忼，苦朗翻。謂將士曰：「死在今日，吾爲爾先。」於是勇烈齊奮，呼聲動地，呼，火故翻。無不一當百。齊師少卻，少，詩沼翻。乃令妻妾、軍民、婦女，晝夜脩城，三日而就。周主使齊王憲將兵六萬屯涑川，遥爲平陽聲援。齊人作地道攻平陽，城陷十餘步，將士乘勢欲入。齊主敕且止，召馮淑妃觀之。淑妃粧點，不時至，周人以木拒塞之，塞，悉則翻。城遂不下。舊俗相傳，晉州城西石上有聖人跡，淑妃欲往觀之。齊主恐弩矢及橋，乃抽攻城木造遠橋。舊橋近城，别造遠橋。齊主與淑妃度橋，橋壞，至夜乃還。

癸巳，周主還長安。甲午，復下詔，以齊人圍晉州，更帥諸軍擊之。丙申，縱齊降人使還。帥，讀曰率。縱之使還，使齊師知周師將復至而懼，亦以堅晉州守者之心。降，戶江翻。丁酉，周主發長安；還長安僅三日，復出師，明引歸者，欲使齊師疲於攻平陽而後取之。壬寅，濟河，與諸軍合。十二月，丁未，周主至高顯，高顯蓋近涑川。遣齊王【章：十二行本「王」下有「憲」字；乙十一行本同；孔本同；張校同。】帥所部先向平陽。戊申，周主至平陽。庚戌，諸軍總集，凡八萬人，稍進，逼城置陳，東西二十餘里。

先是，齊人恐周師猝至，於城南穿塹，自喬山屬於汾水；齊主大出兵，陳於塹北，陳，讀曰陣。先，悉薦翻。塹，七豔翻。屬，之欲翻。喬山當在平陽城西。周主命齊王憲馳往觀之。憲復命曰：「易與耳，易，以豉翻。請破之而後食。」左傳：齊、晉戰于鞌。齊侯曰：「余姑翦滅此而後朝食。」周主悅，曰：「如汝言，吾無憂矣！」周主乘常御馬，從數人巡陳，所至輒呼主帥姓名慰勉之。帥，所類翻。將士喜於見知，咸思自奮。將戰，有司請換馬。周主曰：「朕獨乘良馬，欲何之！」周主欲薄齊師，礙塹而止，自旦至申，相持不決。

齊主謂高阿那肱曰：「戰是邪？不戰是邪？」邪，音耶。阿那肱曰：「吾兵雖多，堪戰不過十萬，病傷及繞城樵爨者復三分居一。復，扶又翻。昔攻玉壁，援軍來卽退。攻玉壁，事見一百五十九卷梁武帝中大同元年。今日將士，豈勝神武時邪！高歡謚神武皇帝。不如勿戰，卻守高梁橋。」地形志：晉州平陽縣有高梁城。水經註：汾水逕高梁故城西，故高梁之墟也，晉文公害懷公於此。汾水又南過平陽縣東。新唐志：晉州臨汾縣東北十里有高梁堰。安吐根曰：「一撮許賊，馬上刺取，擲著汾水中耳！」一撮，言其少也。撮，倉括翻。刺，七亦翻。著，直略翻。不知兵勢而輕敵大言，未有不敗者也。齊主意未決。諸內參曰：「彼亦天子，我亦天子。彼尚能遠來，我何爲守塹示弱！」齊主曰：「此言是也。」於是塡塹南引。周主大喜，勒諸軍擊之。

兵纔合，齊主與馮淑妃並騎觀戰。東偏少卻，淑妃怖曰：「軍敗矣！」騎，奇寄翻。少，詩沼翻。怖，普故翻，惶懼也。錄尚書事城陽王穆提婆曰：「大家去！大家去！」齊主卽以淑妃奔高梁橋。開府儀同三司奚長諫曰：「半進半退，戰之常體。今兵衆全整，未有虧傷，陛下捨此安之！馬足一動，人情駭亂，不可復振。願速還安慰之！」復，扶又翻。還，從宣翻，又音如字；下同。武衛張常山自後至，武衛，屬左、右武衛將軍。亦曰：「軍尋收訖，甚完整。圍城兵亦不動。至尊宜回。不信臣言，乞將內參往視。」將，領也，與也，偕也，攜也，挾也。齊主將從之。穆提婆引齊主肘曰：「此言難信。」齊主遂以淑妃北走。齊師大潰，死者萬餘人，軍資器械，數百里間，委棄山積。齊人所棄，皆爲稽胡所取，後周人由此討稽胡。安德王延宗獨全軍而還。延宗在亂能整，未易才也。惜大廈將顛，非一木所支耳。

齊主至洪洞，淑妃方以粉鏡自玩，施粉添粧，臨鏡以自玩也。後聲亂，唱賊至，於是復走。復，扶又翻。先是，齊主以淑妃爲有功勳，將立爲左皇后，遣內參詣晉陽取皇后服御褘翟等。五代志：梁制：皇后謁廟，服袿襡大衣，蓋嫁服也，皁上皁下；親蠶則青上縹下。齊制：皇后助祭、朝會以褘衣，祠郊禖以褕狄，小宴以闕狄，親蠶以鞠衣，禮見皇帝以展衣，宴居以綠衣。六服俱有蔽膝，織成緄帶。周制：皇后翟衣六：祀郊禖、朝享，則翬衣，素質，五色；祭陰社、朝命婦，則䙚衣，青質，五色；祭羣小祀、受獻璽，則鷩衣，赤色；采桑，則鳪衣，黃色；從皇帝見賓客、聽女教，則鵫衣，白色；食命婦、歸寧，則翑衣，玄色。隋制：皇后褘衣，深青，織成爲之，爲翬翟之形，素質五色十二等。先，悉薦翻。褘，許韋翻。袿，涓畦翻。釋名：婦人上服曰袿，其下垂者。襡，朱欲翻。縹，匹小翻。褕，音遙。展，與襢同，陟戰翻。沈，將輦翻。緄，古本翻。䙚，與褕同音。鷩，必列翻，亦雉也。鳪，補抱翻。鵫，敕角翻，雉名。翑，直質翻。至是，遇於中塗，齊主爲按轡，爲，于僞翻。命淑妃著之，然後去。史言齊師之敗，皆由馮小憐以婦人從軍，國之禍也。齊主既敗，而寵其所嬖以速亡。著，職略翻。辛亥，周主入平陽。梁士彦見周主，持周主須而泣曰：「臣幾不見陛下！」周主亦爲之流涕。史敍後周君臣相與之情。須，與鬚同。幾，居依翻。爲，于僞翻；上主爲、下善爲同。

周主以將士疲弊，欲引還。將，息亮翻。還，所宣翻，又音如字。士彦叩馬諫曰：「今齊師遁散，衆心皆動，因其懼而攻之，其勢必舉。」周主從之，執其手曰：「余得晉州，爲平齊之基，若不固守，則大事不成。朕無前憂，唯慮後變，汝善爲我守之！」用兵而能慮後患者，善師者也。遂帥諸將追齊師。帥，讀曰率。諸將固請西還，周主曰：「縱敵患生。卿等若疑，朕將獨往。」諸將乃不敢言。癸丑，至汾水關。

齊主入晉陽，憂懼不知所之。甲寅，齊大赦。齊主問計於朝臣，皆曰：「宜省賦息役，以慰民心；收遺兵，背城死戰，以安社稷。」朝，直遥翻。背，蒲妹翻。齊主欲留安德王延宗、廣寧王孝珩守晉陽，珩，音行。自向北朔州。魏孝昌中，改懷朔鎮爲朔州，本漢五原郡地；尋即陷沒，而朔州寄治并州界。後齊置朔州於古馬邑城，於西河郡置南朔州，故謂馬邑爲北朔州。新唐志曰：朔州本治善陽，建中中，馬遂徙治馬邑。大元以朔州置順義節度，領鄯陽、窟谷二縣，而以馬邑縣置固州。若晉陽不守，則奔突厥，厥，九勿翻。羣臣皆以爲不可，帝不從。

開府儀同三司賀拔伏恩等宿衞近臣三十餘人西奔周軍，周主封賞各有差。

高阿那肱所部兵尚一萬，守高壁，高壁，嶺名，在雀鼠谷南。括地志：汾州靈石縣有高壁嶺。杜佑曰：在縣東南。宋白曰：靈石縣東南有高壁嶺、雀鼠谷、汾水關，皆汾西險固之所。餘衆保洛女砦。砦，與寨同，柴夬翻；下同。周主引軍向高壁，阿那肱望風退走。齊王憲攻洛女砦，拔之。有軍士告阿那肱招引西軍，齊主令侍中斛律孝卿檢校，孝卿以爲妄。還，至晉陽，阿那肱腹心復告阿那肱謀反，復，扶又翻。又以爲妄，斬之。

乙卯，齊主詔安德王延宗、廣寧王孝珩募兵。延宗入見，珩，音行。見，賢遍翻。齊主告以欲向北朔州，後魏太和中，置朔州於定襄故城。高齊天保，於馬邑西南置朔州，相去三百八十里。故定襄古城之朔州有北朔州之稱。延宗泣諫，不從，密遣左右先送皇太后、太子於北朔州。

丙辰，周主與齊王憲會於介休。介休縣屬西河郡。齊開府儀同三司韓建業舉城降，以爲上柱國，封郇公。降，戶江翻。郇，音荀。郇，古國名。

是夜，齊主欲遁去，諸將不從。將，卽亮翻。丁巳，周師至晉陽。齊主復大赦，復，扶又翻。改元隆化。以安德王延宗爲相國、并州刺史，總山西兵，并，卑經翻。鄴都謂并州之地爲山西。謂曰：「并州兄自取之，兒今去矣！」延宗曰：「陛下爲社稷勿動。臣爲陛下出死力戰，必能破之。」爲，于僞翻。穆提婆曰：「至尊計已成，王不得輒沮！」沮，在呂翻。齊主乃夜斬五龍門而出，欲奔突厥，從官多散。厥，九勿翻。從，才用翻；下同。領軍梅勝郎叩馬諫，乃回向鄴。時唯高阿那肱等十餘騎從，騎，奇寄翻。廣寧王孝珩、襄城王彥道繼至，得數十人與俱。

穆提婆西奔周軍，陸令萱自殺，家屬皆誅沒。周主以提婆爲柱國、宜州刺史。五代志：京兆郡華原縣，後魏置北雍州，西魏改爲宜州。下詔諭齊羣臣曰：「若妙盡人謀，深達天命，官榮爵賞，各有加隆。或我之將卒，逃逸彼朝，將，即亮翻。朝，直遙翻。無問貴賤，皆從蕩滌。」自是齊臣降者相繼。降，戶江翻。

初，齊高祖爲魏丞相，齊尊高歡廟號曰高祖。相，息亮翻。以唐邕典外兵曹，太原白建典騎兵曹，騎，奇寄翻。皆以善書計、工簿帳受委任。及齊受禪，諸司咸歸尚書；唯二曹不廢，更名二省。更，工衡翻。邕官至錄尚書事，建官至中書令，常典二省，世稱「唐、白」。邕兼領度支，與高阿那肱有隙，阿那肱譖之，齊主敕侍中斛律孝卿總知騎兵、度支。度，徒洛翻。孝卿事多專決，不復詢稟。復，扶又翻。邕自以宿習舊事，爲孝卿所輕，意甚鬱鬱。鬱鬱者，受抑而氣不得舒也。及齊主還鄴，邕遂留晉陽。并州將帥請於安德王延宗曰：「王不爲天子，諸人實不能爲王出死力。」將，即亮翻。帥，所類翻。爲，于僞翻。延宗不得已，戊午，即皇帝位。下詔曰：「武平孱弱，曰武平者，稱齊主年號。孱，士顏翻，又士眼翻。政由宮【章：十二行本「宮」作「宦」；乙十一行本同。】豎，斬關夜遁，莫知所之。王公卿士，猥見推逼，猥，遝也。今祇承寶位。」大赦，改元德昌。以晉昌王唐邕爲宰相，齊昌王莫多婁敬顯、沭陽王【章：十二行本「王」下有「和阿千子」四字；乙十一行本同；孔本同；張校同，云無註本「千」作「干」。】右衛大將軍段暢、開府儀同三司韓骨胡等爲將帥。敬顯，貸文之子也。此皆齊所封郡王也。五代志：西城郡石泉縣，舊置晉昌郡。蘄春郡蘄春縣，後齊置齊昌郡。東海郡沭陽縣，東魏置沭陽郡。莫多婁貸文戰死，事見一百五十八卷梁武帝大同四年。沭，音術。衆聞之，不召而至者，前後相屬。延宗發府藏及後宮美女以賜將士，屬，之欲翻。藏，徂浪翻。將，即亮翻。籍沒內參十餘家。齊主聞之，謂近臣曰：「我寧使周得并州，不欲安德得之。」左右曰：「理然。」延宗見士卒，皆親執手稱名，流涕嗚咽，衆爭爲死；爲，于僞翻。童兒女子，亦乘屋攘袂，投甎石以禦敵。乘，登也。

己未，周主至晉陽。考異曰：周書武帝紀：「丁巳，大軍次并州。」又云：「己未，軍次并州。」蓋丁巳前軍至，己未帝乃至也。庚申，齊主入鄴。周師圍晉陽，四合如黑雲。周戎衣及旗幟皆黑，且兵多，故如黑雲。安德王延宗命莫多婁敬顯、韓骨胡拒城南，和阿干子、段暢拒城東，自帥衆拒齊王憲於城北。帥，讀曰率。延宗素肥，前如偃，後如伏，人常笑之。至是，奮大矟往來督戰，矟，所角翻。勁捷若飛，所向無前。和阿干子、段暢以千騎奔周軍。騎，奇寄翻。周主攻東門，際昏，遂入之，進焚佛寺。延宗、敬顯自門入，夾擊之，周師大亂，爭門，相填壓，塞路不得進。齊人從後斫刺，死者二千餘人。塞，悉則翻。刺，七亦翻。周主左右略盡，自拔無路。承御上士張壽牽馬首，承御上士，蓋侍衛左右之官。賀拔伏恩以鞭拂其後，考異曰：北齊書安德王延宗傳作「佛恩」。今從周、齊帝紀。崎嶇得出。崎，丘奇翻。嶇，音區。齊人奮擊，幾中之。幾，居依翻，又巨希翻，近也。中，竹仲翻。城東道阨曲，阨，與陒同，烏懈翻。伏恩及降者皮子信導之，僅得免，降，戶江翻。時已四更。夜分五更。四更，丁夜也。更，工衡翻。延宗謂周主爲亂兵所殺，使於積尸中求長鬣者，不得。鬣，良涉翻，鬚也。時齊人既捷，入坊飲酒，盡醉臥，延宗不復能整。復，扶又翻。

周主出城，飢甚，欲遁去，諸將亦多勸之還。將，即亮翻。還，從宣翻，又音如字。宇文忻勃然進曰：「陛下自克晉州，乘勝至此。今僞主奔波，關東響震，自古行兵，未有若斯之盛。昨日破城，將士輕敵，微有不利，何足爲懷！丈夫當死中求生，敗中取勝。今破竹之勢已成，柰何棄之而去！」齊王憲、柱國王誼亦以爲去必不免，段暢等又盛言城內空虛。周主乃駐馬，鳴角收兵，俄頃復振。散兵復聚，則摧沮之勢振迅而起。復，扶又翻，又音如字。辛酉，旦，還攻東門，克之。還，復也。延宗戰力屈，走至城北，周人擒之。周主下馬執其手，延宗辭曰：「死人手，何敢迫至尊！」周主曰：「兩國天子，非有怨惡，直爲百姓來耳。言爲救民而來。爲，于僞翻。終不相害，勿怖也。」怖，蒲故翻。使復衣帽而禮之。五代志：帽自天子下及士人通冠之，蓋常服也。然亦有白紗、烏紗之異，又有繒皁雜紗爲之者。唐邕等皆降於周。降，戶江翻。獨莫多婁敬顯奔鄴，齊主以爲司徒。

延宗初稱尊號，遣使修啓於瀛州刺史任城王湝，後魏置瀛州於河間。使，疏吏翻；下同。任，音壬。湝，戶皆翻，又音皆。曰：「至尊出奔，宗廟事重，羣公勸迫，權主號令。事寧，終歸叔父。」湝曰：「我人臣，何容受此啓！」執使者送鄴。

壬戌，周主大赦，削除齊制。收禮文武之士。

鄴伊婁謙聘於齊，周遣伊婁謙聘齊，事見去年二月，此上不應有「鄴」字，蓋「初」字之誤也。【章：十二行本正作「初」；乙十一行本同；孔本同；張校同。】其參軍高遵以情輸於齊，言周將伐齊，使謙來觀釁。齊人拘之於晉陽。周主既克晉陽，召謙，勞之。勞，力到翻；下親勞同。執遵付謙，任其報復。謙頓首，請赦之，周主曰：「卿可聚衆唾面，使其知愧。」謙曰：「以遵之罪，又非唾面可責。」唾，湯臥翻。帝善其言而止。謙待遵如初。

臣光曰：賞有功，誅有罪，此人君之任也。高遵奉使異國，漏泄大謀，斯叛臣也；使，疏吏翻。周高祖不自行戮，乃以賜謙，使之復怨，失政刑矣！孔子謂以德報怨者何以報德。爲謙者，宜辭而不受，歸諸有司，以正典刑。乃請而赦之以成其私名，美則美矣，亦非公義也。

23 齊主命立重賞以募戰士，而竟不出物。廣寧王孝珩請「使任城王湝將幽州道兵入土門，按新唐志：井陘故關，一名土門關。珩，音行。任，音壬。湝，音皆，又古皆翻。將，卽亮翻；下同。揚聲趣并州，趣，七喻翻；下同。獨孤永業將洛州道兵入潼關，揚聲趣長安，後魏自平城遷都洛陽，置司州；

孝武西入關東。魏北都鄴，以鄴爲司州，以洛陽爲洛州。臣請將京畿兵出滏口，鼓行逆戰。滏口，滏水之口。山海經：滏水出神囷之山。圖經：泉源濆涌若湯焉。滏，音釜。敵聞南北有兵，自然逃潰。」又請出宮人珍寶賞將士。齊主不悅。斛律孝卿請齊主親勞將士，爲之撰辭，將，卽亮翻。勞，力到翻。爲，于僞翻。撰，士免翻。且曰：「宜忼慨流涕，以感激人心。」齊主既出，臨衆，將令之，不復記所受言，令，讀如軍令之令。復，扶又翻。遂大笑，左右亦笑。將士怒曰：「身尙如此，吾輩何急！」皆無戰心。於是自大丞相已下，太宰、三師、大司馬、大將軍、三公等官，後齊制官多循後魏，大丞相、太宰，位望最爲崇重。太師、太傅、太保，是爲三師，擬古上公，非勳德不居。次有大司馬、大將軍，是爲二大，並典司武事。次置太尉、司徒、司空，是爲三公。三師、二大、三公府三門，當中開黃閤，設內屏；其階皆正一品。並增員而授，或三或四，不可勝數。勝，音升。數，所矩翻，計也，舊所具翻。

朔州行臺僕射高勱將兵侍衞太后、太子，自土門道還鄴。勱，音邁。時宦官儀同三司苟子溢猶恃寵縱暴，民間雞彘，縱鷹犬搏噬取之；勱執以徇，將斬之；太后救之，得免。或謂勱曰：「子溢之徒，言成禍福，獨不慮後患邪？」勱攘袂曰：「今西寇已據幷州，周在齊之西，故謂之西寇。達官率皆委叛，有位任而光顯於時者爲達官。委，棄也。委叛者，言棄官而叛去。正坐此輩濁亂朝廷。朝，直遙翻。若得今日斬之，明日受誅，亦無所恨！」勱，岳之子也。高岳從高歡起兵有功。甲子，齊太后至鄴。

丙寅，周主出齊宮中珍寶服玩及宮女二千人，班賜將士，加立功者官爵各有差。將，即亮翻。周主問高延宗以取鄴之策，辭曰：「此非亡國之臣所及。」強問之，強，其兩翻。乃曰：「若任城王據鄴，臣不能知。任，音壬。若今主自守，陛下兵不血刃。」癸酉，周師趣鄴。趣，七喻翻。命齊王憲先驅，以上柱國陳王純爲幷州總管。

齊主引諸貴臣入朱雀門，朱雀門，鄴宮城正南門也。賜酒食，問以禦周之策，人人異議，齊主不知所從。是時人情恟懼，莫有鬬心，朝士出降，晝夜相屬。恟，許勇翻。朝，直遙翻。屬，之欲翻。高勱曰：「今之叛者，多是貴人，至於卒伍，猶未離心。請追五品已上家屬，置之三臺，勱，音邁。考之齊制，五品已上，謂自尚書郎、中書侍郎、諫議大夫、九寺少卿、給事黃門侍郎、通直散騎常侍、尚書左·右丞、三公府長史·諮議參軍、太子三卿、直閤將軍、東宮正都督已上也。三臺，魏武帝所建，齊文宣帝又增崇之，時改爲寺。因脅之以戰，若不捷，則焚臺。此曹顧惜妻子，必當死戰。且王師頻北，賊徒輕我，今背城一決，背，蒲妹翻。理必破之。」齊主不能用。望氣者言，當有革易。齊主引尚書令高元海等議，依天統故事，禪位皇太子。天統禪位事見一百六十九卷世祖天嘉六年。

資治通鑑卷第一百七十三

端明殿學士兼翰林侍讀學士朝散大夫右諫議大夫充集賢殿修撰提舉西京嵩山崇福宮上柱國河內郡開國侯食邑一千八百戶食實封六百戶賜紫金魚袋臣 司馬光 奉敕編集

後學天台 胡三省 音註

陳紀七 起強圉作噩（丁酉），盡屠維大淵獻（己亥），凡三年。

高宗宣皇帝中之下

太建九年（丁酉、五七七）

1春，正月，乙亥朔，齊太子恆即皇帝位，恆，戶登翻。生八年矣；改元承光，大赦。尊齊主爲太上皇帝，皇太后爲太皇太后，皇后爲太上皇后。以廣寧王孝珩爲太宰。珩，音行。司徒莫多婁敬顯、領軍大將軍尉相願尉，紆勿翻。謀伏兵千秋門，千秋門，鄴宮西門。斬高阿那肱，立廣寧王孝珩，會阿那肱自他路入朝，不果。朝，直遙翻。孝珩求拒周師，謂阿那肱等曰：「朝廷不賜遣擊賊，豈不畏孝珩反邪？孝珩若破宇文邕，周主諱邕。遂至長安，反亦何預國家事！以今日之急，猶如此猜忌邪！」邪，音耶。高、韓恐其爲變，出孝珩爲滄州刺史。高、韓，謂高阿那肱、韓長鸞。地形志：熙平二年，分瀛、冀二州，置滄州，治饒安縣城。相顧拔佩刀斫柱，歎曰：「大事去矣，知復何言！」復，扶又翻。齊主使長樂王尉世辯長樂郡王。五代志：信都郡長樂縣，舊置長樂郡。樂，音洛。尉，紆勿翻。帥千餘騎覘周師，出滏口，帥，讀曰率。騎，奇寄翻。覘，丑廉翻，又丑豔翻。滏，音釜。登高阜西望，遙見羣烏飛起，謂是西軍旗幟，卽馳還；比至紫陌橋，不敢回顧。世辯，粲之子也。西軍旗幟皆黑。齊人時恇懼，望見烏飛，以爲周師已至，馳歸不敢回顧，懼其及也。紫陌橋在鄴城外。尉粲與高歡同起於北鎮。爾雅曰：大陸曰阜。廣雅：山無石曰阜。幟，昌志翻。比，必寐翻。於是黃門侍郎顏之推、中書侍郎薛道衡、侍中陳德信等勸上皇往河外募兵，齊制：門下省侍中、給事黃門侍郎各六人，中書省侍郎四人。河外，謂大河之外。王者內京師而外諸夏，齊都鄴，在河北，故謂河南爲河外。更爲經略；若不濟，南投陳國。從之。道衡，孝通之子也。薛孝通始從賀拔岳，後因入朝，遂留仕於鄴。丁丑，太皇太后、太上皇后自鄴先趣濟州；濟州，治碻磝城。趣，七喻翻。濟，子禮翻。癸未，幼主亦自鄴東行。己丑，周師至紫陌橋。

2 辛卯，上祭北郊。

3 壬辰，周師至鄴城下；癸巳，圍之，燒城西門。齊人出戰，周師奮擊，大破之。齊上皇從百騎東走，騎，奇寄翻。使武衛大將軍慕容三藏守鄴宮。後齊循魏制，武衛將軍副貳左右衞將軍，掌左、右廂，所主朱華閣以外，階從三品。加「大」者，進等。藏，徂浪翻。周師入鄴，齊王、公以下皆降。降，戶江翻。三藏猶拒戰，周主引見，禮之，見，賢遍翻。拜儀同大將軍。三藏，紹宗之子也。慕容紹宗始從爾朱氏，後事高歡父子。領軍大將軍漁陽鮮于世榮，齊高祖舊將也。將，卽亮翻。周主先以馬腦酒鍾遺之，馬腦石，似玉，寶石也，今作碼碯。先，息薦翻。遺，唯季翻。世榮得卽碎之。周師入鄴，世榮在三臺前鳴鼓不輟，周人執之；世榮不屈，乃殺之。周主執莫多婁敬顯，數之曰：「汝有死罪三：前自晉陽走鄴，攜妾棄母，不孝也；自晉陽走鄴，見上卷上年。數，所矩翻。舊所具翻。走，音奏。外爲僞朝戮力，內實通啓於朕，不忠也；爲，于僞翻。朝，直遙翻。送款之後，猶持兩端，不信也。用心如此，不死何待！」遂斬之。

使將軍尉遲勤追齊主。考異曰：北齊書「勤」作「剛」。今從周書。尉，紆勿翻。

甲午，周主入鄴。齊國子博士長樂熊安生，博通五經，晉武帝咸寧四年，初立國子學，置國子祭酒、博士各一人，後齊置博士五人。黃帝，有熊氏；一曰：出於楚鬻熊之後，以名爲氏。樂，音洛。聞周主入鄴，遽令掃門。家人怪而問之，安生曰：「周帝重道尊儒，必將見我。」俄而周主幸其家，不聽拜，親執其手，引與同坐；賞賜甚厚，給安車駟馬以自隨。又遣小司馬唐道和後周之制，六官七命，自小冢宰至小司徒、小司馬、小司寇、小司空，皆上大夫，七命。就中書侍郎李德林宅宣旨慰諭，曰：「平齊之利，唯在於爾。」引入宮，宮，卽鄴宮，時周主居之。使內史宇文昂訪問齊朝風俗政教，人物善惡。朝，直遙翻。卽留内省，三宿乃歸。内省，卽齊之門下省。

乙未，齊上皇渡河入濟州。濟，子禮翻。是日，幼主禪位於大丞相任城王湝。任，音壬。湝，戶皆翻，又音皆。又爲湝詔：尊上皇爲無上皇，幼主爲宋【嚴：「宋」改「守」。】國天王。齊氏於傾危之際，不應改國號爲宋。「宋國」，當作「宗國」。令侍中斛律孝卿送禪文及璽紱於瀛州，齊制，天子六璽，受命璽在六璽之外。紱，印組也。古者韍如蔽膝，又，裳繡爲兩己相背形，謂之黻。此紱直以繫璽而已。璽，斯氏翻。紱，音弗。孝卿卽詣鄴。以璽紱歸周。

周主詔：「去年大赦所未及之處，皆從赦例。」去年周克晉陽，大赦，山東、河南、河北之地，尙爲齊守。今既克鄴，凡齊之境内，赦所未及之地，今皆從去年赦例。

齊洛州刺史獨孤永業，有甲士三萬，聞晉州陷，請出兵擊周，奏寢不報；永業憤慨。又聞并州陷，乃遣子須達請降於周，降，戶江翻；下同。周以永業爲上柱國，封應公。此去年事也。因齊亡，敍之於此。應國公，用古邘、晉、應、韓之應以封之。

丙申，周以越王盛爲相州總管。後魏置相州於鄴。東魏都鄴，改爲司州，以其京畿之地，倣漢、晉之制而置司州也。周既平齊，復爲相州，列於諸州。相，息亮翻。

齊上皇留胡太后於濟州，使高阿那肱守濟州關，濟州城北有碻磝津故關。覘候周師，覘，丑廉翻，又丑豔翻。自與穆后、馮淑妃、幼主、韓長鸞、鄧長顒等數十人奔青州。顒，魚容翻。使内參田鵬鸞西出，參伺動靜；參，候也。伺，相吏翻。周師獲之，問齊主何在，紿云：「已去，紿，徒亥翻，誑言也。計當出境。」謂出齊境也。周人疑其不信，捶之。每折一支，辭色愈厲，竟折四支而死。捶，止蘂翻。折，而設翻。

上皇至青州，卽欲入陳。而高阿那肱密召周師，約生致齊主，屢啓云：「周師尚遠，已令燒斷橋路。」上皇由是淹留自寬。周師至關，阿那肱卽降之。周師奄至青州，上皇囊金，繫於鞍，與后、妃、幼主等十餘騎南走，騎，奇寄翻。己亥，至南鄧村，尉遲勤追及，盡擒之，并胡太后送鄴。先已擒胡太后於濟州，今并齊主送鄴。齊天保元年受禪，歲在庚午，四主，二十八年而亡。

庚子，周主詔：「故斛律光、崔季舒等，宜追加贈謚，并爲改葬，斛律光死見一百七十一卷太建四年。崔季舒等死見五年。謚，神至翻。爲，于僞翻。子孫各隨蔭敍錄，自漢以來，將相公卿皆得保任子弟若孫爲官，所謂門蔭者也。家口田宅沒官者，並還之。」周主指斛律光名曰：「此人在，朕安得至鄴！」辛丑，詔：「齊之東山、南園、三臺，並可毀撤。瓦木諸物，可用者悉以賜民。山園之田，各還其主。」東山、南園、三臺，皆高氏遊宴之地。撤，直列翻。

4 二月，壬午，上耕藉田。藉，而亦翻。

5 丙午，周主宴從官將士於齊太極殿，頒賞有差。從，才用翻。將，卽亮翻；下同。丁未，高緯至鄴，已爲俘囚，不復書齊主。緯，于貴翻。周主降階，以賓禮見之。

齊廣寧王孝珩至滄州，以五千人會任城王湝於信都，冀州治信都。湝自河間進兵至信都。珩，音行。任，音壬。湝，古皆翻。共謀匡復，召募得四萬餘人。周主使齊王憲、柱國楊堅擊之。令高緯爲手書招湝，湝不從。憲軍至趙州，魏孝昌二年，分定、相二州置殷州，治廣阿，後改爲趙州。湝遣二諜覘之，諜，徒協翻。覘，丑廉翻，又丑豔翻。候騎執以白憲。憲集齊舊將，遍示之，齊舊將從憲軍者，集以示諜，以攜湝軍之心。騎，奇寄翻。謂曰：「吾所爭者大，不在汝曹。今縱汝還，仍充吾使。」使，疏吏翻。乃與湝書曰：「足下諜者爲候騎所拘，軍中情實，具諸執事。謂諜者當能具言之。戰非上計，無待卜疑；守乃下策，或未相許。已勒諸軍分道並進，相望非遠，憑軾有期。左傳：城濮之役，楚子玉遣使請戰於晉侯曰：「請與君之士戲，君憑軾而望之。」故引以爲言。兵車之軾，高三尺三寸，立而憑之。『不俟終日』，所望知機也！」易大傳曰：「君子見幾而作，不俟終日。」引以諭湝，使速降。

憲至信都，湝陳於城南以拒之。湝所署領軍尉相願詐出略陳，遂以衆降。鄴城之破，相願蓋奔瀛州，湝因署爲領軍。尉，紆勿翻。陳，讀曰陣。降，戶江翻。相願，湝心腹也，衆皆駭懼。湝殺相願妻子。明日，復戰，復，扶又翻。憲擊破之，俘斬三萬人，執湝及廣寧王孝珩。憲謂湝曰：「任城王何苦至此！」湝曰：「下官神武皇帝之子，兄弟十五人，幸而獨存。逢宗社顛覆，【章：十二行本「覆」下有「今日得死」四字；乙十一行本同；孔本同；張校同。】無愧墳陵。」聚土曰墳。陵，大阜也。墳陵，猶言山陵。憲壯之，命歸其妻子。又親爲孝珩洗瘡傅藥，禮遇甚厚。爲，于僞翻。孝珩歎曰：「自神武皇帝以外，吾諸父兄弟，無一人至四十者，命也。文襄死於盜手，年二十九；顯祖，年三十一；濟南王，年十七；孝昭，年二十七；武成，年三十二；其餘多不得良死。嗣君無獨見之明，宰相非柱石之寄，嗣，祥吏翻。恨不得握兵符，受斧鉞，展我心力耳！」史言湝、孝珩志節可憐。五代志：「後齊命將出征，則授鼓旗於朝，皇帝陳法駕，服袞冕，至廟，拜於太祖，徧告訖，降就中階，引上將操鉞授柯曰：「從此上至天，將軍制之。」又操斧授柯曰：「從此下至泉，將軍制之。」將軍既受斧鉞，對曰：「國不可從外理，軍不可從中制。臣既受命，有鼓旗斧鉞之威，願無一言之命於臣。」帝曰：「苟利社稷，將軍裁之。」將軍就車，載斧鉞而出，皇帝推轂度閫，曰：「從此以外，將軍制之。」」

齊王憲善用兵，多謀略，得將士心。齊人憚其威聲，多望風沮潰。芻牧不擾，軍無私焉。將，卽亮翻。沮，在呂翻。

周主以齊降將封輔相爲北朔州總管。北朔州，齊之重鎮，降，戶江翻。北朔州控禦突厥，齊以爲重鎮。士卒驍勇。驍，堅堯翻。前長史趙穆等謀執輔相迎任城王湝於瀛州，不果，前長史，齊官。長，知兩翻。相，息亮翻。乃迎定州刺史范陽王紹義。紹義至馬邑，自肆州以北二百八十餘城皆應之。五代志：博陵郡，舊置定州；魏置肆州，治九原；六鎮叛亂，寄治樓煩郡之秀容縣，其北卽齊北朔州界。紹義與靈州刺史袁洪猛引兵南出，欲取并州。至新興，而肆州已爲周守，地形志：魏太延二年，置薄骨律鎮，孝昌二年，置靈州，東西分治，其地屬西魏。天平中，東魏復置靈州，寄治汾州隰城縣界。五代志：鴈門郡繁畤縣，東魏置武州，寄治城中，後齊改爲北靈州。新興，漢、魏古郡名，以五代志考之，與肆州皆在樓煩郡秀容縣。宋白曰：唐之嵐州，古新興郡。爲，于僞翻。前隊二儀同以所部降周。二儀同，前隊之將二人，官皆儀同。降，户江翻。周兵擊顯州，地形志：魏永安中，置顯州，治汾州六〔玉〕壁城。五代志：鴈門郡崞縣，東魏置廓州，後齊改北顯州。周兵所擊卽此。執刺史陸瓊，復攻拔諸城。復，扶又翻。紹義還保北朔州。周東平公神舉將兵逼馬邑，神舉，卽宇文神舉。紹義戰敗，北奔突厥，猶有衆三千人。紹義令曰：「欲還者從其意。」於是辭去者太半。突厥佗鉢可汗常謂齊顯祖爲英雄天子，以紹義重踝，似之，厥，九勿翻。佗，徒何翻。可，苦曷翻。汗，音寒。重，直龍翻。踝，户瓦翻。腿兩旁曰内外踝。甚見愛重，凡齊人在北者，悉以隸之。

於是齊之行臺、州、鎮，唯東雍州行臺傅伏、營州刺史高寶寧不下，傅伏以永橋之功遷東雍州行臺。五代志：絳郡，後魏置東雍州。遼西郡置營州，治和龍城。雍，於用翻。其餘皆入於周。凡得州五十，郡一百六十二，縣三百八十，户三百三萬二千五百。梁太宗大寶元年，齊顯祖受魏禪，五主，二十七年而亡。齊所有司、冀、趙、義、懷、黎、建、東雍、汾西、汾、晉、南朔、幷、肆、靈、顯、恆、朔、定、瀛、幽、東燕、北燕、營、南營、安、青、濟、光、膠、徐、仁、睢、兗、北徐、南青、海、東楚、潼、東徐、洛、鄭、陽、宋、梁、南兗、西兗、北荆、襄、豫、東廣、秦、西楚、揚、南潁、北建、羅、合、江、和共六十州，而東廣已下十州，時已爲陳，故止言五十州。考異曰：隋書地理志云：州九十七，郡一百六十，縣一百六十五。今從周書。高寶寧者，齊之疏屬，有勇略，久鎮和龍，甚得夷、夏之心。夏，户雅翻。周主於河陽、幽、青、南兗、豫、徐、北朔、定置總管府，相、幷二州各置宮及六府官。河陽縣屬懷州河內郡，地臨河津，實重鎮也。幽州治薊，青州治益都，南兗治譙，豫治汝南，徐治彭城，北朔治馬邑，定治中山，或都會之地，或守禦之要也，故皆置總管府。總管，猶魏、晉之都督也。相、幷二州，皆有齊舊宮及省，故仍置宮，若別都然。置六府官，以代省也。六府官，蓋倣長安六官之府，未必備官也。

周師之克晉陽也，克晉陽，見上卷上年。齊使開府儀同三司紇奚永安求救於突厥，比至，齊已亡。佗鉢可汗處永安於吐谷渾使者之下，紇奚，虜複姓。魏收官氏志：北方諸姓有紇奚氏。比，必寐翻，及也。處，昌呂翻。吐，如字，或土鶻翻。谷，音浴。使，疏吏翻。永安言於佗鉢曰：「今齊國已亡，永安何用餘生！欲閉氣自絕，恐天下謂大齊無死節之臣；乞賜一刀，以顯示遠近。」佗鉢嘉之，贈馬七十匹而歸之。

梁主入朝于鄴。梁臣於周，以周平齊，故入朝。朝，直遙翻；下同。自秦兼天下，無朝覲之禮，至是始命有司草具其事：致積，致餼，設九儐、九介，受享於廟，三公、三孤、六卿致食，勞賓，還贄，致享，皆如古禮。積，子賜翻。餼，許既翻。勞，力到翻。鄭玄曰：每積有牢禮米禾芻薪。又曰：大禮，饔餼也。左傳：居則具一日之積。杜預曰：芻米菜薪。詩傳曰：牲腥曰餼。或曰：饋客生食及芻米曰餼。儐，主副也，導主以行禮者也。介，賓副也，輔賓以行禮者也。五代志曰：梁王之朝周，入畿，大冢宰命有司致積，其餼五牢，米九十筥，醯醢各三十五甕，酒十八壺，米禾各五十車，薪芻各百車。既至，大司空設九儐以致館。梁王束帛乘馬，設九介以待之。禮成而出。明日，王朝，受享於廟。既致享，大冢宰又命公一人玄冕乘車，陳九儐，以束帛乘馬致食于賓及賓之從，各有差。致食訖，又命公一人弁服乘車執贄，設九儐以勞賓。王設九介，迎於門外。明日，朝服乘車，還贄于公，公皮弁迎於大門。授贄受贄，並於堂之中楹。又明日，王朝服，設九介，乘車以見于公。事畢，公致享。明日，三孤一人又執贄勞于梁王。明日，王還贄。又明日，王見三孤如三公。明日，卿一人又執贄勞王，王見卿又如三孤。於是三公、三孤、六卿又各饋賓，並屬官之長爲使，牢米束帛同三公。饋，必刃翻。勞，力到翻。周主與梁主宴，酒酣，酣，戶甘翻。周主自彈琵琶。梁主起舞，曰：「陛下既親撫五絃，臣何敢不同百獸！」周主大悅，賜賚甚厚。舜彈五絃之琴。夔曰：「於，予擊石拊石，百獸率舞。」梁主以舜況周主，故悅。賚，來代翻。

乙卯，周主自鄴西還。

三月，壬午，周詔：「山東諸軍，各舉明經幹治者二人；若奇才異術，卓爾不羣者，不拘此數。」時周分置諸州總管以撫鎮山東，治軍政，故曰諸軍。

周主之擒尉相貴也，擒尉相貴，見上卷上年。招齊東雍州刺史傅伏，伏不從。齊人以伏爲行臺右僕射。周主既克并州，克并州，亦見上卷上年。復遣韋孝寬招之，韋孝寬鎮勳州，與東雍州接境，故使招之。復，扶又翻。令其子以上大將軍、武鄉公告身以古武鄉郡封爲公也。石勒置武鄉郡。五代志：馮翊郡華陰縣，西魏改武鄉，置武鄉郡。周當以此封傅伏。凡授官爵，皆給以符，謂之告身。及金、馬腦二酒鍾賜伏爲信。伏不受，謂孝寬曰：「事君有死無貳。此兒爲臣不能竭忠，爲子不能盡孝，人所讎疾，願速斬之以令天下！」周主自鄴還，至晉州，遣高阿那肱等百餘人臨汾水召伏。

伏出軍，隔水見之，汾水逕晉、絳二州之間，東雍州在絳州界，故隔水。問：「至尊今何在？」阿那肱曰：「已被擒矣。」被，皮義翻。伏仰天大哭，帥衆入城，於聽事前北面哀號，良久，然後降。帥，讀曰率。聽，與廳同。毛晃曰：聽事治官處，漢、晉皆作「聽事」，六朝以來，乃始加「广」。音他經翻。號，戶刀翻。降，戶江翻。周主見之曰：「何不早下？」伏流涕對曰：「臣三世爲齊臣，食齊祿，不能自死，羞見天地！」周主執其手曰：「爲臣當如此。」乃以所食羊肋骨賜伏肋，盧則翻，脅肋。曰：「骨親肉疏，所以相付。」遂引使宿衛，授上儀同大將軍。敕之曰：「若亟與公高官，亟，紀力翻。恐歸附者心動。努力事朕，勿憂富貴。」他日，又問：「前救河陰得何賞？」救河陰事見上卷七年。對曰：「蒙一轉，授特進、永昌郡公。」勳級曰轉。轉，張戀翻。周主謂高緯曰：「朕三年教戰，決取河陰。正爲傅伏善守，爲，于僞翻。城不可動，遂斂軍而退。公當時賞功，何其薄也！」

夏，四月，乙巳，周主至長安，置高緯於前，列其王公於後，車輿、旗幟、器物，以次陳之。備大駕，秦大駕，屬車八十一乘；漢遵用之，備千乘萬騎。晉之盛也，大駕鹵簿，見於志爲尤詳。開皇中，大駕十二乘，法駕半之。其後大駕用三十六，法駕用十二。周氏雖設六官，置司輅之職以掌公車之政，以隋制參之，大駕鹵簿必不能如漢、晉之盛。幟，昌志翻。布六軍，奏凱樂，周官：王師大獻則令奏愷樂。註云：大獻，獻捷於祖；愷樂，獻功之樂。獻俘於太廟。觀者皆稱萬歲。戊申，封高緯爲溫公，齊之諸王三十餘人，皆受封爵。周主與齊君臣飲酒，令溫公起舞。高延宗悲不自持，屢欲仰藥，其傅婢禁止之。

周主以李德林爲內史上士，後周之制，內史屬春官，中大夫五命，下大夫四命，上士三命。自是詔誥格式及用山東人物，並以委之。帝從容謂羣臣曰：「我常日唯聞李德林名，復見其爲齊朝作詔書移檄，從，七容翻。復，扶又翻。爲，于僞翻。朝，直遙翻。正謂是天上人；豈言今日得其驅使。」神武公紇豆陵毅對曰：神武郡公。後魏置神武郡於神武川，隋爲神武縣，屬馬邑郡。紇豆陵毅，本姓竇。唐宰相世系表曰：竇本竇融之後，以竇武之難，亡入鮮卑拓跋部，使居南境，號沒鹿回部，世爲部落大人。及勸，後魏穆帝命爲紇豆陵氏。至曾孫巖，從孝文帝徙洛陽，遂爲河南洛陽人，復爲竇氏。宇文復代北舊姓，又復爲紇豆陵氏。「臣聞麒麟鳳皇，爲王者瑞，可以德感，不可力致。麒麟鳳皇，得之無用，豈如德林，爲瑞且有用哉！」帝大笑曰：「誠如公言。」

6 己巳，周主享太廟。

7 五月，丁丑，周以譙王儉爲大冢宰。庚辰，以杞公亮爲大司徒，鄭公達奚震爲大宗伯，梁公侯莫陳芮爲大司馬，應公獨孤永業爲大司寇，鄖公韋孝寬爲大司空。

己丑，周主祭方丘。周制：方丘在國陰六里之郊，以其先炎帝神農氏配。詔以：「路寢會義、崇信、含仁、雲和、思齊諸殿，皆晉公護專政時所爲，事窮壯麗，有踰清廟，清廟者，倣周祀文王之廟而爲之也。毛傳曰：清廟者，祭有清明之德者之宮也。悉可毀撤。彫斲之物，並賜貧民。繕造之宜，務從卑朴。」又【章：十二行本「又」上有「戊戌」二字；乙十一行本同；孔本同。】詔：「并、鄴諸堂殿壯麗者準此。」并、鄴諸堂殿，齊氏所營也。

臣光曰：周高祖可謂善處勝矣！處，昌呂翻。他人勝則益奢，高祖勝而愈儉。

8 六月，丁卯，周主東巡。秋，七月，丙戌，幸洛州。洛州治洛陽。八月，壬寅，議定權衡度量，頒之於四方。量，音亮。

初，魏虜西涼之人，西涼，謂河西。自沮渠氏據河西，稱涼王；宋文帝元嘉十六年，魏太武帝擊而虜之。沒爲隸戶，齊氏因之，仍供廝役。廝，息移翻，養也，役也，使也，賤也。蘇林曰：廝，取薪者也。韋昭曰：析薪曰廝。今或讀從詵入聲。周主滅齊，欲施寬惠，詔曰：「罪不及嗣，古有定科。書大禹謨：皋陶曰：「罰不及嗣。」孔傳云：父子罪不相及。雜役之徒，獨異常憲，憲，法也。一從罪配，百代不免，罰既無窮，刑何以措！凡諸雜戶，悉放爲民。」自是無復雜戶。

甲子，鄭州獲九尾狐，此時鄭州蓋猶在長社。已死，獻其骨。周主曰：「瑞應之來，必彰有德。若五品時敍，四海和平，乃能致此。此稽瑞應圖而言也。孔氏書傳：五品，謂五常。今無其時，恐非實錄。」命焚之。

九月，戊寅，周制：「庶人已上，唯聽衣綢、綿綢、絲布、圓綾、紗、絹、綃、葛、布等九種，衣，於既翻。綢，與紬同，直由翻，大絲繒也。綿綢，紡綿爲之，今淮人能織綿紬，緊厚，耐久服。絲布，以絲裨布縷織之，今謂之兼絲布。圓綾，土綾也，亦謂之花絹。紗，方目紗也。絹，吉掾翻，縑也，細絲繒。綃，相邀翻，生絲繒。

葛，葛越，宜夏服。布，緝麻若紵爲之。種，章勇翻。餘悉禁之。朝祭之服，不拘此制。」朝，直遥翻。

冬，十月，戊申，周主如鄴。

9 上聞周人滅齊，欲爭徐、兗，此言禹迹徐、兗二州之地。禹貢曰：海岱及淮惟徐州，濟河惟兗州。周之九州，青州得沂、泗、淮三水，兗州得大野，無復徐州矣。今之徐州，春秋宋地，左傳圍宋彭城是也。秦屬泗水郡；漢屬沛郡，後分立楚國，後置徐州。自是之後，徐州專治彭城矣。詔南兗州刺史、司空吳明徹督諸軍伐之，以其世子戎昭將軍惠覺攝行州事。明徹軍至呂梁，周徐州總管梁士彦帥衆拒戰，帥，讀曰率。戊午，明徹擊破之。士彦嬰城自守，明徹圍之。

帝鋭意以爲河南指麾可定。中書通事舍人蔡景歷諫曰：「師老將驕，不宜過窮遠略。」魏黄初中，中書置通事郎，晉初置舍人、通事，江左令舍人通事謂之通事舍人，掌呈奏案，又掌詔命。陳氏得國，國之政事並由中書省，有中書舍人五人，分掌二十一局事，各當尚書諸曹，並爲上司，總國内機要，尚書唯聽受而已。將，即亮翻。帝怒，以爲沮衆，沮，在呂翻。出爲豫章内史。未行，有飛章劾景歷在省贓汙狼籍，坐免官，削爵土。飛者，不知其所自來也，蓋出於上意。劾，戶槪翻，又音戶得翻。

10 周改葬德皇帝於冀州，宇文肱者，宇文泰之父也，從鮮于脩禮攻定州，戰死于唐河。武成初，追謚德皇帝。其地在齊，未得改葬。平齊之後，乃得改葬於冀州。周主服縗，縗，倉回翻。哭於太極殿；百官素服。

11 周人誣溫公高緯與宜州刺史穆提婆謀反，并其宗族皆賜死。衆人多自陳無之，高延宗獨攘袂泣而不言，以椒塞口而死。塞，悉則翻。唯緯弟仁英以清狂，仁雅以瘖疾得免，漢張敞奏言，「昌邑王賀清狂不惠。」蘇林曰：凡狂者陰陽脈盡濁，今此人不狂似狂，故言清狂。或曰：色理清徐而心不慧，故曰清狂。清狂，如今白癡也。瘖，於今翻，瘂也。徙於蜀。其餘親屬，不殺者散配西土，西土，謂長安西邊州郡。皆死於邊裔。

周主以高湝妻盧氏賜其將斛斯徵。湝，戶皆翻，又音皆。將，卽亮翻；下同。盧氏蓬首垢面，長齋，不言笑。徵放之，乃爲尼。盧氏，山東高門，史言其能守節。長齋者，依佛教茹蔬素，不食葷肉。尼，女夷翻，女僧。齊后、妃貧者，至以賣燭爲業。

12 十一月，壬申，周立皇子衍【嚴：「衍」改「克」。】爲道王，道，古國名，春秋有江、黃、道、柏。「皇子」，當作「皇孫」。衍，周太子之長子。此有可疑者，後註屢及之。通鑑一百七十一卷太建五年六月，書周皇孫衍生。兌爲蔡王。

13 癸酉，周遣上大將軍王軌將兵救徐州。

14 初，周人敗齊師於晉州，乘勝逐北，齊人所棄甲仗，未暇收斂；事見上卷八年。敗，補邁翻。稽胡乘間竊出，間，古莧翻。並盜而有之。仍立劉蠡升之孫沒鐸爲主，劉蠡升爲高歡所滅，見一百五十七卷梁武帝大同元年。號聖武皇帝，改元石平。

周人旣克關東，謂克齊也。將討稽胡，議欲窮其巢穴。齊王憲曰：「步落稽種類旣多，種，章勇翻。又山谷險絶，王師一舉，未可盡除。且當翦其魁首，餘加慰撫。」周主從之，以憲爲行軍元帥，督諸軍討之。行軍元帥始此。帥，所類翻。至馬邑，分道俱進。沒鐸分遣其黨天柱守河東，穆支守河西，據險以拒之。此西河離石之河東、河西也。憲命譙王儉擊天柱，滕王逌擊穆支，逌，以周翻。並破之，斬首萬餘級。趙王招擊沒鐸，禽之，餘衆皆降。降，戶江翻。

15 周詔：「自永熙三年以來，東土之民掠爲奴婢，後魏孝武帝永熙三年西入關，自是宇文氏、高氏交兵，互相侵掠，得其民口，各以爲奴婢。及克江陵之日，良人沒爲奴婢者，梁世祖承聖三年，江陵破，事見一百六十五卷。並放爲良。」又詔：「後宮唯置妃二人，世婦三人，御妻三人，此外皆減之。」

周主性節儉，常服布袍，寢布被，後宮不過十餘人；每行兵，親在行陳，行陳，上戶剛翻，下讀曰陣。步涉山谷，人所不堪；撫將士有恩，而明察果斷，斷，丁亂翻。用法嚴峻。由是將士畏威而樂爲之死。將，卽亮翻。樂，音洛。爲，于僞翻。

16 己亥晦，日有食之。

17 周初行刑書要制：羣盜贓一匹，及正、長隱五丁、若地頃以上，皆死。隋因周制，制人五家爲保，保有長；保五爲閭，閭四爲族，皆有正。畿外置里正，比閭正；黨長，比族正；以相檢察，所謂正、長也。百畝爲頃。長，知兩翻。

18 十二月，戊申，新作東宮成，太子徙居之。

19 庚申，周主如并州，徙并州軍民四萬戶於關中。戊辰，廢并州宮及六府。是年春，周置并州宮及六府。

20 高寶寧自黃龍上表勸進於高紹義，黃龍，即和龍，今之黃龍府。上，時掌翻。紹義遂稱皇帝，改元武平，以寶寧爲丞相。突厥佗鉢可汗舉兵助之。可，從刊入聲。汗，音寒。

十年（戊戌、五七八）

1 春，正月，壬午，周主幸鄴；辛卯，幸懷州；懷州，治河内郡野王。自此以後，周、陳之君，書「如」、書「幸」，雜出其間，未悉義例所安。癸巳，幸洛州。置懷州宮。

2 二月，甲辰，周譙孝王儉卒。卒，子恤翻。

3 丁巳，周主還長安。

4 吳明徹圍周彭城，環列舟艦於城下，攻之甚急。艦，戶黯翻。王軌引兵輕行，據淮口，淮口，清水入淮之口，卽清口也。結長圍，以鐵鎖貫車輪數百，沈之清水，沈，持林翻。酈道元曰：清水，卽泗水之別名。以遏陳船歸路；軍中恟懼。恟，許勇翻。譙州刺史蕭摩訶言於明徹曰：「聞王軌始鎖下流，其兩端築城，今尚未立，公若見遣擊之，彼必不敢相拒。水路未斷，賊勢不堅；彼城若立，則吾屬必爲虜矣。」明徹奮髯曰：「搴旗陷陳，將軍事也；長筭遠略，老夫事也。」摩訶失色而退。史言明徹驕而愎諫以致敗。髯，而占翻。搴，起虔翻，拔取也。陳，讀曰陣。一旬之間，水路遂斷。

周兵益至，諸將議破堰拔軍，以舫載馬而去，馬主裴子烈曰：「若破堰下船，船必傾倒，不如先遣馬出。」考異曰：南史作「馬明主」，今從陳書。馬主，馬軍主也。堰，於建翻。舫，府妄翻，並兩船也。倒，都皓翻。時明徹苦背疾甚篤，蕭摩訶復請曰：「今求戰不得，進退無路。若潛軍突圍，未足爲恥。願公帥步卒、乘馬轝徐行，摩訶領鐵騎數千驅馳前後，必當使公安達京邑。」京邑，謂建康。觀摩訶此言，亦知軍退後周師繼至，必不能守淮南。復，扶又翻。帥，讀曰率。轝，考字書皆無此字，唯類篇有之，音羊茹切，舁車也。今言乘馬轝，則當讀與輿字同，從平聲。騎，奇寄翻；下同。明徹曰：「弟之此策，乃良圖也。然步軍既多，吾爲總督，必須身居其後，相帥兼行。帥，讀曰率；下同。弟馬軍宜速，在前，不可遲緩。」摩訶因帥馬軍夜發。甲子，明徹決堰，乘水勢退軍，冀以入淮。至清口，水勢漸微，舟艦並礙車輪，不復得過。王軌引兵圍而蹙之，衆潰。明徹爲周人所執，將士三萬幷器械輜重皆沒於周。將，即亮翻。重，直用翻。蕭摩訶以精騎八十居前突圍，衆騎繼之，騎，奇寄翻。比旦，達淮南，淮水南岸也。比，必寐翻。與將軍任忠、周羅睺獨全軍得還。任，音壬。還，音旋，又如字。

初，帝謀取彭、汴，以問五兵尚書毛喜，彭、汴，謂彭城、汴水之地。五兵尚書，以掌中兵、外兵、別兵、都兵、騎兵名官。對曰：「淮左新平，邊民未輯。周氏始吞齊國，難與爭鋒。且棄舟艥之工，艥，與楫同。踐車騎之地，徐、兖之地四平，車騎便於馳突。踐，慈演翻。騎，奇寄翻。去長就短，非吳人所便。臣愚以爲不若安民保境，寢兵結好，好，呼到翻。斯久長之術也。」及明徹敗，帝謂喜曰：「卿言驗於今矣。」卽日，召蔡景歷，復以爲征南諮議參軍。亦以其言驗也。周主封吳明徹爲懷德公，懷德郡公。五代志：巴東郡武寧縣，後周置南都郡源陽縣，尋改郡曰懷德，縣曰武寧。位大將軍。其朝列於大將軍，無職事也。明徹憂憤而卒。卒，子恤翻。

5 乙丑，周以越王盛爲大冢宰。

6 三月，戊辰，周於蒲州置宮，五代志：河東郡，後魏曰秦州；後周改蒲州，因蒲坂以名州也。廢同州及長春二宮。同州治馮翊。宇文泰輔魏，多居同州，其後受魏禪，遂以同州置別宮。長春宮在朝邑，馮翊之屬縣也。是宮蓋亦宇文所置。

7 甲戌，周主初服常冠，以皁紗全幅向後襆髮，仍裁爲四腳。今之襆頭始此，制微有不同耳。杜佑曰：後漢末，王公卿士以幅巾爲雅，用全幅皁而向後襆髮，謂之頭巾，俗人因號爲襆頭。後周武帝因裁幅巾爲四腳。襆，與幞同，房玉翻。皁，才早翻。

8 丙子，命中軍大將軍、開府儀同三司淳于量爲大都督，陳制：中軍大將軍，品第二，秩中二千石。開府儀同三司，品第一，其秩則萬石矣。總水陸諸軍事，鎭西將軍孫瑒都督荆、郢諸軍，瑒，雉杏翻，又音暢。平北將軍樊毅都督清口上至荆山緣淮諸軍，寧遠將軍任忠都督壽陽、新蔡、霍州諸軍，以備周。寧遠將軍，梁置；陳制，擬官品第五。此新蔡在弋陽郡界。五代志：梁置平高、新蔡、新城三郡於殷城；後齊置新蔡郡於固始，二縣皆屬弋陽。任，音壬。

9 乙酉，大赦。

10 壬辰，周改元宣政。

11 夏，四月，庚申，突厥寇周幽州，殺掠吏民。厥，九勿翻。

12 戊午，樊毅遣軍渡淮北，對清口築城。壬戌，清口城不守。

13 五月，己丑，周高祖帥諸軍伐突厥，周主以是役殂於軍中，故書其廟號。帥，讀曰率。遣柱國原公姬願、原，古國名。東平公神舉等將兵五道俱入。將，卽亮翻，又音如字，領也。癸巳，帝不豫，留止雲陽宮；五代志：京兆郡雲陽縣，後周置雲陽郡。蓋亦置別宮於此。丙申，詔停諸軍。驛召宗師宇文孝伯赴行在所，後周置宗師之官，蓋掌諸宗室。杜佑曰：宗師屬天官，中大夫也，五命；小宗師，下大夫，四命。宇文孝伯時留長安，故驛召之。天子所至爲行在所。帝執其手曰：「吾自量必無濟理，量，音良。以後事付君。」是夜，授孝伯司衞上大夫，總宿衞兵。後周之制，凡上大夫，皆六命。又令馳驛入京鎭守，以備非常。六月，丁酉朔，帝疾甚，還長安；是夕殂，年三十六。還，從宣翻，又音如字。殂，祚乎翻。

戊戌，太子卽位。尊皇后阿史那氏爲皇太后。阿史那氏，天和三年娶于突厥者也。宣帝初立，卽逞奢欲。大行在殯，曾無戚容，在戚而有嘉容，魯昭公所以不終也。捫其杖痕，大罵曰：「死晚矣！」捫，以手撫摸也。杖痕，爲太子時受杖之痕。閱視高祖宮人，逼爲淫欲。周武帝未祔廟而書高祖者，史筆也。超拜吏部下大夫鄭譯爲開府儀同大將軍、內史中大夫，委以朝政。鄭譯有寵，事始上卷八年。朝，直遙翻。

己未，葬武皇帝於孝陵，廟號高祖。既葬，詔內外公除，帝及六宮皆議卽吉。京兆郡丞樂運上疏，以爲「葬期既促，事訖卽除，太爲汲汲。」帝不從。樂運擢京兆郡丞，見一百七十一卷五年。自丁酉至己未二十三日而葬，太速矣。上，時掌翻。

帝以齊煬王憲屬尊望重，忌之。齊王於周主，叔父也，屬尊。出將入相，著功名，其望重。謚法：好內遠禮曰煬。憲豈有是哉？周主殺之而加以惡謚耳。煬，余亮翻。謂宇文孝伯曰：「公能爲朕圖齊王，爲，于僞翻。當以其官相授。」孝伯叩頭曰：「先帝遺詔，不許濫誅骨肉。齊王，陛下之叔父，功高德茂，社稷重臣。陛下若無故害之，【章：十二行本「之」下有「臣又順旨曲從」六字；乙十一行本同；孔本同；張校同；退齋校同。】則臣爲不忠之臣，陛下爲不孝之子矣。」帝不懌，由是疏之。乃與開府儀同大將軍于智、鄭譯等密謀之，使智就宅候憲，因告憲有異謀。

甲子，帝遣宇文孝伯語憲，語，牛倨翻。欲以憲爲太師，太師，三師之首。憲辭讓。又使孝伯召憲，曰：「晚與諸王俱入。」既至殿門，憲獨被引進。被，皮義翻。帝先伏壯士於別室，至，卽執之。憲自辯理，帝使于智證憲，憲目光如炬，與智相質。質，證也，驗也。或謂憲曰：「以王今日事勢，何用多言！」憲曰：「死生有命，寧復圖存！復，扶又翻。但老母在堂，恐留茲恨耳！」言既誣以異謀，恐罪及其母也。因擲笏於地。遂縊之。縊，於賜翻，經也，絞也。帝召憲僚屬，使證成憲罪。參軍勃海李綱，誓之以死，終無橈辭。橈，奴教翻，曲也。有司以露車載憲尸而出，車無帷蓋曰露車。故吏皆散，唯李綱撫棺號慟，躬自瘞之，綱在憲府，先此未有聞焉，而能臨難盡節於所事；隋、唐之間，汔能自持，有以也夫！號，戶刀翻。瘞，於計翻。哭拜而去。

又殺上大將軍王興，上開府儀同大將軍獨孤熊，開府儀同大將軍豆盧紹，隋書曰：豆盧，本姓慕容，燕北地王精之後，中山敗，歸魏。北人謂歸義爲豆盧，因氏焉。皆素與憲親善者也。帝既誅憲而無名，無罪以加之爲無名；古所謂無名之師，亦言無罪而加之兵也。乃云與興等謀反，時人謂之「伴死」。伴，蒲旱翻。

以于智爲柱國，封齊公，以賞之。

14 閏月，乙亥，周主立妃楊氏爲皇后。楊堅之女也。

15 辛巳，周以趙王招爲太師，陳王純爲太傅。

16 齊范陽王紹義聞周高祖殂，以爲得天助。幽州人盧昌期，起兵據范陽，五代志：幽州治薊城涿縣，舊置范陽郡。迎紹義，紹義引突厥兵赴之。周遣柱國東平公神舉將兵討昌期。將，卽亮翻。紹義聞幽州總管出兵在外，欲乘虛襲薊，薊，音計。神舉遣大將軍宇文恩將四千人救之，半爲紹義所殺。會神舉克范陽，擒昌期，紹義聞之，素衣舉哀，還入突厥。高寶寧帥夷、夏數萬騎救范陽，還，從宣翻，又音如字。厥，九勿翻。帥，讀曰率。夏，戶雅翻。騎，奇寄翻。至潞水，水經註：鮑丘水出禦夷北塞中，俗謂之大榆河，南過潞縣爲潞水。聞昌期死，還，據和龍。

17 秋，七月，周主享太廟；丙午，祀圜丘。按五代志：周祭圜丘及南郊，並正月上辛；今用七月丙午，非舊制。

18 庚戌，周以小宗伯斛斯徵爲大宗伯。壬戌，以亳州總管楊堅爲上柱國、大司馬。五代志：譙郡，後魏置南兗州；後周置總管府，後改曰亳州。亳，旁各翻。

19 癸亥，周主尊所生母李氏爲帝太后。嫡母阿史那氏既尊爲皇太后，又尊生母爲帝太后。

20 八月，丙寅，周主祀西郊；五代志：後周五郊壇，其崇及去國如其行之數，其方俱百二十步，內壝皆半之。壬申，如同州。以大司徒杞公亮爲安州總管，上柱國長孫覽爲大司徒，楊公王誼爲大司空。長，知兩翻。丙戌，以永【章：十二行本「永」上有「柱國」二字；乙十一行本同；孔本同。】昌公椿爲大司寇。

21 九月，乙巳，立方明壇於婁湖。戊申，以揚州刺史始興王叔陵爲王官伯，臨盟百官。周禮：司盟掌盟載之法，凡邦國有疑、會同，則掌其盟約之載，北面詔明神，既盟則貳之。鄭玄註曰：有疑，不協也。明神，神之明察者，謂日月山川也。覲禮加方明于壇上，所以依之也。詔之者，讀其載書以告之也。貳之者，寫其副當以授六官。陳祥道曰：諸侯覲于天子，爲宮方三百步，四門，壇十有二尋，深四尺，加方明于其上。覲禮方明者，木也，方四尺，設六色：東方青，南方赤，西方白，北方黑，上玄，下黃。設六玉：上圭，下璧，南方璋，西方琥，東方圭，北方璜。鄭氏曰：方明者，上下四方神明之象也。會同而盟，明神監之。六色，象其神。六玉以禮之，上宜以蒼璧，下宜以黃琮，而不以者，則上下之神非天地之至貴者也。設玉者，刻其木以著之。王官伯者，古者天子盟諸侯，使天子之老涖之。如春秋踐土之盟，王子虎盟諸侯于王庭，是之謂王官伯。時彭城喪師，陳人通國上下搖心，故爲是盟。

22 庚戌，周主封其弟元爲荊王。

23 周主詔：「諸應拜者，皆以三拜成禮。」三拜成禮，用夷禮也。

24 甲寅，上幸婁湖誓衆。乙卯，分遣大使以盟誓班下四方，上下相警戒。使，疏吏翻。班下，戶嫁翻。班，布也。

25 冬，周【章：十二行本「周」上有「十月癸酉」四字；乙十一行本同；孔本同；張校同。】主還長安。以大司空王誼爲襄州總管。五代志：襄陽郡，江左僑置雍州，西魏改曰襄州。

26 戊子，以尚書左僕射陸繕爲尚書僕射。

27 十一月，突厥寇周邊，圍酒泉，殺掠吏民。五代志：張掖郡福祿縣，舊置酒泉郡。

28 十二月，甲子，周以畢王賢爲大司空。

29 己丑，周以河陽總管滕王逌爲行軍元帥，帥衆入寇。逌，音由。元帥，所類翻。帥衆之帥，讀曰率。

十一年（己亥、五七九）

1春，正月，癸巳，周主受朝於露門，「露門」，當作「路門」。路，大也，蓋周之外朝也。程泰之作雍錄，以唐大明宮丹鳳門、太極宮承天門皆爲唐之外朝，蓋識此意。朝，直遙翻。始與羣臣服漢、魏衣冠；以此知後周之君臣，前此蓋胡服也。大赦，改元大成。置四輔官：以大冢宰越王盛爲大前疑，相州總管蜀公尉遲迥爲大右弼，申公李穆爲大左輔，大司馬隨公楊堅爲大後承。尉，紆勿翻。記文王世子，虞、夏、商、周有師保，有疑丞，設四輔及三公，周主倣此以置官。

周主之初立也，以高祖刑書要制爲太重而除之，周行刑書要制見上九年。又數行赦宥。數，所角翻；下同。京兆郡丞樂運上疏，上，時掌翻。以爲：「虞書所稱『眚災肆赦』，眚，所景翻。謂過誤爲害，當緩赦之；呂刑云：『五刑之疑有赦，』謂刑疑從罰，罰疑從免也。謹尋經典，未有罪無輕重，溥天大赦之文。大尊豈可數施非常之惠，以肆姦宄之惡乎！」大尊，猶言至尊也。帝不納。既而民輕犯法，又自以奢淫多過失，惡人規諫，惡，烏路翻。欲爲威虐，懾服羣下。懾，之涉翻。乃更爲刑經聖制，考異曰：周帝紀，行刑經聖制在八月。按隋元巖傳，樂運之諫，因巖納說得免，及王軌之死，巖遂廢于家。今運書已有「更嚴前制」之語，然則行刑經在軌死前也。用法益深，大醮於正武殿，告天而行之。五代志：道家齋法：夜中於星辰之下，陳設酒脯、餅餌、幣物，歷祀天皇、太一、祀五星、列宿。爲書，燒香陳讀，云奏上天曹，名之爲醮。醮，子肖翻。密令左右伺察羣臣，伺，相吏翻。小有過失，輒行誅譴。

又，居喪纔踰年，輒恣聲樂，魚龍百戲，常陳殿前，五代志：齊武平中，有魚龍爛漫、俳優朱儒、山車、巨象、拔井、種瓜、殺馬、剝驢等奇怪異端，百有餘物，名爲百戲。時鄭譯有寵於周主，徵齊散樂，並會京師爲之，蓋秦角抵之流也。累日繼夜，不知休息；多聚美女以實後宮，增置位號，不可詳錄；遊宴沈湎，或旬日不出，沈，持林翻。湎，彌兗翻。毛晃曰：沈湎，飲酒齊其色。韓詩：飲酒閉門不出客曰湎。羣臣請事者，皆因宦者奏之。於是樂運輿櫬詣朝堂，陳帝八失：櫬，初覲翻，空棺。朝，直遙翻；下同。其一，以爲「大尊比來事多獨斷，比，毗至翻。斷，丁亂翻。不參諸宰輔，與衆共之。」其二，「搜美女以實後宮，儀同以上女不許輒嫁，貴賤同怨。」其三，「大尊一入後宮，數日不出，所須聞奏，多附宦官。」其四，「下詔寬刑，未及半年，更嚴前制。」其五，「高祖斲雕爲朴，崩未踰年，而遽窮奢麗。」其六，「徭賦下民，以奉俳優角抵。」其七，「上書字誤者，卽治其罪，上，時掌翻。治，直之翻。杜獻書之路。」其八，「玄象垂誡，不能諮諏善道，玄象，天象也。日月星辰，在天成象。諏，子于翻，又子侯翻。脩布德政。」「若不革茲八事，臣見周廟不血食矣。」犧牲之薦爲血食。帝大怒，將殺之。朝臣恐懼，莫有救者。內史中大夫洛陽元巖歎曰：「臧洪同死，人猶願之，陳容願與臧洪同死，事見六十一卷漢獻帝興平三年。況比干乎！以樂運忠諫況之比干。若樂運不免，吾將與之俱斃。」乃詣閤請見，見，賢遍翻。曰：「樂運不顧其死，欲以求名。陛下不如勞而遣之，勞，力到翻。以廣聖度。」帝頗感悟。明日，召運，謂曰：「朕昨夜思卿所奏，實爲忠臣。」賜御食而罷之。

2 癸卯，周立皇子闡爲魯王。按李延壽北史：靜帝諱衍，後改名闡。觀此，則九年周立皇子衍爲道王，自是高祖之子邪？

甲辰，周主東巡；【章：十二行本「巡」下有「丙午」二字；乙十一行本同；孔本同。】以許公宇文善爲大宗伯。戊午，周主至洛陽；立魯王闡爲皇太子。闡，昌善翻。

3 二月，癸亥，上耕藉田。藉，在亦翻。

4 周下詔，以洛陽爲東京；發山東諸州兵治洛陽宮，治，直之翻。常役四萬人。徙相州六府於洛陽。周置相州六府，見上九年。相，息亮翻。

5 周徐州總管王軌，聞鄭譯用事，自知及禍，謂所親曰：「吾昔在先朝，實申社稷至計。今日之事，斷可知矣。朝，直遙翻。斷，丁亂翻。此州控帶淮南，鄰近強寇，欲爲身計，易如反掌。強寇，謂陳。易，以豉翻。但忠義之節，不可虧違，況荷先帝厚恩，荷，下可翻。豈可以獲罪嗣主，遽忘之邪！邪，音耶。正可於此待死，冀千載之後，知吾此心耳！」載，作亥翻。

周主從容問譯曰：「我腳杖痕，誰所爲也？」對曰：「事由烏丸軌、受杖事見上卷八年。王軌蓋賜姓烏丸氏，故稱之。從，千容翻。宇文孝伯。」因言軌捋須事。宇文孝伯何爲出此言也！欲自求免死邪？然終於不免也。捋須事見同上。帝使内史杜慶信就州殺軌，元巖不肯署詔。御正中大夫顏之儀切諫，武成元年，置御正四人。帝不聽，巖進繼之，脱巾頓顙，三拜三進。顙，蘇朗翻，額也。帝曰：「汝欲黨烏丸軌邪？」巖曰：「臣非黨軌，正恐濫誅失天下之望。」帝怒，使閹豎搏其面。搏，手擊也。軌遂死，巖亦廢于家。遠近知與不知，皆爲軌流涕。爲，于僞翻。之儀，之推之弟也。顏之推先仕於齊，齊亡入周。

周主之爲太子也，上柱國尉遲運爲宮正，此太子宮正也。尉，紆勿翻。數進諫，不用；數，所角翻。又與王軌、宇文孝伯、宇文神舉皆爲高祖所親待，太子疑其同毁己。及軌死，運懼，私謂孝伯曰：「吾徒必不免禍，爲之柰何？」孝伯曰：「今堂上有老母，地下有武帝，武帝，卽高祖也。爲臣爲子，知欲何之！之，往也。且委質事人，本狥名義；諫而不入，死焉可逃！質，如字。焉，於乾翻。足下若爲身計，宜且遠之。」遠，于願翻。於是運求出爲秦州總管。天水郡，舊秦州。

他日，帝託以齊王憲事讓孝伯曰：「公知齊王謀反，何以不言？」對曰：「臣知齊王忠於社稷，爲羣小所譖，言必不用，所以不言。且先帝付囑微臣，囑，之欲翻，託也。唯令輔導陛下。今諫而不從，實負顧託。以此爲罪，是所甘心。」帝大慙，俛首不語，令，力丁翻。俛，音免。命將出，賜死于家。將，引也，領也。

時宇文神舉爲并州刺史，帝遣使就州酖殺之。使，疏吏翻。尉遲運至秦州，亦以憂死。

6 周罷南伐諸軍。

7 突厥佗鉢可汗請和於周，厥，九勿翻。可，從刊入聲。汗，音寒。周主以趙王招女爲千金公主，妻之，妻，七細翻。且命執送高紹義；佗鉢不從。

8 辛巳，周宣帝傳位於太子闡，大赦，改元大象，自稱天元皇帝，所居稱「天臺」，冕二十四旒，車服旂鼓皆倍於前王之數。皇帝稱正陽宮，置納言、御正、諸衞等官，保定四年，改宗伯爲納言。此納言似隋官之納言，爲門下省長官。諸衞等官，左・右宮伯、小宮伯、左・右中侍、左・右侍、左・右前侍、左・右後侍、左・右騎侍、左・右宗侍、左・右庶侍、左・右勳侍、左・右武伯、小武伯、左・右武賁、左・右旅賁、左・右射聲、左・右驍騎、左・右羽林、左・右游擊也。皆準天臺。尊皇太后爲天元皇太后。

天元既傳位，驕侈彌甚，務自尊大，無所顧憚，國之儀典，率情變更。更，工衡翻。每對臣下自稱爲天，用樽、彝、珪、瓚以飲食。周禮有六尊、六彝，尊有罍而彝有舟。鄭玄曰：彝，亦尊也。鬱鬯曰彝。彝，法也，言爲尊之法。鄭衆曰：於圭頭爲器，可以挹鬯祼祭，謂之瓚。瓚，藏旱翻。令羣臣朝天臺者，致齋三日，清身一日。朝，直遥翻。既自比上帝，不欲羣臣同己，常自帶綬，冠通天冠，加金附蟬，顧見侍臣弁上有金蟬及王公有綬者，並令去之。五代志：古者君臣佩玉，綬者所以貫佩相承受也。又上下施韍，如蔽膝。五霸之後，戰兵不息，佩非兵器，韍非戰儀，於是解去佩、韍，留其繫襚而已。韍、佩既廢，秦乃以采組連結於襚，又謂之綬。周制：皇帝組綬，以蒼，以青，以朱，以黃，以白，以玄，以纁，以紅，以紫，以緅，以碧，以綠，十有二色。諸王及三公九色，自黃以下；王公以下，以差降殺。通天冠，古制高九寸，正豎頂，少斜卻，乃直下，鐵爲卷梁，前有展筩，冠前加金博山述。加金附蟬者，乃侍中、常侍所冠武弁也。史皆言天元之率意自尊。綏，音受。冠通之冠，古玩翻。令，力丁翻。去，羌呂翻。不聽人有「天」、「高」、「上」、「大」之稱，稱，尺證翻。官名有犯，皆改之。改姓高者爲「姜」，齊太公之後，食采於高，因以爲氏，本姜姓也，使改從本姓。九族稱高祖者爲「長祖」。長，知兩翻。又令天下車皆以渾木爲輪。渾，戶本翻。禁天下婦人不得施粉黛，粉以傅面，黛以塡額、畫眉。自非宮人，皆黃眉墨妝。

每召侍臣論議，唯欲興造變革，未嘗言及政事。游戲無常，出入不節，羽儀仗衞，晨出夜還，還，從宣翻，又音如字。陪侍之官，皆不堪命。自公卿以下，常被楚撻。每捶人，皆以百二十爲度，謂之「天杖」，被，皮義翻；下同。捶，止橤翻。其後又加至二百四十。宮人內職亦如之，后、妃、嬪、御，雖被寵幸，亦多杖背。於是內外恐怖，怖，蒲布翻。人不自安，皆求苟免，莫有固志，重足累息，重足而立，屏氣積鬱而不敢息。重，直龍翻。累，力委翻。以逮於終。

9 戊子，周以越王盛爲太保，尉遲迥爲大前疑，代王達爲大右弼。

辛卯，徙鄴城石經於洛陽。尉，紆勿翻。漢靈帝時，蔡邕立石經於太學講堂前，一曰：立於鴻都門。魏正始中，又立古、篆、隸三字石經，高澄遷之於鄴，周今復從之洛陽。詔：「河陽、幽、相、豫、亳、靑、徐七總管，並受東京六府處分。」相，息亮翻。處，昌呂翻。分，扶問翻。

三月，庚申，天元還長安，大陳軍伍，親擐甲冑，擐，音宦。入自靑門，靜帝備法駕以從。

青門，漢長安城東出南來第三門也。門色青，故名青門。法駕，次於大駕。從，才用翻。

夏，四月，壬戌朔，立妃朱氏爲天元帝后。后，吳人，本出寒微，生靜帝，長於天元十餘歲，長，知兩翻。疏賤無寵，以靜帝故，特尊之。

乙巳，周主祠太廟。壬午，大醮於正武殿。

五月，【章：十二行本「月」下有「辛亥」二字；乙十一行本同；孔本同；張校同。】以襄國郡爲趙國，濟南郡爲陳國，武當、安富二郡爲越國，上黨郡爲代國，新野郡爲滕國，邑各萬戶；食邑各有實土。「安富」，當作「安福」。五代志：淅陽郡武當縣，舊置武當郡。又，安福縣置安福郡。南陽郡之新野縣，舊曰棘陽，置新野郡。濟，子禮翻。令趙王招、陳王純、越王盛、代王達、滕王逌並之國。

隨公楊堅私謂大將軍汝南公慶曰：「天元實無積德，視其相貌，壽亦不長。相，息亮翻。又，諸藩微弱，各令就國，曾無深根固本之計。羽翮既翦，何能及遠哉！」觀楊堅此言，豈有篡心哉！然堅處猜虐之朝而發此言，其免者蓋幸也。慶，神舉之弟也。

10 突厥寇周并州。厥，九勿翻。并，卑經翻。六月，周發山東諸民脩長城。脩齊所築長城也。齊築長城，見百六十六卷梁敬帝太平元年。

11 秋，七月，庚寅，周以楊堅爲大前疑，柱國司馬消難爲大後承。難，乃旦翻。

12 辛卯，初用大貨六銖錢。五代志：梁武帝鑄錢，肉好周郭，文曰五銖；而又別鑄，除其肉郭，謂之女錢；二品並行。百姓或私以古錢交易，有直百五銖、五銖女錢、太平百錢、定平一百、五銖雉錢、五銖對文等號，輕重不一。天子頻下詔書，非新鑄二種之錢，並不許用，而私用益甚。至普通中，乃議盡罷銅錢，更鑄鐵錢。人以鐵賤易得，並皆私鑄。大同已後，所在鐵錢如丘山。錢陌所在不等，至于末年，陌益少，以三十五爲陌。陳初承喪亂之後，鐵錢不行。始，梁末又有兩柱錢及鵝眼錢，兩柱重而鵝眼輕，雜而用之，其價同。私家多鎔錢，又間以錫、鐵，兼以粟、帛爲貨。至文帝天嘉五年，改鑄五銖，初出當鵝眼之十。至是又鑄大貨六銖，以一當五銖之十，後還當一，人皆不以爲便。未幾，帝崩，遂廢六銖而行五銖。

13丙申，周納司馬消難女爲正陽宮皇后。靜帝后也。難，乃旦翻。

己酉，周尊天元帝太后李氏爲天皇太后。壬子，改天元皇后朱氏爲天皇后，立妃元氏爲天右皇后，陳氏爲天左皇后，凡四后云。元氏，開府儀同大將軍晟之女；晟，成正翻。陳氏，大將軍山提之女也。陳山提，爾朱兆蒼頭也，見一百五十六卷梁武帝中大通五年。

八月，庚申，天元如同州。

14丁卯，上閱武於大壯觀。命都督任忠帥步騎十萬陳於玄武湖，都督陳景帥樓艦五百出瓜步江，振旅而還。觀，古玩翻。釋名：觀者，於上觀望。帥，讀曰率。騎，奇寄翻。陳，讀曰陣。樓艦，卽樓船，兩面施重板，列戰格，故謂之樓艦。艦，戶黯翻。還，音旋，又如字。帝自喪師於彭城，設近陳以耀武，所謂不足者示人有餘也。

15壬申，周天元還長安。甲戌，以陳山提、元晟並爲上柱國。二人者，皆后父也。晟，丞正翻。

16戊寅，上還宮。

豫章內史南康王方泰，在郡秩滿，縱火延燒邑居，因行暴掠，驅錄富人，徵求財賄。錄，收也。上閱武，方泰當從，從，才用翻。啓稱母疾不行，而微服往民間淫人妻，爲州所錄。州，謂揚州也。又帥人仗抗拒，傷禁司，仗，兵仗。禁司，掌禁防姦非者。帥，讀曰率。爲有司所奏。上大怒，下方泰獄，下，戶嫁翻。免官，削爵土，尋而復舊。

17壬午，周以上柱國畢王賢爲太師，郇公韓業爲大左輔。九月，乙卯，以酆王貞爲大冢宰。以鄖公孝【章：十二行本「孝」上有「韋」字；乙十一行本同；孔本同。】寬爲行軍元帥，郇，音荀。酆，音豐。鄖，音云。帥，所類翻。帥行軍總管杞公亮、郕公梁士彥寇淮南。帥，讀曰率。仍遣御正杜杲、禮部薛舒來聘。

18冬，十月，壬戌，周天元幸道會苑，大醮，以高祖配醮。初復佛像及天尊像，周毀經像見上卷六年。天元與二像俱南面坐，大陳雜戲，令長安士民縱觀。令，力丁翻。

19甲戌，以尚書僕射陸繕爲尚書左僕射。

20十一月，辛卯，大赦。

21周韋孝寬分遣杞公亮自安陸攻黃城，梁士彥攻廣陵。分兩路進兵以攻淮南。此廣陵在新息。甲午，士彥至肥口。肥水入淮之口。

22 乙未，周天元如溫湯。卽驪山溫湯，在驪山西北。十道志曰：溫泉有三所，其一處卽皇堂石井，後周宇文護所造。

23 戊戌，周軍進圍壽陽。

24 周天元如同州。

25 詔開府儀同三司、南兗州刺史淳于量爲上流水軍都督，中領軍樊毅都督北討諸軍事，左衞將軍任忠都督北討前軍事，前豐州刺史皋文奏帥步騎三千趣陽平郡。五代志：建安郡，陳置豐州。江都郡安宜縣，梁置陽平郡。皋，姓，皋陶之後。左傳有越大夫皋如。帥，讀曰率；下同。騎，奇寄翻；下同。趣，七喩翻；下同。

26 壬寅，周天元還長安。

27 癸卯，任忠帥步騎七千趣秦郡；趣，七喩翻。丙午，仁威將軍魯廣達帥衆入淮；梁置五德將軍，智、仁、勇、信、嚴；五威將軍，代舊征虜；五武將軍，代舊冠軍。是日，樊毅將水軍二萬自東關入焦湖，九域志：巢湖，亦謂之焦湖。樊毅水軍欲自此湖向合肥。將，卽亮翻，又音如字，領也。焦，子小翻。武毅將軍蕭摩訶帥步騎趣歷陽。武毅將軍亦梁置，下於五德二班。戊申，韋孝寬拔壽陽，杞公亮拔黃城，梁士彥拔廣陵；辛亥，又取霍州。水經註：蕭齊立霍州，治灊縣天柱山。五代志：廬江郡霍山縣，梁置霍州。癸丑，以揚州刺史始興王叔陵爲大都督，總水步衆軍。

28丁巳，周鑄永通萬國錢，一當千，與五行大布並行。五代志：周令：五行大布與五銖三品並用。

29十二月，戊午，周天元以災異屢見，舍仗衛，如天興宮。百官上表，勸復寢膳。見，賢遍翻。舍，讀曰捨。上，時掌翻。甲子，還宮，御正武殿，集百官及宮人、外命婦，外命婦，五命以上官之妻也。大列伎樂，伎，渠綺翻。初作乞寒胡戲。杜佑曰：乞寒者，本西國外藩之樂也。新唐書：康國之俗，十一月，鼓舞乞寒，以水交潑爲樂，其戲流入中國。

30乙丑，南·北兗、晉三州五代志不載北兗州所治。同安郡，梁置豫州，後改曰晉州，後齊改江州，陳復曰晉州。及盱眙、山陽、陽平、馬頭、秦、歷陽、沛、北譙、南梁等九郡民並自拔還江南。考異曰：陳紀「九郡」作「九州」，蓋字誤。五代志：江都永福縣，舊曰沛；梁置涇城、東陽二郡及涇州，陳廢州，併二郡爲沛郡。全椒縣，梁置北譙郡。南梁郡，自宋志有之，不知其實土所在；梁天監二年，馮道根以南梁太守戍阜陵，蓋自是爲實土。周又取譙、北徐州。譙州治渦陽，在譙郡山桑縣。北徐州置於琅邪郡。自是江北之地盡沒于周。

31周天元如洛陽，親御驛馬，日行三百里，四皇后及文武侍衛數百人並乘馹以從。馹，人質翻，亦驛馬也。從，才用翻。仍令四后方駕齊驅，方駕，並駕也。或有先後，輒加譴責，人馬頓仆，相及於道。

32癸酉，遣平北將軍沈恪、電威將軍裴子烈鎮南徐州，開遠將軍徐道奴鎮栅口，電威、開遠將軍，品並第七，秩六百石。柵口，柵江口。前信州刺史楊寶安鎮白下。戊寅，以中領軍樊毅都督荆、郢、巴、武四州水陸諸軍事。五代志：南郡公安縣，陳置荆州，江夏郡置郢州，巴陵郡置巴州，武陵郡置武州。

33 己卯，周天元還長安。

34 貞毅將軍汝南周法尚，貞毅將軍，班五德將軍之下。與長沙王叔堅不相能，叔堅譖之於上，云其欲反。上執其兄定州刺史法僧，五代志：永安郡麻城縣，陳置定州。其地時已沒於周。發兵將擊法尚。法尚奔周，周天元以爲【章：十二行本「爲」下有「開府」二字；乙十一行本同；孔本同；張校同。】儀同大將軍、順州刺史，五代志：漢東郡順義縣，西魏置順州。上遣將軍樊猛濟江擊之。法尚遣部曲督韓朗詐降於猛，曰：「法尚部兵不願降北，降，戶江翻。人皆竊議，欲叛還。還，從宣翻，又音如字。若得軍來，自當倒戈。」猛以爲然，引兵急趨之。趨，七喻翻，又音如字。法尚陽爲畏懼，自保江曲，江曲，江水之曲。戰而僞走，伏兵邀之，猛僅以身免，沒者幾八千人。幾，居依翻。

資治通鑑卷第一百七十四

端明殿學士兼翰林侍讀學士朝散大夫右諫議大夫充集賢殿修撰提舉嵩山崇福宮上柱國河内郡開國侯食邑一千八百户食實封六百户賜紫金魚袋臣 司馬光 奉敕編集

後學天台 胡三省 音註

陳紀八 上章困敦(庚子),一年。

高宗宣皇帝下之上

太建十二年(庚子、五八〇)

1 春,正月,癸巳,周天元祠太廟。史言周天元既以朝政授其子而猶主祭祀。

2 戊戌,以左衞將軍任忠爲南豫州刺史,此時南豫州治宣城。任,音壬。督緣江軍防事。

3 乙卯,周税入市者人一錢。

4 二月,丁巳,周天元幸露門學,釋奠。周露門學,在露門左右塾。古者仲春、仲秋,皆以上丁釋奠于先聖、先師。鄭玄曰:釋奠者,設薦饌酌奠而已。

5 戊午,突厥入貢于周,且迎千金公主。周許以千金公主妻突厥,事始上卷上年。厥,九勿翻。

6 乙丑，周天元改制爲天制，敕爲天敕。制者，大賞罰、大除授、赦宥、慮囚、慰勞用之；敕者，廢置州縣、增減官吏、除免官爵、授六品以上官、發兵、施行百官奏請、戒約臣下皆用之；皆宣署申覆而後行。壬午，尊天元皇太后爲天元上皇太后，天皇太后爲天元聖皇太后。二太后，天元嫡母阿史那氏、所生母李氏也。癸未，詔楊后與三后皆稱太皇后，三后，朱后、元后、陳后也。司馬后直稱皇后。司馬后，正陽宮皇后也。

行軍總管杞公亮，天元之從祖兄也。天元從祖，宇文泰之兄弟也。從，才用翻。其子西陽公溫妻尉遲氏，蜀公迥之孫，尉，紆勿翻。有美色，以宗婦入朝，天元飲之酒，逼而淫之。朝，直遙翻。飲，於禁翻。亮聞之，懼；三月，軍還，至豫州，自淮南還軍。豫州治汝南。還，音旋，又音如字。密謀襲韋孝寬，并其衆，韋孝寬，征南行軍元帥。帥，所類翻。推諸父爲主，諸父，謂趙王招兄弟。鼓行而西。亮國官茹寬知其謀，諸國公各有國官。茹，姓也。後魏書，普六茹，後改爲茹氏。余按太和之時，南齊有茹法亮，蓋南國自有茹氏。今茹寬既仕於北國，恐出於普六茹氏。茹，音如。先告孝寬，孝寬潛設備。亮夜將數百騎襲孝寬營，將，即亮翻，又音如字，領也。騎，奇寄翻。不克而走。戊子，孝寬追斬之，溫亦坐誅。天元即召其妻入宮，拜長貴妃。長，知兩翻。辛卯，立亮弟永昌公椿爲杞公。

7 周天元如同州，增候正、前驅、式道候爲三百六十重，候正，主候望。前驅，先驅也。式道候，在大駕前。重，直龍翻。自應門至於赤岸澤，鄭玄曰：天子五門，皋、庫、雉、應、路。詩云：乃立應門，應門將將。赤岸澤，在長安北，同州南，道里蓋適中。數十里間，幡旗相蔽，音樂俱作，又令虎賁持鈒馬上，稱警蹕。賁，音奔。鈒，色立翻，戟也，鋋也。警，戒也，戒人以車駕將至也。蹕，蹕止行人也。乙未，改同州宮爲成天宮。庚子，還長安。還，從宣翻，又音如字。詔天臺侍衞之官，皆著五色及紅、紫、綠衣，以雜色爲緣，名曰「品色衣」，著，則略翻。緣，以絹翻。五代志，以錦綺纈繡爲緣。有大事，與公服間服之。五代志：後周之制，諸命秩之服曰公服，其餘常服曰私衣。隋、唐以下，有朝服，有公服。朝服曰具服，公服曰從省服。間，古莧翻。壬寅，詔內外命婦皆執笏，後周之制，內外命婦各有命服，未嘗執笏也。其拜宗廟及天臺，皆俛伏如男子。俛，音免。

天元將立五皇后，以問小宗伯狄道辛彥之。五代志：狄道縣屬金城郡。對曰：「皇后與天子敵體，不宜有五。」太學博士西城何妥曰：「昔帝嚳四妃，虞舜二妃。先代之數，何常之有！」博士，秦官。漢置五經博士，卽太學博士也。晉武帝立國子學，置博士一人，遂有國子博士、太學博士之分。西城郡時置金州。帝王紀云：帝嚳四妃：元妃有邰氏女，曰姜嫄；次妃有娀氏女，曰簡狄；次妃陳豐氏女，曰慶都；次妃娵訾氏，曰常義。列女傳云：舜二妃，堯之二女，長曰娥皇，次曰女英。史言何妥曲學以阿世，不可以訓。嚳，苦沃翻。嫄，音原。娵，遵須翻。訾，子斯翻。妥，他果翻。帝大悅，免彥之官。甲辰，詔曰：「坤儀比德，土數惟五，四太皇后外，可增置天中太皇后一人。」於是以陳氏爲天中太皇后，尉遲妃爲天左太皇后。陳氏，山提之女；尉遲氏，宇文溫之妻。尉，紆勿翻。又造下帳五，使五皇后各居其一，實宗廟祭器於前，自讀祝版而祭之。下帳，山陵中便房所用。此所謂下帳，蓋周天元以自所居者爲上帳，五皇后所居者爲下帳也。祝版，所以祝鬼神。又以五輅載婦人，自帥左右步從。按古制有五輅。後周之制，皇帝之輅十有二等，皇后之車十有二等，亦曰輅。下至三妃、三公、三公夫人之輅，皆九，至上媛婦、中大夫孺人，其輅五。天元雖淫侈無道，何至以古之五輅載婦人，其實用媛婦以下所乘五輅耳。五輅，謂玄輅、夏篆、夏縵、墨車、輚車也。帥，讀曰率。從，才用翻。又好倒懸雞及碎瓦於車上，觀其號呼以爲樂。好，呼到翻。號，戶高翻。樂，音洛。

8 夏，四月，癸亥，尚書左僕射陸繕卒。卒，子恤翻。

9 己巳，周天元祠太廟；己卯，大雩；壬午，幸仲山祈雨；顏師古曰：仲山，即今九嵕山之東仲山是也。括地志：仲山在雍州雲陽縣西十五里。甲申，還宮，令京城士女於衢巷作樂迎候。還，從宣翻，又音如字。令，力丁翻。

10 五月，癸巳，以尚書右僕射晉安王伯恭爲僕射。

11 周楊后性柔婉，不妬忌，四皇后及嬪、御等，咸愛而仰之。嬪，內官九嬪也。嬪，婦也，能行婦道者也。御，侍也，進也，進御於君者也。嬪，毗賓翻。天元昏暴滋甚，喜怒乖度，嘗譴后，欲加之罪。后進止詳閑，辭色不撓，譴，詰戰翻。詳，審也，諦也。閑，暇也，習也。撓，曲也，又動亂也。撓，女巧翻，又女教翻。天元大怒，遂賜后死，逼令引訣，漢書多作「引決」，謂引分自裁也。訣，別也。令，力丁翻。后母獨孤氏獨孤氏，信之女也。詣閤陳謝，叩頭流血，然後得免。

后父大前疑堅，位望隆重，天元忌之，嘗因忿謂后曰：「必族滅爾家！」因召堅，謂左右曰：「色動，卽殺之。」堅至，神色自若，乃止。內史上大夫鄭譯，與堅少同學，少，詩照翻。奇堅相表，相，息亮翻。傾心相結。堅既爲帝所忌，情不自安，嘗在永巷，永巷，宮中長巷。私於譯曰：身事不敢昌言之，故曰私。「久願出藩，公所悉也，出藩，謂出補外藩。悉，諳究也。願少留意！」少，詩沼翻。譯曰：「以公德望，天下歸心。欲求多福，豈敢忘也！」鄭譯被寵於天元爲如何，天元無恙而與楊堅於宮中私言，至及於此，小人傾覆，何可託邪！謹卽言之。」

天元將遣譯入寇，譯請元帥。帥，所類翻。天元曰：「卿意如何？」對曰：「若定江東，自非懿戚重臣，懿，專久而美也，大也。無以鎭撫，可令隨公行，以楊爵稱之。且爲壽陽總管以督軍事。」天元從之。己丑，以堅爲揚州總管，使譯發兵會壽陽。壽陽屬南則爲豫州，屬北則爲揚州。將行，會堅暴有足疾，不果行。先無此疾而忽有此疾曰暴。暴，猝暴也。

甲午夜，天元備法駕，幸天興宮；乙未，不豫而還。還，音旋，又如字。小御正博陵劉昉，素以狡諂得幸於天元，杜佑曰：周御正屬天官。御正，中大夫，五命。小御正，下大夫，四命。昉，分罔翻。狡，古巧翻，猾也。與御正中大夫顏之儀並見親信。天元召昉、之儀入臥內，欲屬以後事，天元瘖，不復能言。寢室謂之臥內。屬，之欲翻。瘖，於今翻。復，如字，又扶又翻。昉見靜帝幼沖，沖，亦幼也。周成王率稱「沖人」、「沖子」。以楊堅后父，有重名，遂與領內史鄭譯、鄭譯以內史上大夫領內史。御飾大夫柳裘、周置御飾大夫，掌御飾；其御服又置司服掌之。內史大夫杜陵韋謩、杜陵，漢、晉皆屬京兆，後隋併入京兆大興縣，其地在隋、唐長安城南。謩，與謨同。御正下士朝那皇甫績朝那縣，屬安定郡。後周下士，二命。謀引堅輔政，堅固辭，不敢當；昉曰：「公若爲，速爲之；不爲，昉自爲也。」堅乃從之，稱受詔居中侍疾。裘，惔之孫也。柳惔，柳元景之從孫，世隆之子，世仕江南。江陵陷，柳氏入關中，遂臣於周。惔，徒甘翻。

是日，帝殂。年二十二。殂，祚乎翻。祕不發喪。昉、譯矯詔以堅總知中外兵馬事。考異曰：周帝紀：「乙未，帝不豫，還宮，詔堅入侍疾。丁未，追五王入朝。己酉，大漸，昉、譯矯制以堅受遺輔政。是日，帝崩。」按堅以變起倉猝，故得矯命當國。若自乙未至己酉，凡十五日，事安得不泄！今從隋帝紀。顏之儀知非帝旨，拒而不從。昉等草詔署訖，逼之儀連署，之儀厲聲曰：「主上升遐，記曲禮：告喪曰天王登假。鄭玄曰：登，上也；假，已也。上已者，言若仙去云耳。登，猶升也。假，與遐同，音霞。嗣子沖幼，靜帝時年八歲。阿衡之任，商相伊尹輔太甲，稱阿衡。孔安國傳曰：阿，倚；衡，平。宜在宗英。才過人曰英。宗英，宗室之中其才過人者。方今趙王最長，以親以德，合膺重寄。趙王，謂趙王招，於靜帝諸大父行中，其年最長。長，知兩翻。膺，當也。公等備受朝恩，朝，直遙翻。當思盡忠報國，柰何一旦欲以神器假人！老子：天下神器，爲者敗之，執者失之。註云：大寶之位，是天地神明之器，故不可以力爲也。又曰：國之利器，不可以授人。之儀有死而已，不能誣罔先帝。」昉等知不可屈，乃代之儀署而行之。諸衞既受敕，並受堅節度。周自左・右宮伯至左・右羽林、游擊，皆諸衞官也。堅恐諸王在外生變，以千金公主將適突厥爲辭，徵趙、陳、越、代、滕五王入朝。五王就國，見上卷上年。厥，九勿翻。朝，直遙翻。堅索符璽，符，謂兵符。璽，謂天子六璽。索，山客翻。璽，斯氏翻。顔之儀正色曰：「此天子之物，自有主者，宰相何故索之！」索，山客翻。堅大怒，命引出，將殺之；以其民望，出爲西邊郡守。「西邊」，恐當作「西疆」。五代志：臨洮郡合川縣，後周置，仍立西疆郡。考異曰：北史鄭譯傳，「之儀與宦者謀引大將軍宇文仲輔政。仲已至御坐，譯知之，遽率開府楊惠及劉昉、皇甫績、柳裘俱入。仲與之儀見譯等，愕然，逡巡欲出，隋文因執之。於是矯詔復以譯爲內史上大夫。明日，隋文爲丞相，拜譯柱國府長史。」按之儀若爾，豈復得全！今從之儀傳。

丁未，發喪。靜帝入居天臺，罷正陽宮。置正陽宮見上卷上年。大赦，停洛陽宮作。治洛陽宮見上卷上年二月。庚戌，尊阿史那太后爲太皇太后，李太后爲太帝太后，靜帝祖母也。楊后爲皇太后，朱后爲帝太后，靜帝嫡母、生母也。其陳后、元后、尉遲后並爲尼。皆不以德選，以色進者也。尼，女夷翻。以漢王贊爲上柱國、右大丞相，贊，靜帝叔父也。周人上右。相，息亮翻。尊以虛名，實無所綜理。以楊堅爲假黃鉞、左大丞相，秦王贄爲上柱國。百官總己以聽於左丞相。孔子曰：君薨，百官總己以聽於冢宰三年。朱熹曰：各總攝己職以聽也。余謂若此者必有伊、周之臣而後可。

堅初受顧命，顧命始於周成王。孔安國曰：臨終之命曰顧命。余謂顧命者，言天子登遐，若回顧而有所言也。陸德明曰：顧，工戶翻。使邗國公楊惠邗，音寒，又古寒翻。謂御正下大夫李德林曰：「朝廷賜令總文武事，經國任重。今欲與公共事，必不得辭。」德林曰：「願以死奉公。」堅大喜。始，劉昉、鄭譯議以堅爲大冢宰，譯自攝大司馬，昉又求小冢宰。後周置小冢宰，上大夫也，六命。按爾雅：冢，大也。鄭玄曰：冢，大之上也。冢宰之上不宜加小字，故周官止曰小宰。昉，分罔翻。冢，知隴翻。堅私問德林曰：「欲何以見處？」處，昌呂翻。德林曰：「宜作大丞相、假黃鉞、都督中外諸軍事，不爾，無以壓衆心。」如昉、譯之言，大冢宰雖六官之長，然猶與諸公等夷。德林所言，則宇文泰所以輔魏者也。不爾，猶言不如此也。相，息亮翻。壓，於甲翻。及發喪，卽依此行之。以正陽宮爲丞相府。

時衆情未壹，言周之朝臣未盡歸心於堅。堅引司武上士盧賁置左右。賁，扶分翻。將之東宮，正陽宮，本東宮也。百官皆不知所從。堅潛令賁部伍仗衞，仗衞，執仗而宿衞之兵也。盧賁以司武上士統之。楊堅潛令賁，此舉爲如何？因召公卿，謂曰：「欲求富貴者宜相隨。」觀堅此言，則其夙心可知矣。往往偶語，欲有去就，賁嚴兵而至，衆莫敢動。出崇陽門，崇陽門，周宮城之東門。至東宮，門者拒不納，賁諭之，不去；瞋目叱之，瞋，昌眞翻。門者遂卻，堅入。賁遂典丞相府宿衞。盧賁遂爲楊堅私人矣。賁，辯之弟子也。盧辯，與蘇綽共定後周官制者也。以鄭譯爲丞相府長史，長，知兩翻。劉昉爲司馬，李德林爲府屬，丞相府有掾有屬。二人由是怨德林。

內史下大夫勃海高熲按隋書：高熲自云勃海蓨人。熲，古迴翻。明敏有器局，習兵事，多計略，堅欲引之入府，引之入丞相府爲官屬。遣楊惠諭意。楊惠，堅族子也。堅初秉周政，欲引時才，故率使之諭意。堅既受禪，封觀王，改名雄。熲承旨，欣然曰：「願受驅馳。縱令公事不成，熲亦不辭滅族。」乃以爲相府司錄。司錄，總錄一府之事。令，力丁翻。相，息亮翻。

時漢王贊居禁中，每與靜帝同帳而坐。劉昉飾美妓進贊，妓，渠綺翻，女樂也。贊甚悅之。昉因說贊曰：「大王，先帝之弟，時望所歸。孺子幼沖，豈堪大事！說，輸芮翻。孺子，謂靜帝。今先帝初崩，人情尚擾。王且歸第，待事寧後，入爲天子，此萬全計也。」贊年少，少，詩照翻。性識庸下，以爲信然，遂從之。

堅革宣帝苛酷之政，更爲寬大，删略舊律，作刑書要制，奏而行之；躬履節儉，中外悅之。賈誼曰：寒者利裋褐，飢者甘糟糠；天下之嗷嗷，新主之資也。古之得天下，必先有以得天下之心，雖姦雄挾數用術，不能外此也。更，工衡翻。

堅夜召太史中大夫庾季才，太史掌天文曆數。周制：太史中大夫，屬春官，五命。問曰：「吾以庸虛，庸，言身無所能；虛，言胸中無所有；謙辭也。受茲顧命。天時人事，卿以爲何如？」季才曰：「天道精微，難可意察。竊以人事卜之，符兆已定。符，讖也，證也，驗也。兆，龜坼文也，又人事之兆朕也。季才縱言不可，公豈復得爲箕、潁之事乎！」司馬貞曰：堯讓天下於許由，由遂逃於箕山，洗耳於潁水。復，扶又翻，又音如字。堅默然久之，曰：「誠如君言。」獨孤夫人亦謂堅曰：「大事已然，騎虎之勢，必不得下，勉之！」獨孤夫人，堅妃也。騎虎而下，必爲所噬。

堅以相州總管尉遲迥位望素重，恐有異圖，相，息亮翻。尉，紆勿翻。使迥子魏安公惇奉詔書召之會葬。魏安郡公。五代志，武威郡昌松縣有後魏魏安郡。註詳見後。壬子，以上柱國韋孝寬爲相州總管；又以小司徒叱列長乂爲相州刺史，叱列，虜複姓，出於拓跋氏西部，後爲周之戚里。先令赴鄴；孝寬續進。鄴，相州總管治所。

陳王純時鎭齊州，純就國於濟南。濟南郡，齊州也。堅使門正上士崔彭徵之。門正，掌門闕啓閉之節及出入門者。彭以兩騎往止傳舍，騎，奇寄翻。傳，張戀翻。遣人召純。純至，彭請屏左右，密有所道，屏，必郢翻。道，言也。遂執而鎖之，因大言曰：「陳王有罪，詔徵入朝，左右不得輒動！」其從者愕然而去。朝，直遙翻。從，才用翻。彭，楷之孫也。崔楷死職見一百五十一卷梁武帝大通元年。

六月，五王皆至長安。

12 庚申，周復行佛、道二教，周禁二教見一百七十一卷六年。復，扶又翻，又音如字。舊沙門、道士精志者，簡令入道。簡，分別也。

13 周尉遲迥知丞相堅將不利於帝室，謀舉兵討之。尉，紆勿翻。相，息亮翻。韋孝寬至朝歌，五代志：汲郡衞縣，舊曰朝歌。迥遣其大都督賀蘭貴周書：賀蘭，其先與魏俱起，有紇伏者，爲賀蘭莫何弗，因以爲氏。齊書侯韋孝寬。齊，相稽翻。孝寬留貴與語以審之，疑其有變，遂稱疾徐行；又使人至相州求醫藥，密以伺之。伺，相吏翻。孝寬兄子藝，爲魏郡守，守，式又翻。迥遣藝迎孝寬，孝寬問迥所爲，藝黨於迥，不以實對。魏郡守與相州總管府同治鄴，職事有聯。且迥忠於帝室，宜其黨於所事。守，手又翻。孝寬怒，將斬之，藝懼，悉以迥謀語孝寬。語，牛倨翻。孝寬攜藝西走，每至亭驛，亭，郵亭也，卽置驛之所。盡驅其傳馬而去，傳馬，卽驛馬。傳，張戀翻。謂驛司曰：驛司，掌驛之吏。「蜀公將至，宜速具酒食。」尉遲迥封蜀公，故稱之。迥尋遣儀同大將軍梁子康將數百騎追孝寬，追者至驛，輒逢盛饌，康將，卽亮翻，又音如字，領也。騎，奇寄翻。饌，雛皖翻，又雛戀翻，食也。又無馬，遂遲留不進。孝寬與藝由是得免。史言韋孝寬機數過人。

堅又令候正破六韓裒詣迥諭旨，破六韓，虜三字姓。諭，譬也，告也，曉也。旨，意向也。裒，薄侯翻。密與總管府長史晉昶等書，姓苑：晉本唐叔虞之後，以國爲氏。長，知兩翻。昶，丑兩翻。令爲之備。迥聞之，殺昶及裒，集文武士民，文武，謂總管府及州郡文武官屬也。令，力丁翻。登城北樓，令之曰：「楊堅藉后父之勢，挾幼主以作威福，不臣之迹，暴於行路。令，力定翻。藉，慈夜翻。暴，步卜翻，顯示也；又如字，顯露也。吾與國舅甥，尉遲迥，宇文泰之甥。任兼將相；先帝處吾於此，將，卽亮翻。相，息亮翻。處，昌呂翻。本欲寄以安危。今欲與卿等糾合義勇，糾，渠黝翻。繩三合爲糾，言糾合者，義取諸此。以匡國庇民，何如？」衆咸從命。迥乃自稱大總管，承制置官司。稱大總管者，欲以統攝諸州。總管署置官司，而隔於權臣，未得以聞於天子，故曰承制。時趙王招入朝，留少子在國，趙王招國於襄國，襄國屬相州總管府。朝，直遙翻。少，詩照翻。迥奉以號令。

甲子，堅發關中兵，以韋孝寬爲行軍元帥，帥，所類翻。郕公梁士彥、樂安公元諧、化政公宇文忻、濮陽公武川宇文述、武鄉公崔弘度、清河公楊素、隴西公李詢等皆爲行軍總管，以討迥。梁士彥，國公。郕，古國名。自元諧以下皆郡公。五代志：北海郡千乘縣，舊置樂安郡。地形志：夏州有化政郡。參考五代志，當在夏州巖綠縣界。東平郡鄄城縣，舊置濮陽郡。述傳曰：述，代郡武川人。志，馬邑郡善陽縣有代郡。上黨郡鄉縣，石勒置武鄉郡。五代志：周改馮翊華陰縣爲武鄉郡。清河郡武城縣，舊置清河郡，隴西古郡也，後魏領襄武首陽縣。樂，音洛。濮，博木翻。弘度，楷之孫；詢，穆之兄子也。李穆時爲并州刺史。

初，宣帝使計部中大夫楊尚希撫慰山東，後周置計部，蓋主計會之簿書，若周官之司書。杜佑曰：計部屬天官。至相州，聞宣帝殂，殂，祚乎翻。與尉遲迥發喪。尉，紆勿翻。尚希出，謂左右曰：「蜀公哭不哀而視不安，將有他計。吾不去，懼及於難。」難，乃旦翻。遂夜從捷徑而遁。捷徑者，不由正路，捷出取徑直而行。遲明，遲，直利翻，待也。迥覺，追之不及，遂歸長安。堅遣尚希督宗兵三千人鎮潼關。楊尚希，弘農人。弘農華陰諸楊，自東漢至後魏爲名族。魏分東、西，弘農又爲兵衝，故楊氏有宗兵。

雍州牧畢剌王賢，雍，於用翻。剌，盧達翻。謚法：愎狠遂過曰剌；又，不思忘愛曰剌；暴慢無親曰剌。

楊堅加賢以惡謚耳。與五王謀殺堅，事洩，洩，與泄同。堅殺賢，幷其三子，掩五王之謀不問。堅豈眞不問哉？山東有變，内復相圖，姑以安反側耳。以秦王贄爲大冢宰，杞公椿爲大司徒。庚子，以柱國梁睿爲益州總管。睿，禦之子也。梁禦見一百五十六卷梁武帝中大通六年。

14 周遣汝南公神慶、司衛上士長孫晟汝南，古郡名。晟，丞正翻。送千金公主於突厥。厥，九勿翻。晟，幼之曾孫也。按隋長孫晟傳及唐宰相世系表，晟，長孫稚之五世孫。稚，字幼卿，生子裕，子裕生紹遠，紹遠生覽，覽生敞，敞生熾，熾生晟，非曾孫也。若書稚字，「幼」下亦闕「卿」字。又遣建威侯賀若誼建威縣侯。五代志：建威縣屬武都郡。若，人者翻。賂佗鉢可汗，可，從刊入聲。汗，音寒。且說之以求高紹義。說，輸芮翻。佗鉢僞與紹義獵於南境，使誼執之。誼，敦之弟也。賀若敦，弼之父也。秋，七月，甲申，紹義至長安，徙之蜀；久之，病死於蜀。

15 周青州總管尉遲勤，迥之弟子也。尉，紆勿翻。初得迥書，表送之，尋亦從迥。迥所統相、衛、黎、洺、貝、趙、冀、瀛、滄，五代志：汲郡，東魏置義州，後周爲衛州。黎陽縣，後魏黎陽郡，後置黎州。武安郡，後周置洺州。清河郡，後周置貝州。趙郡大陸縣，舊曰廣阿，置殷州，後改趙州。信都郡，舊置冀州。河間郡河間縣，舊置瀛州。勃海郡饒安縣，舊置滄州。考異曰：周書迥傳又有毛州。按迥滅後，隋高祖始置毛州。迥傳誤也。勤所統青、齊、膠、光、莒等州五代志：北海郡置青州。齊郡，舊曰齊州。高密郡，舊置膠州。東萊郡，舊置光州。琅邪郡沂水縣，舊置南青州，後周改爲莒州。皆從之，衆數十萬。滎州刺史邵公胄，五代志：滎陽郡汜水縣，古虎牢也，後魏置東中府，東魏置北豫州，後周置滎州。邵公胄，周宗室也，封邵郡公。中州刺史李惠，五代志：義陽郡，江左置司州，後魏改曰郢州，後周改曰申州。東楚州刺史費也利進，五代志：琅邪郡，後魏置南徐州，梁改爲東徐州，東魏改東楚州，陳改安州，後周改泗州。豈史家以舊州名書之邪？費也，虜複姓，蓋即費也頭種。費，扶沸翻。潼州刺史曹孝遠，按五代志，後周亦無潼州，但云下邳郡夏丘縣，梁置潼州，後齊改曰睢州，尋廢。夏丘、宿豫，相去不遠，宿豫舊東楚治所，意此時尚有此二州而志逸之也。各據本州，徐州總管司錄席毗羅據兖州，五代志：魯郡瑕丘縣，舊置兖州。姓苑：席姓，其先姓籍，避項羽諱，改姓席氏。前東平郡守畢義緒據蘭陵，五代志：蘭陵縣，舊曰承，置蘭陵郡。守，式又翻。皆應迥；懷縣永橋鎮將紇豆陵惠以城降迥。五代志：懷縣屬河內郡，隋大業初，廢入安昌縣。安昌本州縣。紇豆陵，虜三字姓。魏收官氏志：次南諸姓有紇豆陵氏。將，即亮翻。迥使其所署大將軍石遜攻建州，建州刺史宇文弁以州降之。五代志：長平郡，舊曰建州。降，戶江翻。又遣西道行臺韓長業攻拔潞州，五代志：上黨郡，後周置潞州。執刺史趙威，署城人郭子勝爲刺史。紇豆陵惠襲陷鉅鹿，鉅鹿，古郡也，隋爲縣，屬襄國郡。遂圍恆州。五代志：恆山郡，後周置恆州。恆，戶登翻。上大將軍宇文威攻汴州，五代志：滎陽郡浚儀縣，東魏置梁州，後周改曰汴州。汴，皮變翻。莒州刺史烏丸尼等帥青、齊之衆圍沂州，五代志：琅邪郡，舊置北徐州，後周改曰沂州。帥，讀曰率。大將軍檀讓攻拔曹、亳二州，五代志：濟陰郡，後魏置西兖州，後周改曰曹州。譙郡，後魏置南兖州，後周改亳州。亳，旁各翻。屯兵梁郡。梁郡治睢陽。席毗羅衆號八萬，軍於蕃城，攻陷昌慮、下邑。五代志：彭城郡滕縣，舊曰蕃，置蕃郡，隋改曰滕。昌慮，漢古縣，後魏屬蘭陵郡。下邑亦漢古縣，五代志屬梁郡。漢書：蕃，音皮；慮，音廬。李惠自申州攻永州，拔之。五代志：汝南郡城陽縣，梁置楚州，東魏置西楚州，後齊曰永州。城陽，前漢侯國，其地在義陽東北。

迥遣使招大左輔、并州刺史李穆，穆鎖其使，封上其書。使，疏吏翻。上，時掌翻。穆子士榮，以穆所居天下精兵處，并州用武之地，士健馬多，故曰天下精兵處。陰勸穆從迥，穆深拒之。堅使內史大夫柳裘詣穆，爲陳利害，爲，于僞翻。又使穆子左侍上士渾往布腹心。布腹心者，陳其至誠，非貌言也。穆使渾奉尉斗於堅，曰：「願執威柄以尉安天下。」尉斗，今之熨斗。毛晃曰：火斗，熨器，篆文作「㷉」，從尸，從火，從又。「又」，偏旁手字，持「火」，所以申繒也。今文作「尉」，俗加「火」作「熨」。尉，紆胃翻，又紆勿翻。又以十三鐶金帶遺堅。十三鐶金帶者，天子之服也。五代志曰：革帶，按禮，博二寸。禮圖曰：璫綴於革帶。阮諶以爲有章印則於革帶佩之。東觀記曰：楊賜拜太常，詔賜自所著革帶。故知形制尊卑不別。今博三寸半，加金鏤鰈、螳蜋鉤以相鉤帶，自大裘至于小朝服皆用之。天子以十三鐶金帶爲異，後周制也。鐶，戶關翻。遺，于季翻。堅大悅，遣渾詣韋孝寬述穆意。使述穆意，以堅孝寬附己之心。穆兄子崇，爲懷州刺史，五代志：河內郡，舊置懷州。初欲應迥；後知穆附堅，慨然太息曰：「闔家富貴者數十人，値國有難，竟不能扶傾繼絕，復何面目處天地間乎！」難，乃旦翻。復，扶又翻。處，昌呂翻。不得已亦附於堅。迥子誼，爲朔州刺史，按五代志：後齊朔州治桑乾，隋併入馬邑郡善陽縣，置總管府。穆執送長安；又遣兵討郭子勝，擒之。

迥招徐州總管源雄，東郡守于仲文，皆不從。雄，賀之曾孫；仲文，謹之孫也。東郡治白馬。源賀本出禿髮氏，歸魏，改姓源。于謹事宇文有大功。守，手又翻。迥遣宇文胄自石濟，宇文威自白馬濟河，石濟在白馬西。二道攻仲文，仲文棄郡走還長安，迥殺其妻子。迥遣檀讓狥地河南，丞相堅以仲文爲河南道行軍總管，使詣洛陽發兵討讓，命楊素討宇文胄。

丁未，周以丞相堅都督中外諸軍事。

鄖州總管司馬消難亦舉兵應迥，按五代志：漢東郡唐城縣，本梁之下溠城，後魏之灄西縣也。後魏立肆州，尋改唐州，後周省均、款、湞、歸四州入。如此，則鄖州已併省。今有鄖州總管，而志逸置總管府之地，此考史之所以難也。春秋鄖子之國，杜預謂在江夏雲杜縣，東南有鄖城。章懷太子賢曰：雲杜故城在復州沔陽縣西北。周蓋因古國名置鄖州於沔陽也。鄖，音云。難，乃旦翻。己酉，周以柱國王誼爲行軍元帥，以討消難。帥，所類翻。

廣州刺史于顗，仲文之兄也，與總管趙文表不協；詐得心疾，誘文表，手殺之，誘，音酉。因唱言文表與尉遲迥通謀。堅以迥未平，因勞勉之，卽拜吳州總管。按隋書于顗傳，顗時爲東廣州刺史。五代志：江都郡，梁置南兗州，後齊改爲東廣州，陳復曰南兗，後周改曰吳州。東廣州蓋因廣陵以名州。觀此，則此時東廣州刺史與吳州總管並治廣陵也。「廣」上逸「東」字。顗，魚豈翻。勞，力到翻。趙僭王招謀殺堅，楊堅亦以趙王招謀殺己而加惡謚。邀堅過其第，過，古禾翻。堅齎酒殽就之。

齎，則兮翻。招引入寢室，招子員、貫及妃弟魯封等皆在左右，佩刀而立，又藏刃於帷席之間，伏壯士於室後。堅左右皆不得從，唯從祖弟開府【章：十二行本「府」下有「儀同」二字；乙十一行本同；孔本同。】大將軍弘、大將軍元胄坐於戶側。胄，順之孫也。元順以伉直得名於孝昌之間。從，才用翻。弘、胄皆有勇力，爲堅腹心。酒酣，招以佩刀刺瓜連啗堅，欲因而刺之。酣，戶甘翻。刺，七賜翻，又七迹翻。啗，徒敢翻，又徒濫翻。元胄進曰：「相府有事，不可久留。」招訶之曰：「我與丞相言，汝何爲者！」叱之使卻。胄瞋目憤氣，扣刀入衞。訶，虎何翻。瞋，昌眞翻。招賜之酒，曰：「吾豈有不善之意邪！卿何猜警如是？」猜，疑也。警，戒也。猜警，言疑而加戒愼也。邪，音耶。招僞吐，將入後閤，胄恐其爲變，扶令上坐，如此再三。招僞稱喉乾，吐，土故翻，嘔也。上，時掌翻。坐，徂臥翻；下同。乾，音干。命胄就廚取飲，胄不動。會滕王逌後至，逌，音由。堅降階迎之。胄耳語曰：附耳而語。「事勢大異，可速去！」堅曰：「彼無兵馬，何能爲！」胄曰：「兵馬皆彼物，彼若先發，大事去矣。胄不辭死，恐死無益。」堅復入坐。復，扶又翻，又音如字。胄聞室後有被甲聲，遽請曰：「相府事殷，被，皮義翻。相，息亮翻。殷，衆也。公何得如此！」因扶堅下牀趨去。招將追之，胄以身蔽戶，招不得出；堅及門，胄自後至。招恨不時發，彈指出血。壬子，堅誣招與越野王盛謀反，皆殺之，野，亦惡謚也。及其諸子。賞賜元胄，不可勝計。勝，音升。

周室諸王數欲伺隙殺堅，數，所角翻。伺，相吏翻。堅都督臨涇李圓通常保護之，按隋書李圓通傳作京兆涇陽人。涇陽縣固屬京兆。若以爲臨涇，則屬安定。圓通少給使堅家。由是得免。

16 癸丑，周主封其弟衎爲葉王，太建五年，六月，周皇孫衍生，武帝建德二年也。太建九年，周封皇子衎爲道王，武帝建德之六年也。今靜帝又封其弟衎爲葉王。李延壽又謂靜帝本名衍，改名闡。互有背馳，當考。葉，式涉翻。術爲郢王。

17 周豫、荆、襄三州蠻反，豫州，汝南郡；荆州，南郡；襄州，襄陽郡。此蠻卽所謂山蠻，自荆、襄至于汝、漢皆有之。攻破郡縣。

18 周韋孝寬軍至永橋城，諸將請先攻之，孝寬曰：「城小而固，若攻而不拔，損我兵威。今破其大軍，此何能爲！」於是引軍壁於武陟。武陟，地名。按五代志，在河內郡脩武縣界，至隋析置武陟縣。將，卽亮翻。尉遲迥遣其子魏安公惇帥衆十萬入武德，軍於沁東。魏安縣公。五代志：宕渠郡墊江縣，後周爲魏安縣。又，沔陽郡甑山縣，梁置梁安郡，西魏改曰魏安郡。註又見前。河內郡安昌縣，舊曰州縣，置武德郡。尉，於勿翻。惇，都昆翻。帥，讀曰率。沁，七鴆翻。會沁水漲，孝寬與迥隔水相持不進。此與迥兵相持耳。

孝寬長史李詢密啓丞相堅云：「梁士彥、宇文忻、崔弘度並受尉遲迥饟金，長，知兩翻。相，息亮翻。饟，息亮翻，饋也。軍中慅慅，慅，采早翻。慅慅，憂愁不安也。人情大異。」堅深以爲憂，與內史上大夫鄭譯謀代此三人者，後周之制，上大夫，六命。李德林曰：「公與諸將，皆國家貴臣，未相服從，今正以挾令之威控御之耳。將，卽亮翻。挾令，謂挾天子以令諸將也。前所遣者，疑其乖異，後所遣者，又安知其能盡腹心邪！邪，音耶。又，取金之事，虛實難明，今一旦代之，或懼罪逃逸；若加縻縶，則自鄖公以下，莫不驚疑。縻，靡爲翻；縶，陟立翻；皆謂繫縛也。韋孝寬封鄖國公。且臨敵易將，此燕、趙之所以敗也。燕惠王信讒，用騎劫代樂毅而敗於田單。趙惠文王聽間，用趙括代廉頗以敗於白起。臨敵易將之禍也。將，卽亮翻。燕，因肩翻。將，卽亮翻；下同。如愚所見，但遣公一腹心，明於智略，素爲諸將所信服者，速至軍所，使觀其情僞。縱有異意，必不敢動，動亦能制之矣。」堅大悟，曰：「公不發此言，幾敗大事。」幾，居依翻。敗，補邁翻。乃命少內史崔仲方往監諸軍，爲之節度。仲方，猷之子也，以杜佑通典考之，「少內史」當作「小內史」。崔猷見一百六十二卷梁武帝太清三年。仲方有文武才幹，與堅少相款密，故欲用之。監，工銜翻。辭以父在山東。又命劉昉、鄭譯，昉辭以未嘗爲將，將，卽亮翻。譯辭以母老。堅不悅。府司錄高熲請行，堅喜，遣之。熲受命亟發，亟，紀力翻。遣人辭母而已。自是堅措置軍事，皆與李德林謀之，時軍書日以百數，德林口授數人，文意百端，不加治點。治，修改也。點，塗點也。不加治點，不加塗改也。治，直之翻。

19 司馬消難以鄖、隨、溫、應、土、順、沔、儇、岳九州及魯山等八鎭來降，五代志：漢東郡，西魏置幷州，後改曰隨州。安陸郡京山縣，舊曰新陽，梁置新州，西魏改曰溫州。應山縣，梁置應州。漢東郡土山縣，梁置土州。順義縣，梁置順州。沔陽郡，後周置復州，後改沔州。安陸郡吉陽縣，後周置澴州。孝昌縣，西魏置岳州。魯山在沔陽郡漢陽縣界，臨江，齊、梁以來爲重鎮。「儇」當作「澴」，音戶關翻。難，乃旦翻。遣其子【章：十二行本「子」下有「永」字；乙十一行本同；孔本同；張校同。】爲質以求援。質，音致。八月，己未，詔以消難爲大都督、總督九州八鎮諸軍事、司空，賜爵隨公。庚申，詔鎮西將軍樊毅進督沔、漢諸軍事，沔，卽漢也。南豫州刺史任忠帥衆趣歷陽，超武將軍陳慧紀爲前軍都督，趣南兗州。超武將軍，梁置，與宣猛將軍同班。任，音壬。帥，讀曰率。趣，七喻翻。

20 周益州總管王謙周益州總管府治成都。亦不附丞相堅，起巴、蜀之兵以攻始州。此巴、蜀謂漢巴郡、蜀郡大界。五代志：普安郡，梁置南梁州，後改曰安州，西魏改曰始州。梁睿至漢川，不得進，堅以梁睿代王謙，謙擧兵，故睿不得進。漢川，卽漢中，隋避諱，改曰漢川。堅卽以睿爲行軍元帥以討謙。帥，所類翻。

21 戊辰，詔以司馬消難爲大都督水陸諸軍事。庚午，通直散騎常侍淳于陵克臨江郡。五代志：歷陽郡烏江縣，梁置江都郡，後齊改爲齊江郡，陳改爲臨江郡。散，悉亶翻。騎，奇寄翻。

22 梁世宗使中書舍人柳莊奉書入周。丞相堅執莊手曰：「孤昔開府，從役江陵，深蒙梁主殊眷。今主幼時艱，猥蒙顧託。梁主奕葉委誠朝廷，奕，累也；奕葉，累世也。朝，直遙翻。當相與共保歲寒。」孔子曰：歲寒然後知松柏之後彫。何晏註曰：大寒之歲，衆木皆死，然後知松柏不彫傷。平歲衆木亦有不死者，故須歲寒而後別之。喻凡人處治世亦自能脩整，與君子同，在濁世然後知君子之不苟容。後之言保歲寒者，義取諸此。時諸將競勸梁主舉兵，與尉遲迥連謀，以爲進可以盡節將，即亮翻。尉，紆勿翻。周氏，退可以席卷山南。漢、沔之地，在中南、太華諸山之南。卷，讀曰捲。梁主疑未決。會莊至，具道堅語，且曰：「昔袁紹、劉表、王淩、諸葛誕，皆一時雄傑，據要地，擁強兵，然功業莫就，禍不旋踵者，良由魏、晉挾天子，保京都，仗大順以爲名故也。袁紹事始六十三卷漢獻帝建安四年，終六十四卷十年。劉表事見六十五卷十二年、十三年。王淩事見七十五卷魏邵陵厲公嘉平元年，終三年。諸葛誕事見七十七卷高貴鄉公甘露二年、三年。今尉遲迥雖曰舊將，昏耄已甚。將，即亮翻。耄，莫到翻。司馬消難、王謙，常人之下者，非有匡合之才。匡合，用管仲相齊桓公九合諸侯、一匡天下事。周朝將相，多爲身計，競效節於楊氏。朝，直遙翻。將，即亮翻。相，息亮翻。以臣料之，迥等終當覆滅，隨公必移周祚。祚，福也，祿也，位也。未若保境息民以觀其變。」梁主深然之，衆議遂止。

高熲至軍，爲橋於沁水。尉遲惇於上流縱火栰，大曰栰，小曰桴。縛木爲栰，置火積薪，於上流放之，欲順流而下以焚橋。栰，房越翻。熲豫爲土狗以禦之。蓋積土於水中，前銳後廣，前高後庳，其狀如坐狗，分居上流以礙火栰，使不得下逼橋邊也。考異曰：隋書作「木栰」、「木狗」。今從北史。惇布陳二十餘里，陳，讀曰陣；下同。麾兵少卻，少，詩沼翻。欲待孝寬軍半渡而擊之；孝寬因其卻，鳴鼓齊進。軍既渡，熲命焚橋，以絕士卒反顧之心。惇兵大敗，單騎走。騎，奇寄翻。孝寬乘勝進，追至鄴。庚午，迥與惇及惇弟西都公祐，西都縣公。五代志：西平郡湟水縣，舊曰西都。悉將其卒十三萬陳於城南，迥別統萬人，皆綠巾、錦襖，號「黃龍兵」。將，即亮翻。襖，烏浩翻，袍襖。迥弟勤帥衆五萬，帥，讀曰率。自青州赴迥，以三千騎先至。迥素習軍旅，老猶被甲臨陳。被，皮義翻。其麾下皆關中人，爲之力戰，關中人不顧父母妻子，爲迥力戰，言其得士心。爲，于僞翻。孝寬等軍不利而卻。鄴中士民觀戰者數萬人，行軍總管宇文忻曰：「事急矣！吾當以詭道破之。」乃先射觀者，考異曰：隋書云：「高熲與李詢先犯觀者。」今從北史。觀者皆走，轉相騰藉，聲如雷霆。人衆而囂，故其聲如雷霆。射，食亦翻；下同。藉，慈夜翻。忻乃傳呼曰：「賊敗矣！」衆復振，因其擾而乘之。迥軍大敗，走保鄴城。孝寬縱兵圍之，李詢及思安伯代人賀婁子幹先登。思安縣伯。五代志：河池郡河池縣，後魏置思安縣。魏書官氏志：神元皇帝時，諸部內入者有賀樓氏。蓋虜複姓。

崔弘度妹，先適迥子爲妻，及鄴城破，迥窘迫升樓，窘，巨隕翻。弘度直上龍尾追之。築道陂陀以上城，其道下附於地，若龍垂尾然，故曰龍尾。上，時掌翻。迥彎弓，將射弘度，弘度脫兜鍪，謂迥曰：「頗相識不？鍪，莫侯翻。不，讀曰否。今日各圖國事，不得顧私。以親戚之情，謹遏亂兵，不許侵辱。事勢如此，早爲身計，何所待也？」迥擲弓於地，罵左丞相極口而自殺。楊堅時爲左大丞相。弘度顧其弟弘升曰：「汝可取迥頭。」弘升斬之。軍士在小城中者，孝寬盡阬之。以其從迥，爲之拒戰也。勤、惇、祐東走青州，走，音奏，又音如字。未至，開府儀同大將軍郭衍追獲之。丞相堅以勤初有誠款，以勤初表送迥書也。相，息亮翻。特不之罪。李惠先自縛歸罪，李惠自中州舉兵應迥，既而知迥事不成，先自歸。堅復其官爵。

迥末年衰耄，記，五十始衰；謂精力消耗。八十、九十曰耄。註：耄，惛忘也。耄，莫報翻。復，扶又翻，又音如字。及起兵，以小御正崔達拏爲長史。達拏，暹之子也，崔暹見用於高澄。拏，奴加翻。長，知兩翻。暹，息廉翻。文士，無籌略，舉措多失，凡六十八日而敗。

于仲文軍至蓼隄，去梁郡七里。九域志：蓼隄，梁孝王築，至睢陽三百里。按此，則九域志所謂睢陽，非漢舊城之地。蓼，盧鳥翻；或音六，非。檀讓擁衆數萬，仲文以羸師挑戰而僞北，羸，倫爲翻。挑，徒了翻。讓不設備；仲文還擊，大破之，生獲五千餘人，斬首七百級。還，從宣翻，又音如字。進攻梁郡，梁郡治睢陽。迥守將劉子寬棄城走。將，卽亮翻；下同。仲文進擊曹州，獲迥所署刺史李仲康。檀讓以餘衆屯成武，仲文襲擊，破之，遂拔成武。五代志：濟陰郡成武縣，時爲永昌郡。迥將席毗羅，衆十萬，屯沛縣，五代志：沛縣屬彭城郡。將，卽亮翻。將攻徐州。徐州，彭城郡，沛縣在州西北一百四十里。其妻子在金鄉，五代志：金鄉縣屬曹州濟陰郡。仲文遣人詐爲毗羅使者，使，疏吏翻。謂金鄉城主徐善淨曰：「檀讓明日午時至金鄉，宣蜀公令，賞賜將士。」金鄉人皆喜。仲文簡精兵，僞建迥旗幟，倍道而進。簡，分揀也。幟，昌志翻。善淨望見，以爲檀讓，出迎謁。仲文執之，遂取金鄉。諸將多勸屠其城，仲文曰：「此城乃毗羅起兵之所，當寬其妻子，其兵自歸。如卽屠之，彼望絕矣。」衆皆稱善。於是毗羅恃衆來薄官軍，薄，迫也。仲文設伏擊之，毗羅衆大潰，爭投洙水死，水爲之不流。洙水，詳見辯誤。爲，于僞翻。獲檀讓，檻送京師；京師，謂長安。斬毗羅，傳首。亦傳首於長安。

韋孝寬分兵討關東叛者，悉平之。堅徙相州於安陽，毁鄴城及邑居。劉昫曰：楊堅令韋孝寬討尉遲迥，平之，焚燒鄴城，徙其居人，南遷四十五里，以安陽城爲相州理所，仍爲鄴縣。隋又改爲安陽縣。漢、魏郡城在縣西北七里，煬帝於鄴故都大慈寺置鄴縣。相，息亮翻。尉，紆勿翻。分相州，置毛州、魏州。五代志：武陽郡，後周置魏州，館陶縣置毛州。顔師古曰：漢武帝時，河北決於館陶，分爲屯氏河。屯，音大門翻。而隨室分析州縣，誤以爲毛氏河，乃置毛州，失之甚矣。

梁主聞迥敗，謂柳莊曰：「若從衆人之言，社稷已不守矣！」

丞相堅之初得政也，待黃公劉昉、沛公鄭譯甚厚，黃，古國名。沛，本縣名，以漢高祖初爲沛公，故亦爲國。昉，分罔翻。賞賜不可勝計，勝，音升。委以心膂，【章：十二行本「膂」下有「言無不從」四字；乙十一行本同；孔本同；張校同。】膂，力舉翻。字林：膂，脊骨也。人之一身，思慮之所以運者心，腰背之所以強者膂，故以爲喻。朝野傾屬，朝，直遙翻。屬，之欲翻。稱爲「黃、沛」。二人皆恃功驕恣，恃其汲引之功也。溺於財利，不親職務。及辭監軍，堅始疏之，恩禮漸薄。監，工銜翻。高熲自軍所還，言自鄴還。還，音旋，又如字。寵遇日隆。時王謙、司馬消難未平，難，乃旦翻。堅憂之，忘寢與食。而昉逸遊縱酒，相府事多遺落。遺，失也。落，墜也。相，息亮翻。堅乃以高熲代昉爲司馬；不忍廢譯，陰敕官屬不得白事於譯。敕，戒也。譯猶坐聽事，聽事，丞相府長史聽事也。聽，讀曰廳。無所關預，要會之處爲關，又聯絡也。預，參預也，又干也。惶懼頓首，求解職；堅猶以恩禮慰勉之。

23 癸酉，智武將軍魯廣達克周之郭默城。梁置五德將軍，智武其一也。郭默城當在今蘄、黄二州界。丙子，淳于陵克祐州城。祐州城地闕。

24 周以漢王贊爲太師，申公李穆爲太傅，宋王實爲大前疑，秦王贄爲大右弼，燕公于寔爲大左輔。燕，因肩翻。寔，仲文之父也。

25 乙卯，周大赦。【據章校增。】

26 周王誼帥四總管至鄖州，司馬消難擁其衆以魯山、甑山二鎮來降。五代志：甑山縣，後周置，屬沔陽郡。帥，讀曰率。鄖，音云。難，乃旦翻。甑，子孕翻。降，戶江翻。初，消難遣上開府儀同大將軍段珣將兵圍順州，將，卽亮翻，又如字，領也。順州刺史周法尚不能拒，棄城走，消難虜其母弟而南。樊毅救消難，不及，周亳州總管元景山擊之，毅掠居民而去。景山與南徐州刺史宇文弼追之，按隋書宇文弼傳，弼時爲南司州刺史，與元景山共追樊毅。又五代志：安陸郡吉陽縣，梁置義陽郡，西魏改爲南司州。其地近澴、順諸州。「南徐」當作「南司」。弼，古弼字。與毅戰於漳口，此漳非左傳所謂江、漢、沮、漳之漳。今安陸西五十里有漳水。沈括筆談曰：清濁相糅者爲漳。章，文也。別有雲夢之漳，與溳合流，色理如螮蝀，數十里方混。一日三戰三捷。毅退保甑山鎮，城邑爲消難所據者，景山皆復取之。

鄖州巴蠻多叛，按王誼傳，于時北至商、洛，南拒江、淮，東西二千餘里，巴蠻多叛，是則晉、宋以來所謂山蠻也，南朝諸史所謂荆、雍州蠻者也。以其先出於巴種，故謂之巴蠻。共推渠帥蘭雒州爲主，以附消難。渠，大也。渠帥者，大帥也。帥，所類翻；下氏帥同。王誼遣諸將分討之，旬月皆平。陳紀、蕭摩訶攻廣陵，陳紀，卽陳慧紀。周吳州總管于顗擊破之。顗，魚豈翻。沙州氏帥楊永安聚衆應王謙，大將軍樂寧公達奚儒討之。按隋書達奚長儒傳：沙氏楊永安扇動利、興、武、文、沙、龍等六州以應謙。參考五代志，獨不載沙州，蓋沙氏所居之地，就置沙州以授其渠帥也。又，長儒襲父慶爵樂安公。志云：北海郡博昌縣，舊曰樂安。「寧」當作「安」，「儒」上逸「長」字。楊素破宇文胄於石濟，斬之。

27 周以神武公竇毅爲大司馬，竇毅，卽前紇豆陵毅。齊公于智爲大司空；九月，以小宗伯竟陵公楊惠爲大宗伯。竟陵縣公。五代志：沔陽郡竟陵縣，舊曰霄城，置竟陵郡；後周廢郡，改縣曰竟陵。

28 丁亥，周將王延貴帥衆援歷陽；任忠擊破之，生擒延貴。將，卽亮翻；下同。帥，讀曰率；下同。任，音壬。

29 壬辰，周廢皇后司馬氏爲庶人。以司馬后父消難起兵而南叛也。庚戌，以隨世子勇爲洛州總管、東京小冢宰，總統舊齊之地。自關以東，河、汾以北，皆舊齊之地。東京小冢宰，此洛州所置六府官也。

壬子，以左丞相堅爲大丞相，罷左、右丞相之官。

30 冬，十月，甲寅，日有食之。

31 周丞相堅殺陳惑王純及其子。純，周五王之一也，故楊堅加之惡謚。

32 周梁睿將步騎二十萬討王謙，騎，奇寄翻。謙分命諸將據險拒守，睿奮擊，屢破之，蜀人大駭。謙遣其將達奚惎、高阿那肱、乙弗虔等帥衆十萬攻利州，五代志：義城郡，後魏立益州，世號小益州；梁曰黎州；西魏復曰益州，又改曰利州。惎，渠記翻。堰江水以灌之。嘉陵江在利州城西。城中戰士不過二千，總管昌黎豆盧勣，晝夜拒守，隋書豆盧勣傳：勣，昌黎徒河人，本姓慕容，燕北地王精之後也。中山敗，歸魏，北人謂歸義爲豆盧，因氏焉。凡四旬，時出奇兵擊惎等，破之；會梁睿至，惎等遁去。睿自劍閣入，進逼成都。謙令達奚惎、乙弗虔城守，親帥精兵五萬，背城結陳。睿擊之，謙戰敗，將入城，惎、虔以城降。守，手又翻。帥，讀曰率。背，蒲妹翻。陳，讀曰陣。降，戶江翻。謙將麾下三十騎走新都，新都縣，屬蜀郡。九域志：新都縣在成都北四十五里。將，卽亮翻。騎，奇寄翻。走，音奏。新都令王寶執之。戊寅，睿斬謙及高阿那肱，劍南平。蜀地在劍閣之南，故曰劍南。

33 十一月，甲辰，周達奚儒破楊永安，沙州平。「奚」下「儒」上脫「長」字。

34 丁未，周鄖襄公韋孝寬卒。謚法：辟地有德曰襄；又，甲胄有勞曰襄。卒，子恤翻。孝寬久在邊境，梁武帝中大同元年，韋孝寬鎭玉壁。宇文與高氏兵爭，倚爲蕃扞，有年數矣。屢抗強敵；所經略布置，人初莫之解，解，戶買翻，曉也。見其成事，方乃驚服。雖在軍中，篤意文史；敦睦宗族，敦，厚也。所得俸祿，俸，扶用翻。不入私室。人以此稱之。

35 十二月，庚辰，河東康簡王叔獻卒。謚法：溫柔好樂曰康；一德不懈曰簡。

36 癸亥，周詔諸改姓者，宜悉復舊。宇文泰以諸將補九十九姓，見一百六十五卷梁元帝承聖三年。上書十二月庚辰，此書癸亥，自庚辰至癸亥四十四日，「庚辰」必誤。按長曆，周、陳十二月皆壬子朔，恐是「丙辰」。

37 甲子，周以大丞相堅爲相國，總百揆，去都督中外、大冢宰之號，去，羌呂翻。進爵爲王，以安陸等二十郡爲隨國，按隋書帝紀，時以隋州之崇業、鄖州之安陸・城陽、溫州之宜人、應州之平靖・上明、順州之淮南、土州之永川、昌州之廣昌・安昌、申州之義陽・淮安、息州之新蔡・建安、豫州之汝南・臨潁・廣寧・初安、蔡州之蔡陽、郢州之漢東二十郡爲隨國。贊拜不名，備九錫之禮；是時九錫之禮：一，大輅、戎輅各一，玄牡二駟；二，衮冕之服，赤舃副焉；三，軒懸之樂，六佾之舞；四，朱戶以居；五，納陛以登；六，虎賁三百人；七，鈇鉞各一；八，彤弓一，彤矢百，盧弓十，盧矢千；九，秬鬯一卣，圭瓚副焉。堅受王爵、十郡而已。

辛未，殺代奰王達、滕聞王逌及其子。既殺二王，亦皆加以惡謚。謚法：不醉而怒曰奰；色取行違曰聞。奰，平祕翻。

壬申，以小冢宰元孝規爲大司徒。

38 是歲，周境內有州二百一十一，郡五百八。

資治通鑑卷第一百七十五

端明殿學士兼翰林侍讀學士朝散大夫右諫議大夫充集賢殿修撰提舉西京嵩山崇福宮上柱國河內郡開國侯食邑一千八百戶食實封六百戶賜紫金魚袋臣 司馬光 奉敕編集

後學天台 胡三省 音註

陳紀九 起重光赤奮若（辛丑），盡昭陽單閼（癸卯），凡三年。

高宗宣皇帝下之下

太建十三年（辛丑、五八一）

1 春，正月，壬午，以晉安王伯恭爲尚書左僕射，吏部尚書袁憲爲右僕射。憲，樞之弟也。

2 周改元大定。

3 二月，甲寅，隋王始受相國、百揆、九錫，自初命至是五十一日，乃受。【章：十二行本「錫」下有「之命」二字；乙十一行本同；孔本同；張校同。】建臺置官。置百官也。丙辰，詔進王妃獨孤氏爲王后，世子勇爲太子。

開府儀同大將軍庾季才，勸隋王宜以今月甲子應天受命。庾季才持正於宇文護擅權之時，而勸進於楊氏革命之日，巫史之學自信其術耳，非胸中眞有所見也。太傅李穆、開府儀同大將軍盧賁亦勸之。於是周主下詔，遜居別宮。甲子，命兼太傅杞公椿奉册，大宗伯趙煚奉皇帝璽紱，禪位于隋。册，册書也。周制：皇帝八璽，有神璽，有傳國璽，皆寶而不用。神璽，明受之於天；傳國璽，明受之於運。皇帝負扆，則置神璽於筵前之右，置傳國璽於筵前之左。又有六璽：其一，皇帝行璽，封命諸侯及三公用之；其二，皇帝之璽，與諸侯及三公書用之；其三，皇帝信璽，發諸夏之兵用之；其四，天子行璽，封命蕃國之君用之；其五，天子之璽，與蕃國之君書用之；其六，天子信璽，徵蕃國之兵用之。六璽皆白玉爲之，方一寸五分，高寸，螭虎鈕。梁敬帝太平元年，周閔帝受魏禪，五主，二十四年而亡。隋主本襲封隨公，故國號曰隨。以周、齊不遑寧處，故去「辵」作「隋」，以「辵」訓走故也。辵，音綽。煚，俱永翻。璽，斯氏翻。紱，音弗。隋主冠遠遊冠；遠遊冠，制似通天冠而前無山述，有展筩橫于冠前，皇太子及王者後諸王服之。主冠，古玩翻。受册、璽，改服紗帽、黄袍；紗帽，白紗帽也，名高頂帽。皇帝服絳紗袍。志曰：開皇初，高祖常服烏沙帽。紀云：秋，七月，上始服黄，百寮畢賀。蓋以黄爲常服。入御臨光殿，服衮冕，如元會之儀。元會，正旦大朝會也。文物充庭，羣官各入，就位，再拜。上公一人，詣西階，解劍升賀，降階，帶劍復位而拜。羣官在位者又再拜，搢笏三稱萬歲。大赦，改元開皇。命有司奉册祀于南郊。告天以受命。遣少冢宰元孝矩代太子勇鎭洛陽。「少冢宰」，當作「小冢宰」。孝矩名矩，以字行，天賜之孫也；按隋書元孝矩傳，祖脩義，不言以字行。汝陰王天賜，當魏太和之世，距此時百餘年。當考。女爲太子妃。

少內史崔仲方勸隋主除周六官，周定六官事，始一百六十六卷梁敬帝紹泰元年。「少內史」，當作「小內史」。依漢、魏之舊，從之。置三師、三公及尚書、門下、內史、祕書、內侍五省，隋志：三師不主事，不置府僚，蓋與天子坐而論道者也。三公參議國之大事，依後齊置府僚，無其人則闕。祭祀則太尉亞獻，司徒奉俎，司空行掃除；其位多曠，皆攝行事；尋省府及僚佐。置公，則坐於尚書都省。朝之衆務，總歸於臺閣。尚書省事無不總，置令、左・右僕射各一人，總吏部、禮部、兵部、都官、度支、工部六曹事。屬官左・右丞各一人，都事八人，分司管轄。六曹尚書，分統三十六侍郎，各司曹務，直宿禁省，如漢之制。門下省置納言、給事黃門侍郎、散騎常侍・侍郎・通直・員外、諫議大夫等官。內史省置監、令、侍郎、舍人等官。祕書省置監、丞、郎等官，領著作、太史二曹。內史省即中書省，避武元諱，改曰內史。門下、內史二省，主出納，朝直、代言，猶有職事。祕書省較優閒。內侍省則皆宦官也。御史、都水二臺，御史臺置大夫、治書侍御史、侍御史、殿內侍御史、監察御史等官。都水臺置使者及丞、參軍、河堤謁者，又領掌船局及諸津都水尉、津尉、丞、長等官。太常等十一寺，太常、光祿、衞尉、宗正、太僕、大理、鴻臚、司農、太府九寺，並置卿、少卿、丞、主簿、錄事等員。國子寺置祭酒，屬官有主簿、錄事，國子・太學・四門・書等學，各置博士、助教。將作寺置大匠、丞、主簿、錄事，統左、右校署令。左右衞等十二府，左・右衞、左・右武衞、左・右武候、左・右領左右、左・右監門、左・右領軍，各置大將軍、將軍、長史、司馬、錄事、功・倉・兵・騎等曹參軍、法曹・鎧曹行參軍、行參軍等員。以分司統職。又置上柱國至都督十一等勳官，以酬勤勞；隋採後周之制，置上柱國、柱國、上大將軍、大將軍、上開府儀同三司、開府儀同三司、上儀同三司、儀同三司、大都督、帥都督、都督，總十一等。特進至朝散大夫七等散官，特進、左・右光祿大夫、金紫光祿大夫、銀青光祿大夫、朝議大夫、朝散大夫,總七等。朝,直遙翻。散,悉亶翻。以加文武官之有德聲者。改侍中爲納言。以考諱忠,故改侍中爲納言。以相國司馬高熲爲尚書左僕射,兼納言,熲,古迥翻。射,音夜。相國司錄京兆虞慶則爲內史監,兼吏部尚書,相國內郎李德林爲內史令。相,息亮翻。相國內郎,相國府從事中郎,避諱改爲內郎。

乙丑,追尊皇考爲武元皇帝,皇考,周隨國桓公楊忠。廟號太祖;皇妣呂氏爲元明皇后。丙寅,脩廟社。時自高祖以下置四親廟,同殿異室而已,無受命之祧。社稷並列於含光門內之右。立王后獨孤爲皇后,「獨孤」之下逸「氏」字。【章:十二行本正有「氏」字;乙十一行本同;孔本同。】王太子勇爲皇太子。丁卯,以太尉【章:十二行本作「大將軍」三字;乙十一行本同;孔本同;張校同。】趙煚爲尚書右僕射。己巳,封周靜帝爲介公。煚,居永翻。周主雖禪,死乃有謚,通鑑先以謚書之。介,古國名。周氏諸王皆降爵爲公。

初,劉、鄭矯詔以隋主輔政,劉、鄭,劉昉、鄭譯也。矯詔事見上卷上年。楊后雖不預謀,然以嗣子幼沖,恐權在他族,聞之,甚喜。後知其父有異圖,意頗不平,形於言色,及禪位,憤惋逾甚。嗣,祥吏翻。惋,烏貫翻。隋主內甚愧之,改封樂平公主,樂平郡公主。五代志:太原郡樂平縣,舊置樂平郡。樂,音洛。久之,欲奪其志;公主誓不許,乃止。

隋主與周載下大夫北平榮建緒有舊,「載」下逸「師」字。後周置載師之官,屬地官,有中大夫,有下大夫。北平郡，治盧龍。滎姓出周滎公。莊子有滎啓期。隋主將受禪，建緒爲息州刺史；五代志：汝南郡新息縣，後魏置東豫州，梁改西豫州，又改淮州，東魏復曰東豫州，後周改曰息州。將之官，隋主謂曰：「且躊躇，躊，直由翻。躇，陳如翻。躊躇，住足也。當共取富貴。」建緒正色曰：「明公此旨，非僕所聞。」及卽位，來朝，帝謂之曰：「卿亦悔不？」朝，直遙翻。不，讀曰否。建緒稽首曰：「臣位非徐廣，情類楊彪。」稽，音啓。徐廣事見一百一十九卷宋高祖永初元年。楊彪事見六十九卷魏文帝黄初二年。帝怒曰：「朕雖不曉書語，亦知卿此言不遜！」

上柱國竇毅之女，聞隋受禪，自投堂下，撫膺太息曰：「恨我不爲男子，救舅氏之患！」撫，與拊同，拍也。膺，胸也。太息，憤而舒氣長也。毅及襄陽公主掩其口曰：「汝勿妄言，滅吾族！」毅由是奇之。及長，以適唐公李淵。淵，昞之子也。昞，周柱國李虎之子。李淵始見于此。長，知兩翻。昞，音丙。

虞慶則勸隋主盡滅宇文氏，高熲、楊惠亦依違從之；依違者，不敢言其不可，而心不以爲可。李德林固爭，以爲不可，隋主作色曰：「君書生，不足與議此！」於是周太祖孫譙公乾惲、冀公絢，惲，於粉翻。絢，許縣翻。閔帝子紀公湜，湜，常職翻。明帝子酆公貞、宋公實，高祖子漢公贊、秦公贄、曹公允、道公充、蔡公兌、荆公元，宣帝子萊公衍、郢公術皆死。通鑑書宣帝子衍始終備，但目錄書大成元年立太子衍，亦自背馳。德林由此品位不進。

4 乙亥，上耕藉田。藉，在亦翻。

5 隋主封其弟邵公慧爲滕王，安公爽爲衞王，邵、安皆以州爲封國。子鴈門公廣爲晉王，俊爲秦王，秀爲越王，諒爲漢王。

6 隋主賜李穆詔曰：「公旣舊德，且又父黨。李穆與隋主之父忠比肩事周，皆爲功臣。敬惠來旨，義無有違。謂穆勸之受命也。卽以今月十三日恭膺天命。」孔安國曰：膺，當也。俄而穆入朝，自并州入朝。朝，直遙翻。帝以穆爲太師，贊拜不名；子孫雖在襁褓，襁，居兩翻，負兒衣。褓，博抱翻，抱兒衣。悉拜儀同，一門執象笏者百餘人，隋志曰：按禮：笏，諸侯以象，凡有指畫於君前用笏，受命書於笏。笏，畢用也。五經要義曰：所以記事，防忽忘。禮圖云：度二尺有六寸，中博二寸，其殺六分去一。晉、宋以來，謂之手板，此乃不經，今還謂之笏，以法古名。自西魏以降，五品以上，通用象牙，六品已下，兼用竹木。笏，呼骨翻。貴盛無比。又以上柱國竇熾爲太傅，幽州總管于翼爲太尉。李穆上表乞骸骨，人臣致身以事君，身非己有，故求閒者自言乞骸骨。上，時掌翻。詔曰：「呂尙以期頤佐周，記：百年曰期頤。呂尙遇文王，年八十矣，佐文王以及武王，則是期頤之年也。張蒼以華皓相漢，華皓，謂白首也。張蒼免相後，口中無齒，食乳，年百餘歲乃卒。高才命世，不拘常禮。」仍以穆年耆，敕蠲朝集，蠲，免也。朝集，猶言朝會也。朝，直遙翻。有大事，就第詢訪。用古人「欲有謀焉則就之」之意。隋主姑以是恩李穆耳，非欲與之大有爲也。

美陽公蘇威，美陽，古縣名，漢、晉屬扶風，五代志不見，蓋已省廢，姑以古縣名封爵之耳。綽之子也，蘇綽佐宇文泰以興周。少有令名，周晉公護強以女妻之。少，詩照翻。強，其兩翻。妻，七細翻。威見護專權，恐禍及己，屏居山寺，以諷讀爲娛。屏，必郢翻。周高祖聞其賢，除車騎大將軍、儀同三司，騎，奇寄翻。又除稍伯下大夫，稍，所教翻。皆辭疾不拜；宣帝就除開府儀同大將軍。隋主爲丞相，高熲薦之，隋主召見，與語，大悅；居月餘，聞將受禪，遁歸田里。觀蘇威之初，其立身何可議哉！至於末節，展轉於宇文化及、李密、王世充之朝，何其可鄙也！君子是以知令終之難。熲請追之，追者，尋其後而召之。隋主曰：「此不欲預吾事耳，置之。」及受禪，徵拜太子少保，追封其父爲邳公，邳亦以州名爲公國。少，始照翻。以威襲爵。

7丁丑，隋以晉王廣爲幷州總管。三月，戊子，以上開府儀同三司賀若弼爲吳州總管，鎮廣陵；考異曰：隋書帝紀云「楚州」，今從弼傳。和州刺史河南韓擒虎爲廬州總管，鎮廬江。廣陵爲吳州，仍周舊也。歷陽爲和州，仍齊舊也。隋書：韓擒虎，河東垣人。「河南」當作「河東」。五代志：廬江郡，梁置南豫州，又改合州，開皇初改廬州。蓋梁之南豫、合州，皆治合肥，合州因合肥而名也。廬江在合肥東五十里，既徙治廬江，故以廬名州。若，人者翻。隋主有幷吞江南之志，問將帥於高熲，將，卽亮翻。帥，所類翻。熲薦弼與擒虎，故置於南邊，使潛爲經略。

戊戌，以太子少保蘇威兼納言、度支尚書。度支尚書，統度支、戶部、金部、倉部。度，徒洛翻。

初，蘇綽在西魏，以國用不足，制征稅法頗重，後周太祖作相，置載師，掌任土之法，辨夫家田里之數，會六畜車乘之稽，審賦役斂弛之節，制畿疆脩廣之域，頒施惠之要，審牧產之政。司均，掌田里之政令，凡人口十已上，宅五畝；口九已上，宅四畝；口五已下，宅三畝。有室者田百四十畝，丁者田百畝。司賦，掌功賦之政令，凡人自十八以至六十有四與輕癃者皆賦之。其賦之法，有室者歲不過絹一疋，綿八兩，粟五斛；丁者半之。其非桑土，有室者布一疋，麻十斤；丁者又半之。豐年則全賦，中年半之，下年一之，皆以時徵焉。若艱荒凶札，則不徵其賦。又有市門之稅。自今觀之，亦不爲重矣，而蘇綽猶望後之人弛之，可謂有志於民矣。既而歎曰：「今所爲者，譬如張弓，非平世法也。後之君子，誰能弛之！」威聞其言，每以爲己任。至是，奏減賦役，務從輕簡，隋主悉從之，蘇威爲度支尚書，居可言可行之地。漸見親重，與高熲參掌朝政。朝，直遙翻。帝嘗怒一人，將殺之；威入閤進諫，帝不納，將自出斬之，威當帝前不去；帝避之而出，威又遮止。帝拂衣而入，良久，乃召威謝曰：「公能若是，吾無憂矣。」賜馬二匹，錢十餘萬，尋復兼大理卿、京兆尹、御史大夫，本官悉如故。

治書侍御史安定梁毗，以威兼領五職，漢宣帝幸宣室，齋居決事，令侍御史二人治書侍側，魏、晉因別置治書侍御史。安定郡，涇州。五職，納言、度支尚書、大理卿、京兆尹、御史大夫也。治，平聲。安繁戀劇，無舉賢自代之心，抗表劾威。劾，戶概翻，又戶得翻。帝曰：「蘇威朝夕孜孜，孜孜，不怠也。志存遠大，何遽迫之！」因謂朝臣曰：「蘇威不值我，無以措其言；我不得蘇威，何以行其道。楊素才辯無雙，至於斟酌古今，助我宣化，非威之匹也。匹，偶也。威若逢亂世，南山四皓，豈易屈哉！」四皓，東園公、綺里季、夏黃公、角里先生，遭秦之亂，隱於商山，鬚眉皓白，故曰四皓。商山在長安南，故曰南山。隋主以蘇威隱遯於周世，故云然。易，以豉翻。威嘗言於帝曰：「臣先人每戒臣云：先人，謂威父綽。『唯讀孝經一卷，足以立身治國，何用多爲！』」帝深然之。治，直之翻；下同。

高熲深避權勢，上表遜位，上，時掌翻。讓於蘇威，帝欲成其美，成其讓賢之美。聽解僕射。數日，帝曰：「蘇威高蹈前朝，前朝，謂周朝。高蹈，謂其隱遯不仕。蹈，踐也，履也；高蹈，言踐履之高。朝，直遙翻。熲能推舉。吾聞進賢受上賞，漢武帝詔曰：進賢受上賞，蔽賢蒙顯戮，古之道也。寧可使之去官！」命熲復位。熲、威同心協贊，政刑大小，帝無不與之謀議，然後行之。故革命數年，天下稱平。

太子左庶子盧賁，以熲、威執政，心甚不平，時柱國劉昉亦被疏忌。賁因諷昉及上柱國元諧、李詢、華州刺史張賓等謀黜熲、威，五代志：京兆郡鄭縣，後魏置東雍州，并華山郡，西魏改曰華州。昉，甫兩翻。被，皮義翻。華，戶化翻。五人相與輔政。又以晉王廣有寵於帝，私謂太子曰：「賁欲數謁殿下，數，所角翻。恐爲上所譴，願察區區之心。」謀泄，帝窮治其事，治，直之翻。昉等委罪於賓、賁。公卿奏二人當死，帝以故舊，不忍誅，並除名爲民。二人皆翼戴隋主於潛躍者也。張賓，道士也。隋主作輔，賓自言洞曉星曆，盛言有代謝之徵，且言上儀表非人臣之相，由是大被知遇，常在幕府。

8 庚子，隋詔前代品爵，皆依舊不降。此普謂中外官也。

9 丁未，梁主遣其弟太宰巖入賀于隋。賀受命也。

10 夏，四月，辛巳，隋大赦。戊戌，悉放太常散樂爲民，仍禁雜戲。後齊之季有散樂，周天元卽位，悉徵詣長安，隸太常。隋今放之。

11 散騎常侍韋鼎、兼通直散騎常侍王瑳聘于周。散，悉亶翻。騎，奇寄翻。瑳，七何翻，又七可翻。辛丑，至長安，隋已受禪，隋主致之介國。說文：致，送詣也。周主時封介公。

12 隋主召汾州刺史韋沖爲兼散騎常侍。五代志：文城郡，東魏置南汾州，後周改爲汾州。散，悉亶翻。時發稽胡築長城，按隋紀，時修築長城，二旬而罷。汾州胡千餘人，在塗亡叛。帝召沖問計，對曰：「夷狄之性，易爲反覆，易，以豉翻。皆由牧宰不稱之所致。稱，尺證翻。臣請以理綏靜，可不勞兵而定。」帝然之，命沖綏懷叛者，月餘皆至，並赴長城之役。沖，敻之子也。韋敻見一百六十七卷周高祖永定三年。

13 五月，戊午，隋封邘公雄爲廣平王，按隋書，此卽邘公惠也，改名雄，開皇中，改封清漳王，仁壽初，改封安德王。大業中，從征吐谷渾還，進封觀王，薨，諡曰德，後所謂觀德王雄者是也。「邘」當作「邗」，音寒。【章：乙十一行本正作「邗」；孔本同。】永康公弘爲河間王。永康縣公也。五代志：清化郡永穆縣，梁置，曰永康。雄，高祖之族子也。

14 隋主潛害周靜帝而爲之舉哀，爲，于僞翻。葬于恭陵；以其族人洛爲嗣。

15 六月，癸未，隋詔郊廟冕服必依禮經。隋制：冕服採用東齊之法，乘輿衮冕，垂白珠十有二旒，以組爲纓，色如其綬。黈纊充耳。玉笄。玄衣，纁裳。衣，山龍、華蟲、火、宗、彝五章；裳，藻、粉米、黼、黻四章。衣重宗彝，裳重黼黻，爲十二等。衣，褾領，織成升龍；白紗内單；黼領青褾襈裾。革帶，玉鉤艓。大帶，素帶，朱裏，紕其外，上以朱，下以緑。韍隨裳色，龍、火、山三章。鹿盧玉具劍，火珠鏢首，白玉雙佩，玄組。雙大綬，六采，玄、黄、青、白、縹、緑，純玄質，長二丈四尺，五百首，廣一尺。小雙綬，長二尺六寸，色同大綬，而首半之，間施三玉環。朱韈，赤舄，舄加金飾。凡綬，先合單紡爲一絲，絲四爲一扶，扶五爲一首，首五成一文。褾，波小翻。襈，雛免翻。艓，丑例翻，又敕列翻。紕，音卑，緣也。鏢，紕招翻；說文，刀削末銅也。縹，匹沼翻。紡，甫罔翻。其朝會之服、旗幟、犧牲皆尚赤，隋自以爲得火德，故尚赤色。朝，直遙翻；下同。幟，昌志翻。戎服以黄，【章：十二行本「黄」下有「在外」二字；乙十一行本同；孔本同；張校同。】常服通用雜色。秋，七月，乙卯，隋主始服黄，百僚畢賀。於是百官常服，同於庶人，皆著黄袍；著，則略翻。隋主朝服亦如之，唯以十三環帶爲異。

16 八月，壬午，隋廢東京官。周徙相州六府於東京，事見一百七十三卷太建十一年。

17 吐谷渾寇涼州，涼州，武威郡。吐，從暾入聲。谷，音浴。隋主遣行軍元帥樂安公元諧等步騎數萬擊之。諧擊破吐谷渾於豐利山，豐利山在青海東。帥，所類翻。騎，奇寄翻。又敗其太子可博汗於青海，青海在吐谷渾國都伏俟城之東十五里，周迴千餘里，中有小山，唐時謂之龍駒島。敗，補邁翻。可，從刊入聲。汗，音寒。俘斬萬計。吐谷渾震駭，其王侯三十人各帥所部來降。吐谷渾可汗夸呂帥親兵遠遁。帥，讀曰率。降，戶江翻；下同。隋主以其高寧王移茲裒爲河南王，裒，薄侯翻。使統降衆。以元諧爲寧州刺史，五代志：北地郡，後魏置豳州，西魏改爲寧州。留行軍總管賀婁子幹鎮涼州。

18 九月，庚午，將軍周羅睺攻隋故墅，拔之。「故墅」，當作「胡墅」。胡墅在大江北岸，對石頭城。睺，音侯。墅，承與翻。蕭摩訶攻江北。

19 隋奉車都尉于宣敏漢武帝置三都尉，奉車、駙馬、騎也。奉使巴、蜀還，使，疏吏翻。還，音旋，又如字。奏稱：「蜀土沃饒，人物殷阜，周德之衰，遂成戎首。謂王謙以益州起兵也。宜樹建藩屏，封殖子孫。」屏，必郢翻。隋主善之。辛未，以越王秀爲益州總管，改封蜀王。爲秀在蜀以奢僭得罪張本。宣敏，謹之孫也。于謹，周之功臣。

20 隋【章：十二行本「隋」上有「壬申」二字；乙十一行本同；孔本同；張校同。】以上柱國長孫覽、元景山並爲行軍元帥，長，知兩翻。帥，所類翻。發兵入寇；命尚書左僕射高熲節度諸軍。

21 初，周、齊所鑄錢凡四等，及民間私錢，名品甚衆，五代志：齊文宣受禪，改鑄常平五銖，重如其文，其錢甚貴，且制造甚精。至乾明、皇建之間，往往私鑄。鄴中用錢，有赤熟、青熟、細眉、赤生之異。河南所用，有青、薄、鉛、錫之別。青、齊、徐、兗、梁、豫州，輩類各殊。武平已後，私鑄轉甚，或以生鐵和銅。至于齊亡，卒不能禁。後周之初，尚用魏錢。及武帝保定元年，乃更鑄布泉之錢，以一當五，與五銖並行。時梁、益之境，又雜用古錢交易，河西諸郡，或用西域金銀之錢，而官不禁。建德三年，更鑄五行大布錢，以一當十，與布泉並行。五年，以布泉漸賤，遂廢之。齊平已後，山東猶雜用齊氏舊錢。宣帝大象元年，又鑄永通萬國錢，以一當千，與五行大布及五銖凡三品並用。輕重不等。隋主患之，更鑄五銖錢，背、面、肉、好皆有周郭，錢之文爲面，其漫爲背，錢體爲肉，錢孔爲好，外圓周之以規，內方周之以矩，曰周郭。更，工衡翻。肉，而救翻。好，虛到翻。每一千重四斤二兩。悉禁古錢及私錢。置樣於關，不如樣者，沒官銷毀之。自是錢幣始壹，民間便之。

22 隋鄭譯以上柱國歸第，賞賜豐厚。譯自以被疏，呼道士醮章祈福，道士有消災度厄之法，依陰陽五行數術，推人年命，書之如章表之儀，并具贄幣燒香陳讀，云奏上天曹，請爲除厄，謂之上章。夜中於星辰之下，陳設酒果、餅餌、幣物，歷祀天皇、太一、五星、列宿，爲書如上章之儀以奏之，名爲醮。被，皮義翻。醮，子肖翻。爲婢所告，以爲巫蠱，譯又與母別居，爲憲司所劾，憲司，御史臺官。劾，戶概翻，又戶得翻。由是除名。隋主下詔曰：「譯若留之於世，在人爲不道之臣；戮之於朝，入地爲不孝之鬼。有累幽顯，無所置之。朝，直遙翻。累，力瑞翻。宜賜以孝經，令其熟讀。」仍遣與母共居。

23 初，周法比於齊律，煩而不要，隋主命高熲、鄭譯及上柱國楊素、率更令裴政等太子率更令，魏、晉之制，主宮殿門戶及掌罰事，職如光祿勳、衞尉。隋制，掌伎樂漏刻。率，如字。更，工衡翻。更加脩定。政練習典故，達於從政，乃采魏、晉舊律，下至齊、梁，沿革重輕，累世循襲者爲沿，中有變更者爲革。取其折衷。衷，竹仲翻。時同脩者十餘人，凡有疑滯，皆取決於政。於是去前世梟、轘及鞭法，梟者，斬首掛之木上。轘者，車裂於市。梁制有制鞭、法鞭、常鞭，凡三等之差。制鞭，生革廉成；法鞭，生革去廉；常鞭，熟靼不去廉；皆作鶴頭。紐長一尺一寸，梢長二尺七寸，廣三寸，靶長二尺五寸。去，羌呂翻。梟，古堯翻。轘，戶關翻，又戶慣翻。自非謀叛以上，無收族之罪。始制死刑二，絞、斬；流刑三，自二千里至三千里；按隋志：流刑三，有千里、千五百里、二千里。應配者，一千里，居作二年；一千五百里，居作二年半；二千里，居作三年。應住居作者，三流俱役三年，近流加杖一百，一等加三十。此云自二千里至三千里，不同。徒刑五，自一年至三年；徒刑有一年，有一年半，有二年，有二年半，有三年。杖刑五，自六十至百；笞刑五，自十至五十。又制議、請、減、贖、官當之科以優士大夫。議，卽周禮八議之法。請者，凡在八議之科則請之。減者，官品第七已上，犯罪皆例減一等，其品第九已上，犯者聽贖。應贖者皆以銅代絹。贖銅一斤爲負，負十爲殿。笞十者銅一斤，加至杖百則十斤。徒一年，贖銅二十斤，每等則加銅十斤，三年則六十斤矣。流一千里，贖銅八十斤，每等則加銅十斤，二千里則百斤矣。二死皆贖銅百二十斤。犯私罪，以官當徒者，五品已上，一官當徒二年，九品已上，一官當徒一年；當流者，三流同比徒三年。若犯公罪者，徒各加一年，當流者，各加一等。其累徒過九年者，流二千里。孔穎達曰：古之贖罪用銅，漢始改用黃金，但少其斤兩，令與銅相敵。後魏以金難得，令金一兩收絹十匹。隋復依古贖銅。除前世訊囚酷法，考掠不得過二百；時有司用前世訊囚之法，用大棒、束杖、車輻、鞵底、壓踝、杖桄之屬。考，擊也。掠，音亮，笞也。枷杖大小，咸有程式。民有枉屈，縣不爲理者，聽以次經郡及州；若仍不爲理，聽詣闕伸訴。枷，居牙翻。爲，于僞翻。

冬，十月，戊子，始行新律。詔曰：「夫絞以致斃，斬則殊形，夫，音扶。除惡之體，於斯已極。梟首、轘身，義無所取，不益懲肅之理，徒表安忍之懷。忍，殘忍也。安忍，安於爲殘忍之事。

鞭之爲用，殘剝膚體，徹骨侵肌，徹，敕列翻。酷均臠切。雖云往古之式，舜典曰：鞭作官刑。故云往古之式。事乖仁者之刑。梟、轘及鞭，並令去之。貴帶礪之書，不當徒罰；令，力丁翻，使也。去，羌呂翻。漢高帝分封功臣，與之剖符作誓曰：「使黃河如帶，泰山若礪，國以永存，爰及苗裔。」廣軒冕之蔭，旁及諸親。服冕乘軒，貴仕也。流役六年，改爲五載；載，作亥翻。刑徒五歲，變從三祀。祀，亦年也。其餘以輕代重，化死爲生，條目甚多，備於簡策。雜格、嚴科，並宜除削。」自是法制遂定，後世多遵用之。宋朝所行之刑統，舊所傳者也。

隋主嘗怒一郎，於殿前笞之。諫議大夫劉行本進曰：「此人素清，其過又小，願少寬之。」笞，丑之翻。少，詩沼翻。帝不顧。行本於是正當帝前曰：「陛下不以臣不肖，置臣左右，臣言若是，陛下安得不聽；若非，當致之於理。」【章：十二行本「理」下有「豈得輕臣而不顧也」八字；乙十一行本同；孔本同；張校同。】言送詣大理寺治其罪。因置笏於地而退。帝斂容謝之，遂原所笞者。行本，璠之兄子也。劉璠自梁入西魏，見一百六十四卷梁元帝承聖元年。笞，丑之翻。璠，音煩，又扶元翻。

獨孤皇后，家世貴盛，后父獨孤信，仕西魏以及周，列於元功。后姊爲周明帝后，女爲周宣帝后。而能謙恭，雅好讀書，好，呼到翻。言事多與隋主意合，帝甚寵憚之，宮中稱爲「二聖」。帝每臨朝，朝，直遙翻；下同。后輒與帝方輦而進，方輦，並兩輦也。至閤乃止。使宦官伺帝，政有所失，隨卽匡諫。伺，相吏翻。候帝退朝，同反燕寢。朝，直遙翻。燕寢，燕居之寢。有司奏稱：「周禮百官之妻，命於王后，請依古制。」后曰：「婦人與政，或從此爲漸，不可開其源也。」與，讀曰預。大都督崔長仁，后之中外兄弟也，犯法當斬，帝以后故，欲免其罪。后曰：「國家之事，焉可顧私！」焉，於虔翻。長仁竟坐死。后性儉約，帝嘗合止利藥，泄瀉不禁者曰利。合，音閤。須胡粉一兩。宮內不用，求之，竟不得。又欲賜柱國劉嵩妻織成衣領，宮內亦無之。

然帝懲周氏之失，不以權任假借外戚，后兄弟不過將軍、刺史。帝外家呂氏，濟南人，五代志：齊郡歷城縣，舊置濟南郡。濟，子禮翻。素微賤，齊亡以來，帝求訪，不知所在。齊之未亡，濟南之地屬齊，不可得而求訪，故齊亡始訪之。及卽位，始求得舅子呂永吉，追贈外祖雙周爲太尉，封齊郡公，以永吉襲爵。永吉從父道貴，性尤頑騃，從，才用翻。騃，五駭翻，癡也。言詞鄙陋，帝厚加供給，而不許接對朝士。朝，直遙翻。拜上儀同三司，出爲濟南太守；守，式又翻。後郡廢，終于家。

24 壬辰，隋主如岐州。隋志：扶風郡，舊置岐州。

岐州刺史安定梁彥光，有惠政，隋主下詔褒美，賜束帛及御傘，傘，與繖同，先旰翻，又蘇旱翻，蓋也。以厲天下之吏；久之，徙相州刺史。相，悉亮翻；下同。岐俗質厚，彥光以靜鎮之，奏課連爲天下最。奏課，奏計帳及輸籍也。及居相，部如岐州法。鄴自齊亡，衣冠士人多遷入關，唯工商樂戶移實州郭，城外曰郭。釋名：郭，廓也；廓落在城外也。風俗險詖，好興謠訟，詖，彼義翻。好，呼到翻。目彥光爲「著帽餳」。餳，飴也。餳軟而甘，言彥光爲人軟美如團餳，特著帽耳。孔穎達曰：凡飴謂之餳，關東之通語也。方言曰：餳謂之張皇，或云滑餹。著，則略翻。餳，徐盈翻。帝聞之，免彥光官。歲餘，拜趙州刺史。五代志：趙郡大陸縣，舊曰廣阿，置殷州及南鉅鹿郡，後改南趙郡，改州爲趙州。彥光自請復爲相州，帝許之。豪猾聞彥光再來，皆嗤之。嗤，丑之翻，笑也。彥光至，發擿姦伏，擿，他狄翻，發也，動也。有若神明，豪猾潛竄，闔境大治。治，直吏翻。於是招致名儒，每鄉立學，親臨策試，褒勤黜怠。及舉秀才，祖道於郊，以財物資之。於是風化大變，吏民感悅，無復訟者。史因岐州之政，終言彥光歷刺他州事。復，扶又翻。

時又有相州刺史陳留樊叔略，有異政，帝以璽書褒美，班示天下，徵拜司農。按樊叔略傳，徵拜司農卿。璽，斯氏翻。

新豐令房恭懿，新豐縣，自漢以來屬京兆。政爲三輔之最，帝賜以粟帛。雍州諸縣令朝謁，雍，於用翻。朝，直遙翻；下同。帝見恭懿，必呼至榻前，咨以治民之術。累遷德州司馬。五代志：平原郡，開皇九年置德州。治，直之翻。帝謂諸州朝集使曰：隋志：每元會，諸州悉遣使赴京師朝集，謂之朝集使。使，疏吏翻。「房恭懿志存體國，愛養我民，此乃上天宗廟之所祐。朕若置而不賞，上天宗廟必當責我。卿等宜師範之。」因擢爲海州刺史。海州，東海郡。由是州縣吏多稱職，百姓富庶。樊叔略、房恭懿之被褒擢，非必皆是年事。通鑑因梁彥光事，悉書於此，以見開皇之治，以賞良吏而成。稱，尺證翻。

25十一月，丁卯，隋遣兼散騎侍郎鄭撝來聘。散，悉亶翻。騎，奇寄翻。撝，許爲翻。

26十二月，庚子，隋主還長安，復鄭譯官爵。

27廣州刺史馬靖，廣州，治番禺。得嶺表人心，兵甲精練，數有戰功。數，所角翻。朝廷疑之，遣吏部侍郎蕭引觀靖舉措，諷令送質，朝，直遙翻。令，力丁翻。質，音致。外託收督賧物，賧，吐濫翻。蠻、蜑所輸貨物曰賧。一曰：夷人以財贖罪曰賧。引至番禺。番禺，音潘愚。靖卽遣子弟入質。

28是歲，隋主詔境內之民任聽出家，仍令計口出錢，營造經像。於是時俗隨風而靡，民間佛書，多於六經數十百倍。

29突厥佗鉢可汗病且卒，厥，九勿翻。佗，徒何翻。可，從刊入聲。汗，音寒。卒，子恤翻。謂其子菴邏曰：「吾兄不立其子，委位於我。事見一百七十一卷太建四年。邏，郎佐翻。隋書突厥傳作「菴羅」。我死，汝曹當避大邏便。」大邏便者，木杆之子。杜佑曰：突厥以勇健者爲「莫賀弗」，肥麄者爲「大羅便」。大羅便，酒器也，似角而麄短，體貌似之，故以爲號。此官特貴，唯其子弟爲之。及卒，國人將立大邏便。以其母賤，衆不服；菴邏實貴，隋書作「菴羅母貴」，當從之。突厥素重之。攝圖最後至，謂國人曰：「若立菴邏者，我當帥兄弟事之。帥，讀曰率。若立大邏便，我必守境，利刃長矛以相待。」攝圖長，且雄勇，國人莫敢拒，攝圖爲小可汗，統東面部落，又逸可汗之子，故長。長，知兩翻。竟立菴邏爲嗣。大邏便不得立，心不服菴邏，每遣人詈辱之。詈，力智翻。菴邏不能制，因以國讓攝圖。

國中相與議曰：「四可汗子，四可汗，謂逸可汗及木杆可汗、褥但可汗、佗鉢可汗。攝圖最賢。」共迎立之，考異曰：隋突厥傳云：木杆在位二十年卒，佗鉢在位十年卒。按周傳，魏廢帝二年，三月，科羅獻馬，木杆猶未立。建德二年，佗鉢獻馬。然則木杆以承聖二年立，太建四年卒，佗鉢以其年立，十三年卒也。號沙鉢略可汗，居都斤山。菴邏降居獨洛水，稱第二可汗。都斤山、獨洛水，皆突厥中地名。第二可汗，言其位次沙鉢略也。大邏便乃謂沙鉢略曰：「我與爾俱可汗子，各承父後。爾今極尊，我獨無位，何也？」沙鉢略患之，以爲阿波可汗，還領所部。又沙鉢略從父玷厥，居西面，號達頭可汗。從，才用翻。玷，丁念翻。厥，九勿翻。諸可汗各統部衆，分居四面。沙鉢略勇而得衆，北方皆畏附之。

隋主既立，待突厥禮薄，突厥大怨。千金公主傷其宗祀覆滅，日夜言於沙鉢略，請爲周室復讎。周遣千金公主嫁突厥，見上卷十二年。爲，于僞翻。沙鉢略謂其臣曰：「我，周之親也。今隋主自立而不能制，復何面目見可賀敦乎！」復，扶又翻。突厥之君長稱可汗，其妻稱可賀敦。乃與故齊營州刺史高寶寧合兵爲寇。隋主患之，敕緣邊脩保障，峻長城，命上柱國武威陰壽鎮幽州，京兆尹虞慶則鎮并州，屯兵數萬以備之。

初，奉車都尉長孫晟送千金公主入突厥，長，知兩翻。晟，成正翻。突厥可汗愛其善射，留之竟歲，命諸子弟貴人與之親友，冀得其射法。沙鉢略弟處羅侯，號突利設，尤得衆心，爲沙鉢略所忌，密託心腹陰與晟盟。晟與之遊獵，因察山川形勢，部衆強弱，靡不知之。

及突厥入寇，晟上書曰：「今諸夏雖安，上，時掌翻。夏，戶雅翻。戎虜尚梗，興師致討，未是其時，棄於度外，又相侵擾，此二語明指出當時利病。今人多上書言時事，滕口說耳。故宜密運籌策，有以攘之。此下方是晟獻策。玷厥之於攝圖，兵強而位下，外名相屬，内隙已彰；鼓動其情，必將自戰。又，處羅侯者，攝圖之弟，姦多勢弱，言其心多姦巧而形勢甚弱。曲取衆心，國人愛之，因爲攝圖所忌，其心殊不自安，迹示彌縫，實懷疑懼。又，阿波首鼠，介在其間，漢書：首鼠兩端。頗畏攝圖，受其牽率，左傳：牽率老夫。唯強是與，未有定心。今宜遠交而近攻，史記范雎說秦王之言。離強而合弱。通使玷厥，說合阿波，使，疏吏翻。說，輸芮翻。今人言說合二字，說，音如字；合，音閤。則攝圖迴兵，自防右地。右地，突厥西面地也。又引處羅，遣連奚、霫，奚，庫莫奚。霫，又一種。霫，音習。則攝圖分衆，還備左方。左方，突厥東面地也。首尾猜嫌，腹心離阻，十數年後，乘釁討之，釁，許覲翻。必可一舉而空其國矣。」帝省表，大悅，省，悉景翻。因召與語。晟復口陳形勢，復，扶又翻。手畫山川，寫其虛實，皆如指掌，帝深嗟異，皆納用之。遣太僕元暉出伊吾道，詣達頭，賜以狼頭纛。太僕，太僕卿也。伊吾，即漢伊吾盧之地。突厥之先，狼種也，子孫爲君長，牙門建狼頭纛，示不忘本也。纛，徒到翻。達頭使來，引居沙鉢略使上。使，疏吏翻。以晟爲車騎將軍，出黃龍道，黃龍，即和龍，今黃龍府即其地，時爲高寶寧所據。騎，奇寄翻。齎幣賜奚、霫、契丹，奚，本曰庫莫奚，東部胡之種也。爲慕容氏所破，遺落竄匿松漠之間，後稍強盛。霫，匈奴之別種也，居潢水北。契丹之先，與奚同種而異類，並爲慕容氏所破，俱竄松漠之間。其後稍大，居黃龍之北數百里。契，欺訖翻，又音喫。齎，則兮翻。遣爲鄉導，鄉，讀曰嚮。得至處羅侯所，深布心腹，誘之內附。誘，音酉。反間既行，間，古莧翻。果相猜貳。

30 始興王叔陵，太子之次弟也，與太子異母，母曰彭貴人。叔陵爲江州刺史，性苛刻狡險。新安王伯固，以善諧謔，有寵於上及太子；謔，虛約翻。叔陵疾之，陰求其過失，欲中之以法。中，竹仲翻。叔陵入爲揚州刺史，事務多關涉省閣，省閣，謂中書、尚書二省。執事承意順旨，卽諷上進用之；微致違忤，必抵以大罪，重者至殊死。身首異處爲殊死。忤，五故翻。伯固憚之，乃諂求其意。叔陵好發古冢，伯固好射雉，好，呼到翻。射，而亦翻。常相從郊野，大相款狎，因密圖不軌。伯固爲侍中，每得密語，必告叔陵。

十四年（壬寅、五八二）

1 春，正月，己酉，上不豫，太子與始興王叔陵、長沙王叔堅並入侍疾。叔陵陰有異志，命典藥吏曰：「切藥刀甚鈍，可礪之！」甲寅，上殂。倉猝之際，叔陵命左右於外取劍。左右弗悟，取朝服木劍以進，朝服帶劍，以爲儀飾，非求其適用，故爲木劍。朝，直遙翻。叔陵怒。怒其不能會己意。叔堅在側，聞之，疑有變，伺其所爲。伺，相吏翻。乙卯，小斂。斂，力贍翻。太子哀哭俯伏。叔陵抽剉藥刀斫太子，中項，中，竹仲翻。太子悶絕于地；母柳皇后走來救之，又斫后數下。乳媪吳氏自後掣其肘，媪，烏皓翻。掣，昌列翻。太子乃得起；叔陵持太子衣，太子自奮得免。叔堅手搤叔陵，奪去其刀，仍牽就柱，以其褶袖縛之。搤，於革翻。去，羌呂翻。褶，音習，布褶衣也，今之寬袖。山海經註：魏毌丘儉破高句麗，遣王頎窮追，過汙沮千餘里。彼人言，海中有長臂人，近於海中得布褶衣，兩袖各長三丈有餘。則知所謂褶衣，有自來矣。時吳媪已扶太子避賊，叔堅求太子所在，欲受生殺之命。叔陵多力，奮袖得脫，突走出雲龍門，馳車還東府，召左右斷青溪道，斷，音短。赦東城囚以充戰士，東城，卽東府城。散金帛賞賜；又遣人往新林追所部兵；仍自被甲，著白布帽，被，皮義翻。著，則略翻。登城西門招募百姓；又召諸王將帥，將，卽亮翻。帥，所類翻。莫有至者，唯新安王伯固單馬赴之，助叔陵指揮。叔陵兵可千人，欲據城自守。

時衆軍並緣江防守，臺內空虛。叔堅白柳后，使太子舍人河內司馬申，以太子命召右衛將軍蕭摩訶入見受敕，見，賢遍翻。帥馬步數百趣東府，帥，讀曰率；下同。趣，七喩翻；下同。屯城西門。叔陵惶恐，遣記室韋諒送其鼓吹與摩訶，吹，昌瑞翻。謂曰：「事捷，必以公爲台輔。」摩訶紿報之曰：「須王心膂節將自來，方敢從命。」紿，徒亥翻。將，卽亮翻。叔陵遣其所親戴溫、譚騏驎詣摩訶，譚，徒含翻。春秋：齊滅譚，子孫以國爲氏。驎，離珍翻。摩訶執以送臺，斬其首，徇東城。叔陵自知不濟，入內，沈其妃張氏及寵妾七人于井，沈，持林翻。帥步騎數百自小航渡，六朝都建業，航秦淮而渡者非一處，當朱雀門者爲大航，當東府門者爲小航。騎，奇寄翻；下同。航，戶剛翻。欲趣新林，乘舟奔隋。行至白楊路，爲臺軍所邀。伯固見兵至，旋避入巷，叔陵馳騎拔刃追之，伯固復還，叔陵部下多棄甲潰去。摩訶馬容陳智深迎刺叔陵僵仆，陳仲華就斬其首，軍行，擇便於鞍馬、軀幹壯偉者，乘馬居前，以壯軍容，謂之馬容。刺，七亦翻。伯固爲亂兵所殺，自寅至巳乃定。叔陵諸子並賜死，伯固諸子宥爲庶人。韋諒及前衡陽內史彭暠、五代志：長沙郡衡山縣，舊置衡陽郡。陳爲王國，故置內史。暠，古老翻。諮議參軍兼記室鄭信、典籤俞公喜並伏誅。暠，叔陵舅也。信、諒有寵於叔陵，常參謀議。諒，粲之子也。韋粲，梁臣，死於侯景之難。

丁巳，太子卽皇帝位，大赦。

2 辛酉，隋置河北道行臺於并州，以晉王廣爲尚書令；并州治晉陽。置西南道行臺於益州，以蜀王秀爲尚書令。隋主懲周氏孤弱而亡，故使二子分涖方面。以二王年少，少，詩照翻。盛選貞良有才望者爲之僚佐；以靈州刺史王韶爲并省右僕射，五代志：靈武郡，後魏置靈州。按靈州，漢北地郡富平縣地，赫連勃勃之果園。後魏置靈州，取靈武郡名之。註又見前。鴻臚卿趙郡李雄爲兵部尚書，五代志：趙郡治平棘。李雄，趙郡高邑人。臚，陵如翻。左武衞將軍朔方李徹總晉王府軍事，朔方郡，夏州。李徹，朔方巖綠人。兵部尚書元巖爲益州總管府長史。王韶、李雄、元巖俱有骨鯁名，李徹前朝舊將，李徹事周，征吐谷渾，平齊、定淮南，皆有功。朝，直遙翻。故用之。

初，李雄家世以學業自通，雄獨習騎射。騎，奇寄翻；下同。其兄子旦讓之曰：「非士大夫之素業也。」雄曰：「自古聖賢，文武不備而能成其功業者鮮矣。鮮，息淺翻。雄雖不敏，頗覩前志，但不守章句耳。既文且武，兄何病焉！」及將如并省，帝謂雄曰：「吾兒更事未多，更，工衡翻。以卿兼文武才，吾無北顧之憂矣。」

二王欲爲奢侈非法，韶、巖輒不奉教，或自鎖，或排閤切諫。二王甚憚之，每事諮而後行，不敢違法度。帝聞而賞之。隋文帝擇人以輔其子，可謂用心矣。而二子皆不克令終，何也？中人已下之性，束縛之雖急，一縱則不可復收也。

又以秦王俊爲河南道行臺尚書令、洛州刺史，領關東兵。洛州，治洛陽。

3 癸亥，以長沙王叔堅爲驃騎將軍、開府儀同三司、揚州刺史；驃，匹妙翻。蕭摩訶爲車騎將軍、南徐州刺史，封綏遠公，始興王【章：十二行本「王」下有「叔陵」二字；乙十一行本同；孔本同；張校同。】家金帛累巨萬，悉以賜之。以司馬申爲中書通事舍人。

乙丑，尊皇后爲皇太后。時帝病創，創，初良翻；下同。臥承香殿，不能聽政。太后居柏梁殿，百司衆務，皆決於太后，帝創愈，乃歸政焉。

丁卯，封皇弟叔重爲始興王，奉昭烈王祀。叔陵既誅，以叔重奉昭烈王祀。

4 隋元景山出漢口，漢口，漢水入江之口。遣上開府儀同三司鄧孝儒將卒四千攻甑山。鎮將軍陸綸以舟師救之，爲孝儒所敗；敗，補邁翻。溳口、甑山、沌陽守將皆棄城走。漢水記：自漢口入二百里，得溳口，有村；又三百里，得溳城，楚邑也，漢安陸縣居之。沌陽在沌水之北。五代志：沔陽郡漢陽縣有沌水。溳，音云。沌，柱兗翻。將，卽亮翻。戊辰，遣使請和於隋，歸其胡墅。去年周羅睺拔胡墅。使，疏吏翻。

5 己巳，立妃沈氏爲皇后。辛未，立皇弟叔儼爲尋陽王，叔愼爲岳陽王，叔達爲義陽王，叔熊爲巴山王，叔虞爲武昌王。宣帝諸子，唯叔達後仕於唐，貴顯。

6 隋高熲奏，禮不伐喪；春秋公羊傳：襄公十九年，晉士匄帥師侵齊。至穀，聞齊侯卒，乃還。還者何？善辭也。何善爾？大其不伐喪也。二月，己丑，隋主詔熲等班師。

7 三月，己巳，以尚書左僕射晉安王伯恭爲湘州刺史，湘州治長沙。永陽王伯智爲尚書僕射。

8 夏，四月，庚寅，隋大將軍韓僧壽破突厥於雞頭山，雞頭山，涇水所出，在原州平高縣西。上柱國李充破突厥於河北山。此山蓋在北河之北。

9 丙申，立皇子永康公胤爲太子。胤，孫姬之子，沈后養以爲子。

10 五月，己未，高寶寧引突厥寇隋平州，五代志：北平郡，舊置平州，治盧龍。突厥悉發五可汗控弦之士四十萬入長城。沙鉢略可汗，第二可汗，達頭可汗，阿波可汗，貪汗可汗，凡五可汗。

11 壬戌，隋任穆公于翼卒。任，古國名。謚法：布德執義曰穆；中情見貌曰穆。任，音壬。卒，子恤翻。

12 甲子，隋更命傳國璽曰「受命璽」。更，工衡翻。璽，斯氏翻。

13 六月，甲申，隋遣使來弔。使，疏使翻。

14 乙酉，隋上柱國李光敗突厥於馬邑。「李光」，當作「李充」。馬邑，朔州治所。大業初，改馬邑縣爲善陽縣。敗，補邁翻；下同。突厥又寇蘭州，五代志：金城郡，開皇初，置蘭州總管府。涼州總管賀婁子幹敗之於可洛峐。山無草木曰峐。峐，古哀翻。

15 隋主嫌長安城制度狹小，又宮內多妖異。妖，於驕翻。納言蘇威勸帝遷都，帝以初受命，難之；夜，與威及高熲共議。明旦，通直散騎庾季才奏曰：「臣仰觀乾象，俯察圖記，必有遷都之事。且漢營此城，將八百歲，漢高帝五年徙都長安，歲在己亥，是年歲在壬寅，凡八百四歲。惠帝元年城長安，歲在丁未，距是年七百九十六年。水皆鹹鹵，不甚宜人。京都地大人衆，加以歲久壅底，墊隘穢惡，聚而不泄，則水多鹹鹵。鹵，郎古翻。願陛下協天人之心，爲遷徙之計。」帝愕然，謂熲、威曰：「是何神也！」太師李穆亦上表請遷都。帝省表曰：「天道聰明，已有徵應；上，時掌翻。省，悉景翻。徵，證也。太師人望，復抗此請；無不可矣。」復，扶又翻。丙申，詔高熲等創造新都於龍首山。三秦記：龍首山長六十里，首入渭水，尾達樊川，頭高二十丈，尾漸下，可六七丈，色赤。舊傳有黑龍從南山出飲渭水，其行道因行成迹。以太子左庶子宇文愷有巧思，領營新都副監。晉志：太子庶子四人，職比散騎常侍、中書監・令，隋分置門下坊左庶子二人，典書坊右庶子二人。監者，監領營新都事。思，相吏翻。愷，忻之弟也。

16 秋，七月，辛未，大赦。

17 九月，丙午，設無㝵大會於太極殿，㝵，與礙同，釋氏書也。捨身及乘輿御服。乘，繩證翻。大赦。

18 丙午，以長沙王叔堅爲司空，將軍、刺史如故。驃騎將軍，揚州刺史。

19 冬，十月，癸酉，隋太子勇屯兵咸陽以備突厥。咸陽在長安西北，隔渭水耳。屯兵於此以備突厥，蓋其兵勢強盛，欲窺長安，此亦猶漢霸上、棘門、細柳之屯耳。

20 十二月，丙子，隋命新都曰大興城。

21 乙酉，隋遣沁源公虞慶則屯弘化以備突厥。沁源縣公。五代志：上黨郡有沁源縣，後魏置弘化郡，治合水；開皇六年，置慶州。沁，七鴆翻。

行軍總管達奚長儒將兵二千，與突厥沙鉢略可汗遇於周槃，據慶則傳，長儒別道邀賊，爲虜所圍，慶則按營不救，則周槃亦當在弘化縣界。「長儒」，當作「長孺」。沙鉢略有衆十餘萬，軍中大懼。長儒神色慷慨，且戰且行，爲虜所衝，散而復聚，復，扶又翻。四面抗拒。轉鬭三日，晝夜凡十四戰，五兵咸盡，士卒以拳毆之，毆，烏口翻。手皆骨見，見，賢遍翻。孟子曰：「盡信書不如無書。」五兵咸盡，士卒奮拳擊虜，以言死鬬則可；若虜以全師四面蹙之，安能免乎！史但極筆敍長儒力戰之績耳，觀者不以辭害意可也。殺傷萬計。虜氣稍奪，於是解去。長儒身被五瘡，通中者二；被，皮義翻。中，竹仲翻。

其戰士死【章：十二行本「死」下有「傷」字；乙十一行本同；孔本同。】者什八九。詔以長儒爲上柱國，餘勳回授一子。

時柱國馮昱屯乙弗泊，乙弗泊當在鄯州之西。蘭州總管叱列長叉守臨洮，五代志：後周武帝逐吐谷渾，置洮陽郡，尋立洮州，大業初置臨洮郡。洮，土刀翻。上柱國李崇屯幽州，皆爲突厥所敗。敗，補邁翻。於是突厥縱兵自木硤、石門兩道入寇，武威、天水、【章：十二行本「水」下有「安定」二字；乙十一行本同；孔本同；張校同。】金城、上郡、弘化、延安，六畜咸盡。木峽、石門兩關，皆在弘化郡平高縣界。此由虞慶則按營不戰，達奚長儒孤軍摧衄，故沙鉢略縱兵兩道而入。然五可汗之兵，東西齊舉，西自乙弗泊，東至幽州，盡隋西北二邊，無不被寇。若武威至延安，則達頭、沙鉢略之兵耳。天水、上郡皆古郡，天水則秦州，上郡則敷州也。延安郡，後魏置。東夏州，西魏改爲延州。畜，許又翻。

沙鉢略更欲南入，達頭不從，引兵而去。長孫晟又說沙鉢略之子染干說，輸芮翻。詐告沙鉢略曰：「鐵勒等反，欲襲其牙。」鐵勒之先本匈奴苗裔，種類最多，自西海之東，依據山谷，往往不絕，至北海之南，雖姓氏不同，總謂之鐵勒。沙鉢略懼，迴兵出塞。

22 隋主既立，待遇梁主，恩禮彌厚。是歲，納梁主女爲晉王妃，按隋書蕭后傳及蕭巋傳，初皆云巋女，詳考之，則后本巋生。江南風俗，二月生子者不舉。后以二月生，故季父岌收而養之。未幾，岌夫妻俱死，轉養於舅氏張軻家。高祖爲晉王選妃於梁，徧占諸女，皆不吉。巋迎后於舅氏，占之曰吉，遂爲王妃。又欲以其子瑒尚蘭陵公主。瑒，雉杏翻，又音暢。由是罷江陵總管，西魏遷梁主詧於江陵，置助防，曰「防主」，後遂置總管，今罷之。梁主始得專制其國。

長城公上諱叔寶，字元秀，小字黃奴，宣帝嫡長子也。

至德元年（癸卯、五八三）

1 春，正月，庚子，隋將入新都，大赦。

2 壬寅，大赦，改元。

3 初，上病創，創，初良翻。不能視事，政無大小，皆決於長沙王叔堅，權傾朝廷。叔堅頗驕縱，上由是忌之。都官尚書山陰孔範，山陰，漢古縣，屬會稽郡。中書舍人施文慶，皆惡叔堅而有寵於上，惡，烏路翻；下同。日夕求其短，日夕，猶言朝夕也。搆之於上。上乃即叔堅驃騎將軍本號，用三司之儀，出爲江州刺史。以祠部尚書江總爲吏部尚書。

4 癸卯，立皇子深爲始安王。

5 二月，己巳朔，日有食之。

6 癸酉，遣兼散騎常侍賀徹等聘于隋。散，悉亶翻。騎，奇寄翻。

7 突厥寇隋北邊。厥，九勿翻。

8 癸巳，葬孝宣皇帝于顯寧陵，廟號高宗。

9 右衞將軍兼中書通事舍人司馬申既掌機密，頗作威福，多所譖毁。能候人主顏色，有忤己者，必以微言譖之；忤，五故翻。附己者，因機進之。是以朝廷内外，皆從風而靡。

上欲用侍中、吏部尚書毛喜爲僕射，申惡喜强直，言於上曰：「喜，臣之妻兄，高宗時稱陛下有酒德，周公戒成王曰：「無若殷王受之迷亂，酗于酒德哉！」註云：言紂心迷政亂，以酗酒爲德。請逐去宫臣，去，羌呂翻。陛下寧忘之邪？」邪，音耶。上乃止。

上創愈，置酒於後殿以自慶，引吏部尚書江總以下展樂賦詩。展，舒而陳之也。創，初良翻。既醉而命毛喜。于時山陵初畢，喜見之，不懌；欲諫，則上已醉。喜升階，陽爲心疾，仆于階下，移出省中。上醒，謂江總曰：「我悔召毛喜，彼實無疾，但欲阻我歡宴，非我所爲耳。」言喜以帝所爲爲非也。乃與司馬申謀曰：「此人負氣，吾欲乞鄱陽兄弟，聽其報讎，可乎？」鄱陽兄弟，世祖諸子也。高宗之篡，殺劉師知、韓子高、到仲舉父子以及始興王伯茂，皆毛喜之謀。後主怒喜，欲以喜乞鄱陽兄弟，聽其報讎，於臣爲不君，於父爲不子。乞，音氣，與也。對曰：「彼終不爲官用，陳之臣子率稱其君曰官。願如聖旨。」中書通事舍人北地傅縡爭之傳稱縡少依蕭循，蓋循自關中歸，縡與之俱南也。縡，作代翻。曰：「不然。若許報讎，欲置先皇何地？」上曰：「當乞一小郡，勿令見人事耳。」乃以喜爲永嘉内史。考異曰：司馬申傳云：「右僕射沈君理卒，朝議以毛喜代之。」按君理卒在太建五年，非後主時。又毛喜傳云：「時山陵初畢，未及踰年。」按高宗殂過朞乃葬，而云未及踰年，恐誤也。

10 三月，丙辰，隋遷于新都。考異曰：隋食貨志：「正月，帝入新宮。」今從帝紀。初令民二十一成丁，減役者每歲十二番爲二十日役，減調絹一匹爲二丈。後周之制，民年十八成丁，今增三歲。每歲十二番，則三十日役，今改爲二十日役，及調絹減半。調，徒弔翻。周末榷酒坊、鹽池、鹽井，至是皆罷之。周末，官置酒坊收利，鹽池、鹽井皆禁百姓採用。池鹽，則河東鹽池。井鹽，則蜀中處處有之。榷，古岳翻。

祕書監牛弘隋書牛弘傳：弘，安定鶉觚人，本姓寮氏。父允仕魏，賜姓牛氏。上表，以「典籍屢經喪亂，上，時掌翻。喪，息浪翻。率多散逸。周氏聚書，僅盈萬卷。平齊所得，除其重雜，裁益五千。興集之期，屬膺聖世。重，直龍翻。裁，與纔同。屬，之欲翻。膺，當也。爲國之本，莫此爲先。豈可使之流落私家，不歸王府！必須勤之以天威，引之以微利，則異典必臻，觀閣斯積。」漢東觀及天祿、石渠等閣，皆藏書之所，故云。觀，古玩翻。隋主從之。丁巳，詔購求遺書於天下，每獻書一卷，賚縑一匹。賚，洛代翻，賜也，與也。縑，絹也；說文曰：并絲繒。

11 夏，四月，庚午，吐谷渾寇隋臨洮。洮州刺史皮子信出戰，敗死；汶州總管梁遠擊走之。又寇廓州，州兵擊走之。五代志：後周武帝逐吐谷渾，置洮陽郡，尋立洮州。汶山郡，後周置汶州。宋白曰：晉置廣陽縣於茂州汶山縣西北五十里，今不詳其處所。後周又立廣陽縣於石鏡山西，六十里至舊廣陽，即今縣也。又置汶州於此。汶，讀曰珉。隋改會州澆河郡，亦周逐吐谷渾以置廓州。

12 壬申，隋以尚書右僕射趙煚兼內史令。煚，古迥翻。

13 突厥數爲隋寇。厥，九勿翻。數，所角翻。隋主下詔曰：「往者周、齊抗衡，分割諸夏，夏，戶雅翻。突厥之虜，俱通二國。周人東慮，恐齊好之深，好，呼到翻。齊氏西虞，懼周交之厚；謂虜意輕重，國遂安危，蓋並有大敵之憂，思減一邊之防也。朕以爲厚斂兆庶，斂，力贍翻。多惠豺狼，未嘗感恩，資而爲賊。節之以禮，不爲虛費，省傜薄賦，國用有餘。因入賊之物，加賜將士；將，卽亮翻；下同。息道路之民，務爲耕織；清邊制勝，成策在心。凶醜愚闇，未知深旨，將大定之日，比戰國之時；乘昔世之驕，結今時之恨。近者盡其巢窟，俱犯北邊，蓋上天所忿，驅就齊斧。齊，讀曰齋，言齊戒而授斧鉞於將帥。一讀曰資，應劭曰：利斧也。諸將今行，義兼含育，有降者納，降，戶江翻。有違者死，使其不敢南望，永服威刑。何用侍子之朝，寧勞渭橋之拜！」匈奴遣子入侍及來朝渭橋，並見漢宣帝紀。朝，直遙翻。

於是命衞王爽等爲行軍元帥，帥，所類翻。分八道出塞擊之。爽督總管李充等四將出朔州道，自馬邑出塞也。己卯，與沙鉢略可汗遇於白道。白道在長城北，有白道嶺、白道溪。李充言於爽曰：「突厥狃於驟勝，狃，女久翻。必輕我而無備，以精兵襲之，可破也。」諸將多以爲疑，唯長史李徹贊成之，遂與充帥精騎五千掩擊突厥，大破之。帥，讀曰率。騎，奇寄翻；下並同。沙鉢略棄所服金甲，潛草中而遁。其軍中無食，粉骨爲糧，加以疾疫，死者甚衆。幽州總管陰壽帥步騎十【章：十二行本「十」作「數」；乙十一行本同；孔本同。】萬出盧龍塞，擊高寶寧。寶寧求救於突厥，突厥方禦隋師，不能救。庚辰，寶寧棄城奔磧北，磧，七迹翻。和龍諸縣悉平。壽設重賞以購寶寧，又遣人離其腹心；寶寧奔契丹，爲其麾下所殺。高寶寧自齊末據和龍，至是敗滅。契，欺訖翻，又音契。

14 己丑，郢州城主張子譏遣使請降於隋，郢州治江夏，中流之重鎮，今欲降隋，史言陳之邊將已離心。使，疏吏翻；下同。降，戶江翻。隋主以和好，不納。好，呼到翻。

15 辛卯，隋主遣兼散騎常侍薛舒、兼【章：十二行本「兼」下有「通直」二字；乙十一行本同；孔本同。】散騎常侍王劭來聘。劭，松年之子也。王松年仕齊，爲通直散騎侍郎，人在下中。散，悉亶翻。騎，奇寄翻。

16 癸巳，隋主大雩。隋雩壇在國南十三里啓夏門外道左。

17 甲子，【張：「子」作「午」。】突厥遣使入見于隋。見，賢遍翻。

18 隋改度支尚書爲民部，度，徒洛翻。都官尚書爲刑部。命左僕射判吏、禮、兵三部事，右僕射判民、刑、工三部事。廢光祿、衞尉、鴻臚寺及都水臺。臚，陵如翻。

19 五月，癸卯，隋行軍總管李晃破突厥於摩那度口。

20 乙巳，梁太子琮入朝于隋，賀遷都。朝，直遙翻。

21 辛酉，隋主祀方澤。隋爲方丘於宮城之北十四里。

22 隋秦州總管竇榮定帥九總管步騎三萬出涼州，帥，讀曰率。與突厥阿波可汗相拒於高越原，阿波屢敗。榮定，熾之兄子也。厥，九勿翻。可，從刊入聲。汗，音寒。竇熾時爲太傅。

前上大將軍京兆史萬歲，坐事配敦煌爲戍卒，敦煌郡，瓜州。敦，徒門翻。詣榮定軍門，請自効，榮定素聞其名，見而大悅。壬戌，將戰，榮定遣人謂突厥曰：「士卒何罪而殺之！但當各遣一壯士決勝負耳。」突厥許諾，因遣一騎挑戰。騎，奇寄翻；下同。挑，徒了翻。榮定遣萬歲出應之，萬歲馳斬其首而還。還，音旋，又如字。突厥大驚，不敢復戰，復，扶又翻。遂請盟，引軍而去。

長孫晟時在榮定軍中爲偏將，將，卽亮翻。使謂阿波曰：「攝圖每來，戰皆大勝。阿波纔入，遽卽奔敗，此乃突厥之恥也。且攝圖之與阿波，兵勢本敵。今攝圖日勝，爲衆所崇；阿波不利，爲國生辱。攝圖必當以罪歸阿波，成其宿計，滅北牙矣。阿波建牙在攝圖之北。願自量度，量，音良。度，徒洛翻。能禦之乎？」阿波使至，使，疏吏翻；下同。晟又謂之曰：「今達頭與隋連和，而攝圖不能制，可汗何不依附天子，連結達頭，相合爲強，此萬全計也，豈若喪兵負罪，喪，息浪翻。歸就攝圖，受其戮辱邪！」邪，音耶。阿波然之，遣使隨晟入朝。

沙鉢略素忌阿波驍悍；朝，直遙翻。驍，堅堯翻。悍，侯旰翻。自白道敗歸，又聞阿波貳於隋，因先歸，襲擊北牙，大破之，殺阿波之母。阿波還，無所歸，西奔達頭。達頭大怒，遣阿波帥兵而東，帥，讀曰率。其部落歸之者將十萬騎，遂與沙鉢略相攻，屢破之，復得故地，兵勢益強。貪汗可汗素睦於阿波，沙鉢略奪其衆而廢之，貪汗亡奔達頭。沙鉢略從弟地勤察，【張：「地勤察」作「地勒察」。】別統部落，與沙鉢略有隙，復以衆叛歸阿波。從，才用翻。復，扶又翻。連兵不已，各遣使詣長安請和求援。隋主皆不許。

23 六月，庚辰，隋行軍總管梁遠破吐谷渾於爾汗山。吐，從暾入聲。谷，音浴。汗，音寒。

24 突厥寇幽州，隋幽州總管廣宗壯公李崇帥步騎三千拒之。廣宗縣公。廣宗，漢古縣，五代志屬清河郡。厥，九勿翻。帥，讀曰率。騎，奇寄翻。轉戰十餘日，師人多死，遂保砂城。突厥圍之，城荒頹，不可守禦，曉夕力戰，又無所食，每夜出掠虜營，得六畜以繼軍糧，畜，許又翻。突厥畏之，厚爲其備，每夜中結陳以待之。陳，讀曰陣；下同。崇軍苦飢，出輒遇敵，死亡略盡，及明，奔還城者尚百許人，然多重傷，不堪更戰。突厥意欲降之，降，戶江翻；下同。遣使謂崇曰：「若來降者，封爲特勒。」特勒，突厥達官。新書：突厥子弟曰特勒。使，疏吏翻。崇知不免，令其士卒曰：「崇喪師徒，令，力定翻。喪，息浪翻。罪當萬死。今日効命，以謝國家。汝俟吾死，且可降賊，便散走，努力還鄉。若見至尊，道崇此意。」乃挺刃突陳，復殺二人，挺，拔也。陳，讀曰陣。突厥亂射，殺之。射，而亦翻。秋，七月，【章：十二行本「月」下有「辛丑」二字；乙十一行本同；孔本同；張校同。】以豫州刺史代人周搖爲幽州總管。命李崇子敏襲爵。襲爵廣宗公。

敏娶樂平公主之女娥英，隋主受禪，周天元后改封樂平公主。詔假一品羽儀，禮如尚帝女。既而將侍宴，公主謂敏曰：「我以四海與至尊，唯一壻，當爲爾求柱國；爲，于僞翻。若餘官，汝愼勿謝。」及進見，見，賢遍翻。帝授以儀同及開府，皆不謝。帝曰：「公主有大功於我，我何得於其壻而惜官乎！今授汝柱國。」敏乃拜而蹈舞。

25 八月，丁卯朔，日有食之。考異曰：隋紀作「七月丁卯」，蓋曆差。

26 長沙王叔堅未之江州，復留爲司空，復，扶又翻。實奪之權。

27 壬午，隋遣尚書左僕射高熲出寧州道，內史監虞慶則出原州道，以擊突厥。五代志：平涼郡，舊置原州。監，甲暫翻。厥，九勿翻。

28 九月，癸丑，隋大赦。

29 冬，十月，甲戌，隋廢河南道行臺省，去年二月，隋置河南道行臺省。以秦王俊爲秦州總管，隴右諸州盡隸焉。秦州天水郡。

30 丁酉，立皇弟叔平爲湘東王，叔敖爲臨賀王，叔宣爲陽山王，叔穆爲西陽王。

31 戊戌，侍中建昌侯徐陵卒。卒，子恤翻。

32 癸丑，立皇弟叔儉爲安南王，叔澄爲南郡王，叔興爲沅陵王，叔韶爲岳山王，叔純爲新興王。自湘東以下，皆以郡名疏爵，今著後人之所未能偏知者。五代志：始安郡富川縣，舊置臨賀郡。熙平郡桂陽縣，梁置陽山郡。永安郡黄岡縣，置西陽郡。巴陵郡華容縣，舊曰安南，置安南郡。沅陵縣，置沅陵郡。信安郡新興縣，梁置新興郡。岳山郡闕。郡縣志：巴陵，一名天岳山。岳山蓋卽巴陵，以封叔韶。沅，音元。郢翻。

33十一月，遣散騎常侍周墳、通直散騎常侍袁彦聘于隋。帝聞隋主狀貌異人，使彦畫像而歸。帝見，大駭曰：「吾不欲見此人。」亟命屏之。散，悉亶翻。騎，奇寄翻。亟，紀力翻。屏，必郢翻。

34隋既班律令，前年十月，隋行新律。蘇威屢欲更易事條，更，工衡翻；下數更同。内史令李德林曰：「修律令時，公何不言？今始頒行，且宜專守，自非大爲民害，不可數更。」數，所角翻。河南道行臺兵部尚書楊尚希曰：「竊見當今郡縣，倍多於古。或地無百里，數縣並置；或戶不滿千，二郡分領。具僚已衆，資費日多；吏卒增倍，租調歲減；調，徒弔翻。民少官多，少，詩沼翻；下同。十羊九牧。今存要去上聲。閑，併小爲大，國家則不虧粟帛，選舉則易得賢良。」易，以豉翻。蘇威亦請廢郡。帝從之。甲午，悉罷諸郡爲州。

35十二月，乙卯，隋遣兼散騎常侍曹令則、通直散騎常侍魏澹來聘。散，悉亶翻。騎，奇寄翻。澹，收之族也。魏收事齊以文名。澹，徒覽翻。

36丙辰，司空長沙王叔堅免。叔堅既失恩，心不自安，乃爲厭媚，厭，一琰翻。醮日月以求福。或上書告其事，考異曰：南史云：「上陰令人造其厭媚，又令人告之。」今從陳書。帝召叔堅，囚于西省，門下省爲東省，中書省爲西省。將殺之，令近侍宣敕數之。數，責其罪也。數，所具翻，又所主翻。叔堅對曰：「臣之本心，非有他故，但欲求親媚耳。臣既犯天憲，罪當萬死。臣死之日，必見叔陵，願宣明詔，責之於九泉之下。」帝乃赦之，免官而已。因叔堅之言，始念其擁護之功。此豈少恩而已哉？不明故爾。

37 隋以上柱國竇榮定爲右武衛大將軍。榮定妻，隋主姊安成公主也。隋主欲以榮定爲三公，辭曰：「衛、霍、梁、鄧，若少自貶損，不至覆宗。」帝乃止。四姓皆漢外戚也。衛氏夷於武帝之末，霍族赤於宣帝之時，桓帝怒而梁宗誅滅，安帝長而鄧門衰廢，事並見漢紀。少，詩沼翻。

帝以李穆功大，詔曰：「法備小人，不防君子。太師申公，自今雖有罪，但非謀逆，縱有百死，終不推問。」

禮部尚書牛弘請立明堂，帝以時事草創，不許。

帝覽刑部奏，斷獄數猶至萬，斷，丁亂翻。以爲律尚嚴密，故人多陷罪。又敕蘇威、牛弘等更定新律，除死罪八十一條，流罪一百五十四條，徒杖等千餘條，唯定留五百條，凡十二卷。一曰名例，二曰衞禁，三曰職制，四曰戶婚，五曰廄庫，六曰擅興，七曰賊盜，八曰鬬訟，九曰詐僞，十曰雜律，十一曰捕亡，十二曰斷獄。自是刑網簡要，疏而不失。仍置律博士弟子員。大理寺之屬有律博士八人。

38 隋主以長安倉廩尚虛，是歲，詔西自蒲、陝，東至衞、汴，河東郡，蒲州。恆農郡，陝州。汲郡，衞州。陳留郡，汴州。陝，式冉翻。汴，皮變翻。水次十三州，募丁運米。華、陝、穀、洛、管、汴、汾、晉、蒲、絳、懷、衞、相，凡十三州。又於衞州置黎陽倉，陝州置常平倉，華州置廣通倉，五代志：京兆郡鄭縣，後魏置東雍州，并華山郡，西魏改曰華州。華，戶化翻。轉相灌輸。輸，平聲。漕關東及汾、晉之粟以給長安。水運曰漕。關東，自函谷關以東州郡。五代志：文城郡，東魏置南汾州，後周改爲汾州。晉州臨汾郡，舊平陽郡也。漕，在到翻。

時刺史多任武將，類不稱職。將，卽亮翻；下同。稱，尺證翻。治書侍御史柳彧上表曰：治，直之翻。上，時掌翻。「昔漢光武與二十八將，披荆棘，定天下，及功成之後，無所任職。事見漢光武紀。伏見詔書，以上柱國和千子爲杞州刺史。五代志：梁郡雍丘縣，隋置杞州。千子前任趙州，趙州時治廣阿。百姓歌之曰：『老禾不早殺，今人猶呼割稻爲殺稻。餘種穢良田。』種，章勇翻。千子，弓馬武用，是其所長；治民涖衆，非其所解。治，直之翻。解，戶買翻，曉也。如謂優老尚年，尚，尊也，高也。自可厚賜金帛；若令刺舉，漢置刺史，掌刺舉郡縣吏，故云然。所損殊大。」帝善之。千子竟免。

彧見上勤於聽受，百僚奏請，多有煩碎，上疏諫曰：「臣聞上古聖帝，莫過唐、虞，不爲叢脞，是謂欽明。書：元首叢脞哉。孔安國曰：叢脞，細碎無大略。馬云：叢，總也；脞，小也。堯典曰：放勳欽明文思。脞，倉果翻。舜任五臣，孔子曰：舜有臣五人而天下治。孔安國曰：五臣，禹、稷、契、皋陶、伯益。

堯咨四岳，孔安國曰：四岳，即羲和之四子，分掌四岳之諸侯。垂拱無爲，天下以治。治，直吏翻；下同。所謂勞於求賢，逸於任使。比見陛下留心治道，比，毗至翻。治，直吏翻。無憚疲勞，亦由羣官懼罪，不能自決，取判天旨，判，決也。聞奏過多。乃至營造細小之事，出給輕微之物，一日之內，酬答百司。至乃日旰忘食，夜分未寢，旰，古按翻，日晏也。夜分，半夜也。動以文簿憂勞聖躬。伏願察臣至言，少減煩務，少，詩沼翻。若經國大事，非臣下裁斷者，伏願詳決，斷，丁亂翻。自餘細務，責成所司，則聖體盡無疆之壽，臣下蒙覆育之賜。」覆，敷救翻。上覽而嘉之，因曰：「柳彧直士，國之寶也。」

彧以近世風俗，每正月十五夜，然燈游戲，奏請禁之，上元燃燈，或云以漢祠太一自昏至晝故事，此說非也。梁簡文帝有列燈詩，陳後主有光璧殿遙詠山燈詩，則柳彧所謂近世風俗是也。曰：「竊見京邑，爰及外州，每以正月望夜，望夜，月之十五夜也。月旦以日月合，謂之朔，十五夜以日月相望，謂之望。充街塞陌，塞，悉則翻。聚戲朋遊，鳴鼓聒天，燎炬照地，竭貲破產，競此一時。盡室幷孥，無問貴賤，男女混雜，緇素不分。穢行因此而成，盜賊由斯而起，觀此，則上元遊戲之弊，其來久矣。後之當路者，能不惑於世俗，奮然革之，亦所謂豪傑之士也。因循弊風，曾無先覺。無益於化，實損於民，請頒天下，並即禁斷。」斷，音短。詔從之。

資治通鑑卷第一百七十六

端明殿學士兼翰林侍讀學士朝散大夫右諫議大夫充集賢殿修撰提舉西京嵩山崇福宫上柱國河内郡開國侯食邑一千八百户食實封六百户賜紫金魚袋臣　司馬光　奉敕編集

後　學　天　台　胡三省　音　註

陳紀十

起閼逢執徐（甲辰），盡著雍涒灘（戊申），凡五年。

長城公下

至德二年（甲辰、五八四）

1 春，正月，甲子，日有食之。

2 己巳，隋主享太廟；辛未，祀南郊。

3 壬申，梁主入朝于隋，朝，直遥翻；下同。服通天冠、絳紗袍，北面受郊勞。及入見於大興殿，隋主服通天冠、絳紗袍，梁主服遠遊冠、朝服，君臣並拜。通天冠、絳紗袍，天子之服也；服天子之服，北面以受郊勞，示臣服於隋而未至純於臣也。遠遊冠、朝服，諸王見天子之服也；入見大興殿，純於臣矣。大興殿，隋新都正殿也，唐爲西内太極殿。遠遊，三梁冠，黑介幘。朝服，絳紗單衣，白紗内單，皁領、袖，皁襈，革帶，鉤䚢，假帶，方心；絳紗蔽膝，韈，舄，綬，劍佩。君臣並拜，非禮也。勞，力到翻。見，賢遍翻。襈，雛免翻。䚢，丑例翻，又敕列翻。賜縑萬匹，珍玩稱是。稱是，言其直與萬縑稱也。稱，尺證翻。

4 隋前華州刺史張賓、華，戶化翻。儀同三司劉暉等造甲子元曆成，甲子元曆，其要以上元甲子，己巳已來至開皇四年歲在甲辰積算起。奏之。壬辰，詔頒新曆。考異曰：隋律曆志云：「二月撰成奏上。」今從帝紀。

5 癸巳，大赦。

6 二月，乙巳，隋主餞梁主於灞上。梁主歸國，故餞之。

7 突厥蘇尼部男女萬餘口降隋。厥，九勿翻。尼，女夷翻。降，戶江翻；下同。

8 庚戌，隋主如隴州。五代志：扶風汧源縣，西魏置隴東郡及東秦州，後改隴州。

9 突厥達頭可汗請降於隋。可，從刊入聲。汗，音寒。考異曰：隋帝紀云：「突厥阿史那玷厥帥其屬來降。」按時玷厥方強，蓋文降耳。

10 夏，四月，庚子，隋以吏部尚書虞慶則爲右僕射。

11 隋上大將軍賀婁子幹發五州兵擊吐谷渾，時發河西五州兵，蓋涼、甘、瓜、鄯、廓也。吐，從暾入聲。谷，音浴。殺男女萬餘口，二旬而還。還，音旋，又如字。

帝以隴西頻被寇掠，而俗不設村塢，塢，安古翻，壁壘也。說文曰：小障也，一曰庳城也。通俗文：營居曰塢。被，皮義翻。命子幹勒民爲堡，堡，音保，小城也。仍營田積穀。子幹上書曰：「隴右、河西，土曠民稀，邊境未寧，不可廣佃。上，時掌翻。佃，徒年翻，作田也。比見屯田之所，比，毗至翻。獲少費多，虛役人功，卒逢踐暴；少，詩沼翻。卒，子恤翻。屯田疏遠者請皆廢省。但隴右之人以畜牧爲事，畜，許六翻。若更屯聚，彌不自安。但使鎮戍連接，烽堠相望，堠，戶遘翻。民雖散居，必謂無慮。」帝從之。

以子幹曉習邊事，丁巳，以爲榆關總管。五代志：榆林郡金河縣，開皇三年置榆關總管。榆林郡後置勝州。

12 五月，以吏部尚書江總爲僕射。

13 隋主以渭水多沙，深淺不常，漕者苦之，六月，壬子，詔太子左庶子宇文愷帥水工鑿渠，引渭水，帥，讀曰率。自大興城東至潼關三百餘里，名曰廣通渠。漕運通利，關內賴之。

14 秋，七月，丙寅，遣兼散騎常侍謝泉等聘于隋。散，悉亶翻。騎，奇寄翻。

15 八月，壬寅，隋鄧恭公竇熾卒。熾，昌志翻。卒，子恤翻。

16 乙卯，將軍夏侯苗請降于隋，夏，戶雅翻。降，戶江翻。隋主以通和，不納。

17 九月，甲戌，隋主以關中饑，行如洛陽。

18 隋主不喜詞華，喜，許記翻。詔天下公私文翰並宜實錄。泗州刺史司馬幼之五代志：下邳郡，後魏置南徐州，梁改東徐州，陳改安州，後周改泗州。文表華豔，付所司治罪。治書侍御史趙郡李謂亦以當時屬文，體尚輕薄，治，直之翻。屬，之欲翻。上書曰：「魏之三祖，上，時掌翻。三祖，謂曹魏父子孫太祖武皇帝、高祖文皇帝、烈祖明皇帝。崇尚文詞，忽君人之大道，好雕蟲之小藝。揚子曰：童子雕蟲篆刻。好，呼到翻。下之從上，遂成風俗。江左、齊、梁，其弊彌甚：競一韻之奇，爭一字之巧；連篇累牘，不出月露之形，積案盈箱，唯是風雲之狀。世俗以此相高，朝廷據茲擢士。祿利之路既開，愛尚之情愈篤。於是閭里童昏，貴遊總丱，童昏，言童幼昏蒙，未有知識也。鄭玄曰：貴遊子弟，王公之子弟；遊，無官司者。詩：總角丱兮。毛傳曰：總角，聚兩髦也。丱，幼稚也。丱，古患翻。未窺六甲，古者，八歲入小學，學六甲、五方、書計之事。六甲，謂六十甲子也。先製五言，謂五言詩。至如羲皇、舜、禹之典，伊、傅、周、孔之說，不復關心，復，扶又翻。何嘗入耳。以傲誕爲清虛，以緣情爲勳績，指儒素爲古拙，用詞賦爲君子。故文筆日繁，其政日亂，良由棄大聖之軌模，構無用以爲用也。今朝廷雖有是詔，如聞外州遠縣，仍踵弊風：躬仁孝之行者，行，下孟翻。擯落私門，不加收齒；工輕薄之藝者，選充吏職，舉送天朝。朝，直遙翻。蓋由刺史、縣令未遵風教。請普加采察，送臺推劾。」劾，戶概翻，又戶得翻。又上言：「士大夫矜伐干進，無復廉恥，乞明加罪黜，以懲風軌。」風軌，風迹也。上，時掌翻。詔以諤前後所奏頒示四方。

19突厥沙鉢略可汗數爲隋所敗，厥，九勿翻。可，從刊入聲。汗，音寒。數，所角翻。敗，補邁翻。乃請和親。千金公主自請改姓楊氏，爲隋主女。隋主遣開府儀同三司徐平和使於沙鉢略，更封千金公主爲大義公主。千金公主，宇文氏，請於沙鉢略，欲復讎；及兵敗於外，衆離於內，乃請爲隋主女。更封以大義，非嘉名也，取「大義滅親」云爾，爲大義不得其死張本。使，疏吏翻；下同。更，工衡翻。晉王廣請因釁乘之，釁，許覲翻。隋主不許。

沙鉢略遣使致書曰：「從天生大突厥天下賢聖天子伊利居盧設莫何沙鉢略可汗【章：十二行本「居」作「俱」；乙十一行本同；孔本同。】致書大隋皇帝：皇帝，婦父，乃是翁比。此爲女夫，乃是兒例。兩境雖殊，情義如一。自今子子孫孫，乃至萬世，親好不絕。好，呼到翻。上天爲證，終不違負！此國羊馬，皆皇帝之畜。畜，許救翻。彼之繒綵，皆此國之物。」繒，疾陵翻。

帝復書曰：「大隋天子貽書大突厥沙鉢略可汗：得書，知大有善意。既爲沙鉢略婦翁，今日視沙鉢略與兒子不異。時遣大臣往彼省女，復省沙鉢略也。」省，悉景翻。復，扶又翻。於是遣尚書右僕射虞慶則使於沙鉢略，車騎將軍長孫晟副之。騎，奇寄翻。長，知兩翻。晟，承正翻。

沙鉢略陳兵列其珍寶，坐見慶則，稱病不能起，且曰：「我諸父以來，不向人拜。」慶則責而諭之。千金公主私謂慶則曰：「可汗豺狼性，過與爭，將齧人。」齧，五結翻，噬也。長孫晟謂沙鉢略曰：「突厥與隋俱大國天子，可汗不起，安敢違意。但可賀敦爲帝女，則可汗是大隋女壻，柰何不敬婦翁！」沙鉢略笑謂其達官曰：「須拜婦翁！」突厥子弟曰特勒；大臣曰葉護，曰屈律啜，曰阿波，曰俟利發，曰吐屯，曰俟斤，曰閻洪達，曰頡利發，曰達干，皆達官也。乃起拜頓顙，顙，桑黨翻。跪受璽書，以戴於首。璽，斯氏翻。既而大慙，與羣下相聚慟哭。慶則又遣稱臣，沙鉢略謂左右曰：「何謂臣？」左右曰：「隋言臣，猶此云奴耳。」沙鉢略曰：「得爲大隋天子奴，虞僕射之力也。」贈慶則馬千匹，并以從妹妻之。從，才用翻。妻，七細翻。

20 冬，十一月，壬戌，隋主遣兼散騎常侍薛道衡等來聘，散，悉亶翻。騎，奇寄翻。戒道衡「當識朕意，勿以言辭相折。」折，之舌翻。

21 是歲，上於光昭殿前起臨春、結綺、望仙三閣，各高數十丈，高，古到翻。連延數十間，其牕、牖、壁帶、縣楣、欄、檻皆以沈、檀爲之，釋名曰：牕，聰也，於內見外之聰明也。牖，亦牕也。說文：牖，穿壁，以木爲交牕。壁帶，壁中橫木。班固西都賦：金釭銜璧，是爲列錢。賢註曰：以黃金爲釭，其中銜璧，納之於壁帶，爲行列，歷歷如錢也。懸楣，橫木，施於前後兩楹之間，下不裝構，今人謂之掛楣。欄、檻皆所以凭也，施於簷下階際者曰欄，施於牕牖之間者曰檻。沈、檀，皆香木。縣，讀曰懸。沈，持林翻。飾以金玉，間以珠翠，珠，珍珠。翠，翡翠毛。間，古莧翻。外施珠簾，內有寶牀、寶帳，其服玩瑰麗，近古所未有。每微風暫至，香聞數里。瑰，工回翻。聞，音問。其下積石爲山，引水爲池，雜植奇花異卉。卉，百草總名，音許偉翻，又音諱。

上自居臨春閣，張貴妃居結綺閣，龔、孔二貴嬪居望仙閣，並複道交相往來。又有王、李二美人，張、薛二淑媛，袁昭儀、何婕妤、江脩容，並有寵，梁制：貴妃、貴嬪、貴姬，是爲三夫人，金章龜鈕，紫綬八十首，佩于窴玉，虎頭鞶。淑媛、淑儀、淑容、昭華、昭儀、昭容、脩華、脩儀、脩容，是爲九嬪，金章龜鈕，青綬八十首，虎頭鞶，佩采瓄玉。婕妤、容華、充華、承徽、列榮五職，位亞九嬪，銀印珪鈕，艾綬，虎頭鞶。美人、才人、良人三職，散位，銅印環鈕，墨綬，虎頭鞶。嬪，毗賓翻。媛，于眷翻。婕妤，音接于。迭遊其上。以宮人有文學者袁大捨等爲女學士。僕射江總雖爲宰輔，不親政務，日與都官尚書孔範、散騎常侍王瑳等散，悉亶翻。騎，奇寄翻。瑳，倉何翻。文士十餘人，侍上遊宴後庭，無復尊卑之序，謂之「狎客」。上每飲酒，使諸妃、嬪及女學士與狎客共賦詩，互相贈答，考異曰：平陳記云：「張貴妃等八人夾坐，江總等十人預宴。先令八婦人襞采牋製五言詩，十客一時繼和，稽緩則罰酒。」今從陳書、南史。采其尤艷麗者，被以新聲，被，皮義翻。選宮女千餘人習而歌之，分部迭進。其曲有玉樹後庭花、臨春樂等，五代志：後主於清樂中造黄鸝留及玉樹後庭花、金釵兩鬢垂等曲，與幸臣製其歌詞，綺豔相高，極於輕薄。男女唱和，其音甚哀。臨春樂者，言臨春閣之樂也。樂，音洛。大略皆美諸妃嬪之容色。君臣酣歌，自夕達旦，以此爲常。

張貴妃名麗華，本兵家女，爲龔貴嬪侍兒，上見而悅之，得幸，生太子深。貴妃髮長七尺，其光可鑑，長，直亮翻。性敏慧，有神彩，進止詳【章：十二行本「詳」作「閑」；乙十一行本同。】華，詳審而華麗也。每瞻視眄睞，仰視曰瞻。正觀曰視。斜視曰眄。旁視曰睞。眄，莫甸翻。睞，洛代翻。光采溢目，照映左右。善候人主顏色，引薦諸宮女；後宮咸德之，競言其善。又有厭魅之術，厭魅，所謂婦人媚道也。厭，一琰翻。魅，音媚。常置淫祀於宮中，聚女巫鼓舞。上怠於政事，百司啓奏，並因宦者蔡脫兒、李善度進請；上倚隱囊，隱囊者，爲囊實以細輭，置諸坐側，坐倦則側身曲肱以隱之。隱，於靳翻。置張貴妃於膝上，共決之。李、蔡所不能記者，貴妃並爲條疏，疏，分也。爲，于僞翻。無所遺脫。因參訪外事，人間有一言一事，貴妃必先知白之；由是益加寵異，冠絕後庭。冠，古玩翻。宦官近習，內外連結，援引宗戚，縱橫不法，援，于元翻。橫，下孟翻。賣官鬻獄，貨賂公行；賞罰之命，不出于外。言出命不由中書而出於宮掖也。大臣有不從者，因而譖之。於是孔、張之權熏灼四方，孔、張，謂孔貴嬪、張貴妃也。大臣執政皆從風諂附。

孔範與孔貴嬪結爲兄妹；上惡聞過失，惡，烏路翻。每有惡事，孔範必曲爲文飾，稱揚贊美，由是寵遇優渥，言聽計從。羣臣有諫者，輒以罪斥之。中書舍人施文慶，頗涉書史，嘗事上於東宮，聰敏強記，明閑吏職，閑，習也。心算口占，應時條理，由是大被親幸。被，皮義翻。又薦所善吳興沈客卿、五代志：吳郡烏程縣，舊置吳興郡。陽惠朗、徐哲、暨慧景等，姓纂：周景王封少子於陽樊，因邑命氏。余按春秋之時，齊人遷陽，子孫蓋以國爲氏。江南自來有暨姓，吳時有暨豔。暨，戟乙翻。云有吏能，上皆擢用之；以客卿爲中書舍人。客卿有口辯，頗知朝廷典故，兼掌金帛局。陳中書省分爲二十一局。舊制：軍人、士人並無關市之稅。上盛脩宮室，窮極耳目，府庫空虛，有所興造，恒苦不給。客卿奏請不問士庶並責關市之征，而又增重其舊。於是以陽惠朗爲太市令，暨慧景爲尚書金、倉都令史，梁制：太市令屬太府卿，秩六百石。尚書金、倉都令史，金部、倉部都令史也。梁制，尚書都令史視奉朝請。恆，戶登翻。二人家本小吏，考校簿領，纖毫不差；然皆不達大體，督責苛碎，聚斂無厭，斂，力贍翻。厭，於鹽翻。士民嗟怨。客卿總督之，每歲所入，過於常格數十倍。過，工禾翻。上大悅，益以施文慶爲知人，臨亂之君，各賢其臣，其信然矣。尤見親重，小大衆事，無不委任；轉相汲引，汲水者引綆期必上，人臣之相汲引，亦猶是也。珥貂蟬者五十人。珥，市志翻。

孔範自謂文武才能，舉朝莫及，朝，直遙翻。從容白上曰：「外間諸將，起自行伍，從，千容翻。將，卽亮翻。行，戶剛翻。匹夫敵耳。深見遠慮，豈其所知！」上以問施文慶，文慶畏範，亦以爲然；司馬申復贊之。復，扶又翻。自是將帥微有過失，帥，所類翻。卽奪其兵，分配文吏；奪任忠部曲以配範及蔡徵。由是文武解體，以至覆滅。通鑑具敍陳氏亡國之由。

三年（乙巳、五八五）

1 春，正月，戊午朔，日有食之。

2 隋主命禮部尚書牛弘脩五禮，勒成百卷；戊辰，詔行新禮。五禮：吉、凶、軍、賓、嘉。

3 三月，戊午，隋以尚書左僕射高熲爲左領軍大將軍。

4 豐州刺史章大寶，昭達之子也，五代志：建安郡界，陳置閩州，後又置豐州。章昭達歷事高祖、世祖、高宗，皆有戰功。在州貪縱，朝廷以太僕卿李暈代之。暈將至，辛酉，大寶襲殺暈，舉兵反。

5 隋大司徒郢公王誼大司徒，周之六官。按王誼拜大司徒，隋主未受禪也；隋既受禪，改周之六官，司徒列於三公，不應復加「大」字。與隋主有舊，王誼少與隋主同學。其子尚帝女蘭陵公主。帝待之恩禮稍薄，誼頗怨望。或告誼自言名應圖讖，相表當王；相，息亮翻。公卿奏誼大逆不道。壬寅，賜誼死。

6 戊申，隋主還長安。去年九月隋主如洛陽，今還。

7 章大寶遣其將楊通攻建安，不克。以此觀之，陳之豐州治閩縣，而建安縣自別置建安郡。將，即亮翻。臺軍將至，大寶衆潰，逃入山，爲追兵所擒，夷三族。

8 隋度支尚書長孫平元年，隋已改度支爲民部，志作「工部尚書長孫平」。度，徒洛翻。長，知兩翻。奏「令民間每秋家出粟麥一石以下，貧富爲差，儲之當社，委社司檢校，以備凶年，名曰『義倉』」，隋主從之。五月，甲申，初詔郡、縣置義倉。【章：十二行本「倉」下有「平儉之子也」五字；乙十一行本同；孔本同。】時民間多妄稱老、小以免賦役，隋承周制，男女三歲已下爲黃，十歲已下爲小，六十者爲老。山東承北齊之弊政，北齊，高齊。言北齊者，以別蕭氏之南齊。戶口租調，姦僞尤多。隋主命州縣大索貌閱，調，徒弔翻。索，山客翻。貌閱者，閱其貌以驗老小之實。戶口不實者，里正、黨長遠配；隋頒新令，制人五家爲保，保有長；保五爲閭，閭四爲族，皆有正；畿外置里正，比閭正；黨長，比族正；以相檢察焉。

長，知兩翻。大功以下，皆令析籍，以防容隱。堂兄弟，其服大功。於是計帳得新附一百六十四萬餘口。高熲【章：十二行本「熲」下有「又言民間課輸無定簿，難以推校」十三字；乙十一行本同；孔本同；張校同。】請爲輸籍法，徧下諸州，輸籍，凡民間課輸，皆籍其數，使州縣長吏不得以走弄出沒。下，戶嫁翻。帝從之，自是姦無所容矣。

諸州調物，每歲河南自潼關，河北自蒲坂，輸長安者相屬於路，調，徒弔翻。屬，之欲翻。晝夜不絕者數月。

9 梁主殂，謚曰孝明皇帝，廟號世宗。世宗孝慈儉約，境內安之。太子琮嗣位。琮，藏宗翻。

10 初，突厥阿波可汗既與沙鉢略有隙，【章：十二行本「隙」下有「分而爲二」四字；乙十一行本同；孔本同；張校同。】厥，九勿翻。可，從刊入聲。汗，音寒。有隙事始上卷元年。阿波浸強，東距都斤，都斤，突厥中山名。沙鉢略初立，建牙於此山。西越金山，龜茲、鐵勒、伊吾及西域諸胡悉附之，伊吾之地，吐屯設主之，蓋突厥所署置也。龜茲，音丘慈。號西突厥。突厥自是分爲東、西。隋主亦遣上大將軍元契使于阿波以撫之。使，疏吏翻。

11 秋，七月，庚申，遣散騎常侍王話等聘于隋。散，悉亶翻。騎，奇寄翻。

12 突厥沙鉢略既爲達頭所困，達頭資阿波以兵，使攻沙鉢略，是爲其所困者也。又畏契丹，西既爲達頭所困，東又畏契丹見逼。契，欺訖翻，又音喫。遣使告急於隋，請將部落度漠南，寄居白道川。欲南徬長城下，倚隋爲援。使，疏吏翻。將，卽亮翻，又如字。隋主許之，命晉王廣以兵援之，晉王廣時爲幷省，北邊皆屬焉，故命以兵援沙鉢略。給以衣食，賜之車服鼓吹。吹，昌瑞翻。沙鉢略因西擊阿波，破之。借隋兵之勢以獲勝。而阿拔國乘虛掠其妻子；官軍爲擊阿拔，敗之，爲，于僞翻。敗，補邁翻。所獲悉與沙鉢略。

沙鉢略大喜，乃立約，以磧爲界，磧，七迹翻。因上表曰：「天無二日，土無二王，此語本之孟子。上，時掌翻；下同。大隋皇帝眞皇帝也，豈敢阻兵恃險，偸竊名號！今感慕淳風，歸心有道，屈膝稽顙，稽，音啓。顙，桑黨翻。永爲藩附。」遣其子庫合眞入朝。考異曰：隋突厥傳作「窟含眞」，今從帝紀。朝，直遙翻。

八月，丙戌，庫合眞至長安。隋主下詔曰：「沙鉢略往雖與和，往，已往也，言往事也。猶是二國；今作君臣，便成一體。」因命肅告郊廟，普頒遠近；凡賜沙鉢略詔，不稱其名。宴庫合眞於內殿，突厥馮陵諸夏，周、齊屈體結之。今沙鉢略奉表稱臣，遣子入覲，隋主告之郊廟，布之臣庶；大其事也；宴之於內殿，親之也。引見皇后，賞勞甚厚。見，賢遍翻。勞，力到翻。沙鉢略大悅，自是歲時貢獻不絕。

13 九月，將軍湛文徹侵隋和州，隋儀同三司費寶首擊擒之。費，扶沸翻，姓也。

14丙子，隋使李若等來聘。

15冬，十月，壬辰，隋以上柱國楊素爲信州總管。五代志：巴東郡，梁置信州。隋置楊素於永安，將使之爲舟師以伐陳也。

16初，北地傅縡以庶子事上於東宮，縡，作代翻。及卽位，遷祕書監、右衞將軍兼中書通事舍人，負才使氣，人多怨之。施文慶、沈客卿共譖縡受高麗使金，上收縡下獄。麗，力知翻。使，疏吏翻。下，戶嫁翻。

縡於獄中上書曰：「夫君人者，恭事上帝，子愛下民，省嗜欲，遠諂佞，未明求衣，日旰忘食，中上，時掌翻。夫，音扶。遠，于願翻。旰，古按翻。是以澤被區宇，被，皮義翻。慶流子孫。陛下頃來酒色過度，不虔郊廟大神，專媚淫昏之鬼，謂寵張貴妃，使女巫鼓舞於宮中而淫祀也。小人在側，宦豎弄權，惡忠直若仇讎，視生民如草芥，後宮曳綺繡，廄馬餘菽粟，百姓流離，殭尸蔽野，貨賄公行，帑藏損耗，神怒民怨，衆叛親離，臣恐東南王氣自斯而盡。」惡，烏路翻。殭，居良翻。帑，他朗翻。藏，徂浪翻。王，于況翻，又如字。

書奏，上大怒。頃之，意稍解，遣使謂縡曰：「我欲赦卿，卿能改過不？」使，疏吏翻。不，讀曰否。對曰：「臣心如面，臣面可改，則臣心可改。」上益怒，令宦者李善慶窮治其事，遂賜死獄中。治，直之翻。

上每當郊祀，常稱疾不行，故綽言及之。

17 是歲，梁大將軍戚昕以舟師襲公安，不克而還。公安，陳荊州治所。昕，許斤翻。還，音旋，又如字。隋主徵梁主叔父太尉吳王岑入朝，拜大將軍，封懷義公，因留不遣；朝，直遥翻。復置江陵總管以監之。隋罷江陵總管，見上卷陳高宗太建十四年。復，扶又翻。監，工銜翻。梁大將軍許世武密以城召荊州刺史宜黄侯慧紀；宜黄，古縣，吳立，屬臨川郡，隋併省。謀泄，梁主殺之。慧紀，高祖之從孫也。從，才用翻。

18 隋主使司農少卿崔仲方發丁三萬，於朔方、靈武築長城，東距河，西至綏州，五代志：雕陰郡，西魏置綏州。緜歷七百里，以遏胡寇。

四年（丙午、五八六）

1 梁改元廣運。

2 甲子，党項羌請降於隋。隋書：党項羌者，三苗之後也，自稱獼猴種。東接臨洮、西平，西距葉護，南北數千里，每姓別爲部落。党，底朗翻。降，戶江翻。

3 庚午，隋頒曆於突厥。班曆則稟受正朔矣。

4 二月，隋始令刺史上佐每歲暮更入朝，上考課。上佐，謂長史、司馬。更，工衡翻。上，時掌翻。

5 丁亥，隋復令崔仲方發丁十五萬，於朔方以東，緣邊險要，築數十城。朔方郡，夏州。復，扶又翻。

6 丙申，立皇弟叔謨爲巴東王，叔顯爲臨江王，叔坦爲新會王，叔隆爲新寧王。五代志：歷陽郡烏江縣，陳爲臨江郡；南海郡新會縣，舊置新會郡；信安郡新興縣，梁置新寧郡。

7 庚子，隋大赦。

8 三月，己未，洛陽男子高德上書，請隋主爲太上皇，傳位皇太子。帝曰：「朕承天命，撫育蒼生，日旰孜孜，猶恐不逮。旰，古按翻。豈效近代帝王，傳位於子，自求逸樂者哉！」言不效齊武成、周天元也。樂，音洛。

9 夏，四月，己亥，遣周磻等聘于隋。磻，薄官翻。

10 五月，丁巳，立皇子莊爲會稽王。會，古外翻。

11 秋，八月，隋遣散騎常侍裴豪等來聘。散，悉亶翻。騎，奇寄翻。

12 戊申，隋申明公李穆卒，隋以李穆能知幾保身，故謚曰明。卒，子恤翻。葬以殊禮。

13 閏月，丁卯，隋太子勇鎮洛陽。

14 隋上柱國郕公梁士彥討尉遲迥，事見一百七十四卷高宗太建十二年。尉，紆勿翻。所當必破，代迥爲相州刺史；相，息亮翻。隋主忌之，召還長安。上柱國杞公宇文忻與隋主少相厚，少，詩照翻。善用兵，有威名；隋主亦忌之，以譴去官，忻爲右領軍大將軍。以【章：十二行本「以」作「與」；

乙十一行本同；孔本同；張校同。】柱國舒公劉昉皆被疏遠，被，皮義翻。遠，于願翻。「以」，當作「與」。閒居無事，頗懷怨望，數相往來，數，所角翻。陰謀不軌。忻欲使士彥於蒲州起兵，蒲州，蒲坂，河津之要，去長安三百餘里。己爲內應，士彥之甥裴通預其謀而告之。帝隱其事，以士彥爲晉州刺史，晉州，平陽，用武之地。周、齊兵爭，以爲重鎮。欲觀其意；士彥忻然，謂昉等曰：「天也！」又請儀同三司薛摩兒爲長史，帝亦許之。後與公卿朝謁，朝，直遙翻；下同。帝令左右執士彥、忻、昉於行閒，詰之，行，戶剛翻。詰，去吉翻。初猶不伏；捕薛摩兒適至，命之庭對，於殿庭面質其事。摩兒具論始末，士彥失色，顧謂摩兒曰：「汝殺我！」丙子，士彥、忻、昉皆伏誅，叔姪、兄弟免死除名。

九月，辛巳，隋主素服臨射殿，命百官射三家資物以爲誡。三人者與隋主有舊，又有翼戴之功，而謀爲不軌，故爲之素服而又以誡百官。

15 冬，十月，己酉，隋以兵部尚書楊尚希爲禮部尚書。隋主每旦臨朝，日昃不倦，尚希諫曰：「周文王以憂勤損壽，武王以安樂延年。鄭玄註禮記有是言。昃，阻力翻。樂，音洛。願陛下舉大綱，責成宰輔。繁碎之務，非人主所宜親也。」帝善之而不能從。

16 癸丑，隋置山南道行臺於襄州；襄州治襄陽，其地在長安南山之南。以秦王俊爲尚書令。俊妃崔氏生男，隋主喜，頒賜羣官。

直祕書內省博陵李文博，家素貧，曹魏藏書在祕書，中、外三閣，是時祕書已有內外之分矣。隋氏開獻書之路，召天下工書之士補續殘缺，爲正副二本，藏于宮中，其餘以實祕書內外之閣，故置直祕書內省之官。博陵郡，定州。人往賀之，文博曰：「賞罰之設，功過所存。今王妃生男，於羣官何事，乃妄受賞也！」聞者愧之。

17 癸亥，以尚書僕射江總爲尚書令，吏部尚書謝伷爲僕射。伷，直祐翻。

18 十一月，己卯，大赦。

19 吐谷渾可汗夸呂在位百年，「夸呂」，隋書吐谷渾傳作「呂夸」。屢因喜怒廢殺太子。後太子懼，謀執夸呂而降；降，戶江翻；下同。請兵於隋邊吏，秦州總管河間王弘請以兵應之，秦州，天水郡。河間王弘，隋主從祖弟。隋主不許。

太子謀洩，爲夸呂所殺，復立其少子嵬王訶爲太子。復，扶又翻；下同。少，詩照翻。嵬，五灰翻。疊州刺史杜粲五代志：臨洮郡疊川縣，後周置疊州。宋白曰：以其地山多重疊也。請因其釁而討之，釁，許覲翻。隋主又不許。

是歲，嵬王訶復懼誅，謀帥部落萬五千戶降隋，遣使詣闕，請兵迎之。帥，讀曰率。使，疏吏翻；下同。隋主曰：「渾賊風俗，特異人倫，言其去人倫，與中國異俗。父既不慈，子復不孝。朕以德訓人，何有成其惡逆乎！」乃謂使者曰：「父有過失，子當諫爭，爭與諍同，音則迸翻。豈可潛謀非法，受不孝之名！溥天之下皆朕臣妾，各爲善事，卽稱朕心。稱，尺證翻。嵬王旣欲歸朕，唯教嵬王爲臣子之法，不可遠遣兵馬，助爲惡事！」隋主可謂有君人之言矣。嵬王訶乃止。

禎明元年（丁未、五八七）

1 春，正月，戊寅，大赦，改元。

2 癸巳，隋主享太廟。

3 乙未，隋制諸州歲貢士三人。

4 二月，丁巳，隋主朝日于東郊。五代志：禮，天子以春分朝日於東郊，秋分夕月於西郊。漢法不俟二分，於東、西郊常以郊泰畤，旦出竹宮，東向揖日，其夕西向揖月。魏文譏其煩褻似家人之事，而以正月朝日于東門之外；前史又以爲非時。及明帝太和元年二月丁亥，朝日于東郊，八月己丑，夕月於西郊，始合於古。後周以春分朝日於國東門外，爲壇如其郊，用特牲，靑幣，靑圭有邸，皇帝乘靑輅，及祀官俱靑冕，執事者靑弁，燔燎如圓丘；秋分夕月於國西門外，爲壇於坎中，燔燎，禮如朝日。隋開皇初，於國東春明門外爲壇，每以春分朝日，又於國西開遠門外坎中爲壇，每以秋分夕月，牲幣與周同。朝，直遙翻。

5 遣兼散騎常侍王亨等聘于隋。散，悉亶翻。騎，奇寄翻。

6 隋發丁男十萬餘人修長城，二旬而罷。夏，四月，於揚州開山陽瀆以通運。揚州治廣陵，山陽縣屬焉。按春秋，吳城邗，溝通江、淮。山陽瀆通於廣陵尙矣，隋特開而深廣之，將以伐陳也。

7 突厥沙鉢略可汗遣其子入貢于隋，因請獵於恆、代之間，拓跋氏始都平城，建爲代都，置司州及代都尹，後遷洛陽，改司州爲恆州，故曰恆、代也。厥，九勿翻。可，從刊入聲。汗，音寒。恆，戶登翻。隋主許之，仍遣人賜以酒食。沙鉢略帥部落再拜受賜。帥，讀曰率。

沙鉢略尋卒，隋爲之廢朝三日，卒，子恤翻。爲，于僞翻。朝，直遙翻。遣太常弔祭。

初，沙鉢略以其子雍虞閭懦弱，懦，乃臥翻，又奴亂翻。遺令立其弟葉護處羅侯。葉護，突厥達官。雍虞閭遣使迎處羅侯，將立之，使，疏吏翻；下同。處羅侯曰：「我突厥自木杆可汗以來，多以弟代兄，逸可汗捨其子而立木杆，木杆捨其子而立佗鉢，佗鉢卒，攝圖、大邏便遂至爭國事，並見前。杆，古按翻。以庶奪嫡，失先祖之法，不相敬畏。謂大邏便詈辱菴羅，又與沙鉢略爲敵，達頭又從而助之也。汝當嗣位，我不憚拜汝。」雍虞閭曰：「叔與我父，共根連體。我，枝葉也，豈可使根本反從枝葉，叔父屈於卑幼乎！且亡父之命，何可廢也！願叔勿疑！」遣使相讓者五六，處羅侯竟立，是爲莫何可汗。以雍虞閭爲葉護。遣使上表言狀。可，從刊入聲。汗，音寒。使，疏吏翻。上，時掌翻。

隋使車騎將軍長孫晟持節拜之，騎，奇寄翻。拜莫何爲可汗也。賜以鼓吹、幡旗。吹，昌瑞翻。莫何勇而有謀，以隋所賜旗鼓西擊阿波；阿波之衆以爲得隋兵助之，多望風降附。遂生擒阿波，降，戶江翻。考異曰：隋突厥傳前云「沙鉢略西擊阿波，破擒之」，後又云「處羅侯生擒阿波。」長孫晟傳曰：「處羅侯因晟奏曰，『阿波爲天所滅，與五六千騎在山谷間伏聽詔旨，當取之以獻。』」按前云「沙鉢略破擒之，」「擒」，衍字耳，處羅侯云「當取以獻」，則是得否未可必，隋安得豫議其死生乎！今從突厥傳後。上書請其死生之命。上，時掌翻。

隋主下其議，下，戶嫁翻。莫何不敢專殺阿波而請命於隋，隋之威令可謂行於突厥矣。樂安公元諧請就彼梟首；梟，古堯翻。武陽公李充請生取入朝，武陽郡公。隋之魏州武陽郡也。朝，直遙翻；下同。顯戮以示百姓。隋主謂長孫晟：「於卿何如？」晟對曰：「若突厥背誕，杜預曰：背誕謂背命放誕。陸德明曰：背，音佩；誕，音但。按今讀從去聲，亦通。須齊之以刑。今其昆弟自相夷滅，阿波之惡非負國家。因其困窮，取而爲戮，恐非招遠之道。不如兩存之。」左僕射高熲曰：「骨肉相殘，教之蠹也，宜存養以示寬大。」隋主從之。

8 甲戌，隋遣兼散騎常侍楊同等來聘。散，悉亶翻。騎，奇寄翻。

9 五月，乙亥朔，日有食之。

10 秋，七月，己丑，隋衞昭王爽卒。卒，子恤翻。

11 八月，隋主徵梁主入朝。梁主帥其羣臣二百餘人發江陵；朝，直遙翻。帥，讀曰率。庚申，至長安。

隋主以梁主在外，遣武鄉公崔弘度將兵戍江陵。軍至都州，隋無都州，蕭琮傳作「鄀州」，當從之。五代志：竟陵郡樂鄉縣，西魏置鄀州。又，南郡紫陵縣，其城南面，梁置鄀州。鄀，市灼翻。梁主叔父太傅安平王巖、弟荆州刺史義興王瓛等瓛，戶官翻。恐弘度襲之，乙丑，遣都官尚書沈君公詣荆州刺史宜黃侯慧紀請降。降，戶江翻。九月，庚寅，慧紀引兵至江陵城下。辛卯，巖等驅文、武、男、女十萬口來奔。

隋主聞之，廢梁國；梁敬帝紹泰元年，後梁中宗卽帝位，更三主，三十三年而亡。遣尚書左僕射高熲安集遺民；射，寅謝翻。熲，居永翻。梁中宗、世宗各給守冢十戶；拜梁主琮上柱國，賜爵莒公。

12 甲午，大赦。

13 冬，十月，隋主如同州；癸亥，如蒲州。

14 十一月，丙子，以蕭巖爲開府儀同三司、東揚州刺史，蕭瓛爲吳州刺史。五代志：會稽郡，梁置東揚州。吳郡，陳置吳州。

15 丁亥，以豫章王叔英兼司徒。

16 甲午，隋主如馮翊，親祠故社；隋主生於馮翊，猶漢祀豐枌榆社之意，然親祠則禮重於漢矣。戊戌，還長安。還，從宣翻，又音如字。

是行也，內史令李德林以疾不從，從，才用翻。隋主自同州敕書追之，追，召也。與議伐陳之計。及還，帝馬上舉鞭南指曰：「待平陳之日，以七寶裝嚴公，使自山以東無及公者。」言又將顯貴之使出於等夷。李德林，山東人。

17 初，隋主受禪以來，與陳鄰好甚篤，每獲陳諜，皆給衣馬禮遣之，好，呼到翻。諜，徒協翻，間探之人。而高宗猶不禁侵掠。故太建之末，隋師入寇；會高宗殂，隋主卽命班師，事見上卷太建十四年。殂，祚乎翻。遣使赴弔，使，疏吏翻。書稱姓名頓首。帝答之益驕，書末云：「想彼統內如宜，此宇宙清泰。」隋主不悅，以示朝臣，朝，直遙翻。上柱國楊素以爲主辱臣死，再拜請罪。

隋主問取陳之策於高熲，對曰：「江北地寒，田收差晚；江南水田早熟。量彼收穫之際，熲，居永翻。量，音良。微徵士馬，聲言掩襲，彼必屯兵守禦，足得廢其農時。彼既聚兵，我便解甲。再三若此，彼以爲常；後更集兵，彼必不信。猶豫之頃，我乃濟師；此濟師，謂舉兵濟江。登陸而戰，兵氣益倍。謂兵既登岸，後限大江，士無反顧之心，有必死之志，其氣益倍。又，江南土薄，舍多茅竹，所有儲積皆非地窖。窖，古孝翻。若密遣行人因風縱火，待彼脩立，復更燒之，復，扶又翻。不出數年，自可財力俱盡。」隋主用其策，陳人始困。

於是楊素、賀若弼及光州刺史高勱、虢州刺史崔仲方等五代志：弋陽郡，梁置光州。弘農郡，隋置虢州。若，人者翻。勱，音邁。爭獻平江南之策。仲方上書曰：「今唯須武昌以下，蘄、和、滁、方、吳、海等州，上，時掌翻。武昌，陳爲郡；隋平陳，廢爲縣，屬江夏郡。五代志：蘄春郡，後齊置羅州，後周改曰蘄州。歷陽郡，後齊置和州。江都郡清流縣，舊置南譙州，隋改曰滁州。六合縣，後齊置秦州，後周改曰方州。江都郡本南兗州，後周改曰吳州。東海郡，東魏海州。蘄，居依翻，又音其。更帖精兵，帖，添帖。密營度計；益、信、襄、荆、基、郢等州，蜀郡，益州。巴東郡，信州。襄陽郡，襄州。南郡，荆州。竟陵郡豐鄉縣，西魏置基州。弋陽郡定城縣，舊置郢州。速造舟楫，多張形勢，爲水戰之具。蜀、漢二江是其上流，蜀江出三峽，過南郡；漢江過襄陽、竟陵、沔陽而二江合流。國於東南者，二江其上流也。水路衝要，必爭之所。賊雖流頭、荆門、延洲、公安、巴陵、隱磯、夏首、蘄口、湓城置船，水經註：江水過夷陵而東，至流頭灘，其水峻激奔暴，魚鼈所不能游，行者苦之。又出西陵峽而東，歷荆門、虎牙之門。荆門之下爲延洲。又東過南郡而東，右與油水合，謂之油口，油口即公安也。又東過長沙下雋縣，北與湘水會，匯爲洞庭而得巴陵。又東至彭城磯，磯北對隱磯。夏首即夏口，以夏水入江而得名。屈原哀郢：過夏首而西浮。江水又東過蘄春縣，與蘄水會，謂之蘄口。又東至尋陽，得湓浦，有湓城，皆沿江要害之地也。夏，戶雅翻。然終聚漢口、峽口，以水戰大決。漢口，即夏口。峽口，西陵峽口。若賊必以上流有軍，令精兵赴援者，下流諸將即須擇便橫渡；如擁衆自衛，上江諸軍鼓行以前。將，即亮翻。上江諸軍，謂蜀江、漢江順流東下之軍也。彼雖恃九江、五湖之險，非德無以爲固；徒有三吳、百越之兵，非恩不能自立矣。」隋主以仲方爲基州刺史。

及受蕭巖等降，降，戶江翻。隋主益忿，謂高熲曰：「我爲民父母，豈可限一衣帶水不拯之乎！」命大作戰船。人請密之，隋主曰：「吾將顯行天誅，何密之有！」使投其柹於江，柹，方廢翻，斫木札也。曰：「若彼懼而能改，吾復何求！」復，扶又翻。

楊素在永安，蜀先主敗於秭歸，退還白帝，起永安宫居之，故巴東有永安之名。造大艦，名曰「五牙」。艦，戶黯翻。上起樓五層，高百餘尺；左右前後置六拍竿，拍竿，發之以拍敵船。並高五十尺，高，古號翻。容戰士八百人；次曰「黄龍」，置兵百人。自餘平乘、舴艋各有等差。舴，陟格翻。艋，莫幸翻。

晉州刺史皇甫續【章：十二行本「續」作「績」；乙十一行本同；孔本同。】將之官，稽首言陳有三可滅。之，往也；之官，往服官事也。稽，音啓。帝問其狀，曰：「大吞小，一也。以有道伐無道，二也。納叛臣蕭巖，於我有詞，三也。陛下若命將出師，臣願展絲髮之效！」隋主勞而遣之。將，即亮翻。勞，力到翻。

時江南妖異特衆，妖，於驕翻。臨平湖草久塞，忽然自開。臨平湖在餘杭郡錢塘縣，此湖常蓁塞；故老相傳，湖開則天下平。塞，悉則翻。帝惡之，乃自賣於佛寺爲奴以厭之。惡，烏路翻。厭，於葉翻。又於建康造大皇寺，起七級浮圖；未畢，火從中起而焚之。

吳興章華，好學，善屬文，朝臣以華素無伐閱，好，呼到翻。屬，之欲翻。朝，直遙翻。顔師古曰：伐，積功也；閱，經歷也。競排詆之，除太市令。華鬱鬱不得志，上書極諫，略曰：「昔高祖南平百越，謂平盧子略、李賁、元景仲、蘭裕、蕭勃之亂。上，時掌翻。北誅逆虜，謂平侯景。世祖東定吳會，謂破斬杜龕、張彪。西破王琳，見一百六十八卷世祖天嘉元年。高宗克復淮南，辟地千里，見一百七十一卷太建五年。辟，讀曰闢。三祖之功勤亦至矣。陛下即位，于今五年，不思先帝之艱難，不知天命之可畏；溺於嬖寵，惑於酒色；溺，奴狄翻。嬖，卑義翻，又博計翻。祠七廟而不出，記：天子七廟，三昭、三穆與太祖之廟而七。拜三妃而臨軒；三妃，龔、孔、張也。老臣宿將將，即亮翻。棄之草莽，諂佞讒邪升之朝廷。今疆埸日蹙，埸，音亦。隋軍壓境，陛下如不改絃易張，董仲舒曰：譬之琴瑟不調，必改絃而更張之，乃可鼓也。臣見麋鹿復遊於姑蘇矣！」伍子胥諫吳王而不聽，曰：「臣見麋鹿遊於姑蘇矣。」吳卒以亡。復，扶又翻。帝大怒，即日斬之。古語有之：「殺諫臣者必亡其國，」豈不信哉！

二年（戊申、五八八）

1 春，正月，辛巳，立皇子恮爲東陽王，恮，莊緣翻。恬爲錢塘王。

2 遣散騎常侍袁雅等聘于隋；散，悉亶翻。騎，奇寄翻。又遣散騎常侍九江周羅睺將兵屯峽口，侵隋峽州。九江郡，江南之尋陽郡，江州治所也。夷陵，梁置宜州，西魏改曰拓州，後周改曰峽州。將，即亮翻。

三月，甲戌，隋遣兼散騎常侍程尚賢等來聘。

戊寅，隋主下詔曰：「陳叔寶據手掌之地，辛臣說田戎曰：「洛陽地如掌耳。」恣溪壑之欲，溪壑難盈，故以爲喻。劫奪閭閻，資產俱竭，驅逼內外，勞役弗已；窮奢極侈，俾晝作夜；斬直言之客，滅無罪之家；欺天造惡，祭鬼求恩；盛粉黛而執干戈，曳羅綺而呼警蹕；自古昏亂，罕或能比。君子潛逃，小人得志。天災地孽，孽，魚列翻。物怪人妖。衣冠鉗口，鉗，其廉翻。道路以目。國語：周厲王監謗，道路以目。言道路相逢，以目相視，不敢有言。重以背德違言，搖蕩疆埸；重，直用翻。背，蒲妹翻。埸，音亦。晝伏夜遊，鼠竊狗盜。天之所覆，無非朕臣，覆，敷救翻。每關聽覽，有懷傷惻。可出師授律，應機誅殄；在斯一舉，永淸吳越。」又送璽書暴帝二十惡；璽，斯氏翻。仍散寫詔書三十萬紙，遍諭江外。中原以江南爲江外。

3 太子胤，性聰敏，好文學，好，呼到翻。然頗有過失；詹事袁憲切諫，不聽。時沈后無寵，而近侍左右數於東宮往來，太子亦數使人至后所，帝疑其怨望，甚惡之。數，所角翻。惡，烏路翻。張、孔二貴妃日夜構成后及太子之短，孔範之徒又於外助之。帝欲立張貴妃子始安王深爲嗣，嘗從容言之。嗣，祥吏翻。從，千容翻。吏部尚書蔡徵順旨稱贊，袁憲厲色折之曰：「皇太子國家儲副，億兆宅心，卿是何人，輕言廢立！」帝卒從徵議。折，之舌翻。宅心，居心也。卒，子恤翻。夏，五月，庚子，廢太子胤爲吳興王，立揚州刺史始安王深爲太子。徵，景歷之子也。蔡景歷歷事陳高祖、世祖、高宗。深亦聰惠，惠，與慧同。有志操，操，七到翻。容止儼然，雖左右近侍未嘗見其喜慍。帝聞袁憲嘗諫胤，卽用憲爲尚書僕射。

帝遇沈后素薄，張貴妃專後宮之政，后澹然，未嘗有所忌怨，澹，徒敢翻。身居儉約，衣服無錦繡之飾，唯尋閱經史及釋典爲事，釋典，佛經也。數上書諫爭。數，所角翻。上，時掌翻。爭，側迸翻。帝欲廢之而立張貴妃，會國亡，不果。

4 冬，十月，己亥，立皇子蕃爲吳郡王。

5 己未，隋置淮南行省於壽春，行省，卽行臺也。以晉王廣爲尙書令。

帝遣兼散騎常侍王琬、兼通直散騎常侍許善心聘于隋，散，悉亶翻。騎，奇寄翻。隋人留於客館。琬等屢請還，不聽。還，音旋，又如字。爲隋主褒美許善心張本。

甲子，隋以出師，有事於太廟，命晉王廣、秦王俊、清河公楊素皆爲行軍元帥。帥，所類翻。廣出六合，六合本漢堂邑縣之地，江左立秦郡及尉氏縣，後周改秦郡爲六合郡。隋開皇初，廢郡，改尉氏縣爲六合縣。俊出襄陽，秦王俊以山南道行臺鎭襄陽；今自襄陽出指漢口。素出永安，素鎭永安，自永安下三峽。荆州刺史劉仁恩出江陵，荆江治江陵，使劉仁恩出師，會楊素東下。蘄州刺史王世積出蘄春，蘄州治蘄春，使王世積出師，自蘄口臨江津。蘄，音機，又音其。廬州總管韓擒虎出廬江，廬州治廬江，使韓擒虎出師，自橫江渡，攻姑孰。吳州總管賀若弼出廣陵，吳州治廣陵，使賀若弼自瓜洲渡江，攻京口。若，人者翻。青州總管弘農燕榮出東海，東海郡，海州。青州治益都。此蓋使燕榮以青州之師出朐山渡海以攻南沙也。燕，因肩翻。凡總管九十，兵五十一萬八千，皆受晉王節度。東接滄海，西拒巴、蜀，旌旗舟楫，橫亘數千里。以左僕射高熲爲晉王元帥長史，帥，所類翻。長，知兩翻。右僕射王韶爲司馬，軍中事皆取決焉；區處支度，處，昌呂翻。度，徒洛翻。無所凝滯。

十一月，丁卯，隋主親餞將士；乙亥，至定城，述征記：定城去潼關三十里，夾道各一城。陳師誓衆。

6 丙子，立皇弟叔榮爲新昌王，叔匡爲太原王。

7 隋主如河東；河東，蒲州。十二月，庚子，還長安。

8 突厥莫何可汗西擊鄰國，中流矢而卒。厥，九勿翻。可，從刊入聲。汗，音寒。中，竹仲翻。卒，子恤翻。國人立雍虞閭，號頡伽施多那都藍可汗。爲突厥復亂張本。頡，戶結翻。伽，求迦翻。

9 隋軍臨江，高熲謂行臺吏部郎中薛道衡曰：「今茲大舉，江東必可克乎？」道衡曰：「克之。嘗聞郭璞有言：郭璞，晉人，知數之士也。『江東分王三百年，王，于況翻。復與中國合。』今此數將周，一也。晉元帝南渡，卽王位於建康，歲在丁丑，是年，歲在戊申，凡二百七十二年。主上恭儉勤勞，叔寶荒淫驕侈，二也。國之安危在所委任，彼以江總爲相，唯事詩酒，拔小人施文慶，委以政事，蕭摩訶、任蠻奴爲大將，皆一夫之用耳，三也。任蠻奴，卽任忠。我有道而大，彼無德而小，量其甲士不過十萬，量，音良。西自巫峽，東至滄海，分之則勢懸而力弱，聚之則守此而失彼，四也。席卷之勢，事在不疑。」卷，讀曰捲。熲忻然曰：「得君言成敗之理，令人豁然。本以才學相期，不意籌略乃爾。」爾，猶言如此也。

秦王俊督諸軍屯漢口，爲上流節度。詔以散騎常侍周羅睺都督巴峽緣江諸軍事以拒之。散，悉亶翻。騎，奇寄翻。

楊素引舟師下三峽，軍至流頭灘。將軍戚昕以青龍百餘艘【章：十二行本「艘」下有「兵數千人」四字；乙十一行本同；孔本同；張校同。】守狼尾灘，地勢險峭，隋人患之。水經註：江水過流頭灘，又東逕古宜昌縣北，又東逕狼尾灘，其地猶在黃牛峽之西。杜佑通典曰：狼尾灘，今夷陵郡宜都縣界。艘，蘇遭翻。峭，七笑翻。素曰：「勝負大計，在此一舉。若晝日下船，彼見我虛實，灘流迅激，制不由人，則吾失其便；不如以夜掩之。」素親帥黃龍數千艘，銜枚而下，遣開府儀同三司王長襲引步卒自南岸擊昕別柵，大將軍劉仁恩帥甲騎自北岸趣白沙，遲明而至，擊之；昕敗走，悉俘其衆，勞而遣之，帥，讀曰率；下同。艘，蘇遭翻。柵，直革翻。騎，奇寄翻。趣，七喻翻。遲，直二翻。勞，力到翻。秋毫不犯。

素帥水軍東下，舟艫被江，艫，音盧。被，皮義翻。旌甲曜日。素坐平乘大船，容貌雄偉，陳人望之，皆懼，曰：「清河公卽江神也！」

江濱鎮戍聞隋軍將至，相繼奏聞；施文慶、沈客卿並抑而不言。

初，上以蕭巖、蕭瓛，梁之宗室，擁衆來奔，心忌之，故遠散其衆，以巖爲東揚州刺史，瓛爲吳州刺史；瓛，戶官翻。蕭巖、蕭瓛來奔及出藩事，並見上年。使領軍任忠出守吳興郡，以襟帶二州。任，音壬。使南平王嶷鎮江州，永嘉王彥鎮南徐州。江州治尋陽，南徐州治京口，皆緣江重鎮也。

嶷，魚力翻。尋召二王赴明年元會，命緣江諸防船艦悉從二王還都，艦，戶黯翻。爲威勢以示梁人之來者。由是江中無一鬭船，上流諸州兵皆阻楊素軍，不得至。

湘州刺史晉熙王叔文，湘州治長沙。在職既久，大得人和，上以其據有上流，陰忌之；自度素與羣臣少恩，度，徒洛翻。少，詩沼翻。恐不爲用，無可任者，乃擢施文慶爲都督、湘州刺史，配以精兵二千，欲令西上；上，時掌翻。仍徵叔文還朝。朝，直遙翻；下同。文慶深喜其事，然懼出外之後，執事者持己短長，因進其黨沈客卿以自代。

未發間，二人共掌機密。護軍將軍樊毅言於僕射袁憲曰：「京口、采石俱是要地，各須銳兵五千，并出金翅二百，緣江上下，以爲防備。」金翅，船名。憲及驃騎將軍蕭摩訶皆以爲然，驃，匹妙翻。騎，奇寄翻。乃與文武羣臣共議，請如毅策。未幾，韓擒虎濟采石，賀若弼拔京口，二道並進，而陳以亡。地有所必守，蓋不待智者而後知也。施文慶恐無兵從己，廢其述職，孟子曰：諸侯朝於天子曰述職。此以出守藩方爲述職。而客卿又利文慶之任，之，往也。任，職也。之任，往赴所職也。已得專權，文慶與客卿時共掌機密，文慶若出，則客卿得專之。俱言於朝：「必有論議，不假面陳；但作文啓，即爲通奏。」謂朝臣若必有所陳說，不須面見陳主言之；但文字來，便爲聞達。爲，于僞翻；下內爲同。憲等以爲然，二人齎啓入。白帝曰：「此是常事，邊城將帥足以當之。將，即亮翻。帥，所類翻。若出人船，必恐驚擾。」

及隋軍臨江，間諜驟至，間，古莧翻。諜，徒協翻。憲等殷勤奏請，至于再三。文慶曰：「元會將逼，南郊之日，太子多從；陳仍梁制，以間歲正月上辛祀天地於南、北二郊，用特牛一。蓋來年正月當行此禮，故施文慶云然。從，才用翻。今若出兵，事便廢闕。」帝曰：「今且出兵，若北邊無事，因以水軍從郊，何爲不可！」又曰：「如此則聲聞鄰境，聞，音問。便謂國弱。」後又以貨動江總，總內爲之遊說，謂衆言雜進之後，文慶又以貨動江總，使之助己。說，輸芮翻。帝重違其意，重，如字。而迫羣官之請，乃令付外詳議。總又抑憲等，由是議久不決。

帝從容謂侍臣曰：「王氣在此。齊兵三來，周師再來，無不摧敗。齊師三來，謂梁敬帝紹泰元年徐嗣徽、任約以齊師襲建康，據石頭。太平元年，復襲破采石，與齊蕭軌同入寇，逼建康。世祖天嘉元年，齊將劉伯球、慕容恃德助王琳下蕪湖，皆敗。周師再來，謂天嘉元年獨孤盛、賀若敦入湘川，臨海王光大元年，宇文直、元定助華皎，皆敗。從，千容翻。彼何爲者邪！」都官尚書孔範曰：「長江天塹，古以爲限隔南北，魏文帝伐吳，臨江，見江濤洶湧，歎曰：「固天所以限南北也。」塹，七豔翻。今日虜軍豈能飛渡邪！邊將欲作功勞，妄言事急。將，卽亮翻。臣每患官卑，虜若渡江，臣定作太尉公矣！」孔範自謂兼資文武，故大言自詭立功。自晉、宋以來，率謂三公爲太尉公、司徒公、司空公。或妄言北軍馬死，範曰：「此是我馬，何爲而死！」言馬若渡江，必不能北歸，將悉爲我有，亦大言也。帝笑以爲然，故不爲深備，奏伎、縱酒、賦詩不輟。伎，渠綺翻，女樂也。

10 是歲，吐谷渾裨王拓跋木彌吐谷渾自亦有拓跋姓。裨，音卑。吐，從暾入聲。谷，音浴。請以千餘家降隋。降，戶江翻。隋主曰：「普天之下，皆是朕臣，朕之撫育，俱存仁孝。渾賊惽狂，妻子懷怖，怖，普故翻。並思歸化，自救危亡。然叛夫背父，不可收納。背，蒲妹翻。又其本意正自避死，今若違拒，又復不仁。若更有音信，但宜慰撫，任其自拔，不須出兵應接。其妹夫及甥欲來，亦任其意，不勞勸誘也。」所謂「叛夫背父」、「妹夫及甥」，當時必皆有主名，而史不詳紀。隋書作「名王拓跋木彌」，「裨王」亦用漢書語。背，蒲妹翻。誘，羊久翻。

11 河南王移茲裒卒，隋主令其弟樹歸襲統其衆。移茲裒降隋見上卷高宗太建十三年。裒，蒲侯翻。卒，子恤翻。

王崇武標點　顧頡剛　聶崇岐覆校

資治通鑑卷第一百七十七

端明殿學士兼翰林侍讀學士朝散大夫右諫議大夫充集賢殿修撰提舉西京嵩山崇福宫上柱國河内郡開國侯食邑一千八百户食實封六百户賜紫金魚袋臣　司馬光　奉敕編集
後　學　天　台　胡三省　音　註

隋紀一 起屠維作噩(己酉)，盡重光大淵獻(辛亥)，凡三年。

隋，卽春秋隨國，爲楚所滅，以爲縣。秦、漢屬南陽郡，晉屬義陽郡，後分置隨郡；梁曰隨州，後入西魏。楊忠從周太祖，以功封隨國公；子堅襲爵，受周禪，遂以隨爲國號。又以周、齊不遑寧處，去「辵」作「隋」，以辵訓走故也。辵，音綽。

高祖文皇帝上之上 諱堅，姓楊氏。隋書云：弘農郡華陰人也，漢太尉震八代孫鉉，生子元壽，後魏時爲武川鎭司馬，子孫因家焉。元壽玄孫忠，從周太祖起義關西，寔生帝。自陳宣帝太建十三年至開皇九年，隋有西北八年矣。以通鑑紀年於此九年爲隋紀年之始，故書上之上。

開皇九年(己酉、五八九)帝以陳高宗太建十三年受周禪，至是年平陳，混壹天下。通鑑紀事，乃以開皇繫年。

1春，正月，乙丑朔，陳主朝會羣臣，大霧四塞，朝，直遥翻。塞，悉則翻。入人鼻，皆辛酸，陳主昏睡，至晡時乃寤。日加申爲晡。晡，奔謨翻。

是日，賀若弼自廣陵引兵濟江。若，人者翻。先是，弼以老馬多買陳船而匿之，買弊船五六十艘，置於瀆内。先，悉薦翻。艘，蘇漕翻。爾雅：水注澮曰瀆。陳人覘之，以爲内國無船。覘，丑廉翻，又丑豔翻。内國，卽中國，隋避諱，改曰内。弼又請緣江防人每交代之際，必集廣陵，於是大列旗幟，營幕被野，幟，昌志翻。被，皮義翻。陳人以爲隋兵大至，急發兵爲備，既知防人交代，其衆復散；後以爲常，不復設備。復，扶又翻。又使兵緣江時獵，人馬喧譟。故弼之濟江，陳人不覺。韓擒虎將五百人自橫江宵濟采石，横江浦，在和州界。采石磯，在今太平州北三十里對岸津渡處。將，卽亮翻；下將兵同。守者皆醉，遂克之。德祐甲戌十有二月沙武口之事亦猶此。晉王廣帥大軍屯六合鎭桃葉山，隋志：江都郡六合縣，舊曰尉氏，置秦郡，後齊置秦州。後周改州曰方州，改郡曰六合。開皇初，郡廢；四年，改尉氏曰六合。張舜民曰：桃葉山，卽今瓜步鎭之地。帥，讀曰率。

丙寅，采石戍主徐子建馳啓告變；丁卯，召公卿入議軍旅。戊辰，陳主下詔曰：「犬羊陵縱，侵竊郊畿，蜂蠆有毒，宜時掃定。蠆，丑邁翻。朕當親御六師，廓淸八表，内外並可戒嚴。」以驃騎將軍蕭摩訶、護軍將軍樊毅、中領軍魯廣達並爲都督，驃，匹妙翻。騎，奇寄翻。司空司馬消難、湘州刺史施文慶並爲大監軍，去年冬，陳主擢施文慶督湘州，未及之鎭而隋兵渡江。難，乃旦翻。監，工銜翻。遣南豫州刺史樊猛帥舟師出白下，陳南豫州治宣城，時徙鎭姑孰。白下城合白石壘，唐武德移江寧縣於此，名白下縣。帥，讀曰率。散騎常侍皐文奏將兵鎭南豫州。重立賞格，僧、尼、道士，盡令執役。尼，女夷翻。

庚午，賀若弼攻拔京口，執南徐州刺史黃恪。南徐州治京口。弼軍令嚴肅，秋毫不犯，有軍士於民間酤酒者，弼立斬之。所俘獲六千餘人，弼皆釋之，給糧勞遣，勞，力到翻。付以敕書，令分道宣諭。令，力丁翻。於是所至風靡。

樊猛在建康，其子巡攝行南豫州事。辛未，韓擒虎進攻姑孰，半日，拔之，執巡及其家口。今太平州當塗縣南二里有姑孰溪，西入大江，蓋因舊鎮而得名。皋文奏敗還。江南父老素聞擒虎威信，來謁軍門者晝夜不絕。

魯廣達之子世眞在新蔡，與其弟世雄及所部降於擒虎，侯景之亂，魯悉達糾合鄉人以保新蔡，魯氏遂世襲以事陳。新蔡註見一百六十四卷梁世祖承聖元年。降，戶江翻。遣使致書招廣達。使，疏吏翻。廣達時屯建康，自劾，詣廷尉請罪；劾，戶概翻，又戶得翻。陳主慰勞之，加賜黃金，遣還營。勞，力到翻。樊猛與左衛將軍蔣元遜將青龍八十艘於白下遊弈，以禦六合兵；陳主以猛妻子在隋軍，懼有異志，欲使鎮東大將軍任忠代之，任，音壬。令蕭摩訶徐諭猛，猛不悅，陳主重傷其意而止。重，如字，難也。

於是賀若弼自北道，韓擒虎自南道並進，京口於建康爲北，姑孰於建康爲南。緣江諸戍，望風盡走；弼分兵斷曲阿之衝而入。曲阿，本雲陽，秦時，人言其地有天子氣，始皇鑿北坑以敗其勢，截直道使阿曲，改曰曲阿。其地在武進、丹徒二縣之間。弼分兵斷其衝，恐三吳之兵入救建康，掎其後也。斷，音短。陳主命司徒豫章王叔英屯朝堂，蕭摩訶屯樂遊苑，朝，直遙翻。樂，音洛。樊毅屯耆闍寺，闍，視遮翻。魯廣達屯白土岡，忠武將軍孔範屯寶田寺，忠武將軍，梁置，班十九；陳擬官品第四，秩中二千石，位次四平將軍。己卯，任忠自吳興入赴，去年使任忠出守吳興。仍屯朱雀門。晉孝武帝建朱雀門，上有兩銅雀，前直大航，謂之朱雀航。

辛未，賀若弼進據鍾山，鍾山在今上元縣東北十八里。輿地志：古曰金陵山，縣名因此。又名蔣山，漢末秣陵尉蔣子文討賊死此山下，孫氏都秣陵，以其祖諱鍾，因改名蔣山。頓白土岡之東。晉王廣遣總管杜彥與韓擒虎合軍，步騎二萬屯于新林。新林浦，去今建康城二十里，西直白鷺洲。蘄州總管王世積以舟師出九江，蘄，音機，又音其。王世積，闡熙新囯人。按班志，廬江郡尋陽縣，禹貢九江皆在南，東合爲大江。應劭曰：江自廬江尋陽分爲九。漢之尋陽縣在今蘄州界。王世積以舟師自蘄水出九江。囯，古國字。破陳將紀瑱於蘄口，蘄水入江之口。將，卽亮翻；下同。瑱，他殿翻，又音鎮。陳人大駭，降者相繼。降，戶江翻。晉王廣上狀，上，時掌翻。帝大悅，宴賜羣臣。

時建康甲士尚十餘萬人，陳主素怯懦，不達軍士，懦，乃臥翻，又奴亂翻。士，讀曰事。【章：乙十一行本正作「事」；孔本同；張校同；退齋校同。】唯日夜啼泣，臺內處分，一以委施文慶。處，昌呂翻。分，扶問翻。文慶既知諸將疾己，恐其有功，乃奏曰：「此輩怏怏，怏，於兩翻。素不伏官，迫此事機，那可專信！」由是諸將凡有啓請，率皆不行。

賀若弼之攻京口也，蕭摩訶請將兵逆戰，陳主不許。及弼至鍾山，摩訶又曰：「弼懸軍深入，壘塹未堅，塹，七豔翻。出兵掩襲，可以必克。」又不許。陳主召摩訶、任忠於內殿議軍事，忠曰：「兵法：客貴速戰，主貴持重。今國家足兵足食，宜固守臺城，緣淮立栅，北軍雖來，勿與交戰；分兵斷江路，斷，丁管翻；下同。無令彼信得通。給臣精兵一萬，金翅三百艘，下江徑掩六合；彼大軍必謂其渡江將士已被俘獲，自然挫氣。被，皮義翻。淮南土人與臣舊相知悉，今聞臣往，必皆景從。師古曰：景從，言如景之從形也。臣復揚聲欲往徐州，斷彼歸路，則諸軍不擊自去。徐州，彭汴之路也。復，扶又翻。斷，丁管翻。待春水既漲，上江周羅睺等衆軍必沿流赴援。周羅睺時督水軍，在郢漢。此良策也。」陳主不能從。明日，欻然曰：欻，許勿翻。「兵久不決，令人腹煩，可呼蕭郎一出擊之。」任忠叩頭苦請勿戰。孔範又奏：「請作一決，當爲官勒石燕然。」孔範以竇憲破匈奴事自詭，姦諂之誤國亡家如此。爲，于僞翻；下同。燕，於賢翻。陳主從之，謂摩訶曰：「公可爲我一決！」摩訶曰：「從來行陳，行，戶剛翻。陳，讀曰陣。爲國爲身；今日之事，兼爲妻子。」陳主多出金帛賦諸軍以充賞。賦，給與也，分畀也。甲申，使魯廣達陳於白土岡，陳，讀曰陣；下同。居諸軍之南，任忠次之，樊毅、孔範又次之，蕭摩訶軍最在北。諸軍南北亙二十里，首尾進退不相知。

賀若弼將輕騎登山，望見衆軍，因馳下，與所部七總管楊牙、員明等將，即亮翻。騎，奇寄翻；下同。員，音運，姓也。甲士凡八千，勒陳以待之。陳主通於蕭摩訶之妻，故摩訶初無戰意；唯魯廣達以其徒力戰，與弼相當。隋師退走者數四，弼麾下死者二百七十三人，弼縱煙以自隱，窘而復振。窘，渠隕翻。復，扶又翻；下同。陳兵得人頭，皆走獻陳主求賞，弼知其驕惰，更引兵趣孔範；趣，七喻翻，又讀曰趨。範兵暫交即走，陳諸軍顧之，騎卒亂潰，不可復止，死者五千人。員明擒蕭摩訶，送於弼，弼命牽斬之，摩訶顏色自若，弼乃釋而禮之。

任忠馳入臺，見陳主言敗狀，曰：「官好住，好，宜也；住，止也；今南人猶有是言。臣無所用力矣！」陳主與之金兩縢，縢，徒登翻。以繩約物曰縢。使募人出戰，忠曰：「陛下唯當具舟楫，就上流衆軍，謂往就周羅睺等。臣以死奉衞。」陳主信之，敕忠出部分，分，扶問翻。令宮人裝束以待之，怪其久不至。時韓擒虎自新林進軍，忠已帥數騎迎降於石子岡。帥，讀曰率。降，戶江翻；下同。領軍蔡徵守朱雀航，聞擒虎將至，衆懼而潰。忠引擒虎軍直入朱雀門，陳人欲戰，忠揮之曰：「老夫尚降，諸軍何事！」「軍」，或作「君」。衆皆散走。於是城內文武百司皆遁，唯尚書僕射袁憲在殿中，尚書令江總等數人居省中。陳主謂袁憲曰：「我從來接遇卿不勝餘人，今日但以追愧。此猶劉禪之於郤正也。非唯朕無德，亦是江東衣冠道盡。」

陳主遑遽，將避匿，憲正色曰：「北兵之入，必無所犯。大事如此，陛下去欲安之！臣願陛下正衣冠，御正殿，依梁武帝見侯景故事。」事見一百六十二卷梁武帝太清三年。陳主不從，下榻馳去，曰：「鋒刃之下，未可交當，吾自有計！」從宮人十餘出後堂景陽殿，將自投于井，憲苦諫不從；後閤舍人夏侯公韻以身蔽井，夏，戶雅翻。陳主與爭，久之，乃得入。既而軍人窺井，呼之，不應，欲下石，乃聞叫聲；以繩引之，驚其太重，及出，乃與張貴妃、孔貴嬪同束而上。祝穆曰：景陽井在法寶寺。或云，白蓮閣下有小池，面方丈餘。或云，在保寧寺覽輝亭側。舊傳云：欄有石脈，以帛拭之，作臙脂痕，一名臙脂井，又名辱井。梁制：有殿中舍人、守舍人。陳制：殿中舍人爲三品蘊位，守舍人爲三品勳位，在九品之外。後閤舍人，蓋殿中舍人之守後閤者。沈后居處如常。處，昌呂翻。太子深年十五，閉閤而坐，舍人孔伯魚侍側，此太子舍人也。梁制：太子中舍人四人，掌其坊之禁令；舍人十六人，掌文記。中舍人八班，舍人三班。陳制：中舍人六百石，舍人亦如之。軍士叩閤而入，深安坐，勞之曰：勞，力到翻。「戎旅在塗，不至勞也！」軍士咸致敬焉。時陳人宗室王侯在建康者百餘人，陳主恐其爲變，皆召入，令屯朝堂，使豫章王叔英總督之，又陰爲之備，及臺城失守，相帥出降。朝，直遙翻；下同。守，式又翻。帥，讀曰率。降，戶江翻。

賀若弼乘勝至樂遊苑，樂，音洛。魯廣達猶督餘兵苦戰不息，所殺獲數百人，會日暮，乃解甲，面臺再拜慟哭，謂衆曰：「我身不能救國，負罪深矣！」士卒皆流涕歔欷，歔，音虛。欷，音希，又許既翻。遂就擒。諸門衞皆走，弼夜燒北掖門入，聞韓擒虎已得陳叔寶，呼視之，叔寶惶懼，流汗股栗，向弼再拜。弼謂之曰：「小國之君當大國之卿，拜乃禮也。入朝不失作歸命侯，朝，直遙翻。孫晧降晉，封歸命侯。無勞恐懼。」既而恥功在韓擒虎後，與擒虎相詢，挺刃而出；詢，苦候翻，罵也。挺，拔也。欲令蔡徵爲叔寶作降箋，命乘騾車歸己，騾，盧戈翻。事不果。弼置叔寶於德教殿，以兵衞守。

高熲先入建康，熲子德弘爲晉王廣記室，熲，居永翻。隋制，諸王記室參軍在錄事、功曹之下。廣使德弘馳詣熲所，令留張麗華，熲曰：「昔太公蒙面以斬妲己，妲己，有蘇氏之美女，商紂嬖之，武王勝殷，殺紂，并誅妲己。妲，當割翻。己，音紀。今豈可留麗華！」乃斬之於青溪。德弘還報，廣變色曰：「昔人云，『無德不報』，詩大雅抑之辭。我必有以報高公矣！」由是恨熲。使高熲留麗華而廣納之，文帝必怒，安得成他日奪嫡之謀，是誠宜德之也，顧恨之邪！史爲廣殺熲張本。

丙戌，晉王廣入建康，以施文慶受委不忠，曲爲諂佞以蔽耳目，沈客卿重賦厚斂以悅其上，與太市令陽慧朗、刑法監徐析、尚書都令史暨慧皆爲民害，斬於石闕下，以謝三吳。斂，力贍翻。暨，戟乙翻。「陽慧朗」一作「惠朗」。「暨慧」之下逸「景」字。使高熲與元帥府記室裴矩帥，所類翻。收圖籍，封府庫，資財一無所取，天下皆稱廣，以爲賢。矩，讓之之弟子也。裴讓之見一百五十八卷梁武帝大同四年。

廣以賀若弼先期決戰，違軍令，收以屬吏。先，悉薦翻。屬，之欲翻。上驛召之，詔廣曰：

「平定江表，弼與韓擒虎之力也。」賜物萬段；又賜弼與擒虎詔，美其功。開府儀同三司王頒，僧辯之子，夜，發陳高祖陵，焚骨取灰，投水而飲之。報讎也。陳高祖殺僧辯事見一百六十六卷梁敬帝紹泰元年。既而自縛，歸罪於晉王廣；廣以聞，上命赦之。詔陳高祖、世祖、高宗陵，總給五戶分守之。

上遣使以陳亡告許善心，使，疏吏翻。善心衰服號哭於西階之下，藉草東向坐三日；去年陳遣善心來聘，留於客館，不遣還，事見上卷。西階，賓階也。衰服，藉草，喪禮也。衰，叱雷翻。號，戶刀翻。藉，慈夜翻。敕書唁焉。唁，魚戰翻。弔生曰唁。明日，有詔就館，拜通直散騎常侍，散，悉亶翻。騎，奇寄翻。賜衣一襲。衣單複具曰襲。善心哭盡哀，入房改服，改衰服，服賜服。復出，北面立，復，扶又翻。垂泣，再拜受詔，明日乃朝，朝，直遙翻。伏泣於殿下，悲不能興。上顧左右曰：「我平陳國，唯獲此人。既能懷其舊君，卽我之誠臣也。」敕以本官直門下省。通直散騎常侍屬門下省。今敕善心以本官直門下省，何也？按唐六典，晉始有門下省，散騎常侍雖隸門下，別爲一省，潘岳云「寓直散騎之省」是也，此隋所以命許善心以通直散騎常侍直門下省歟？

陳水軍都督周羅睺與郢州刺史荀法尚守江夏，江夏，陳郢州治所。夏，戶雅翻。秦王俊督三十總管水陸十餘萬屯漢口，不得進，漢水入江之口，卽沔口也。相持踰月。陳荆州刺史陳慧紀遣南康內史呂忠肅屯岐亭，按楊素傳，忠肅屯岐亭，正據江峽。則岐亭在西陵峽口也。考異曰：隋書作「呂仲肅」，南史作「呂肅」，今從陳書。據巫峽，按水經，江水出巫峽過秭歸夷陵，逕流頭狼尾灘，而後東逕西陵峽。去年冬，楊素破戚昕，其舟師已過狼尾而東，呂忠肅所據者，蓋西陵峽也。當從楊素傳作「江峽」爲通。於北岸鑿巖，綴鐵鎖三條，考異曰：南史作「五條」，今從隋書。橫截上流以遏隋船，忠肅竭其私財以充軍用。楊素、劉仁恩奮兵擊之，四十餘戰，忠肅守險力爭，隋兵死者五千餘人，陳人盡取其鼻以求功賞。既而隋師屢捷，獲陳之士卒，三縱之。忠肅棄柵而遁，素徐去其鎖；去，羌呂翻。忠肅復據荆門之延洲，素遣巴蜑千人，蜑亦蠻也。居巴中者曰巴蜑。此水蜑之習於用舟者也。蜑，徒旱翻。乘五牙四艘，以拍竿碎其十餘艦，艘，蘇遭翻。艦，戶黯翻。遂大破之，俘甲士二千餘人，忠肅僅以身免。陳信州刺史顧覺屯安蜀城，棄城走。梁置信州於巴東，西魏取之，其地時屬隋，故陳信州刺史屯於安蜀城。陳慧紀屯公安，公安，陳荆州治所。悉燒其儲蓄，引兵東下，於是巴陵以東無復城守者。陳慧紀帥將士三萬人，樓船千餘艘，沿江而下，復，扶又翻。帥，讀曰率；下同。將，卽亮翻；下同。欲入援建康，爲秦王俊所拒，不得前。是時，陳晉熙王叔文罷湘州，還，至巴州，慧紀推叔文爲盟主。巴州，治巴陵。而叔文已帥巴州刺史畢寶等致書請降於俊，俊遣使迎勞之。帥，讀曰率。降，戶江翻。使，疏吏翻；下同。勞，力到翻。會建康平，晉王廣命陳叔寶手書招上江諸將，使樊毅詣周羅睺，陳慧紀子正業詣慧紀諭指。時諸城皆解甲，羅睺乃與諸將大臨三日，將，卽亮翻。臨，力浸翻。放兵散，然後詣俊降，陳慧紀亦降，上江皆平。楊素下至漢口，與後會。王世積在蘄口，聞陳已亡，【章：甲十一行本「亡」下有「移書」二字；乙十一行本同；孔本同；張校同。】告諭江南諸郡，於是江州司馬黃偲棄城走，蘄，音機，又音其。偲，音思。豫章諸郡太守皆詣世積降。守，式又翻。

癸巳，詔遣使者巡撫陳州郡。二月，乙未，廢淮南行臺省。晉王廣於時將凱還也。

2 蘇威奏請五百家置鄉正，使治民，簡辭訟。治，直之翻；下同。李德林以爲：「本廢鄉官判事，爲其里閭親識，剖斷不平，爲其，于僞翻。斷，丁亂翻。今令鄉正專治五百家，恐爲害更甚。且要荒小縣，有不至五百家者，令，力丁翻。要，一遙翻。豈可使兩縣共管一鄉！」帝不聽。丙申，制：「五百家爲鄉，置鄉正一人；百家爲里，置里長一人。」長，知兩翻。

3 陳吳州刺史蕭瓛能得物情，陳亡，吳人推瓛爲主，瓛，戶官翻。右衛大將軍武川宇文述帥行軍總管元契、張默言等討之。落叢公燕榮以舟師自東海至，【章：甲十一行本「至」下有「亦受述節度」五字；乙十一行本同；孔本同；張校同。】隋書：宇文述，代郡武川人。地理志：馬邑郡善陽縣，大業初置代郡。順政郡鳴水縣，西魏置落叢縣及落叢郡。順政，西魏之興州也。東海郡，海州。燕榮舟師自海道入湖，可至吳州，陳置吳州於吳郡。燕，因肩翻。陳永新侯陳君範自晉陵奔瓛，沈約志：永新縣，吳立，屬安成太守。隋廢安成郡爲安復縣。晉陵與吳接壤。并軍拒述。述軍且至，瓛立柵於晉陵城東，留兵拒述，遣其將王褒守吳州，自義興入太湖，欲掩述後。述進破其柵，迴兵擊瓛，大破之；柵，測革翻。將，卽亮翻。又遣兵別道襲吳州，王褒衣道士服棄城走。衣，於既翻。瓛以餘衆保包山，包山，在太湖中，其地西北距吳縣百二十里，又名洞庭山，四面皆水，地占三鄉，環四十里，土宜橘柚。燕榮擊破之。瓛將左右數人匿民家，爲人所執。述進至奉公埭，燕，因肩翻。將，音如字，領也，攜也。埭，徒蓋翻。陳東揚州刺史蕭巖以會稽降，與瓛皆送長安，斬之。以巖等驅江陵士女降陳也，事見上卷陳長城公禎明元年。

楊素之下荆門也，遣別將龐暉將兵略地，南至湘州，城中將士，莫有固志。【章：甲十一行本「志」下有「刻日請降」四字；乙十一行本同；孔本同；張校同。】將，卽亮翻；下同。刺史岳陽王叔慎，年十八，置酒會文武僚吏。酒酣，叔慎歎曰：「君臣之義，盡於此乎！」按陳湘州刺史陳叔文既去鎮，施文慶實代之阻隋兵，不及至，湘州必有守之者，但未知叔慎何時所命耳。長史謝基伏而流涕。湘州助防遂興侯正理在坐，遂興縣侯也。沈約志：廬陵郡有遂興縣，吳立，曰新興，晉武帝太康元年更名。長，知兩翻。坐，徂臥翻。乃起曰：「主辱臣死。諸君獨非陳國之臣乎！今天下有難，難，乃旦翻。實致命之秋也；縱其無成，猶見臣節，青門之外，有死不能！召平，秦時東陵侯，秦亡爲民，種瓜青門外。正理自謂陳亡之後，不能編於民伍以求活。今日之機，不可猶豫，後應者斬！」衆咸許諾。乃刑牲結盟，仍遣人詐奉降書於龐暉。降，戶江翻。暉信之，克期入城，叔慎伏甲待之，暉至，執之以狥，幷其衆皆斬之。叔慎坐于射堂，招合士衆，數日之中，得五千人。衡陽太守樊通、武州刺史鄔居業皆請舉兵助之。隋志：長沙郡衡山縣，舊置衡陽郡。武陵郡，舊置武州。鄔姓，其先仕晉爲鄔大夫，子孫因以爲氏。鄔，烏古翻。守，式又翻。隋所除湘州刺史薛冑將兵適至，與行軍總管劉仁恩共擊之；叔慎遣其將陳正理與樊通拒戰，將，卽亮翻。兵敗。冑乘勝入城，禽叔慎，仁恩破鄔居業於橫橋，亦擒之，俱送秦王俊，斬於漢口。

嶺南未有所附，數郡共奉高涼郡太夫人洗氏爲主，高涼縣置高涼郡。洗，音銑，又音線。號聖母，保境拒守。詔遣柱國韋洸等安撫嶺外，陳豫章太守徐璒據南康拒之，徐璒自豫章退保南康。南康郡治贛縣。洸，古黃翻。守，式又翻。璒，都滕翻。洸等不得進。晉王廣遣陳叔寶遺夫人書，遺，于季翻。諭以國亡，使之歸隋。夫人集首領數千人，盡日慟哭，遣其孫馮魂帥衆迎洸。洗氏嫁馮融見一百六十三卷梁簡文帝大寶元年。帥，讀曰率。洸擊斬徐璒，入，至廣州，說諭嶺南諸州皆定；說，式芮翻。考異曰：隋帝紀：「十年八月壬申，遣洸等巡撫嶺南，百越皆服。」按陳以九年正月亡，至來年八月，幷閏計二十一月，豈有洗氏猶不知者！洗氏傳又云晉王遣陳主遺夫人書，則事在九年三月前也，帝紀所云，蓋謂百越已服，奏到朝廷之日也。表馮魂爲儀同三司，册洗氏爲宋康郡夫人。宋文帝元嘉九年，分高涼，立宋康郡。隋志：高涼郡杜原縣，舊有永寧、宋康二郡。洸，敻之子也。韋敻見一百六十七卷陳高祖永定三年。敻，休正翻。

衡州司馬任瓌勸都督王勇據嶺南，隋志：梁置衡州於廣州含洭縣。任，音壬。瓌，古回翻。求陳氏子孫，立以爲帝；勇不能用，以所部來降，降，戶江翻。瓌棄官去。瓌，忠之弟子也。任瓌志趣如此，宜其能自表見於唐元也；蕭摩訶兒豚犬耳。

於是陳國皆平，陳高祖受梁禪，歲在丁丑，至是而亡，凡五主，三十三年。得州三十，郡一百，縣四百。按隋志：陳境當時有揚、東揚、南徐、吳、閩、豐、湘、巴、武、江、郢、廣、東衡、衡、高、羅、新、瀧、建、成、桂、東寧、靜、南定、越、南合、崖、安、交、愛，凡三十州。詔建康城邑宮室，並平蕩耕墾，更於石頭置蔣州。以蔣山名州也。

晉王廣班師，留王韶鎮石頭城，委以後事。三月，己巳，陳叔寶與其王公百司發建康，詣長安，大小在路，五百里纍纍不絕。帝命權分長安士民宅以俟之，內外脩整，遣使迎勞；陳人至者如歸。使，疏吏翻。勞，力到翻；下同。夏，四月，辛亥，帝幸驪山，驪山在新豐縣。親勞旋師。乙巳，（「巳」似應作「卯」。）諸軍凱入，奏凱樂而入也。獻俘于太廟，陳叔寶及諸王侯將相并乘輿服御、天文圖籍等以次行列，將，即亮翻。相，息亮翻。乘，繩證翻；下同。行，戶剛翻。仍以鐵騎圍之，騎，奇寄翻。從晉王廣、秦王俊入，列于殿庭。拜廣爲太尉，賜輅車、乘馬、衮冕之服、玄圭、白璧。丙辰，帝坐廣陽門觀，廣陽門之觀闕也。觀，古玩翻。引陳叔寶於前，及太子、諸王二十八人，司空司馬消難以下至尚書郎凡二百餘人，難，乃旦翻。帝使納言宣詔勞之；勞，力到翻。次使內史令宣詔，責以君臣不能相輔，乃至滅亡。叔寶及其羣臣並愧懼伏地，屏息不能對。屏，必郢翻。既而宥之。

初，武元帝迎司馬消難，見一百六十七卷陳高祖永定二年。皇考忠，謚武元帝。與消難結爲兄弟，情好甚篤，好，呼到翻。帝每以叔父禮事之。及平陳，消難至，特免死，配爲樂戶，二旬而免，猶以舊恩引見；尋卒於家。見，賢遍翻。卒，子恤翻。

庚【章：甲十一行本「庚」上有「魯廣達追傷本朝淪覆，得疾不療，憤慨而卒」十七字；乙十一行本同；孔本同；張校同。】戌，帝御廣陽門，廣陽門，大興宮城正南門也。唐六典曰：隋曰廣陽門，開皇二年作，仁壽元年，改曰昭陽門，唐武德元年，改曰順天門，神龍元年，改承天門。宴將士，自門外夾道列布帛之積，將，卽亮翻。積，子賜翻。凡指所聚之物曰積則去聲，取物而積壘之則入聲。達于南郭，班賜各有差，凡用三百餘萬段。故陳之境內，給復十年，復，方目翻。餘州免其年租賦。

樂安公元諧進曰：「陛下威德遠被，被，皮義翻。臣前請以突厥可汗爲候正，厥，九勿翻。可，從刊入聲。汗，音寒。陳叔寶爲令史，今可用臣言矣。」帝曰：「朕平陳國，本以除逆，非欲誇誕。公之所奏，殊非朕心。突厥不知山川，何能警候；叔寶昏醉，寧堪驅使！」諧默然而退。

辛酉，進楊素爵爲越公，按隋書，楊素自清河郡公進封郢國公。素言：「逆人王誼前封於郢，不願與之同。」改封越公。以其子玄感爲儀同三司，玄奬爲清河郡公；賜物萬段，粟萬石。命賀若弼登御坐，坐，徂臥翻。賜物八千段，加位上柱國，進爵宋公。仍各加賜金寶及陳叔寶妹爲妾。

賀若弼、韓擒虎爭功於帝前。弼曰：「臣在蔣山死戰，破其銳卒，擒其驍將，驍，堅堯翻。將，卽亮翻；下同。震揚威武，遂平陳國；韓擒虎略不交陳，陳，讀曰陣。豈臣之比！」擒虎曰：「本奉明旨，令臣與弼同時合勢以取僞都，弼乃敢先期，先，悉薦翻。逢賊遂戰，致令將士傷死甚多。臣以輕騎五百，兵不血刃，直取金陵，降任蠻奴，騎，奇寄翻。降，戶江翻。任，音壬。執陳叔寶，據其府庫，傾其巢穴。弼至夕方扣北掖門，臣啓關而納之，斯乃救罪不暇，安得與臣相比！」帝曰：「二將俱爲上勳。」於是進擒虎位上柱國，賜物八千段。有司劾擒虎放縱士卒，淫汙陳宮；劾，戶概翻，又戶得翻。汙，烏路翻。坐此不加爵邑。

加高熲上柱國，進爵齊公，熲，居迥翻。熲自勃海郡公進爵齊國公。賜物九千段。帝勞之曰：「公伐陳後，人言公反，朕已斬之。君臣道合，非青蠅所能間也。」勞，力到翻。青蠅以諭讒言。間，古莧翻。帝從容命熲與賀若弼論平陳事，從，千容翻。熲曰：「賀若弼先獻十策，後於蔣山苦戰破賊。臣文吏耳，焉敢與大將論功！」焉，於虔翻。將，卽亮翻；下同。帝大笑，嘉其有讓。

帝之伐陳也，使高熲問方略於上儀同三司李德林，以授晉王廣；至是，帝賞其功，授柱國，封郡公，賞物三千段。已宣敕訖，或說高熲曰：「今歸功於李德林，諸將必當憤惋，說，輸芮翻。惋，烏貫翻。且後世觀公有若虛行。」熲入言之，乃止。

以秦王俊爲揚州總管四十四州諸軍事，鎭廣陵。晉王廣還幷州。

晉王廣之戮陳五佞也，五佞，謂施文慶、沈客卿、陽慧朗、徐析、暨慧景。未知都官尚書孔範、散騎常侍王瑳、王儀、御史中丞沈瓘之罪，故得免；及至長安，事並露，乙未，帝暴其過惡，投之邊裔，以謝吳、越之人。瑳刻薄貪鄙，忌害才能；儀傾巧側媚，獻二女以求親昵；散，悉亶翻。騎，奇寄翻。瑳，倉何翻。昵，尼質翻。瓘險慘苛酷，發言邪諂，故同罪焉。

帝給賜陳叔寶甚厚，數得引見，班同三品；每預宴，恐致傷心，爲不奏吳音。數，所角翻。見，賢遍翻。爲，于僞翻。後監守者奏言：「叔寶云，『既無秩位，每預朝集，願得一官號。』」帝曰：「叔寶全無心肝！」監者又言：「叔寶常醉，監，古銜翻。朝，直遙翻。罕有醒時。」帝問：「飲酒幾何？」對曰：「與其子弟日飲一石。」帝大驚，使節其酒，既而曰：「任其性；不爾，何以過日！」嗚呼，此陳叔寶所以得死於枕席也！帝以陳氏子弟既多，恐其在京城爲非，乃分置邊州，給田業使爲生，歲時賜衣服以安全之。

詔以陳尚書令江總爲上開府儀同三司，僕射袁憲、驃騎蕭摩訶、領軍任忠皆爲開府儀同三司，射，寅謝翻。驃，匹妙翻。騎，奇寄翻。任，音壬。吏部尚書吳興姚察爲祕書丞。上嘉袁憲雅操，下詔，以爲江表稱首，授昌州刺史。隋志：春陵郡，後魏置南荆州，西魏改曰昌州。聞陳散騎常侍袁元友數直言於陳叔寶，擢拜主爵侍郎。散，悉亶翻。騎，奇寄翻。隋志：主爵侍郎，屬吏部尚書。謂羣臣曰：「平陳之初，我悔不殺任蠻奴。受人榮祿，兼當重寄，不能橫尸徇國，乃云無所用力，與弘演納肝何其遠也！」衞懿公與狄人戰于熒澤，爲狄人所殺，弘演納肝以殉之。

帝見周羅睺，慰諭之，許以富貴。羅睺垂泣對曰：「臣荷陳氏厚遇，荷，下可翻。本朝淪亡，無節可紀。朝，直遙翻；下同。得免於死，陛下之賜也，何富貴之敢望！」賀若弼謂羅睺曰：「聞公郢、漢捉兵，若，人者翻。捉，把也。即知揚州可得。王師利涉，果如所量。」量，音良。羅睺曰：「若得與公周旋，勝負未可知。」周羅睺何以得比於賀若弼哉！史家溢美耳。頃之，拜上儀同三司。先是，陳將羊翔來降，先，悉薦翻。降，戶江翻。伐陳之役，使爲鄉導，鄉，讀曰嚮。位至上開府儀同三司，班在羅睺上。韓擒虎於朝堂戲之曰：「不知機變，乃立在羊翔之下，能無愧乎！」朝，直遙翻。羅睺曰：「昔在江南，久承令問，令，力定翻，美也。謂公天下節士；今日所言，殊非所望。」擒虎有愧色。

帝之責陳君臣也，陳叔文獨欣然有得色。得色，自得其意而形於色。既而復上表自陳：復，扶又翻。「昔在巴州，已先送款，乞知此情，望異常例！」帝雖嫌其不忠，而欲懷柔江表，乃授叔文開府儀同三司，拜宜州刺史。宜州置於京兆華原縣。

初，陳散騎常侍韋鼎聘于周，韋鼎傳：陳太建中聘周。散，悉亶翻。騎，奇寄翻。遇帝而異之，謂帝曰：「公當大貴，貴則天下一家，歲一周天，歲星，木星也，十二年一周天。老夫當委質於公。」質，如字。

及至德之初，陳長城公即位，改元至德。鼎爲太府卿，盡賣田宅，大匠卿毛彪問其故，鼎曰：「江東王氣，盡於此矣！王，于況翻，又音如字。吾與爾當葬長安。」及陳平，上召鼎爲上儀同三司。鼎，叡之孫也。韋叡著功名於梁武帝之時。

壬戌，詔曰：「今率土大同，含生遂性；太平之法，方可流行。凡我臣民，澡身浴德，家家自脩，人人克念。書曰：惟狂克念作聖。兵可立威，不可不戢；刑可助化，不可專行。禁衞九重之餘，重，直龍翻。鎭守四方之外，戎旅軍器，皆宜停罷。世路既夷，羣方無事，武力之子，俱可學經；民間甲仗，悉皆除毀。頒告天下，咸悉此意。」

賀若弼撰其所畫策上之，若，人者翻。撰，士免翻，述也。上，時掌翻。謂爲御授平陳七策。帝弗省，省，悉井翻，視也。曰：「公欲發揚我名，我不求名；公宜自載家傳。」傳，直戀翻。弼位望隆重，兄弟並封郡公，爲刺史、列將，家之珍玩，不可勝計，將，卽亮翻。勝，音升。婢妾曳羅綺者數百，羅，交眼；綺，細綾。時人榮之。其後突厥來朝，厥，九勿翻。朝，直遙翻。上謂之曰：「汝聞江南有陳國天子乎？」對曰：「聞之。」上命左右引突厥詣韓擒虎前曰：「此是執得陳國天子者。」擒虎厲色顧之，突厥惶恐，不敢仰視。

左衞將軍龐晃等短高熲於上，上怒，皆黜之，龐晃自結納於潛躍之辰，與上情契甚密，而與高熲有隙，與廣平王雄挾舊屢言熲之短，故皆被黜。熲，居永翻。親禮逾密。因謂熲曰：「獨孤公，猶鏡也，每被磨瑩，皎然益明。」初，熲父賓爲獨孤信僚佐，賜姓獨孤氏，故上常呼爲獨孤而不名。按獨孤信之誅，妻子徙蜀，獨孤后以賓父之故吏，每往來其家。熲之遭遇，豈專以才略哉！外得君而內蒙君母親禮也。及夫外則見忌於君，內則失愛於君母，隨見疏棄，君臣之際，可無謹乎！

4 樂安公元諧，性豪俠，有氣調，調，徒釣翻。少與上同學，甚相愛，及即位，累歷顯仕。諧好排詆，不能取媚左右。少，詩照翻。好，呼到翻。與上柱國王誼善，誼誅，王誼誅見一百七十六卷陳長城公至德三年。上稍疏忌之。或告諧與從父弟上開府儀同三司滂、臨澤侯田鸞、隋志：毗陵郡義興縣舊有臨澤縣。從，才用翻。上儀同三司祈【章：甲十一行本「祈」作「祁」；乙十一行本同；孔本同；下同。】緒等謀反，祈姓，出於黃帝，黃帝之子得姓者十四人，祈其一也。又曰：晉獻侯四世孫曰奚，食邑於祈，子孫以為氏。下有司按驗，奏「諧謀令祈緒勒党項兵斷巴、蜀。下，遐嫁翻。令，力丁翻。斷，音短。又，諧嘗與滂同謁上，諧私謂滂曰：『我是主人，殿上者賊也。』因令滂望氣，滂曰：『彼雲似蹲狗走鹿，蹲，慈尊翻。不如我輩有福德雲。』」上大怒，諧、滂、鸞、緒並伏誅。考異曰：李德林傳云：「德林以梁士彥、元諧頻有逆意，江南抗衡上國，乃著天命論上之。」諧傳云：「平陳後數歲，人告諧謀反。」按諧請以叔寶為內史，則陳亡時猶在。楊雄方用事，諧欲譖去之，則雄未為司空，故附於此。按「內史」當依正文作「令史」；按通鑑上正文亦書元諧言，請以陳叔寶為令史。按內史隋之要官，元諧安敢請以陳叔寶為是官邪！

5 閏月，己卯，以吏部尚書蘇威為右僕射。射，寅謝翻。六月，乙丑，以荊州總管楊素為納言。

6 朝野皆稱封禪，朝，直遙翻；下同。「稱」，當作「請」。又竊謂稱，舉也；言朝野舉封禪事為言也。秋，七月，丙午，詔曰：「豈可命一將軍除一小國，遐邇注意，便謂太平。以薄德而封名山，用虛言而干上帝，非朕攸聞。而今而後，言及封禪，宜卽禁絶！」

7 左衞大將軍廣平王雄，貴寵特盛，與高熲、虞慶則、蘇威稱爲四貴。雄寬容下士，下，遐嫁翻。朝野傾屬，屬，之欲翻。上惡其得衆，惡，烏路翻。陰忌之，不欲其典兵馬；八月，壬戌，以雄爲司空，實奪之權。雄既無職務，乃杜門不通賓客。雄以是能保其身於猜忌之朝。

8 帝踐阼之初，柱國沛公鄭譯請脩正雅樂，詔太常卿牛弘、國子祭酒辛彥之、博士何妥等議之，積年不決。妥，他果翻。譯言：「古樂十二律，旋相爲宮，各用七聲，世莫能通。」譯因龜茲人蘇祇婆善琵琶，始得其法，推演爲十二均、八十四調，以校太樂所奏，例皆乖越。譯又於七音之外更立一聲，謂之應聲，作書宣示朝廷。隋志：譯云：「考尋樂府，鍾石律呂，皆有宮、商、角、徵、羽、變宮、變徵之名，七聲之內，三聲乖應，每恆求訪，終莫能通。」先是周武帝時，有龜茲人蘇祇婆從突厥皇后入國，善胡琵琶，聽其所奏，一均之中，間有七聲，因而問之，調有七種，以其七調勘校七聲，冥若合符。一曰婆陁力，華言平聲，卽宮聲也。二曰雞識，華言長聲，卽南呂聲也。三曰沙識，華言質直聲，卽角聲也。四曰沙侯加濫，華言應聲，卽變徵聲也。五曰沙臘，華言應和聲，卽徵聲也。六曰般贍，華言五聲，卽羽聲也。七曰俟利箑，華言斛牛聲，卽變宮聲也。譯因習而彈之，始得七聲之正。然其就此七調，又有五旦之名，旦作七調，以華言譯之，旦者則謂均也，其聲亦應黃鍾、太簇、林鍾、姑洗五均，已外七律，更無調聲。譯遂因其所捻琵琶，絃柱相飲爲均，推演其聲，更立七均，合成十二，以應十二律，律有七音，音立一調，故成七調。十二律合八十四調，旋轉相交，盡皆和合。仍以其聲考校太樂所奏，林鍾之宮，應用林鍾爲宮，乃用黃鍾爲宮；應用南呂爲商，乃用太簇爲商；應用應鍾爲角，乃取姑洗爲角。故林鍾一宮，七聲三聲並戾，其十一宮七十七音，例皆乖越，莫有通者。又以編懸有八，因作八音之樂，七音之外，更立一聲，謂之應聲。作書二十餘篇，以明其指。龜茲，音丘慈。賢曰：今音丘勿翻。茲，音沮惟翻，蓋急言耳。與邳公世子蘇夔議累黍定律。

時人以音律久無通者，非譯、夔一朝可定。帝素不悅學，而牛弘不精音律，何妥自恥宿儒反不逮譯等，常欲沮壞其事，沮，在呂翻。壞，音怪。乃立議，非十二律旋相爲宮及七調，調，徒釣翻；下同。競爲異議，各立朋黨；或欲令各造樂，待成，擇其善者而從之。妥恐樂成善惡易見，易，弋豉翻。乃請帝張樂試之，先白帝云：「黃鍾象人君之德。」及奏黃鍾之調，帝曰：「滔滔和雅，甚與我心會。」妥因奏止用黃鍾一宮，不假餘律。帝悅，從之。

時又有樂工萬寶常，萬，姓也。孟子門人有萬章。妙達鍾律。譯等爲黃鍾調成，奏之，帝召問寶常，寶常曰：「此亡國之音也。」帝不悅。寶常請以水尺爲律，以調樂器，上從之。以調，如字。寶常造諸樂器，其聲率下鄭譯調二律，損益樂器，不可勝紀。勝，音升。其聲雅淡，不爲時人所好，好，呼到翻。太常善聲者多排毀之。蘇夔尤忌寶常，夔父威方用事，凡言樂者皆附之而短寶常，寶常樂竟爲威所抑，寢不行。

及平陳，獲宋、齊舊樂器，并江左樂工，帝令廷奏之，歎曰：「此華夏正聲也。」乃調五音爲五夏、二舞、登歌、房內十四調，賓祭用之。五夏，昭夏、皇夏、誠夏、需夏、肆夏。二舞，文、武二舞。登歌，升堂上而歌，匏竹在下，貴人聲也。帝龍潛時，倚琵琶作歌二首，名曰地厚天高，託言夫妻之義，因即取之爲房內曲。十四調，後周故事，懸鍾、磬法七正七倍，合爲十四，蓋準變宮、變徵，凡爲七聲，有正有倍，爲十四也。夏，戶雅翻。仍詔太常置清商署以掌之。

時天下既壹，異代器物，皆集樂府。牛弘奏：「中國舊音多在江左，典午南渡，未能備樂，石氏之亡，樂人頗有自鄴而南者。苻堅淮淝之敗，晉始獲樂工，備金石。慕容垂破西燕，盡獲苻氏舊樂。子寶喪敗，其鍾律令李佛等將太樂細伎奔慕容德。德子超獻之姚秦以贖其母。宋武平姚泓，收歸建康，故云多在江左。前克荆州得梁樂，克荆州見一百六十五卷梁元帝承聖三年。今平蔣州又得陳樂，史傳相承，傳，直戀翻。以爲合古，請加脩緝以備雅樂。其後魏之樂及後周所用，雜有邊裔之聲，皆不可用，請悉停之。」冬，十二月，【章：甲十一行本「月」下有「甲子」二字；乙十一行本同；孔本同。】詔弘與許善心、姚察及通直郎虞世基參定雅樂。按煬帝始置通直郎，從六品，屬謁者臺。虞世基傳云，以通直郎直內史省。其通直散騎侍郎歟？品從五。世基，荔之子也。虞荔見一百六十八卷陳世祖天嘉二年。荔，力制翻。

9 己巳，以黃州總管周法尚爲永州總管，隋志：永安郡，後齊置衡州，開皇五年，改曰黃州。零陵郡，平陳初置永州總管府。安集嶺南，給黃州兵三千五百人爲帳內，陳桂州刺史錢季卿等皆詣法尚降。始安郡，梁置桂州。降，戶江翻。定州刺史呂子廓，鬱林郡，梁置定州。據山洞，不受命，法尚擊斬之。

10 以駕部侍郎狄道辛公義爲岷州刺史。隋志：駕部侍郎，屬兵部尚書。狄道縣，屬金城郡。臨洮郡溢樂縣，西魏置岷州。岷州俗畏疫，一人病疫，闔家避之，病者多死。公義命皆輿置己之聽事，輿，羊茹翻。暑月，病人或至數百，聽廊皆滿，聽，與廳同。公義設榻，晝夜處其間，處，昌呂翻。以秩祿具醫藥，身自省問。省，悉景翻。病者既愈，乃召其親戚諭之曰：「死生有命，豈能相染！若相染者，吾死久矣。」皆慚謝而去。其後人有病者，爭就使君，使，疏吏翻。其家親戚固留養之，始相慈愛，風俗遂變。後遷牟州刺史，下車，先至獄中露坐，親自驗問。十餘日間，決遣咸盡，方還聽事受領新訟。事皆立決；若有未盡，必須禁者，公義即宿聽事，終不還閤。還，音如字，又從宣翻。或諫曰：「公事有程，使君何自苦！」公義曰：「刺史無德，不能使民無訟，豈可禁人在獄而安寢於家乎！」罪人聞之，咸自款服。款，誠也；款服，猶言誠服也。後有訟者，鄉閭父老遽曉之曰：「此小事，何忍勤勞使君！」訟者多兩讓而止。使，疏吏翻。

十年（庚戌、五九〇）

1 春，正月，乙未，以皇孫昭爲河南王，楷爲華陽王。華，戶化翻。昭，廣之子也。

2 二月，【章：甲十一行本「月」下有「庚申」二字；乙十一行本同；孔本同；張校同。】上幸晉陽，命高熲居守。熲，居永翻。守，手又翻。夏，四月，辛酉，至自晉陽。

3 成安文子李德林，成安，縣名。文，謚也。子，爵也。成安縣，屬魏郡。恃其才望，論議好勝，好，呼到翻。同列多疾之；由是以佐命元功，十年不徙級。德林數與蘇威異議，高熲常助威，奏德林狠戾，數，所角翻。狠，戶墾翻。上多從威議。上賜德林莊店，使自擇之，德林請逆人高阿那肱衞國縣市店，高阿那肱與王謙舉兵誅。衞國縣，本漢觀縣，屬東郡，光武改曰衞國，魏收地形志屬頓丘郡；隋開皇六年改曰觀城，屬武陽郡。上許之。及幸晉陽，店人訴稱高氏強奪民田，於內造店賃之。賃，乃禁翻。蘇威因奏德林誣罔，妄奏自入，司農卿李圓通等復助之曰：「此店收利如食千戶，請計日追贓。」上自是益惡之。復，扶又翻；下同。惡，烏路翻。虞慶則等奉使關東巡省，還，使，疏吏翻。省，悉景翻。還，從宣翻，又如字。皆奏稱「鄉正專理辭訟，黨與愛憎，公行貨賄，不便於民。」上令廢之。德林曰：「茲事臣本以爲不可，然置來始爾，置鄉正見上年。復卽停廢，政令不一，朝成暮毀，深非帝王設法之義。臣望陛下自今羣臣於律令輒欲改張，卽以軍法從事；不然者，紛紜未已。」上遂發怒，大詬云：「爾欲以我爲王莽邪！」上以權數得國，猜疑羣下，以王莽篡漢，變更法令而亡，疑德林以況己，故怒。詬，苦候翻。邪，音耶。先是，德林稱父爲太尉諮議以取贈官，給事黃門侍郎猗氏陳茂等密奏：「德林父終於校書，妄稱諮議。」上甚銜之。德林之父蓋仕於魏、齊之間。後齊之制公府諮議參軍，從第四品。校書郎，第九品。猗氏縣，屬河東郡。至是，上因數之數，所具翻，又所主翻。曰：「公爲內史，典朕機密，比不可豫計議者，比，毗至翻。以公不弘耳，寧自知乎！又罔冒取店，妄加父官，朕實忿之，而未能發，今當以一州相遣耳。」因出爲湖州刺史。烏程縣，舊置吳興郡，隋置湖州。宋白曰：湖州，古防風氏之國，漢烏程縣之地，隋置湖州，因太湖而名，長安東南三千四百四十一里。德林拜謝曰：「臣不敢復望內史令，請但預散參。」復，扶又翻，又音如字。散參，謂散官無職務而預朝參者。散，悉亶翻。上不許，遷懷州刺史河內郡，舊置懷州。而卒。卒，子恤翻。

李圓通，本上微時家奴，有器幹；及爲隋公，以圓通及陳茂爲參佐，由是信任之。梁國之廢也，梁國廢見上卷陳長城公禎明元年。上以梁太府卿柳莊爲給事黃門侍郎。莊有識度，博學，善辭令，明習典故，雅達政事，上及高熲【章：甲十一行本「熲」下有「蘇威」二字；乙十一行本同；孔本同；張校同。】皆重之。與陳茂同僚，不能降意，茂譖之於上，上稍疏之，出爲饒州刺史。隋志：鄱陽郡，梁置吳州，陳廢，隋平陳，置饒州。

上性猜忌，不悅學，既任智以獲大位，因以文法自矜，明察臨下，恆令左右覘視內外，有過失則加以重罪。恆，戶登翻。覘，丑廉翻，又丑豔翻。又患令史贓汙，私使人以錢帛遺之，遺，于季翻。得犯立斬。每於殿庭棰人，一日之中，或至數四；嘗怒問事揮楚不甚，問事者，行杖之人也。楚，荆也，以之箠人。箠，止橤翻。即命斬之。尚書左僕射高熲、治書侍御史柳彧等諫，治，直之翻。彧，於六翻。以爲「朝堂非殺人之所，殿廷非決罰之地。」上不納。熲等乃盡詣朝堂請罪，朝，直遥翻。熲，居永翻。上顧謂領左右都督田元曰：後齊之制，有領左、右府，將軍之下置正副都督，隋蓋因之。煬帝改領左、右府爲備身府。「吾杖重乎？」元曰：「重。」帝問其狀，元舉手曰：「陛下杖大如指，捶人三十者，比常杖數百，故多死。」捶，止橤翻；下同。上不懌，乃令殿內去杖，去，羌呂翻。欲有決罰，各付所由。所由，猶言所主也。後楚州行參軍李君才隋志：江都郡山陽縣舊置山陽郡，開皇十二年置楚州。隋制，州置刺史、長史、司馬、參軍事行參軍。上言：「上寵高熲過甚。」上言之上，時掌翻。上大怒，命杖之，而殿內無杖，遂以馬鞭捶殺之，捶，止橤翻。自是殿內復置杖。未幾，怒甚，又於殿廷殺人；復，扶又翻。幾，居豈翻。兵部侍郎馮基固諫，兵部尚書統兵部、職方、駕部、庫部四曹，各置侍郎。上不從，竟於殿廷殺之。上亦尋悔，宣慰馮基，而怒羣臣之不諫者。

4 五月，乙未，詔曰：「魏末喪亂，軍人權置坊府，元魏之季，兵制有六坊，後齊因之，亦曰六府。喪，息浪翻。南征北伐，居處無定，處，昌呂翻。家無完堵，地罕包桑，包桑多根，植桑至於根多，民安其居之驗。朕甚愍之。凡是軍人，可悉屬州縣，墾田、籍帳，一與民同。軍府統領，宜依舊式。罷山東、河南及北方緣邊之地新置軍府。」

5 六月，辛酉，制民年五十免役收庸。

6 秋，七月，癸卯，以納言楊素爲內史令。

7 冬，十一月，辛丑，上祀南郊。隋南郊爲壇於國之南，太陽門外道西一里，去宮十里。壇高七尺，廣四丈。孟春上辛，祠所感帝赤熛怒於其上，以太祖武元皇帝配。

8 江表自東晉已來，刑法疏緩，世族陵駕寒門；平陳之後，牧民者盡更變之。更，工衡翻。蘇威復作五教，使民無長幼悉誦之，士民嗟怨。民間復訛言隋欲徙之入關，復，扶又翻。遠近驚駭。於是婺州汪文進、越州高智慧、蘇州沈玄懀皆舉兵反，隋志：東陽郡，平陳置婺州。會稽郡，梁置東揚州，陳改曰吳州，平陳改吳州，後改越州。吳郡，陳置吳州，平陳改蘇州。懀，烏外翻。自稱天子，署置百官。樂安蔡道人、蔣山李㥄、【章：甲十一行本「㥄」作「稜」；乙十一行本同；孔本同。】饒州吳世華、溫州沈孝徹、泉州王國慶、杭州楊寶英、交州李春等皆自稱大都督，考隋志無樂安，下曰陳之故境，則當於陳境求之。沈約志：鄱陽太守有樂安縣，吳立。新唐志：台州有樂安縣，唐初，析臨海置。以下文江〔汪〕文進令蔡道人守樂安觀之，蓋台州之樂安。蔣山，在蔣州江寧縣。永嘉郡，開皇九年置處州，十二年改栝州，唐高宗上元元年，始析栝州之永嘉、安固置溫州。安陸郡京山縣有溫州，非陳境，當是永嘉之溫州，史追書耳。建安郡，陳置閩州，平陳改曰泉州。餘杭郡，平陳置杭州。交趾郡，舊曰交州。㥄，力膺翻。攻陷州縣。陳之故境，大抵皆反，大者有衆數萬，小者數千，共相影響，執縣令，或抽其腸，或臠其肉食之，曰：「更能使儂誦五教邪！」邪，音耶。詔以楊素爲行軍總管以討之。

素將濟江，使始興麥鐵杖戴束藁，夜，浮渡江。隋志：南海郡始興縣，南齊置東衡州，平陳，權置廣州總管府。姓苑：高要、始興有麥姓。覘賊，還而復往，爲賊所擒，覘，丑廉翻，又丑豔翻。復，扶又翻。還，從宣翻。遣兵仗三十人防之。鐵杖取賊刀，亂斬防者，殺之皆盡，割其鼻，懷之以歸；素大奇之，奏授儀同三司。素帥舟師自楊子津入，楊子津在今眞州楊子縣南。帥，讀曰率。擊賊帥朱莫問於京口，破之。京口，今鎭江府。帥，所類翻；下同。進擊晉陵賊帥顧世興、無錫賊帥葉略，皆平之。隋志：晉陵、無錫二縣皆屬常州。考異曰：北史楊素傳作「葉皓」，今從隋書。沈玄懀敗走，素追擒之。高智慧據浙江東岸爲營，周亙百餘里，船艦被江；艦，戶黯翻。被，皮義翻。素擊之。子總管南陽來護兒子總管，裨將也，領兵，屬總管。南陽郡，舊置荆州，開皇初改爲鄧州。姓苑：郲，子姓，商之支孫，食采於郲，因以爲氏，後避難去邑。漢功臣表有郲侯來蒼。言於素曰：「吳人輕銳，利在舟楫，必死之賊，難與爭鋒，公宜嚴陳以待之，陳，讀曰陣。勿與接刃。請假奇兵數千潛渡江，掩破其壁，使退無所歸，進不得戰，此韓信破趙之策也。」韓信破趙見十卷漢高帝三年。素從之。護兒以輕舸數百舸，古我翻。直登江岸，襲破其營，因縱火，煙焰漲天。賊顧火而懼，素因縱兵奮擊，大破之，賊遂潰。智慧逃入海，素躡之至海曲，召行軍記室封德彝計事，姓苑：封姓，夏時封父之後。德彝墜水，人救，獲免，易衣見素，竟不自言。素後知之，問其故，曰：「私事也，所以不白。」素嗟異之。德彝名倫，以字行，隆之之孫也。封隆之，高齊佐命臣。汪文進以蔡道人爲司空，守樂安，素進討，悉平之。素遣總管史萬歲帥衆二千，自婺州別道踰嶺越海，攻破溪洞，不可勝數。帥，讀曰率。勝，音升。前後七百餘戰，轉鬬千餘里，寂無聲問者十旬，遠近皆以萬歲爲没。萬歲置書竹筒中，浮之於水，汲者得之，言於素。素上其事，上，時掌翻。上嗟歎，賜萬歲家錢十萬。

素又破沈孝徹於溫州，步道向天台，指臨海，按新唐志，天台山在台州唐興縣，唐興本晉始豐縣，始豐本吳之始平縣。唐志云：武德四年，析臨海，置始豐，高宗上元二年，更名唐興。則吳之始豐，隋已併入臨海，天台山此時固屬臨海界。逐捕遺逸，前後百餘戰，高智慧走保閩、越。上以素久勞於外，令馳傳入朝。傳，株戀翻；下同。朝，直遙翻。素以餘賊未殄，恐爲後患，復請行，遂乘傳至會稽。素既入朝後，自長安乘傳至會稽。復，扶又翻。傳，株戀翻。會，工外翻。王國慶自以海路艱阻，非北人所習，不設備；素泛海奄至，國慶惶遽棄州走。餘黨散入海島，或守溪洞，素分遣諸將，水陸追捕。密令人說國慶，使斬送智慧以自贖；國慶乃執送智慧，斬於泉州，餘黨悉降。將，卽亮翻。說，輸芮翻。降，戶江翻。江南大定。

素班師，上遣左領軍將軍獨孤陀至浚儀迎勞；比到京師，問者日至。陀，徒何翻。勞，力到翻。比，必寐翻。拜素子玄獎爲儀同三司，賞賜甚厚。陀，信之子也。獨孤信，皇后之父，後周功臣。

楊素用兵多權略，馭衆嚴整，每將臨敵，輒求人過失而斬之，多者百餘人，少不下十數，流血盈前，言笑自若。及其對陳，先令一二百人赴敵，陷陳則已，少，詩沼翻。陳，讀曰陣。令，力丁翻。如不能陷而還者，無問多少，悉斬之；又令二三百人復進，還，從宣翻。復，扶又翻。還如向法。將士股慄，有必死之心，由是戰無不勝，稱爲名將。素時貴幸，言無不從，其從素行者，微功必錄，至他將將，卽亮翻。雖有大功，多爲文吏所譴卻，故素雖殘忍，士亦以此願從焉。

9 以并州總管晉王廣爲揚州總管，鎮江都，復以秦王俊爲并州總管。復，扶又翻。

10 番禺夷王仲宣反，廣州舊治番禺，隋爲南海縣，又分置番禺縣。時廣州治始興，仲宣所圍者南海也。番禺，音潘愚。嶺南首領多應之，引兵圍廣州。韋洸中流矢卒，洸，古黃翻。詔以其副慕容三藏檢校廣州道行軍事。又詔給事郎裴矩巡撫嶺南，唐六典云：隋開皇六年，始置六品已下散官，並以郎爲正階，尉爲從階。正六品上爲朝議郎，下爲武騎尉；從六品上爲通議郎，下爲屯騎尉；正七品上爲朝請郎，下爲驍騎尉；從七品上爲朝散郎，下爲游騎尉；正八品上爲給事郎，下爲飛騎尉；從八品上爲承奉郎，下爲旅騎尉；正九品上爲儒林郎，下爲雲騎尉；從九品上爲文林郎，下爲羽騎尉。隋志：煬帝減給事黃門侍郎員，去給事之名，移吏部給事郎名爲門下之職，位次黃門下。此時裴矩蓋爲吏部給事郎。矩至南康，得兵數千人。仲宣遣別將周師舉圍東衡州，東衡州亦治始興。將，卽亮翻。矩與大將軍鹿愿擊斬之，鹿，姓也。風俗通：後漢有巴郡太守鹿旗。進至南海。

高涼洗夫人遣其孫馮暄將兵救廣州，暄與賊將陳佛智素善，逗留不進；夫人知之，大怒，遣使執暄，繫州獄，洗，悉典翻，又先薦翻。將，卽亮翻。使，疏吏翻。更遣孫盎出討佛智，斬之。

進會鹿愿於南海，與慕容三藏合擊仲宣，藏，徂浪翻。仲宣衆潰，廣州獲全。洗氏親被甲，乘介馬，張錦繖，繖，蘇旦翻。引彀騎衞，從裴矩巡撫二十餘州。彀，古候翻。騎，奇寄翻。從，才用翻。蒼梧首領陳坦等皆來謁見，隋志：蒼梧郡，梁置成州，隋置封州。矩承制署爲刺史、縣令，使還統其部落，嶺表遂定。

矩復命，上謂高熲、楊素曰：「韋洸將二萬兵不能早度嶺，朕每患其兵少。將，卽亮翻。少，詩沼翻。裴矩以三千弊卒徑至南海，有臣若此，朕亦何憂！」以矩爲民部侍郎。民部侍郎屬戶部尚書。拜馮盎高州刺史，高涼郡，舊置高州。追贈馮寶廣州總管、譙國公。册洗氏爲譙國夫人，開譙國夫人幕府，置長史以下官屬，官給印章，聽發部落六州兵馬，若有機急，便宜行事。仍敕以夫人誠效之故，特赦暄逗留之罪，拜羅州刺史。宋白曰：羅州，本招義郡，秦屬象郡，二漢屬合浦郡，元嘉三年，檀道濟於綾羅江口築石城，因置羅州。皇后賜夫人首飾及宴服一襲，夫人並盛於金篋，盛，時征翻。幷梁、陳賜物，各藏一庫，每歲時大會，陳之於庭，以示子孫，曰：「我事三代主，惟用一忠順之心，今賜物具存，此其報也；汝曹皆念之，盡赤心於天子！」

番州總管趙訥貪虐，按隋志廣州治南海，仁壽元年，置番州。趙訥貪虐，必非是年事，史因書之。諸俚、獠多亡叛。俚，音里。獠，魯皓翻。夫人遣長史張融上封事，論安撫之宜，幷言訥罪，不可以招懷遠人。上遣推訥，得其贓賄，竟致於法；委夫人招慰亡叛。夫人親載詔書，自稱使者，歷十餘州，宣述上意，諭諸俚、獠，所至皆降。使，疏吏翻。降，戶江翻。上嘉之，賜夫人臨振縣爲湯沐邑，臨振縣，漢朱崖地，隋煬帝置臨振郡，今吉陽軍。贈馮僕崖州總管、隋志：朱崖郡，梁置崖州。平原公。平原郡公也。

十一年（辛亥、五九一）

1春，正月，【章：甲十一行本「月」下有「丙午」二字；乙十一行本同；孔本同。】皇太子妃元氏薨。爲帝與皇后怒太子而廢之張本。

2二月，戊午，吐谷渾遣使入貢。吐谷渾可汗夸呂聞陳亡，大懼，吐，從暾入聲。谷，音浴。使，疏吏翻。可，從刊入聲。汗，音寒。遁逃保險，不敢爲寇。夸呂卒，子世伏立，使其兄子無素奉表稱藩，并獻方物，請以女備後庭。上謂無素曰：「若依來請，他國聞之，必當相傚，何以拒之！朕情存安養，各令遂性，豈可聚斂子女以實後宮乎！」竟不許。

3平鄉令劉曠有異政，平鄉縣屬襄國郡。以義理曉諭，訟者皆引咎而去，獄中草滿，庭可張羅；遷臨潁令。臨潁縣屬潁川郡，潁川郡時爲許州。高熲薦曠清名善政爲天下第一，上召見，勞勉之，見，賢遍翻。謂侍臣曰：「若不殊獎，何以爲勸！」丙子，優詔擢爲莒州刺史。隋志：琅邪郡沂水縣，舊置南青州，後周改爲莒州。

4辛巳晦，日有食之。

5 初，帝微時，與滕穆王瓚不協。帝爲周相，以瓚爲大宗伯，瓚恐爲家禍，陰欲圖帝，帝隱之。隋書瓚傳：瓚美姿儀，好書愛士，有令名於當世。周宣帝崩，帝入禁中，將總朝政，令世子勇召之，欲有計議。瓚素與帝不協，聞召不從，曰：「作隨國公，恐不能保，何乃更爲族滅事邪！」帝相周，瓚拜大宗伯。瓚見羣情未一，恐爲家禍，陰有圖帝之計。以是言之，固周之忠臣也。瓚，藏旱翻。瓚妃，周高祖妹順陽公主也，與獨孤后素不平，陰爲呪詛；呪，職救翻。詛，莊助翻。帝命出之，瓚不可。秋，八月，【章：甲十一行本「月」下有「壬申」二字；乙十一行本同；孔本同。】瓚從帝幸栗園，栗園在長安南。暴薨，時人疑其遇鴆。乙亥，帝至自栗園。

6 沛達公鄭譯卒。卒，子恤翻。

王崇武標點容肇祖聶崇岐覆校

資治通鑑卷第一百七十八

端明殿學士兼翰林侍讀學士太中大夫提舉西京嵩山崇福宮上柱國河內郡開國侯食邑二千二百戶食實封九百戶賜紫金魚袋臣司馬光奉敕編集

後學天台胡三省音註

隋紀二起玄黓困敦（壬子），盡屠維協洽（己未），凡八年。

高祖文皇帝上之下

開皇十二年（壬子、五九二）

1 春，二月，己巳，以蜀王秀爲內史令兼右領軍大將軍。

2 國子博士何妥與尚書右僕射邳公蘇威爭議事，積不相能。威子夔爲太子通事舍人，隋制：太子通事舍人八人，屬典書坊。少敏辯，有盛名，少，詩沼翻。士大夫多附之。及議樂，夔與妥各有所持，詔百僚署其所同，百僚以威故，同夔者什八九。妥恚曰：「吾席間函丈四十餘年，禮：侍坐於先生，席間函丈。何妥周武帝時已爲太學博士，故云然。恚，於避翻。反爲昨暮兒之所屈邪！」邪，音耶。遂奏：「威與禮部尚書盧愷、吏部侍郎薛道衡、尚書右丞王弘、考功侍郎李同和等共爲朋黨。吏部侍郎、考功侍郎皆屬吏部尚書。尚書左、右丞分司管轄。隋制：尚書二十四曹侍郎，獨吏部侍郎班左右丞之上。吏部侍郎正四品，左、右丞從四品。省中呼弘爲世子，同和爲叔，言二人如威之子弟也。」復言威以曲道任其從父弟徹、肅罔冒爲官等數事。復，扶又翻。從，才用翻。上命蜀王秀、上柱國虞慶則等雜按之，事頗有狀。上大怒。秋，七月，乙巳，威坐免官爵，以開府儀同三司就第；盧愷除名，知名之士坐威得罪者百餘人。

初，周室以來，選無清濁；選，宣絹翻。及愷攝吏部，按愷傳，開皇九年拜禮部尚書，攝吏部尚書。與薛道衡甄別士流，別，彼列翻。故涉朋黨之謗，以至得罪。未幾，幾，居豈翻。上曰：「蘇威德行者，行，下孟翻。但爲人所誤耳！」命之通籍。通籍殿中，則得預朝請。威好立條章，好，呼到翻。每歲責民間五品不遜，孔安國曰：五品，謂五常。遜，順也。或答云，「管內無五品之家。」其不相應領，類多如此。又爲餘糧簿，欲使有無相贍；民部侍郎郎茂以爲煩迂不急，皆奏罷之。茂，基之子也，郎基見一百六十五卷梁世祖承聖三年。嘗爲衞國令，有民張元預兄弟不睦，丞、尉請加嚴刑，隋志：縣置令、丞、尉。茂曰：「元預兄弟本相憎疾，又坐得罪，彌益其忿，非化民之意也。」乃徐諭之以義。元預等各感悔，頓首請罪，遂相親睦，稱爲友悌。

3 己巳，上享太廟。隋立四親廟，各以孟月享以太牢。

4 壬申晦，日有食之。

5帝以天下用律者多踳駮，踳，乖也；駮，錯也。踳，尺允翻；駮，北角翻。罪同論異，八月，甲戌，制：諸州死罪，不得輒決，悉移大理按覆，事盡，盡，竟也。然後上省奏裁。上，時掌翻。

6冬，十月，壬午，上享太廟。十一月，辛亥，祀南郊。

7己未，新義公韓擒虎卒。擒虎襲父雄爵新義郡公，平陳之功，以吏議不加封爵。卒，子恤翻。

8十二月，乙酉，以內史令楊素爲尚書右僕射，與高熲專掌朝政。素性疏辯，高下在心，朝臣之內，朝，直遙翻。頗推高熲，敬牛弘，厚接薛道衡，視蘇威蔑如也，蔑，無也，視之如無也；又輕易也。自餘朝貴，多被陵轢。陵，乘也，犯也，侮也，侵也。轢，陵踐也。又，車踐爲轢。轢，郎擊翻。其才藝風調優於熲；調，徒釣翻。至於推誠體國，處物平當，處，昌呂翻。當，丁浪翻。有宰相識度，不如熲遠矣。

右領軍大將軍賀若弼，自謂功名出朝臣之右，每以宰相自許。既而楊素爲僕射，弼仍爲將軍，甚不平，形於言色，由是坐免官，怨望愈甚。久之，上下弼獄，下，戶嫁翻。謂之曰：「我以高熲、楊素爲宰相，汝每昌言曰：『此二人惟堪啗飯耳。』昌言，明言於廣衆。啗，徒濫翻，又徒覽翻。是何意也？」弼曰：「熲，臣之故人；素，臣舅子。臣並知其爲人，誠有此語。」公卿奏弼怨望，罪當死。上曰：「臣下守法不移，公可自求活理。」弼曰：「臣恃至尊威靈，將八千兵渡江，將，卽亮翻。擒陳叔寶，竊以此望活。」上曰：「此已格外重賞，何用追論！」弼曰：

「臣已蒙格外重賞，今還格外望活。」既而上低回數日，低，降意也。回，轉心也。惜其功，特令除名。歲餘，復其爵位，上亦忌之，不復任使，復，扶又翻。然每宴賜，遇之甚厚。

9有司上言：「府藏皆滿，上，時掌翻。藏，徂浪翻。無所容，積於廊廡。」廡，罔甫翻。帝曰：「朕既薄賦於民，又大經賜用，謂賞平陳將士。何得爾也？」爾，猶言如此。對曰：「入者常多於出，略計每年賜用，至數百萬段，曾無減損。」於是更闢左藏院以受之。漢官有中藏令，晉有中、黃、左、右藏令，隋初有右藏、黃藏令，至是始闢左藏院。藏，徂浪翻。詔曰：「寧積於人，無藏府庫。河北、河東今年田租三分減一，兵減半功，調全免。」田出租，丁出調，詳已見前。兵受田，計畝爲功，以其所出，脩器械，備糗糧，今亦減其半。調，徒弔翻。時天下戶口歲增，京輔及三河地少而人衆，京輔，謂關內。三河，謂河東、河南、河北。少，與小同。衣食不給，帝乃發使四出，均天下之田，其狹鄉每丁纔至二十畝，老少又少焉。使，疏吏翻。老少，詩照翻；又少，詩沼翻。

十三年（癸丑、五九三）

1春，正月，壬子，上祀感生帝。隋以火德王，以赤帝赤熛怒爲感生帝。

2壬戌，行幸岐州。岐州扶風郡。

3二月，丙午，詔營仁壽宮於岐州之北，仁壽宮，在岐州普閏縣。使楊素監之。監，古銜翻。素奏前萊州刺史宇文愷檢校將作大匠，隋志：東萊郡，舊置光州，開皇五年，更名萊州。隋制：未除授正官而領其務者爲檢校官。將作大匠掌工作。宇文愷有巧思，奏使之領作。記室封德彝爲土木監。土木監，掌土木之事，以營宮暫置之，非常設之官。於是夷山堙谷以立宮殿，崇臺累榭，宛轉相屬。屬，之欲翻。役使嚴急，丁夫多死，疲頓顛仆，推填坑坎，覆以土石，推，吐雷翻。覆，敷又翻。因而築爲平地。死者以萬數。

4 丁亥，上至自岐州。

5 己卯，立皇孫暕爲豫章王。暕，廣之子也。暕，古限翻。

6 丁酉，制：「私家不得藏緯候、圖讖。」讖，楚譖翻。

7 秋，七月，戊辰晦，日有食之。

8 是歲，上命禮部尚書牛弘等議明堂制度。宇文愷獻明堂木樣，上命有司規度安業里地，將立之；而諸儒異議，久之不決，乃罷之。隋志：宇文愷依月令文造明堂木樣，重檐複廟，五房四達，丈尺規矩，皆有準憑。帝異之，命有司於安業里爲規兆，蓋在長安南郭內也。既以異議罷。至大業中，愷復奏明堂議及木樣。其議云：「尚書帝命驗曰：『帝者承天，立五府以尊天重象，赤曰文祖，黃曰神斗，白曰顯紀，黑曰玄矩，蒼曰靈府。』註曰：『唐、虞之天府，夏之世室，殷之重屋，周之明堂，皆同矣。』尸子曰：『有虞氏曰總章。』周官考工記曰：『夏后氏世室，堂脩四〔二〕七，博四脩一。』註云：『脩，南北之深也。夏度以步，今堂脩十四步，其博益以四分脩之一，則明堂博十七步半也。』臣愷按，三王之世，夏最爲近古，從質尚文，理應漸就寬大，何因夏室乃大殷堂？相形爲論，理恐不爾。記云：『堂脩七，博四。』脩若夏度以步，則應脩七步。註云：『今堂脩十四步，』乃是增益記文。殷、周二堂獨無加字，便是其義，類例不同。山東禮本，輒加「二七」之字，何得殷無加尋之文，周闕增筵之義！研覈其趣，或是不然。讎校古書，並無「二」字，此乃桑間俗儒信情加減。黃圖議云：「夏后氏益其堂之大一百四十四尺，周人明堂以爲兩杼間。」馬宮之言，止論堂之一面。據此爲準，則三代堂基並方，得爲上圓之制。諸書所說，並爲下方。鄭註周官，獨爲此義，非直與古違異，亦乃乖背禮文，尋文求理，深恐未愜。尸子曰：「殷人陽館。」考工記曰：「殷人重屋，堂脩七尋，堂崇三尺，四阿重屋。」註曰：「其脩七尋五丈六尺，放夏；周則其博九尋七丈二尺。」又曰：「周人明堂度九尺之筵，東西九筵，南北七筵，堂崇一筵，五室凡二筵。」禮記明堂位曰：「天子之廟，複廟重檐。」鄭註云：「複廟，重屋也。」註玉藻云：「天子廟及路寢，皆如明堂制。」禮圖云：「於內室之上，起通天之觀，觀八十一尺，得宮之數，其聲濁，君之象也。」大戴禮云：「明堂者，古有之，凡九室，一室有四戶八牖，以茅蓋，上圓下方，外水曰璧雝，赤綴戶，白綴牖，堂高三尺，東西九仞，南北七筵，其宮方三百步。」周書明堂曰：「堂方百一十二尺，高四尺，階博六尺三寸，室居內方百尺，室內方六十尺，戶高八尺，博四尺。」作洛曰：「明堂、太廟、路寢，咸有四阿，重亢、重廊。」孔氏註云：「重亢，累棟；重廊，累屋也。」禮圖曰：「秦明堂，九室十二階，各有所居。」呂氏春秋曰：「有十二堂。」與月令同，並不論尺丈。臣愷按，十二階雖不與禮合，一月一階非無理。思黃圖曰：「堂方百四十四尺，〔法〕坤之策也，方象地。屋圓，楣徑二百一十六尺，法乾之策也，圓象天。室九宮，法九州。太室方六丈，法坤之變數。十二堂，法十二月。三十六戶，法極陰之變數。七十二牖，法五行所行日數。八達，象八風，法八卦。通天臺徑九尺，象〔法〕乾。以九覆六，高八十一尺，法黃鍾九九之數。二十八柱，象二十八宿。堂高三尺，土階三等，法三統。堂四向五色，法四時五行。殿門去殿七十二步，法五行所行。門堂長四丈，取太室三之二。垣高無蔽目之照（目恐當作日），牖六尺，其外倍之。殿垣方，在水內，法地陰也。水四周於外，象四海。圓，法陽也。水闊二十四丈，象二十四氣。

水內徑三丈，應觀禮經。武帝立明堂汶上，無室，其外略依此制。』泰山通議今亡，不可得而辨也。元始四年起明堂辟雍長安城南門，制度如儀，一殿，垣四面，門八觀，水外周，堤壤高四尺。禮圖曰：『建武三十年作明堂，上圓下方，上圓法天，下方法地，十二堂法日辰，九室法九州，室八牕，八九七十二，法一時之王，室有二戶，二九十八戶，法土王十八日。內堂，正壇高三尺，土階三等。』胡伯始註漢官云，『古清廟蓋以茅，今蓋以瓦，下藉茅，以存古制。』自晉以前，未有鴟尾。其圓牆璧水，一依本圖。晉堂方構，不合天文，既缺重樓，又無璧水。空堂乖五室之義，直殿違九階之文，非古欺天，一何過甚！後魏於北臺城南造圓牆，在璧水外，門在水內，迥立不與牆相連，其堂上九室，三三相重，不依古制，室間通巷，違舛處多。其室皆用墼累，極成褊陋。宋起居注曰，『孝武帝大明五年，立明堂，其牆宇規範，擬則太廟，唯十二間以應朞數。』梁武帝移宋時太極殿以爲明堂，無室十二間。自古明堂圖，惟有二本：一是宗周劉熙、阮諶、劉昌宗等作，三圖略同；一是後漢建武三十年作，禮圖有本，不詳撰人。臣遠尋經傳，傍求子史，研究衆說，總撰今圖，其樣以木爲之，下爲方堂，堂有五室，上爲圓觀，觀有四門。」會遼東之役，不果行。

9 上之滅陳也，以陳叔寶屏風賜突厥大義公主。厥，九勿翻。公主以其宗國之覆，謂周亡也。心常不平，書屏風，爲詩敘陳亡以自寄；上聞而惡之，惡，烏路翻。禮賜漸薄。彭公劉昶先尚周公主，流人楊欽亡入突厥，詐言昶欲與其妻作亂攻隋，遣欽密告大義公主，發兵擾邊。都藍可汗信之，乃不脩職貢，頗爲邊患。可，從刊入聲。汗，音寒。上遣車騎將軍長孫晟使於突厥，隋制：車騎將軍階正五品。非職事官。騎，奇寄翻。使，疏吏翻。長，知兩翻。晟，承正翻。微觀察之。公主見晟，言辭不遜，又遣所私胡人安遂迦與楊欽計議，迦，求伽翻。扇惑都藍。晟至京師，具以狀聞。上遣晟往索欽，索，山客翻。都藍不與，曰：「檢校客內無此色人。」晟乃賂其達官，知欽所在，夜，掩獲之，以示都藍，因發公主私事，國人大以爲恥。都藍執安遂迦等，并以付晟。上大喜，加授開府儀同三司，仍遣入突厥廢公主。內史侍郎裴矩請說都藍使殺公主。說，輸芮翻。時處羅侯之子染干，號突利可汗，考異曰：突厥傳云「沙鉢略子」。今從長孫晟傳。居北方，遣使求婚，使，疏吏翻。上使裴矩謂之曰：「當殺大義公主，乃許婚。」突利復譖之於都藍，復，扶又翻。都藍因發怒，殺公主，更表請婚，朝議將許之。朝，直遙翻。長孫晟曰：「臣觀雍虞閭反覆無信，直以與玷厥有隙，雍虞閭，都藍；玷厥，達頭也。所以欲依倚國家，雖與爲婚，終當叛去。今若得尚公主，承藉威靈，玷厥、染干必受其徵發。強而更反，後恐難圖。且染干者，處羅侯之子，素有誠款，於今兩代，前乞通婚，不如許之，招令南徙，兵少力弱，易可撫馴，少，詩沼翻。易，以豉翻。馴，松倫翻。使敵雍虞閭以爲邊捍。」上曰：「善。」復遣晟慰諭染干，許尚公主。爲隋破都藍，樹立染干張本。復，扶又翻。

10 牛弘使協律郎范陽祖孝孫等參定雅樂，隋制，太常有協律郎二人。隋志：涿郡涿縣，舊置范陽郡，開皇初，郡廢。又上谷郡淶水縣，舊曰遒，開皇元年，以范陽爲遒縣，更置范陽於此。從陳陽山太守毛爽受京房律法，「從」字之上，更有「孝孫」二字，文意乃明。隋志：南海郡含洭縣，梁置陽山郡。布管飛灰，順月皆驗。又每律生五音，十二律爲六十音，因而六之，爲三百六十音，分直一歲之日以配七音，而旋相爲宮之法，由是著名。名，一作明。弘等乃奏請復用旋宮法，上猶記何妥之言，妥言見上卷九年。注弘奏下，不聽作旋宮，但用黃鍾一宮。於是弘等復爲奏，附順上意，其前代金石並銷毀之，以息異議。弘等又作武舞，以象隋之功德；郊廟饗用一調，迎氣用五調。郊廟用一調，止用黃鍾一宮。迎氣用五調，春用角，夏用徵，中央用宮，秋用商，冬用羽。調，徒釣翻。舊工稍盡，其餘聲律，皆不復通。復，扶又翻。

十四年（甲寅、五九四）

1 春，三月，樂成。夏，四月，乙丑，詔行新樂，且曰：「民間音樂，流僻日久，棄其舊體，競造繁聲，宜加禁約，務存其本。」萬寶常聽太常所奏樂，泫然泣曰：「樂聲淫厲而哀，天下不久將盡！」時四海全盛，聞者皆謂不然；大業之末，其言卒驗。卒，子恤翻。寶常貧而無子，久之，竟餓死。且死，悉取其書燒之，寶常撰樂譜六十四卷，具論八音旋相爲宮之法，改絃移柱之變，爲八十四調，一百四十四律，終於千八百聲，爲之應手成曲。曰：「用此何爲！」

2 先是，臺、省、府、寺及諸州皆置公廨錢，先，悉薦翻。廨，古隘翻。收息取給。工部尚書【章：甲十一行本「書」下有「扶風」二字；乙十一行本同；孔本同。】蘇孝慈唐六典：工部尚書，周之冬官卿也，漢五曹尚書，其三曰民曹，後漢以民曹兼主繕修工作、鹽池、園苑之事。自晉、宋、齊、梁、陳營宗廟，則權置起部尚書，事畢省之。後周依周官置大司空卿一人。隋開皇二年，始置工部尚書。以爲「官司出舉興生，煩擾百姓，敗損風俗，敗，補邁翻。請皆禁止，給地以營農。」上從之。六月，丁卯，始詔「公卿以下皆給職田，職分田起於後周，頃畝以品爲差，下至隋、唐，代有增減。毋得治生，與民爭利。」治，直之翻。

3 秋，七月，乙未，以邳公蘇威爲納言。

4 初，張賓曆既行，開皇四年行張賓曆，見一百七十六卷陳長城公至德二年。廣平劉孝孫、隋志：武安郡永平縣，舊曰廣平，置廣平郡，仁壽元年，改永平縣。冀州秀才劉焯信都郡置冀州。焯，職略翻。並言其失。賓方有寵於上，劉暉附會之，共短孝孫，斥罷之。後賓卒，孝孫爲掖縣丞，隋志：萊州東萊郡治掖縣。委官入京，上其事，詔留直太史，以他官入太史曹爲直太史。上，時掌翻。累年不調，調，徒釣翻。乃抱其書，使弟子輿櫬來詣闕下，櫬，初覲翻。伏而慟哭；執法拘而奏之。帝異焉，以問國子祭酒何妥，妥言其善。乃遣與賓曆比校短長。直太史勃海張胄玄隋志：勃海郡，開皇六年置棣州。與孝孫共短賓曆，異論鋒起，久之不定。上令參問日食事，楊素等奏：「太史凡奏日食二十有五，率皆無驗，胄玄所刻，前後妙中，刻，刻定也。中，竹中翻。孝孫所刻，驗亦過半。」於是上引孝孫、胄玄等親自勞徠。勞，力到翻。孝孫請先斬劉暉，乃可定曆，帝不懌，又罷之。孝孫尋卒。卒，子恤翻。

5 關中大旱，民飢，上遣左右視民食，得豆屑雜糠以獻。上流涕以示羣臣，深自咎責，爲之不御酒肉，爲，于僞翻。殆將一朞。八月，辛未，上帥民就食於洛陽，帥，讀曰率。敕斥候不得輒有驅逼。男女參廁於仗衞之間，遇扶老攜幼者，輒引馬避之，慰勉而去；至艱險之處，見負擔者，擔，都濫翻。令左右扶助之。

6 冬，閏十月，甲寅，詔以齊、梁、陳宗祀廢絕，命高仁英、蕭琮、陳叔寶以時脩祭，所須器物，有司給之。陳叔寶從帝登邙山，邙山，在洛陽城北。侍飲，賦詩曰：「日月光天德，山河壯帝居；太平無以報，願上東封書。」上，時掌翻。幷表請封禪。帝優詔答之。他日，復侍宴，復，扶又翻。及出，帝目之曰：「此敗豈不由酒！以作詩之功，何如思安時事！當賀若弼渡京口，彼人密啓告急，渡京口，事見上卷九年。叔寶飲酒，遂不之省。省，悉井翻。高熲至日，猶見啓在牀下，未開封。此誠可笑，蓋天亡之也。昔苻氏征伐所得國，皆榮貴其主，謂苻堅也。事見晉紀。苟欲求名，不知違天命；與之官，乃違天也。」

7 齊州刺史盧賁隋志：齊郡，舊曰齊州，治歷城。坐民飢閉民糴，糴，他弔翻。除名。帝後復欲授以一州，賁對詔失旨，又有怨言，帝大怒，遂不用。皇太子爲言：「此輩並有佐命功，雖性行輕險，爲，于僞翻。行，下孟翻。誠不可棄。」帝曰：「我抑屈之，全其命也。微劉昉、鄭譯、盧賁、柳裘、皇甫績等，則我不至此。然此等皆反覆子也，當周宣帝時，以無賴得幸。及帝大漸，顏之儀等請以趙王輔政，此輩行詐，顧命於我。事見一百七十四卷陳宣帝太建十二年。我將爲政，又欲亂之，故昉謀大逆，譯爲巫蠱。考異曰：盧賁傳云：「昉爲大逆於前，譯爲巫蠱於後。」按譯傳，譯以開皇元年坐巫蠱廢，昉以六年坐謀反誅。賁傳誤也。如賁之例，皆不滿志，任之則不遜，置之則怨望，自爲難信，非我棄之。衆人見此，謂我薄於功臣，斯不然矣。」賁遂廢，卒於家。卒，子恤翻。

8 晉王廣帥百官抗表，固請封禪。帥，讀曰率。帝令牛弘創定儀注，既成，帝視之，曰：「茲事體大，朕何德以堪之！但當東巡，因致祭泰山耳。」十二月，乙未，車駕東巡。

9 上好禨祥小數，好，呼到翻。禨，居希翻。上儀同三司蕭吉上書曰：「甲寅、乙卯，天地之合也。吉上，時掌翻。今茲甲寅之年，以辛酉朔旦冬至，來年乙卯，以甲子夏至。冬至陽始，郊天之日，卽至尊本命；夏至陰始，祀地之辰，卽皇后本命。至尊德並乾之覆育，覆，敷又翻。皇后仁同地之載養，所以二儀元氣並會本辰。」上大悅，賜物五百段。吉，懿之孫也。蕭懿，梁武帝之兄，追封長沙王。員外散騎侍郎王劭言上有龍顔戴干之表，劭云：乾鑿度云，「泰表戴干。」鄭玄註云，表者，人形體之彰識也。干，盾也。泰人之表戴干。散，悉亶翻。騎，奇寄翻。指示羣臣。上悅，拜著作郎。隋志：祕書省領太史、著作二曹，著作曹置郎二人。劭前後上表上，時掌翻。言上受命符瑞甚衆，又採民間歌謠，引圖書讖緯，捃摭佛經，讖，楚譖翻。捃，居運翻。摭，之石翻。回易文字，曲加誣飾，撰皇隋靈感志三十卷奏之，上令宣示天下。劭集諸州朝集，使盥手焚香【章：甲十一行本「香」下有「閉目」二字；乙十一行本同；孔本同；張校同。】而讀之，曲折其聲，有如歌詠，經涉旬朔，徧而後罷。上益喜，前後賞賜優洽。洽，音狹。朝，直遙翻。使，疏吏翻。

十五年（乙卯、五九五）

1春，正月，壬戌，車駕頓齊州。庚午，爲壇於泰山，柴燎祀天，以歲旱謝愆咎，禮如南郊；又親祀青帝壇。赦天下。

2二月，丙辰，收天下兵器，敢私造者坐之；關中、緣邊不在其例。

3三月，己未，至自東巡。

4仁壽宮成。丁亥，上幸仁壽宮。時天暑，役夫死者相次於道，楊素悉焚除之，上聞之，不悅。及至，見制度壯麗，大怒曰：「楊素殫民力爲離宮，爲吾結怨天下。」爲吾，于僞翻。素聞之，惶恐，慮獲譴，以告封德彝，曰：「公勿憂，俟皇后至，必有恩詔。」考異曰：隋書、北史皆曰：「宮成，上令高熲前視，奏稱頗傷綺麗，大損人丁，帝不悅。素懼，卽於北門啓獨孤皇后曰，『帝王法有離宮別館，今天下太平，造一宮何足損費！』后以此理諭上，上乃解。」今從唐書。明日，上果召素入對，獨孤后勞之曰：勞，力到翻。「公知吾夫婦老，無以自娛，盛飾此宮，豈非忠孝！」賜錢百萬，錦絹三千段。素負貴恃才，多所陵侮；唯賞重德彝，每引之與論宰相職務，終日忘倦，因撫其牀曰：「封郎必須據吾此坐。」楊素賞重封德彝，非但以其算略，蓋心術亦相似。屢薦於帝，帝擢爲內史舍人。

5夏，四月，己丑朔，赦天下。

6六月，戊子，詔鑿底柱。底柱山，在陝縣北大河中。水經曰：河水過砥柱門。註云：砥柱，山名也。昔禹治洪水，山陵當水者鑿之，故破山以通河，河水分流，包山而過，山見水中若柱然，故曰砥柱。三穿既決，水流疏分，指狀表目，亦謂之三門。

7 庚寅，相州刺史豆盧通貢綾文布，燕慕容精歸魏，北人謂歸義爲豆盧，子孫以爲氏。相，息亮翻。命焚之於朝堂。朝，直遙翻。

8 秋，七月，納言蘇威坐從祠泰山不敬，免，俄而復位。上謂羣臣曰：「世人言蘇威詐清，家累金玉，此妄言也。然其性狠戾，狠，戶墾翻。不切世要，求名太甚，從己則悅，違之必怒，此其大病耳。」

9 戊寅，上至自仁壽宮。

10 冬，十月，戊子，以吏部尚書韋世康爲荆州總管。世康，洸之弟也，韋洸安輯嶺南，卒于官。按隋書世康傳：世康，洸之兄。洸，古黃翻。和靜謙恕，在吏部十餘年，時稱廉平。按世康傳，自禮部尚書轉吏部尚書，在開皇四年之前。七年拜襄州刺史，歷安州、信州總管，十三年入朝，復拜吏部尚書。出入踐揚，前後十餘年，不專在吏部也。常有止足之志，謂子弟曰：「祿豈須多，防滿則退；年不待暮，有疾便辭。」因懇乞骸骨。帝不許，使鎮荆州。時天下惟有四總管，幷、揚、益、荆，以晉、秦、蜀三王及世康爲之，當時以爲榮。

11 十一月，辛酉，上幸溫湯。驪山溫湯也。程大昌曰：皇堂石井，後周宇文護所造，隋文帝又修屋宇，幷植松栢千餘株。

12 十二月，戊子，敕：「盜邊糧一升已上，皆斬，考異曰：刑法志，事在十六年。今從帝紀。仍籍沒其家。」

13 己丑，詔文武官以四考受代。唐、虞以三年爲一考，後世以一年爲一考。

14 汴州刺史令狐熙來朝，隋志：滎陽郡浚儀縣，東魏置梁州，後周改曰汴州。令狐出於魏氏，春秋晉大夫魏顆封於令狐，子孫以爲氏。汴，皮變翻。考績爲天下之最，賜帛三百匹，雜物爲段，純物爲匹。頒告天下。熙，整之子也。令狐整見一百五十九卷梁武帝中大同元年。

十六年（丙辰、五九六）

1 春，正月，丁亥，以皇孫裕爲平原王，筠爲安成王，嶷爲安平王，嶷，魚力翻。恪爲襄城王，該爲高陽王，韶爲建安王，煚爲潁川王，煚，居永翻。皆勇之子也。

2 夏，六月，甲午，初制工商不得仕進。

3 秋，八月，丙戌，詔：「決死罪者，三奏然後行刑。」考異曰：刑法志在十五年，今從帝紀。

4 冬，十月，己丑，上幸長春宮；隋志：同州朝邑縣有長春宮。十一月，壬子，還長安。

5 党項寇會州，隋志：汶山郡，後周置汶州，開皇初改曰蜀州，尋爲會州。党，底朗翻。詔發隴西兵討降之。

6帝以光化公主妻吐谷渾可汗世伏；妻，七細翻。吐，從暾入聲。谷，音浴。可，從刊入聲。汗，音寒。世伏上表請稱公主爲天后，上不許。伏上，時掌翻。

十七年（丁巳、五九七）

1春，二月，癸未，太平公史萬歲擊南寧羌，平之。史萬歲襲爵太平縣公。隋志：太平縣，屬絳郡。南寧之地，漢屬牂柯，蜀漢屬南中，晉屬寧州，梁爲南寧州。其後爲爨氏所據，自云本安邑人，七世祖晉南寧太守，中國亂，遂王蠻中。考之晉志，未始有南寧郡。西爨，蠻也，非羌也，通鑑因隋紀成文。初，梁睿之克王謙也，見一百七十四卷陳宣帝太建十二年。西南夷、獠莫不歸附，唯南寧州酋帥爨震恃遠不服。獠，魯皓翻。酋，慈秋翻。帥，所類翻。爨，七亂翻。睿上疏，以爲：「南寧州，漢世牂柯之地，牂柯，音臧柯。上，時掌翻。戶口殷衆，金寶富饒。梁南寧州刺史徐文盛爲湘東王徵赴荆州，徵兵以討侯景，文盛赴之。屬東夏尚阻，未遑遠略，屬，之欲翻。夏，戶雅翻。土民爨瓚遂竊據一方，瓚，從旱翻。國家遙授刺史，其子震相承至今。而震臣禮多虧，貢賦不入，乞因平蜀之衆，略定南寧。」【章：甲十一行本「寧」下有「帝以天下初定，未之許」九字；乙十一行本同；孔本同。】其後南寧夷爨翫來降，拜昆州刺史，就其地置昆州。降，戶江翻；下同。既而復叛。乃以左領軍將軍史萬歲爲行軍總管，帥衆擊之，復，扶又翻。帥，讀曰率。入自蜻蛉川，至于南中。蜻蛉川，漢蜻蛉縣之地。蜻，倉經翻。蛉，郎丁翻。夷人前後屯據要害，萬歲皆擊破之；過諸葛亮紀功碑，唐史：南詔王鳳迦異築柘東城，有諸葛亮石刻故在。

渡西洱河，按唐史，太宗擊西爨，開蜻蛉、弄棟爲縣。弄棟西有大勃弄、小勃弄二州蠻，其西與黃瓜、葉榆、西洱河接。西洱河，卽葉榆河也。蘇軾曰：南詔有西洱河，卽牂柯江也。河形如月抱珥，故名之爲西洱河。洱，而止翻，又而志翻。入渠濫川，行千餘里，破其三十餘部，虜獲男女二萬餘口。諸夷大懼，遣使請降，獻明珠徑寸，於是勒石頌美隋德。萬歲請將爨翫入朝，使，疏吏翻。朝，直遙翻。請將，音如字，攜也，領也。詔許之。爨翫陰有貳心，不欲詣闕，賂萬歲以金寶，萬歲於是捨翫而還。爲史萬歲得罪張本。還，從宣翻，又如字。

2 庚寅，上幸仁壽宮。

3 桂州俚帥李光仕作亂，始安郡，梁置桂州。俚，音里。帥，所類翻；下渠帥同。帝遣上柱國王世積與前桂州總管周法尚討之，法尚發嶺南兵，世積發嶺北兵，俱會尹州。隋志：鬱林郡，梁置定州，後改爲南定州，平陳改尹州。世積所部遇瘴，不能進，瘴，之亮翻，熱病。頓于衡州，隋志：衡山郡，平陳置衡州。法尚獨討之。光仕戰敗，帥勁兵走保白石洞。白石洞，在今尋州南六十里。帥，讀曰率；下同。法尚大獲家口，其黨有來降者，輒以妻子還之，居旬日，降者數千人；降，戶江翻。光仕衆潰而走，追斬之。

帝又遣員外散騎侍郎何稠募兵討光仕，稠諭降其黨莫崇等，姓苑：何氏出自周成王母弟唐叔虞，其後封於韓，韓滅，子孫分散，江、淮間音以「韓」爲「何」，字隨音變，後遂爲何氏。莫姓，楚莫敖之後。散，悉亶翻。騎，奇寄翻。承制署首領爲州縣官。稠，妥之兄子也。妥，他果翻。

上以嶺南夷、越數反，數，所角翻。以汴州刺史令狐熙爲桂州總管十七州諸軍事，許以便宜從事，刺史以下官得承制補授。熙至部，大弘恩信，其溪洞渠帥更相謂曰：令，力丁翻。帥，所類翻。更，工衡翻。「前時總管皆以兵威相脅，今者乃以手教相諭，我輩其可違乎！」於是相帥歸附。先是，州縣生梗，先，悉薦翻。長吏多不得之官，長，知兩翻。寄政於總管府，熙悉遣之，爲建城邑，爲，于僞翻。開設學校，華、夷感化焉。俚帥帥，所類翻。甯猛力，在陳世已據南海，隋因而撫之，拜安州刺史。猛力恃險驕倨，未嘗參謁，熙諭以恩信，猛力感之，詣府請謁，不敢爲非。熙奏改安州爲欽州。隋志：寧越郡，梁置安州，今改欽州。

4 帝以所在屬官不敬憚其上，事難克舉，三月，丙辰，詔「諸司論屬官罪，有律輕情重者，聽於律外斟酌決杖。」於是上下相驅，迭行捶楚，以殘暴爲幹能，以守法爲懦弱。捶，止蘂翻。懦，乃臥翻，又奴亂翻。

帝以盜賊繁多，命盜一錢以上皆棄市，或三人共盜一瓜，事發即死。於是行旅皆晏起早宿，恐邂逅觸罪也。考異曰：刑法志作「晚宿」，必早字誤耳。天下懍懍。有數人劫執事而謂之曰：「吾豈求財者邪！邪，音耶。但爲枉人來耳。而爲我奏至尊：自古以來，體國立法，未有盜一錢而死者也。而不爲我以聞，吾更來，而屬無類矣！」帝聞之，爲停此法。自古以來，閭里姦豪持吏短長者，則有之矣，未聞持其上至此者，宜隋季之多盜也。天下之富，一錢之積，是以古之爲政，欲其平易近民。爲，于僞翻。而爲，而不，而屬之而，猶言汝也。

帝嘗乘怒，欲以六月杖殺人，大理少卿河東趙綽固爭隋制：九寺各置卿、少卿各一人。河東縣，蒲州河東郡治。少，始照翻。曰：「季夏之月，天地成長庶類，長，知兩翻；下同。不可以此時誅殺。」帝報曰：「六月雖曰生長，此時必有雷霆；我則天而行，有何不可！」遂殺之。

大理掌固來曠上言大理官司太寬，掌固，蓋卽漢之掌故。唐省、臺、寺、監皆有掌固，因隋制也。上，時掌翻。帝以曠爲忠直，遣每旦於五品行中參見。遣，猶使也。行，戶剛翻。見，賢遍翻。曠又告少卿趙綽濫免徒囚，帝使信臣推驗，初無阿曲，帝怒，命斬之。綽固爭，以爲曠不合死，帝拂衣入閤。綽矯言：「臣更不理曠，自有他事，未及奏聞。」帝命引入閤，綽再拜請曰：「臣有死罪三，臣爲大理少卿，不能制御掌固，使曠觸挂天刑，一也。囚不合死，而臣不能死爭，二也。臣本無他事，而妄言求入，三也。」帝解顏。會獨孤后在坐，坐，徂臥翻。命賜綽二金盃酒，并盃賜之。曠因免死，徙廣州。

蕭摩訶子世略在江南作亂，摩訶當從坐，上曰：「世略年未二十，亦何能爲，以其名將之子，爲人所逼耳。」將，卽亮翻。因赦摩訶。綽固諫不可，上不能奪，欲綽去而赦之，因命綽退食。綽曰：「臣奏獄未決，不敢退。」上曰：「大理其爲朕特赦摩訶也！」因命左右釋之。

爲，于僞翻。

刑部侍郎辛亶嘗衣緋褌，衣，於既翻。褌，古渾翻，褻衣也。俗云利官；上以爲厭蠱，厭，一協翻，又於琰翻。將斬之。綽曰：「法不當死，臣不敢奉詔。」上怒甚，曰：「卿惜辛亶而不自惜也！」命引綽斬之。綽曰：「陛下寧殺臣，不可殺辛亶。」至朝堂，解衣當斬，上使人謂綽曰：「竟何如？」對曰：「執法一心，不敢惜死。」上拂衣而入，良久，乃釋之。明日謝綽，勞勉之，賜物三百段。勞，力到翻。

時上禁行惡錢，有二人在市，以惡錢易好者，武候執以聞，武候，屬左右武候將軍，掌晝夜巡察，執捕姦非也。上令悉斬之，綽進諫曰：「此人所坐當杖，殺之非法。」上曰：「不關卿事。」綽曰：「陛下不以臣愚暗，置在法司，欲妄殺人，豈得不關臣事！」上曰：「撼大木，不動者當退。」對曰：「臣望感天心，何論動木。」上復曰：「啜羹者熱則置之，復，扶又翻；下同。啜，昌悦翻。天子之威，欲相挫邪！」邪，音耶。綽拜而益前，訶之，不肯退，訶，虎何翻。上遂入。治書侍御史柳彧復上奏切諫，上乃止。治，直之翻。復上，時掌翻。

上以綽有誠直之心，每引入閤中，或遇上與皇后同榻，卽呼綽坐，評論得失，前後賞賜萬計。與大理卿薛冑同時，俱名平恕；然冑斷獄以情而綽守法，俱爲稱職。斷，丁亂翻。稱，尺證翻。冑，端之子也。薛端仕周，爲蔡州刺史，無他異稱。

帝晚節用法益峻，御史於元日不劾武官衣劍之不齊者，劾，戶蓋翻，又戶得翻。帝曰：「爾爲御史，縱捨自由。」命殺之；諫議大夫毛思祖諫，又殺之。隋門下省置諫議大夫七人。將作寺丞以課麥䴷遲晚，䴷，圭玄翻。類篇曰：麥莖也。武庫令以署庭荒蕪，武庫令，屬衛尉寺。左右出使，或授牧宰馬鞭、鸚鵡，使，疏吏翻。「授」，當作「受」。帝察知，並親臨斬之。

帝既喜怒不恆，不復依準科律。恆，戶登翻。復，扶又翻；下同。信任楊素，素復任情不平，與鴻臚少卿陳延有隙，少，始照翻。嘗經蕃客館，庭中有馬屎，又衆僕於氈上樗蒲，以白帝。帝大怒，主客令及樗蒲者皆杖殺之，棰陳延幾死。隋志：鴻臚寺統典客令，即主客也。屎，式爾翻，糞也。棰，止橤翻。幾，居依翻，又音祁。

帝遣親衛大都督長安屈突通往隴西檢覆羣牧，隋氏置左・右親衛、左・右勳衛、左・右翊衛，有大都督、帥都督、都督等官。煬帝改大都督爲校尉，帥都督爲旅帥，都督爲隊正。屈突，虜複姓，其先昌黎徒河人，徙家長安。隴西郡，渭州。屈，九勿翻。得隱匿馬二萬餘匹，帝大怒，將斬太僕卿慕容悉達及諸監官千五百人。太僕卿，掌牧畜之政，故欲誅之。通諫曰：「人命至重，陛下奈何以畜產之故殺千有餘人！臣敢以死請！」帝瞋目叱之，瞋，昌眞翻。通又頓首曰：「臣一身分死，分，扶問翻。就陛下匄千餘人命。」帝感寤，曰：「朕之不明，以至於此！賴有卿忠言耳。」於是悉達等皆減死論，擢通爲左武候將軍。隋志：左、右武候，掌車駕出，先驅後殿，晝夜巡察，執捕姦非，烽候道路，水草所置；巡狩師田，則掌其營禁也。

5上柱國【章：甲十一行本「國」下有「彭公」二字；乙十一行本同；孔本同。】劉昶與帝有舊，帝甚親之；其子居士，任俠不遵法度，數有罪，數，所角翻。上以昶故，每原之。居士轉驕恣，取公卿子弟雄健者，輒將至家，以車輪括其頸而棒之，棒，蒲項翻。殆死能不屈者，稱爲壯士，釋而與交。黨與三百人，毆擊路人，毆，烏口翻。多所侵奪，至於公卿妃主，莫敢與校。或告居士謀爲不軌，帝怒，斬之，公卿子弟坐居士除名者甚衆。

6楊素、牛弘等復薦張冑玄曆術。去年帝勞徠冑玄，既而罷之。復，扶又翻。上令楊素與術數人立議六十一事，皆舊法久難通者，令劉暉等與冑玄等辯析。暉杜口一無所答，冑玄通者五十四，上乃拜冑玄員外散騎侍郎兼太史令，賜物千段，令參定新術。散，悉亶翻。騎，奇寄翻。至是，冑玄曆成。夏，四月，戊寅，詔頒新曆；前造曆者劉暉四人並除名。

7秋七月，桂州人李世賢反，上議討之。諸將數人請行，將，卽亮翻。上不許，顧右武候大將軍虞慶則曰：「位居宰相，爵乃上公，開皇初，慶則嘗爲尚書右僕射，宰相之職也。授上柱國，封魯國公，上公也。國家有賊，遂無行意，何也？」慶則拜謝，恐懼，乃以慶則爲桂州道行軍總管，討平之。

8秦王俊，幼仁恕，喜佛教，喜，許記翻。嘗請爲沙門，不許。及爲并州總管，俊爲并州總管見上卷十年。漸好奢侈，違越制度，盛治宮室。俊好內，治，直之翻。好，呼報翻。其妃崔氏，弘度之妹也，性妬，於瓜中進毒，由是得疾，徵還京師。上以其奢縱，丁亥，免俊官，以王就第。崔妃以毒王，廢絕，賜死於家。左武衛將軍劉昇曹魏置武衛將軍，自晉至于高齊，並屬左、右衛；至隋始與左、右衛並列於十二衛府。諫曰：「秦王非有他過，但費官物，營廨舍而已，廨，古隘翻。臣謂可容。」上曰：「法不可違。」楊素諫曰：「秦王之過，不應至此，願陛下詳之！」復，扶又翻。上曰：「我是五兒之父，上五子：太子勇、晉王廣、秦王俊、蜀王秀、漢王諒。非兆民之父？若如公意，何不別制天子兒律！以周公之爲人，尚誅管、蔡，我誠不及周公遠矣，安能虧法乎！」卒不許。楊素逢君之惡者也，他日贊決以廢勇立廣，蓋有見於此。卒，子恤翻。

9 戊戌，突厥突利可汗來逆女，厥，九勿翻。可，從刊入聲。汗，音寒。上舍之太常，教習六禮，六禮，納采、問名、納吉、納徵、請期、親迎。妻以宗女安義公主。上欲離間都藍，故特厚其禮，妻，七細翻。間，古莧翻。遣太常卿牛弘、納言蘇威、民部尚書斛律孝卿相繼爲使。開皇三年，改度支尚書爲民部尚書。使，疏吏翻。

突利本居北方，既尚主，長孫晟說其帥衆南徙，居度斤舊鎮，度斤舊鎮，蓋卽都斤山，突厥沙鉢略舊所居也。帥，讀曰率。錫賚優厚。賚，來代翻。都藍怒曰：「我，大可汗也，反不如染干！」於是朝貢遂絕，亟來抄掠邊鄙。朝，直遙翻；下同。亟，去吏翻。抄，楚交翻。突利伺知動靜，輒遣奏聞，由是邊鄙每先有備。伺，相吏翻。

10 九月，甲申，上至自仁壽宫。

11 何稠之自嶺南還也，是年二月，何稠討嶺南。甯猛力請隨稠入朝，稠見其疾篤，遣還欽州，與之約曰：「八九月間，可詣京師相見。」使還，奏狀，上意不懌。使，疏吏翻；下同。冬，十月，猛力病卒。上謂稠曰：「汝前不將猛力來，今竟死矣！」稠曰：「猛力與臣約，假令身死，當遣子入侍。令，力丁翻。越人性直，其子必來。」猛力臨終，果戒其子長眞曰：「我與大使約，不可失信，使，疏吏翻。汝葬我畢，宜即登路。」長眞嗣爲刺史，如言入朝。嗣，祥吏翻。上大悦曰：「何稠著信蠻夷，乃至於此！」

12 魯公虞慶則之討李世賢也，以婦弟趙什住爲隨府長史。長，知兩翻。什住通於慶則愛妾，恐事泄，乃宣言慶則不欲此行，上聞之，禮賜甚薄。慶則還，至潭州臨桂嶺，隋書虞慶則傳作「潭州臨桂鎭」。宋白曰：隋平陳，改湘州爲潭州。杜佑曰：取昭潭爲名。觀眺山川形勢，曰：「此誠險固，加以足糧，若守得其人，攻不可拔。」使什住馳詣京師奏事，觀上顔色，什住因告慶則謀反，下有司按驗。下，遐稼翻。十二月，壬子，慶則坐死，拜什住爲柱國。

13 高麗王湯聞陳亡，大懼，治兵積穀，爲拒守之策。麗，力知翻。治，直之翻。是歲，上賜湯璽書，責以「雖稱藩附，誠節未盡」。且曰：「彼之一方，雖地狹人少，璽，斯氏翻。少，詩沼翻；下同。

今若黜王，不可虛置，終須更選官屬，就彼安撫。王若洒心易行，洒，讀曰洗。行，下孟翻。率由憲章，卽是朕之良臣，何勞別遣才彥！王謂遼水之廣，何如長江？高麗之人，多少陳國？少，詩沼翻。朕若不存含育，責王前愆，命一將軍，何待多力！殷勤曉示，許王自新耳。」湯得書，惶恐，將奉表陳謝。會病卒，卒，子恤翻。子元嗣立，上使使拜元爲上開府儀同三司，襲爵遼東公。使使，疏吏翻；下同。元奉表謝恩，因請封王，上許之。自時隋終以高麗爲意，後遂以佳兵亡國。

14 吐谷渾大亂，吐，從暾入聲。谷，音浴。國人殺世伏，立其弟伏允爲主，遣使陳廢立之事，并謝專命之罪，且請依俗尚主；上從之。自是朝貢歲至。朝，直遙翻。

十八年（戊午、五九八）

1 春，二月，甲辰，上幸仁壽宮。

2 高麗王元帥靺鞨之衆萬餘寇遼西，隋書：靺鞨在高麗之北，凡有七種：其一號粟末部，與高麗接；其二曰伯咄部，在粟末之北；其三曰安車骨部，在伯咄東北；其四曰拂涅部，在伯咄東；其五曰號室部，在拂涅東；其六曰黑水部，在安車骨西北；其七曰白山部，在粟末東南。而黑水部猶爲勁健，卽古之肅愼氏也。遼西郡治柳城，隋置營州總管府。靺，莫撥翻。鞨，戶葛翻。營州總管韋沖擊走之。上聞而大怒，乙巳，以漢王諒、王世積並爲行軍元帥，將水陸三十萬伐高麗，帥，所類翻。將，卽亮翻。以尚書左僕射高熲爲漢王長史，長，知兩翻。周羅睺爲水軍總管。

3 延州刺史獨孤陀隋志：延安郡，後魏置東夏州，西魏改延州。陀，徒河翻。有婢曰徐阿尼，阿，烏葛翻。尼，女夷翻；下同。事貓鬼，能使之殺人，云每殺人，則死家財物潛移於畜貓鬼家。會獨孤后及楊素妻鄭氏俱有疾，醫皆曰：「貓鬼疾也。」隋書陀傳云：徐阿尼事貓鬼，每以子夜祀之，言子者，鼠也。陀嘗從家中索酒，其妻曰：「無錢可酤。」陀因謂阿尼曰：可令貓鬼向越公家，使我足錢也。阿尼便呪之。居數日，貓鬼向素家。十一年，上初從并州還，陀謂阿尼曰：「可令貓鬼向皇后所，使多賜吾物。」阿尼復呪之，遂入宮中。大理丞楊遠乃於門下外省遣阿尼呼貓鬼，阿尼於是夜中置香粥一盆，以匙扣而呼之曰：「貓女可來，無住宮中。」久之，阿尼色正青，若被牽曳者。云貓鬼已至。由是其事具得實。畜，吁玉翻；下同。上以陀，后之異母弟，陀妻，楊素異母妹，由是意陀所爲，令高熲等雜治之，具得其實。治，直之翻。上怒，令以犢車載陀夫妻，將賜死，【章：甲十一行本「死」下有「於家」二字；乙十一行本同；孔本同。】獨孤后三日不食，爲之請命曰：爲，于僞翻；下同。「陀若蠹政害民者，妾不敢言；今坐爲妾身，敢請其命。」陀弟司勳侍郎整詣闕求哀，司勳侍郎屬吏部尚書。於是免陀死，除名爲民，以其妻楊氏爲尼。先是，有人訟其母爲貓鬼所殺者，上以爲妖妄，怒而遣之。妖，於驕翻。至是，詔誅被訟行貓鬼家。先，悉薦翻。被，皮義翻。夏，四月，辛亥，詔：「畜貓鬼、蠱毒、厭媚野道之家，隋書志：江南諸郡往往畜蠱，而宜春偏甚。其法以五月五日聚百種蟲，大者至蛇，小者至蝨，合置器中，令自相啖，餘一種存者留之，蛇則曰蛇蠱，蝨則曰蝨蠱，行以殺人，因食入人腹內，食其五藏，死則其產移入蠱主之家。三年不殺他人，則畜者自鍾其弊。累世子孫相傳不絕，亦有隨女子嫁者。厭，於琰翻。魅，音媚。並投於四裔。」

4 六月，丙寅，下詔黜高麗王元官爵。麗，力知翻。漢王諒軍出臨渝關，臨渝關，在柳城西四百八十里，所謂盧龍之險也。渝，漢書音喻。值水潦，餽運不繼，軍中乏食，復遇疾疫。復，扶又翻。周羅睺自東萊泛海趣平壤城，隋書：平壤城東西六里，隨山屈曲，南臨浿水。杜佑曰：平壤城則故朝鮮國王險城也。趣，七喻翻。亦遭風，船多飄沒。秋，九月，己丑，師還，死者什八九。高麗王元亦惶懼，遣使謝罪，使，疏吏翻；下同。上表稱「遼東糞土臣元」，上於是罷兵，待之如初。百濟王昌遣使奉表，請爲軍導，帝下詔諭以「高麗服罪，朕已赦之，不可致伐。」厚其使而遣之。高麗頗知其事，以兵侵掠其境。

5 辛卯，上至自仁壽宮。

6 冬，十一月，癸未，上祀南郊。

7 十二月，自京師至仁壽宮，置行宮十有二所。

8 南寧夷爨翫復反。復，扶又翻。蜀王秀奏「史萬歲受賂縱賊，致生邊患。」上責萬歲，萬歲詆讕；讕，落干翻，又力誕翻。詆，拒諱也。讕，逸辭也。上怒，命斬之。高熲及左衛大將軍元旻等固請曰：「萬歲雄略過人，將士樂爲致力，雖古名將，未能過也。」上意少解，於是除名爲民。將，卽亮翻。樂，音洛。少，詩沼翻。

十九年（己未、五九九）

1春，正月，癸酉，赦天下。

2二月，甲寅，上幸仁壽宮。仁壽宮成於開皇十五年。方其成也，文帝怒，欲罪楊素，獨孤后喜而賞之，繼此屢幸仁壽宮，至仁壽之末，卒死於仁壽宮。仁者壽，帝窮民力以作離宮，可謂仁乎？其不得死於是宮，宜矣。帝怒楊素而不加之罪，其后喜則亦從而喜之，豈非奢侈之能移人，觸境而動，至於流連而不知反，卒詒萬世笑。是知君德以節儉爲貴也。

3突厥突利可汗因長孫晟奏言都藍可汗作攻具，欲攻大同城。唐志：自夏州北渡烏水，行五百三十餘里，過橫水，又行百一十九里至安樂戍。戍在河西壖，東壖有古大同城，今大同城，古永濟柵也。厥，九勿翻。可，從刊入聲。汗，音寒。長，知兩翻。晟，承正翻。詔以漢王諒爲元帥，帥，所類翻。尚書左僕射高熲出朔州道，隋志：馬邑郡，舊置朔州。右僕射楊素出靈州道，靈武郡，後魏置靈州。上柱國燕榮出幽州道以擊都藍，燕，因肩翻。皆取漢王節度；然漢王竟不臨戎。

都藍聞之，與達頭可汗結盟，合兵掩襲突利，大戰長城下，突利大敗。都藍盡殺其兄弟子姪，遂渡河入蔚州。隋志：鴈門郡靈丘縣，後周置蔚州。蔚，紆勿翻。突利部落散亡，夜，與長孫晟以五騎南走，騎，奇寄翻；下同。比旦，行百餘里，比，必寐翻，及也。收得數百騎。突利與其下謀曰：「今兵敗入朝，一降人耳，朝，直遙翻；下同。降，戶剛翻。大隋天子豈禮我乎！玷厥雖來，本無冤隙，冤，猶怨也。若往投之，必相存濟。」晟知之，密遣使者入伏遠鎮，使，疏吏翻。令速舉烽。突利見四烽俱發，以問晟，晟紿之曰：「城高地迥，必遙見賊來。我國家法，若賊少，舉二烽；紿，蕩亥翻。少，詩沼翻。來多，舉三烽；大逼，舉四烽。彼見賊多而又近耳。」突利大懼，謂其衆曰：「追兵已逼，且可投城。」既入鎮，晟留其達官執室領其衆，自將突利馳驛入朝。將，如字。夏，四月，丁酉，突利至長安。帝大喜，以晟爲左勳衛驃騎將軍，隋制：驃騎將軍正四品。驃，匹妙翻。騎，奇寄翻。持節護突厥。

上令突利與都藍使者因頭特勒相辯詰，突利辭直，上乃厚待之。都藍弟郁【章：甲十一行本「郁」作「都」；乙十一行本同；孔本同。】速六棄其妻子，與突利歸朝，使，疏吏翻。朝，直遙翻。上嘉之，使突利多遺之珍寶以慰其心。遺，于季翻。

高熲使上柱國趙仲卿將兵三千爲前鋒，至族蠡山，將，即亮翻。蠡，音黎。與突厥遇，交戰七日，大破之；追奔至乞伏泊，復破之，虜千餘口，雜畜萬計。突厥復大舉而至，仲卿爲方陳，厥，九勿翻；下同。畜，許又翻。復，扶又翻。陳，讀曰陣；下同。四面拒戰，凡五日。會高熲大兵至，合擊之，突厥敗走，追度白道，踰秦山七百餘里而還。還，從宣翻，又如字。楊素軍與達頭遇。先是，諸將與突厥戰，慮其騎兵奔突，皆以戎車步騎相參，設鹿角爲方陳，騎在其內。素此古法也，雖衛青、劉裕未之能易也，所謂先爲不可勝以待敵之可勝者也。先，悉薦翻。騎，奇寄翻；下同。

曰：「此乃自固之道，未足以取勝也。」於是悉除舊法，令諸軍爲騎陳。達頭聞之，大喜曰：「天賜我也！」下馬仰天而拜，帥騎兵十餘萬直前。上儀同三司周羅睺曰：「賊陳未整，請擊之。」帥精騎逆戰，素以大兵繼之，突厥大敗，達頭被重創而遁，殺傷不可勝計，其衆號哭而去。魏舒毀車崇卒以敗狄，楊素除戎車爲騎陳以破突厥，皆鼓儳而勝耳。帥，讀曰率。勝，音升。號，戶高翻。

4 六月，丁酉，以豫章王暕爲內史令。暕，古限翻。

5 宜陽公王世積爲涼州總管，其親信安定皇甫孝諧有罪，王世積封宜陽郡公。隋志：河南郡宜陽縣，後魏置宜陽郡。武威郡，舊置涼州。安定郡，舊置涇州。吏捕之，亡抵世積，世積不納。孝諧配防桂州，配防者，配隸軍伍，使之防守。因上變，稱「世積嘗令道人相其貴不，上，時掌翻。令，力丁翻。相，息亮翻。不，讀曰否。道人答曰：『公當爲國主。』又將之涼州。』之，往也。其所親謂世積曰：『河西天下精兵處，可圖大事。』世積曰：『涼州土曠人希，非用武之國。』」世積坐誅，拜孝諧上大將軍。

6 獨孤后性妬忌，後宮莫敢進御。尉遲迥女孫，有美色，先沒宮中，尉，紆勿翻。先，悉薦翻；下同。上於仁壽宮見而悅之，因得幸。后伺上聽朝，伺，相吏翻。朝，直遙翻。陰殺之，上由是大怒，單騎從苑中出，不由徑路，入山谷間二十餘里。高熲、楊素等追及上，扣馬苦諫。上太息曰：「吾貴爲天子，不得自由！」高熲曰：「陛下豈以一婦人而輕天下！」上意少解，少，詩沼翻。駐馬良久，中夜方還宮。后俟上於閤內，及至，后流涕拜謝，熲、素等和解之，還，音旋，又如字。因置酒極歡。先是，后以高熲父之家客，甚見親禮，熲父賓，爲獨孤信參佐，信被誅，后以賓父之故吏，數往來其家。至是，聞熲謂己爲一婦人，遂銜之。

時太子勇失愛於上，潛有廢立之志，從容謂熲曰：從，千容翻。「有神告晉王妃，言王必有天下，若之何？」熲長跪曰：「長幼有序，其可廢乎！」【章：甲十一行本「乎」下有「上默然而止」五字；乙十一行本同；孔本同。】長幼之長，知兩翻。獨孤后知熲不可奪，陰欲去之。爲后譖熲張本。去，羌呂翻。

會上令選東宮衞士以入上臺，熲奏稱：「若盡取強者，恐東宮宿衞太劣。」上作色曰：「我有時出入，宿衞須得勇毅。太子毓德春宮，左右何須壯士！此極弊法。如我意者，恆於交番之日，分向東宮，上下團伍不別，三百人爲團，五人爲伍。恆，戶登翻。上，時掌翻。下，遐嫁翻。別，彼列翻。豈非佳事！我熟見前代，公不須仍踵舊風。」熲子表仁，娶太子女，故上以此言防之。

熲夫人卒，卒，子恤翻。獨孤后言於上曰：「高僕射老矣，而喪夫人，喪，息浪翻。陛下何能不爲之娶！」爲，于僞翻；下同。上以后言告熲。熲流涕謝曰：「臣今已老，退朝，唯齋居讀佛經而已，朝，直遙翻。雖陛下垂哀之深！至於納室，非臣所願。」上乃止。既而熲愛妾生男，上聞之，極喜，后甚不悅。上問其故，后曰：「陛下尚復信高熲邪？復，扶又翻。邪，音耶。始，陛下欲爲熲娶，熲心存愛妾，面欺陛下。今其詐已見，見，賢遍翻。安得信之！」上由是疏熲。

伐遼之役，去年伐遼。熲固諫，不從，及師無功，后言於上曰：「熲初不欲行，陛下強遣之，強，其兩翻。妾固知其無功矣！」又，上以漢王年少，少，詩照翻。專委軍事於熲，熲以任寄隆重，每懷至公，無自疑之意，諒所言多不用。諒甚銜之，及還，泣言於后曰：「兒幸免高熲所殺。」上聞之，彌不平。

及擊突厥，出白道，進圖入磧，磧，大磧也，卽所謂大漠。磧，七迹翻。遣使請兵，使，疏吏翻。近臣緣此言熲欲反。上未有所答，熲已破突厥而還。此卽謂前破突厥事。還，從宣翻，音旋，又如字。及王世積誅，推覈之際，有宮禁中事，云於熲處得之，上大驚。有司又奏「熲及左右衞大將軍元旻、元胄，並與世積交通，受其名馬之贈。」旻、胄坐免官。上柱國賀若弼、吳州總管宇文弢、若，人者翻。弢，古弼字。刑部尚書薛胄、開皇三年，改都官尚書爲刑部尚書。民部尚書斛律孝卿、兵部尚書柳述等明熲無罪，上愈怒，皆以屬吏，屬，之欲翻。自是朝臣無敢言者。朝，直遙翻。秋，八月，癸卯，熲坐免上柱國、左僕射，以齊公就第。

未幾，上幸秦王俊第，召熲侍宴。熲歔欷悲不自勝，幾，居豈翻。歔，音虛。欷，音希，又許既翻。勝，音升。獨孤后亦對之泣。上謂熲曰：「朕不負公，公自負也。」因謂侍臣曰：「我於高熲，勝於兒子，雖或不見，常似目前；自其解落，瞑然忘之，解落，謂解官落職也。瞑，莫定翻。如本無高熲。人臣不可以身要君，要，一遙翻。自云第一也。」頃之，熲國令上熲陰事，隋制，王國、公國皆有令有尉。上，時掌翻。稱其子表仁謂熲曰：「司馬仲達初託疾不朝，遂有天下，司馬懿，字仲達，事見魏邵陵厲公紀。朝，直遙翻。公今遇此，焉知非福！」熲國官承望上指，以此誣熲，蓋亦習見趙什住、皇甫孝諧受賞而利之也。焉，於虔翻。於是上大怒，囚熲於內史省而鞫之。憲司復奏沙門眞覺嘗謂熲云：「明年國有大喪。」憲司，法司也。復，扶又翻。喪，息郎翻。尼令暉復云：「十七、十八年，皇帝有大厄，十九年不可過。」上聞而益怒，顧謂羣臣曰：「帝王豈可力求！孔子以大聖之才，猶不得天下。熲與子言，自比晉帝，此何心乎！」有司請斬之。上曰：「去年殺虞慶則，今茲斬王世積，如更誅熲，天下其謂我何！」於是除名爲民。

熲初爲僕射，帝受禪，熲卽爲僕射。其母戒之曰：「汝富貴已極，但有一斫頭耳，爾其愼之！」熲由是常恐禍變。至是，熲歡然無恨色。先是國子祭酒元善言於上曰：「楊素粗疏，蘇威怯懦，元冑、元旻正似鴨耳。楚辭曰：「寧汎汎若水中之鳧，與波上下，以全吾軀乎？」元善之意謂此。先，悉薦翻。可以付社稷者，唯獨高熲。」上初然之。及熲得罪，上深責之，善憂懼而卒。卒，子恤翻。

7 九月，【章：甲十一行本「月」下有「乙丑」二字；乙十一行本同；孔本同；張校同；退齋校同。】以太常卿牛弘爲吏部尚書。弘選舉先德行而後文才，務在審慎，雖致停緩，其所進用，並多稱職。先，悉薦翻。行，下孟翻。後，戶遘翻。稱，尺證翻。吏部侍郎高孝基鑒賞機晤，清慎絕倫，然爽俊有餘，迹似輕薄，時宰多以此疑之；唯弘深識其眞，推心任委。隋之選舉得人，於斯爲最，時論彌服弘識度之遠。

8 冬，十月，甲午，以突厥突利可汗爲意利珍豆啓民可汗，華言「意智健」也。厥，九勿翻。可，從刊入聲。汗，音寒。突厥歸啓民者男女萬餘口，上命長孫晟將五萬人於朔州築大利城以處之。長，知兩翻。晟，承正翻。將，卽亮翻；下同。大利城，在雲內縣東北。隋志：定襄郡，治大利縣。處，昌呂翻；下同。時安義公主已卒，十七年，安義公主嫁突厥。卒，子恤翻。復使晟持節送宗女義成公主以妻之。復，扶又翻。妻，七細翻。晟奏：「染干部落，歸者益衆，雖在長城之內，猶被雍虞閭抄掠，不得寧居。抄，楚交翻。請徙五原，以河爲固，鹽州五原之地。於夏、勝兩州之間，隋志：朔方郡，後魏置夏州。榆林郡，開皇二十年置勝州。杜佑曰：勝州治榆林縣，漢沙南縣地有雲中城拂雲堆，金河、紫河自馬邑郡善陽界流入，縣西有漢五原城。夏，戶雅翻。東西至河，南北四百里，掘爲橫塹，塹，七豔翻。令處其內，令，力丁翻。處，昌呂翻。使得任情畜牧。」上從之。

又令上柱國趙仲卿屯兵二萬爲啓民防達頭，爲，于僞翻。代州總管韓洪等將步騎一萬鎮恆安。隋志：鴈門，後周置肆州，開皇五年改曰代州。舊唐志：恆安鎭，在隋馬邑郡雲內縣界，唐爲雲州雲中縣，即後魏所都平城之地。恆，戶登翻。達頭騎十萬來寇，韓洪軍大敗，騎，奇寄翻。仲卿自樂寧鎭邀擊，斬首千餘級。

9 帝遣越公楊素出靈州，行軍總管韓僧壽出慶州。弘化郡，開皇十六年置慶州。太平公史萬歲出燕州，涿郡懷戎縣，後齊置北燕州，後周去「北」字。燕，因肩翻。大將軍武威姚辯出河州，枹罕郡，舊置河州。以擊都藍。師未出塞，十二月，乙未，都藍爲部下所殺，達頭自立爲步迦音加。可汗，其國大亂。長孫晟言於上曰：「今官軍臨境，戰數有功，數，所角翻。虜內自攜離，其主被殺，乘此招撫，可以盡降。請遣染干部下分道招慰。」上從之。降者甚衆。被，皮義翻。降，戶江翻。

資治通鑑卷第一百七十九

端明殿學士兼翰林侍讀學士朝散大夫右諫議大夫充集賢殿修撰提舉西京嵩山崇福宫上柱國河内郡開國侯食邑一千八百户食實封六百户賜紫金魚袋臣　司馬光　奉敕編集
後　學　天　台　胡三省　音　註

隋紀三起上章涒灘（庚申），盡昭陽大淵獻（癸亥），凡四年。

高祖文皇帝中

開皇二十年（庚申、六〇〇）

1春，二月，熙州人李英林反。隋志：同安郡，梁置豫州，後改晉州，後齊改江州，陳復曰晉州，開皇初曰熙州，因晉熙郡名州也。三月，辛卯，以揚州總管司馬河内張衡爲行軍總管，隋制，總管府置長史、司馬。河内郡置懷州。帥步騎五萬討平之。帥，讀曰率。騎，奇寄翻。

2賀若弼復坐事下獄，若，人者翻。復，扶又翻。下，遐嫁翻。上數之曰：數，所具翻。又，所主翻。「公有三太猛：嫉妬心太猛，自是、非人心太猛，無上心太猛。」既而釋之。他日，上謂侍臣曰：「弼將伐陳，謂高熲曰：『陳叔寶可平也。不作高鳥盡、良弓藏邪？』」熲，居永翻；下同。范蠡告大夫種嘗有是言。邪，音耶；下同。頲云：『必不然。』及平陳，遽索內史，又索僕射。索，山客翻。射，寅謝翻。我語頲曰：語，牛倨翻；下同。『功臣正宜授勳官，隋置上柱國至帥都督凡十一等，爲勳官。不可預朝政。』朝，直遙翻。弼後語頲：『皇太子於己，出口入耳，無所不盡。公終久何必不得弼力，何脈脈邪！』脈脈，有言不得吐之意。意圖廣陵，又圖荆州，皆作亂之地，意終不改也。」

3 夏，四月，壬戌，突厥達頭可汗犯塞，厥，九勿翻。可，從刊入聲。汗，音寒。詔命晉王廣、楊素出靈武道，即靈州道。漢王諒、史萬歲出馬邑道即朔州道。以擊之。

長孫晟帥降人爲秦州行軍總管，天水郡置秦州。長，知兩翻。晟，承正翻。帥，讀曰率。降，戶江翻。受晉王節度。晟以突厥飲泉，易可行毒，易，以豉翻。因取諸藥毒水上流，突厥人畜飲之多死，於是大驚曰：「天雨惡水，雨，于具翻。其亡我乎！」因夜遁。晟追之，斬首千餘級。考異曰：煬帝紀曰：「出靈武，無虜而還。」突厥傳曰：「晉王出靈州，達頭遁逃而去。」晟傳曰：「達頭與王相抗。」蓋達頭聞王來而遁，晟將兵從別道與達頭相遇耳。

史萬歲出塞，至大斤山，與虜相遇。達頭遣使問：「隋將爲誰？」候騎報：「史萬歲也。」突厥復問：「得非敦煌戍卒乎？」史萬歲戍敦煌事，見一百七十五卷陳長城公至德元年。使，疏吏翻；下同。將，即亮翻。騎，奇寄翻。復，扶又翻；下同。敦，徒門翻。候騎曰：「是也。」達頭懼而引去。萬歲馳追百餘里，縱擊，大破之，斬數千級；逐北，入磧數百里，虜遠遁而還。磧，七迹翻；下同。還，從宣翻，又如字。考異曰：帝紀，十九年六月史萬歲破賊，據本傳在今年，紀誤也。按「破賊」當作「破達頭」。詔遣長孫晟復還大利城，安撫新附。

達頭復遣其弟子俟利伐從磧東攻啓民，上又發兵助啓民守要路；俟利伐退走入磧。啓民上表陳謝曰：「大隋聖人可汗憐養百姓，如天無不覆，上，時掌翻。覆，敷又翻。地無不載。染干如枯木更葉，枯骨更肉，千世萬世，常爲大隋典羊馬也。」爲，于僞翻。帝又遣趙仲卿爲啓民築金河、定襄二城。隋志：榆林郡金河縣，隋初置榆關總管。定襄，卽雲內縣之恆安鎭。

4 秦孝王俊久疾未能起，遣使奉表陳謝。上謂其使者曰：「我戮力創茲大業，作訓垂範，庶臣下守之；汝爲吾子而欲敗之，使，疏吏翻。敗，補邁翻。不知何以責汝！」俊慙怖，怖，普布翻。疾遂篤，乃復拜俊上柱國；六月丁丑，俊薨。帝五子，獨俊病死耳。上哭之，數聲而止；俊所爲侈麗之物，悉命焚之。王府僚佐請立碑，隋親王置師、友、文學、長史、司馬、諮議參軍、掾、屬、主簿、錄事、功曹、記室、戶・倉・兵等曹、騎兵・城局等參軍、東・西閤祭酒、參軍事、法・田・水・鎧・士等曹行參軍、行參軍、長兼行參軍、典籤等。釋名：碑者，葬時所設，臣子追述君父之功以書其上。初學記：碑，悲也；所以悲往事也。上曰：「欲求名，一卷史書足矣，何用碑爲！若子孫不能保家，徒與人作鎭石耳。」鎭，之人翻，壓也。俊子浩，崔妃所生也；庶子曰湛。羣臣希旨，奏：「漢之栗姬子榮、郭后子彊皆隨母廢，栗姬子榮事見十六卷漢景帝六年、七年。郭后子彊事見四十三卷漢光武建武十七年、十九年。斯二事者，二帝之失也，可以爲法乎！今秦王二子，母皆有罪，不合承嗣。」上從之，以秦國官爲喪主。

初，上使太子勇參決軍國政事，時有損益；上皆納之。勇性寬厚，率意任情，無矯飾之行。行，下孟翻。上性節儉，勇嘗文飾蜀鎧，蜀鎧，蜀人所作也。蜀人工巧，所作鎧甲已精麗，而勇又文飾之。上見而不悅，戒之曰：「自古帝王未有好奢侈而能久長者。汝爲儲后，后，君也；儲后，猶言儲君也。好，呼到翻。當以儉約爲先，乃能奉承宗廟。吾昔日衣服，各留一物，時復觀之以自警戒。恐汝以今日皇太子之心忘昔時之事，故賜汝以我舊所帶刀一枚，并葅醬一合，淹菜爲葅。醬，醢也。肉醬、豉醬皆謂之醢，又菜葅謂之醬。內則：芥醬。汝昔作上士時常所食也。謂勇仕周時。若存記前事，應知我心。」

後遇冬至，百官皆詣勇，勇張樂受賀。上知之，問朝臣曰：「近聞至日內外百官相帥朝東宮，此何禮也？」太常少卿辛亶對曰：「於東宮，乃賀也，不得言朝。」朝，直遙翻。帥，讀曰率。少，始照翻。上曰：「賀者正可三數十人，隨情各去，何乃有司徵召，一時普集！太子法服設樂以待之，可乎？」隋制：太子袞冕，垂白珠九旒；青纊充耳；犀笄；玄衣、纁裳。衣，山、龍、華蟲、火、宗彝五章；裳，藻、粉、米、黼、黻四章；織成爲之。白紗內單。黼領青褾、襈裾。革帶，金鉤鰈；大帶、素帶，不朱裏，亦紕以朱綠。韍隨裳色，火、山二章。玉具劍，火珠鏢首，瑜玉雙佩，朱組。雙大綬，四采赤、白、縹、紺，純朱質，長一丈八尺，三百二十首，廣九寸；小雙綬長二尺六寸，色同大綬而首半之，間施二玉環。朱韈、赤舄，以金飾。褾，彼小翻。

襈，雛免翻。鏁，丑例翻，又彼列翻。紕，頻彌翻。鏢，紕招翻。綬，音受。縹，匹沼翻。純，之尹翻。長，直亮翻。廣，苦曠翻。因下詔曰：「禮有等差，君臣不雜。皇太子雖居上嗣，義兼臣子，而諸方岳牧正冬朝賀，任土作貢，別上東宮；別上，時掌翻。事非典則，宜悉停斷。」斷，丁管翻。自是恩寵始衰，漸生猜阻。

勇多內寵，昭訓雲氏尤幸。姓苑：雲姓，縉雲氏之後。又魏書官氏志：達宥氏，後改雲氏；此其後也。其妃元氏無寵，遇心疾，二日而薨，元妃薨見一百七十七卷十一年。獨孤后意有他故，甚責望勇。自是雲昭訓專內政，生長寧王儼，平原王裕，安成王筠；高良娣生安平王嶷，襄城王恪；王良媛生高陽王該，建安王韶；成姬生潁川王煚；娣，音弟。嶷，魚力翻。媛，于眷翻。煚，居永翻。後宮生孝實，孝範。后彌不平，頗遣人伺察，伺，相吏翻。求勇過惡。

晉王廣彌【章：甲十一行本「彌」上有「知之」二字；乙十一行本同；孔本同；張校同；退齋校同。】自矯飾，唯與蕭妃居處，處，昌呂翻。後庭有子皆不育，后由是數稱廣賢。數，所角翻。大臣用事者，廣皆傾心與交。謂楊素等。上及后每遣左右至廣所，無貴賤，廣必與蕭妃迎門接引，爲設美饌，爲，于僞翻。饌，士戀翻；說文，具食也。申以厚禮；申，重也。婢僕往來者，無不稱其仁孝。上與后嘗幸其第，廣悉屏匿美姬於別室，屏，必郢翻。唯留老醜者，衣以縵綵，衣，於既翻。縵，莫半翻，繒無文者也。給事左右；屏帳改用縑素；故絕樂器之絃，不令拂去塵埃。去，羌呂翻。上見之，以爲不好聲色，還宮，以語侍臣，好，呼到翻。語，牛倨翻。意甚喜，侍臣皆稱慶，由是愛之特異諸子。

上密令善相者來和相，息亮翻。徧視諸子，對曰：「晉王眉上雙骨隆起，貴不可言。」上又問上儀同三司韋鼎：「我諸兒誰得嗣位？」對曰：「至尊、皇后所最愛者當與之，非臣敢預知也。」來和、韋鼎皆識帝於潛躍，故尤信之。上笑曰：「卿不肯顯言邪！」邪，音耶。

晉王廣美姿儀，性敏慧，沈深嚴重；沈，持林翻。好學，善屬文；好，呼到翻。屬，之欲翻。敬接朝士，禮極卑屈；由是聲名籍甚，言聲名狼籍甚盛。朝，直遙翻；下同。冠於諸王。冠，古玩翻。

廣爲揚州總管，入朝，將還鎮，入宮辭后，伏地流涕，后亦泫然泣下。泫，戶畎翻。廣曰：「臣性識愚下，常守平生昆弟之意，不知何罪失愛東宮，恆蓄盛怒，欲加屠陷。恆，戶登翻。每恐讒譖生於投杼，用曾參母子事。鴆毒遇於杯勺，杯、勺，皆飲器。周禮梓人爲飲器，勺一升。勺，市若翻。是以勤憂積念，懼履危亡。」后忿然曰：「睍地伐漸不可耐，勇小字睍地伐。我爲之娶元氏女，爲，于僞翻。竟不以夫婦禮待之，專寵阿雲，阿，烏葛翻。使有如許豚犬。曹操曰：「如袁本初、劉景升兒，豚犬耳。」後遂以詆其子。前新婦遇毒而夭，夭，於紹翻。我亦不能窮治，治，直之翻。何故復於汝發如此意！復，扶又翻。我在尚爾，我死後，當魚肉汝乎！每思東宮竟無正嫡，至尊千秋萬歲之後，遣汝等兄弟向阿雲兒前再拜問訊，此是幾許苦痛邪！」幾，居豈翻。邪，音耶。廣又拜，嗚咽不能止，后亦悲不自勝。勝，音升。自是后決意欲廢勇立廣矣。

廣與安州總管宇文述素善，安陸郡置安州。欲述近己，奏爲壽州刺史。淮南郡舊屬南則爲豫州，屬北則爲揚州，開皇九年改曰壽州。近，其靳翻。廣尤親任總管司馬張衡，衡爲廣畫奪宗之策。廣問計於述，述曰：「皇太子失愛已久，令德不聞於天下。大王仁孝著稱，才能蓋世，數經將領，頻有大功；謂南平陳、北伐突厥也。數，所角翻。將，即亮翻。主上之與內宮，咸所鍾愛，內宮，即中宮，避國諱，故云然。四海之望，實歸大王。然廢立者國家大事，處人父子骨肉之間，誠未易謀也。處，昌呂翻。易，以豉翻。然能移主上意者，唯楊素耳，素所與謀者唯其弟約。述雅知約，請朝京師，與約相見，共圖之。」朝，直遙翻。廣大悅，多齎金寶，資述入關。

約時爲大理少卿，少，始照翻。素凡有所爲，皆先籌於約而後行之。述請約，盛陳器玩，與之酣暢，因而共博，每陽不勝，所齎金寶盡輸之約。約所得既多，稍以謝述，述因曰：「此晉王之賜，令述與公爲歡樂耳。」此呂不韋之故智耳。約大驚曰：「何爲爾？」述因通廣意，說之曰：說，輸芮翻。「夫守正履道，固人臣之常致；反經合義，亦達者之令圖。夫，音扶。令，力正翻。自古賢人君子，莫不與時消息以避禍患。公之兄弟，功名蓋世，當塗用事有年矣，朝臣爲足下家所屈辱者，可勝數哉！朝，直遙翻。勝，音升。數，所具翻。又，儲后以所欲不行，每切齒於執政；公雖自結於人主，而欲危公者固亦多矣！主上一旦棄羣臣，公亦何以取庇！今皇太子失愛於皇后，主上素有廢黜之心，此公所知也。今若請立晉王，在賢兄之口耳。誠能因此時建大功，王必永銘骨髓，斯則去累卵之危，成太山之安也。」約然之，因以白素。素聞之，大喜，撫掌曰：「吾之智思思，相吏翻。殊不及此，賴汝啓予。」約知其計行，復謂素曰：復，扶又翻。「今皇后之言，上無不用，宜因機會早自結託，則長保榮祿，傳祚子孫。兄若遲疑，一旦有變，令太子用事，恐禍至無日矣！」令，力丁翻。素從之。

後數日，素入侍宴，微稱「晉王孝悌恭儉，有類至尊。」用此揣后意。揣，初委翻。后泣曰：「公言是也！吾兒大孝愛，每聞至尊及我遣內使到，內使猶言中使。使，疏吏翻。必迎於境首；言及違離，未嘗不泣。又其新婦亦大可憐，我使婢去，常與之同寢共食。豈若睍地伐與阿雲對坐，終日酣宴，昵近小人，昵，尼質翻。疑阻骨肉！我所以益憐阿麽者，廣小字阿麽。麽，眉波翻。常恐其潛殺之。」素既知后意，因盛言太子不才。后遂遺素金，遺，于季翻。使贊上廢立。

勇頗知其謀，憂懼，計無所出，使新豐人王輔賢造諸厭勝；新豐縣屬京兆。厭，於協翻。又於後園作庶人村，室屋卑陋，勇時於中寢息，布衣草褥，冀以當之。上知勇不自安，在仁壽宮，使楊素觀勇所爲。素至東宮，偃息未入，勇束帶待之，素故久不進以激怒勇；勇銜之，形於言色。素還言：「勇怨望，恐有他變，願深防察！」上聞素譖毀，甚疑之。后又遣人伺覘東宮，伺，相吏翻；下同。覘，丑廉翻，又丑豔翻。纖介事皆聞奏，因加誣飾以成其罪。

上遂疏忌勇，迺於玄武門達至德門玄武門，隋大興宮城正北門。至德門，在宮城東北隅。量置候人，以伺動靜，皆隨事奏聞。量，音良。又，東宮宿衛之人，侍官以上，侍官，謂直閤、直寢、直齋、直後、備身、直長等，蓋東宮率府所統，略同十二衛府。名籍悉令屬諸衛府，有勇健者咸屏去之。屏，必郢翻。去，羌呂翻。出左衛率蘇孝慈爲淅州刺史，蘇孝慈有器幹，故出之。隋志：淅陽郡，西魏置淅州。勇愈不悅。太史令袁充言於上曰：「臣觀天文，皇太子當廢。」上曰：「玄象久見，見，賢遍翻。羣臣不敢言耳。」充，君正之子也。袁君正見一百六十二卷梁武帝太清三年。

晉王廣又令督王府軍事姑臧段達姑臧縣，涼州武威郡治所。私賂東宮幸臣姬威，令伺太子動靜，密告楊素；於是內外諠謗，過失日聞。段達因脅姬威曰：「東宮過失，主上皆知之矣。已奉密詔，定當廢立；君能告之，則大富貴！」威許諾，卽上書告之。上，時掌翻。

秋，九月，壬子，上至自仁壽宮。考異曰：帝紀：丁未，至自仁壽宮。今從太子勇傳。翌日，御大興殿，開皇三年，上入新都，名其城曰大興城，正殿曰大興殿，宮曰大興宮，宮北苑曰大興苑。或曰：帝由大興郡襲封隨公以登大位，故以名新都宮殿城苑。謂侍臣曰：「我新還京師，應開懷歡樂；樂，音洛。不知何意翻邑然愁苦！」吏部尚書牛弘對曰：「臣等不稱職，故至尊憂勞。」稱，尺證翻。上既數聞譖毀，疑朝臣悉知之，數，所角翻。故於衆中發問，冀聞太子之過。弘對既失旨，上因作色，謂東宮官屬曰：「仁壽宮此去不遠，而令我每還京師，嚴備仗衛，如入敵國。我爲下利，令，力丁翻。還，從宣翻，音旋，又如字。〔利〕，泄利也。爲，于僞翻。不解衣臥。昨夜欲近廁，廁，圊也。近，其靳翻。故在後房恐有警急，還移就前殿，豈非爾輩欲壞我家國邪！」壞，音怪。邪，音耶。於是執太子左庶子唐令則等數人付所司訊鞫；命楊素陳東宮事狀以告近臣。

素乃顯言之曰：「臣奉敕向京，令皇太子檢校劉居士餘黨。言自仁壽宮奉敕向長安。劉居士事見上卷十七年。太子奉詔，作色奮厲，骨肉飛騰，語臣云：語，牛倨翻。『居士黨盡伏法，遣我何處窮討！爾作右僕射，委寄不輕，射，音夜，寅謝翻。自檢校之，何關我事！』又云：『昔大事不遂，我先被誅，謂禪代時事。被，皮義翻。今作天子，竟乃令我不如諸弟，一事以上，不得自遂！』上，時掌翻。因長歎回視云：『我大覺身妨。』」去音。上曰：「此兒不堪承嗣久矣，皇后恆勸我廢之。恆，戶登翻；下同。我以布衣時所生，地復居長，復，扶又翻。長，知兩翻。望其漸改，隱忍至今。勇嘗指皇后侍兒謂人曰：『是皆我物。』此言幾許異事！幾，居豈翻。其婦初亡，謂元妃薨時也。我深疑其遇毒，嘗責之，勇即懟曰：『會殺元孝矩。』孝矩，元妃之父。懟，直類翻。此欲害我而遷怒耳。長寧初生，勇長子儼，封長寧王。朕與皇后共抱養之，自懷彼此，連遣來索。索，山客翻。且雲定興女，在外私合而生，想此由來，何必是其體胤！昔晉太子取屠家女，其兒即好屠割。事見八十三卷晉惠帝元康九年。好，呼到翻。今儻非類，便亂宗祏。祏，音石。我雖德慚堯、舜，終不以萬姓付不肖子！言堯、舜知朱、均不肖，不付以天下。我恆畏其加害，如防大敵；今欲廢之以安天下！」恆，戶登翻。

左衞大將軍五原公元旻諫曰：元旻封五原郡公。五原郡，豐州。「廢立大事，詔旨若行，後悔無及。讒言罔極，惟陛下察之。」

上不應，命姬威悉陳太子罪惡。威對曰：「太子由來與臣語，唯意在驕奢，且云：『若有諫者，正當斬之，不殺百許人，自然永息。』以文理觀之，「不」字必誤。營起臺殿，四時不輟。前蘇孝慈解左衞率，率，如字。太子奮髯揚肘曰：『大丈夫會當有一日，終不忘之，決當快意。』又宮內所須，須，求也，索也。尚書多執法不與，輒怒曰：『僕射以下，吾會戮一二人，使知慢我之禍。』每云：『至尊惡我多側庶，惡，烏路翻。高緯、陳叔寶豈孽子乎！』言二君皆嫡出而亡國。孽，魚列翻。說文：庶子曰孽。嘗令師姥卜吉凶，師姥，巫嫗也。姥，女老稱。姥，莫補翻。語臣云：語，牛倨翻。『至尊忌在十八年，此期促矣。』」上泫然曰：「誰非父母生，乃至於此！朕近覽齊書，是時李百藥所撰齊書未出，帝所覽者，蓋崔子發齊紀也。泫，戶畎翻。見高歡縱其兒子，不勝忿憤，安可效尤邪！」於是禁勇及諸子，部分收其黨與。勝，音升。邪，音耶。分，扶問翻。楊素舞文巧詆，鍛鍊以成其獄。

居數日，有司承素意，奏元旻常曲事於勇，情存附託，在仁壽宮，勇使所親裴弘以書與旻，題云「勿令人見」。上曰：「朕在仁壽宮，有纖介事，東宮必知，疾於驛馬，怪之甚久，豈非此徒邪！」遣武士執旻於仗。左衞仗也。右衞大將軍元胄時當下直，不去，因奏曰：「臣向不下直者，爲防元旻耳。」爲，于僞翻。上以旻及裴弘付獄。

先是，勇見老枯槐，問：「此堪何用？」或對曰：「古槐尤宜取火。」先，悉薦翻。時衞士皆佩火燧，燧，取火之木也。勇命工造數千枚，欲以分賜左右；至是，獲於庫。又藥藏局貯艾數斛，隋志：東宮門下坊，統司經、宮門、內直、典膳、藥藏、齋帥六局。藏，徂浪翻。貯，直呂翻。索得之，索，山客翻。大以爲怪，以問姬威，威曰：「太子此意別有所在，至尊在仁壽宮，太子常飼馬千匹，飼，祥吏翻。云：『徑往守城門，自然餓死。』」素以威言詰勇，詰，去吉翻。勇不服，曰：「竊聞公家馬數萬匹，勇忝備太子，馬千匹，乃是反乎！」素又發東宮服玩，似加琱飾者，悉陳之於庭，以示文武羣臣，爲太子之罪。上及皇后迭遣使責問勇，勇不服。使，疏吏翻；下見使同。

冬，十月，乙丑，上使人召勇，勇見使者驚曰：「得無殺我邪？」邪，音耶。上戎服陳兵，御武德殿，武德殿，在延恩殿西。集百官立於東面，諸親立於西面，諸親，謂屬籍宗親也。引勇及諸子列於殿庭，命內史侍郎薛道衡宣詔，廢勇及其男、女爲王、公主者。【章：甲十一行本「者」下有「並爲庶人」四字；乙十一行本同；孔本同；張校同；退齋校同。】勇再拜言曰：「臣當伏尸都市，爲將來鑒戒；幸蒙哀憐，得全性命！」言畢，泣下流襟，既而舞蹈而去，左右莫不閔默。哀之而不敢言。長寧王儼上表乞宿衞，辭情哀切；上，時掌翻。上覽之閔然。楊素進曰：「伏望聖心同於螫手，蝮蛇螫手，壯士斷腕。楊素以讒慝滅人天性之親，以此爲喻，亦太甚矣。螫，施隻翻。不宜復留意。」復，扶又翻。

己巳，詔：「元旻、唐令則及太子家令鄒文騰、隋志：太子家令，掌刑法、食膳、倉庫、什物、奴婢等事。左衞率司馬夏侯福、隋左、右衞率各置長史、司馬。夏，戶雅翻。典膳監元淹、隋志：典膳局，置監、丞各二人，屬門下坊。前吏部侍郎蕭子寶、前主璽下士何竦主璽下士，後周官也。璽，斯氏翻。並處斬，妻妾子孫皆沒官。處，昌呂翻。車騎將軍榆林閻毗、閻毗，榆林盛樂人，以車騎將軍宿衞東宮。閻，姓也。左傳，晉有閻嘉。騎，音奇寄翻。東郡公崔君綽、游騎尉沈福寶、開皇六年，置武騎、屯騎、驍騎、游騎、飛騎、旅騎、雲騎、羽騎八尉，其品則正六品以下，從九品以上。綽，昌約翻。瀛州術士章仇太翼，瀛州，河間郡。是後煬帝謂太翼曰：「卿姓章仇，四岳之胄，與盧同源。」於是賜姓爲盧氏。孫愐曰：漢有章弇，因避仇，加仇字爲章仇氏。特免死，各杖一百，身及妻子、資財、田宅皆沒官。副將作大匠高龍叉、率更令晉文建、隋率更令，掌東宮伎樂、漏刻。更，工衡翻。通直散騎侍郎元衡隋制，東宮亦有通直散騎侍郎。散，悉亶翻。騎，音奇寄翻。皆處盡。」處其罪使自盡。處，昌呂翻。於是集羣官于廣陽門外，宣詔戮之。乃移勇於內史省，給五品料食。賜楊素物三千段，元胄、楊約並千段，賞鞫勇之功也。

文林郎楊孝政上書諫曰：「皇太子爲小人所誤，宜加訓誨，不宜廢黜。」上，時掌翻。上怒，撻其胸。

初，雲昭訓父定興，出入東宮無節，數進奇服異器以求悅媚；數，所角翻。左庶子裴政屢諫，隋制，左庶子領門下坊。勇不聽。政謂定興曰：「公所爲不合法度。又，元妃暴薨，道路籍籍，此於太子，非令名也。公宜自引退，不然，將及禍。」定興以告勇，勇益疏政，由是出爲襄州總管。襄陽郡置襄州。唐令則爲勇所昵狎，昵，尼質翻。每令以絃歌教內人，右庶子劉行本責之隋制，右庶子領典書坊。曰：「庶子當輔太子以正道，何有取媚於房帷之間哉！」令則甚慚而不能改。時沛國劉臻、隋志無沛國，劉臻先世仕於江南，江南僑置中原郡縣，猶以沛國爲貫。平原明克讓、克讓以平原爲貫，猶劉臻也。魏郡陸爽，魏郡置相州。並以文學爲勇所親；行本怒其不能調護，每謂三人曰：「卿等正解讀書耳！」言但能讀書而不能行其所學。解，戶買翻。夏侯福嘗於閤內與勇戲，福大笑，聲聞於外。聞，音問。夏，戶雅翻。行本聞之，待其出，數之曰：數，所具翻。「殿下寬容，賜汝顏色。汝何物小人，敢爲褻慢！」因付執法者治之。治，直之翻；下同。數日，勇爲福致請，乃釋之。爲，于僞翻。勇嘗得良馬，欲令行本乘而觀之，行本正色曰：「至尊置臣於庶子，欲令輔導殿下，非爲殿下作弄臣也。」勇慚而止。及勇敗，二人已卒，上歎曰：「向使裴政、劉行本在，勇不至此。」

勇嘗宴宮臣，唐令則自彈琵琶，歌媚娘。嫵，音武。洗馬李綱隋制：門下坊司經局置洗馬四人。洗，悉薦翻。起白勇曰：「令則身爲宮卿，職當調護；左、右庶子謂之宮卿。漢高帝謂四皓曰：「煩公卒調護太子。」故言東宮官職當調護。乃於廣坐自比倡優，坐，徂臥翻。倡，音昌。進淫聲，穢視聽。事若上聞，令則罪在不測，豈不爲殿下之累邪！累，力瑞翻。邪，音耶。臣請速治其罪！」勇曰：「我欲爲樂耳，治，直之翻。樂，音洛。君勿多事。」綱遂趨出。及勇廢，上召東宮官屬切責之，皆惶懼無敢對者。綱獨曰：「廢立大事，今文武大臣皆知其不可而莫肯發言，臣何敢畏死，不一爲陛下別白言之乎！爲，于僞翻；下皆爲、日爲同。別，彼列翻。太子性本中人，可與爲善，可與爲惡。曏使陛下擇正人輔之，足以嗣守鴻基。今乃以唐令則爲左庶子，鄒文騰爲家令，二人唯知以絃歌鷹犬娛悅太子，安得不至於是邪！邪，音耶。此乃陛下之過，非太子之罪也。」因伏地流涕嗚咽。上慘然良久曰：「李綱責我，非爲無理，然徒知其一，未知其二；我擇汝爲宮臣，而勇不親任，雖更得正人，何益哉！」對曰：「臣所以不被親任者，良由姦人在側故也。被，皮義翻。陛下但斬令則、文騰，更選賢才以輔太子，安知臣之終見疏棄也。更，工行翻。自古【章：甲十一行本「古」下有「國家」二字；乙十一行本同；孔本同；張校同。】廢立冢嫡，鮮不傾危，鮮，息淺翻。願陛下深留聖思，無貽後悔。」上不悅，罷朝，朝，直遙翻；下同。左右皆爲之股栗。爲，于僞翻。會尚書右丞缺，有司請人，上指綱曰：「此佳右丞也！」即用之。

太平公史萬歲還自大斤山，楊素害其功，言於上曰：「突厥本降，厥，九勿翻。降，戶江翻。初不爲寇，來塞上畜牧耳。」遂寢之。萬歲數抗表陳狀，陳其功狀也。數，所角翻。上未之悟。上廢太子，方窮東宮黨與。上問萬歲所在，萬歲實在朝堂，朝，直遙翻。楊素曰：「萬歲謁東宮矣！」以激怒上。上謂爲信然，令召萬歲。時所將將士在朝堂稱冤者數百人，令，力丁翻。將，即亮翻；下同。萬歲謂之曰：「吾今日爲汝極言於上，事當決矣。」爲，于僞翻。既見上，言「將士有功，爲朝廷所抑！」詞氣憤厲。上大怒，令左右㩧殺之。㩧，弼角翻，又匹角翻，擊也。既而追之，不及，因下詔陳其罪狀，天下共冤惜之。

十一月，戊子，立晉王廣爲皇太子。天下地震，廣始正位儲宮，而天下地震，其示戒亦昭昭矣。太子請降章服，宮官不稱臣。十二月，戊午，詔從之。以宇文述爲左衛率。始，太子之謀奪宗也，洪州總管郭衍預焉，隋志：豫章郡，平陳置洪州總管府。由是徵衍爲左監門率。隋志：東宮置左、右監門率，掌詰門禁。監，工銜翻；下同。率，所律翻。

帝囚故太子勇於東宮，付太子廣掌之。勇自以廢非其罪，頻請見上申冤，見，賢遍翻；下同。申，伸也，明也。而廣遏之不得聞。勇於是升樹大叫，聲聞帝所，冀得引見。楊素因言勇情志昏亂，爲癲鬼所著，不可復收。帝以爲然，卒不得見。狂病而死者爲癲鬼。著，直略翻。復，扶又翻。卒，子恤翻。

初，帝之克陳也，開皇九年克陳。天下皆以爲將太平，監察御史房彥謙後齊御史臺置檢校御史十二人，隋置監察御史十二人。私謂所親曰：「主上忌刻而苛酷，太子卑弱，諸王擅權，言秦、晉、蜀三王分據方面也。天下雖安，方憂危亂。」其子玄齡亦密言於彦謙曰：「主上本無功德，以詐取天下，諸子皆驕奢不仁，必自相誅夷，今雖承平，其亡可翹足待。」彦謙，法壽之玄孫也。房法壽見一百三十二卷宋太宗泰始三年。玄齡與杜杲之兄孫如晦杜杲有名周、隋間。皆預選，選者吏部。選，宣絹翻。吏部侍郎高孝基名知人，有知人之名。見玄齡，歎曰：「僕閱人多矣，未見如此郎者，異日必爲偉器，恨不見其大成耳。」見如晦，謂曰：「君有應變之才，必任棟梁之重。」俱以子孫託之。

6帝晚年深信佛道鬼神，辛巳，始詔「有毁佛及天尊、嶽、鎭、海、瀆神像者，以不道論；隋志：佛者，西域天竺之迦羅衞國淨飯王之太子釋迦牟尼，捨太子位，出家學道，勤行精進，覺悟一切種智，而謂之佛。道經云：有元始天尊者，生於太元之先，稟自然之氣。沖虚凝遠，莫知其極，天地淪壞，劫數終盡，而天尊之體常存不滅。嶽者，五嶽，東嶽太山、西嶽華山、南嶽衡山、北嶽恆山、中嶽嵩山。隋五嶽各置令；又有吳山令，蓋吳山亦謂之吳嶽也。鎭，即周官職方氏：揚州其山鎭曰會稽，荆州其山鎭曰衡山，豫州其山鎭曰華山，青州其山鎭曰沂山，兖州其山鎭曰岱山，雍州其山鎭曰嶽山，幽州其山鎭曰醫無閭，幷州其山鎭曰恆山，冀州其山鎭曰霍山。隋開皇十四年，詔東鎭沂山，南鎭會稽山，北鎭醫無閭山，冀州鎭霍山，並就山立祠。東海於會稽縣界，南海於南海鎭南，並近海立祠，及四瀆、吳山並取側近巫一人，主知洒掃。十六年，又詔北鎭於營州龍山立祠。岱嶽、華嶽、衡嶽、恆嶽、嵩嶽皆先有廟。四瀆，江、河、淮、濟。沙門毁佛像，道士毁天尊像者，以惡逆論。」

7是歲，徵同州刺史蔡王智積入朝。隋志：馮翊郡，後魏置華州，西魏改曰同州。朝，直遥翻。智積，帝之弟子也，智積，帝弟整之子。性脩謹，門無私謁，自奉簡素，帝甚憐之。智積有五男，止教讀論語，【章：甲十一行本「語」下有「孝經」二字；乙十一行本同；孔本同；張校同；退齋校同。】不令交通賓客。或問其故，智積曰：「卿非知我者！」其意蓋恐諸子有才能以致禍也。

8 齊州行參軍章武王伽齊郡，齊州。行參軍，在諸曹行參軍之下，典籤之上。杜佑曰：隋開皇三年，詔佐官以曹爲名者，並改爲司。十二年，諸州司以從事爲名者，並改爲參軍。煬帝置諸司書佐，改行參軍爲行書佐。隋志：河間郡平舒縣舊置章武郡。迦，求迦翻。送流囚李參等七十餘人詣京師，行至滎陽，滎陽縣屬鄭州。哀其辛苦，悉呼謂曰：「卿輩自犯國刑，身嬰縲紲，縲，黑索紲攣也，所以拘罪人。縲，力追翻。紲，息列翻。固其職也；重勞援卒，援送之卒。豈不愧心哉！」參等辭謝。伽乃悉脫其枷鎖，停援卒，與約曰：「某日當至京師，如致前卻，謂或前或卻，不能如期。吾當爲汝受死。」爲，于僞翻。遂捨之而去。流人感悅，如期而至，一無離叛。上聞而驚異，召見與語，稱善久之。於是悉召流人，令攜負妻子俱入，賜宴於殿庭而赦之。因下詔曰：「凡在有生，含靈稟性，咸知善惡，並識是非。若臨以至誠，明加勸導，則俗必從化，人皆遷善。往以海內亂離，德教廢絕，吏無慈愛之心，民懷姦詐之意。朕思遵聖法，以德化民，而伽深識朕意，誠心宣導，參等感寤，自赴憲司。明是率土之人，非爲難教。若使官盡王伽之儔，民皆李參之輩，刑厝不用，厝，七故翻。其何遠哉！」乃擢伽爲雍令。雍縣，岐州治所。雍，於用翻。

9太史令袁充表稱：「隋興已後，晝日漸長，開皇元年，冬至之景長一丈二尺七寸二分；長一，亙亮翻。自爾漸短，至十七年，短於舊三寸七分。日去極近則景短而日長，去極遠則景長而日短；行內道則去極近，行外道則去極遠。極，北極也。謹按元命包曰：『日月出內道，璇璣得其常。』六緯之書，有春秋元命包。孔安國曰：璇，美玉。璣者，正天文之器。璇，似宣翻。京房別對曰：『太平，日行上道；升平，行次道；霸代，行下道。』伏惟大隋啓運，上感乾元，景短日長，振古希有。」詩：振古如茲。毛傳曰：振，自也。上臨朝，朝，直遙翻。謂百官曰：「景長之慶，天之祐也。今太子新立，當須改元，宜取日長之意以爲年號。」是後百工作役，並加程課，以日長故也。丁匠苦之。史言袁充誣天以病民。

仁壽元年（辛酉、六〇一）

1春，正月，乙酉朔，赦天下，改元。

2以尚書右僕射楊素爲左僕射，納言蘇威爲右僕射。

3丁酉，徙河南王昭爲晉王。

4突厥步迦可汗犯塞，敗代州總管韓弘於恆安。鴈門郡，隋代州。厥，九勿翻。迦，古牙翻。可，從刊入聲。汗，音寒。敗，補邁翻。恆，戶登翻。

5以晉王昭爲內史令。

6 二月，乙卯朔，日有食之。

7 夏，五月，己丑，突厥男女九萬口來降。降，戶江翻。

8 六月，乙卯，遣十六使巡省風俗。使，疏吏翻。省，昔景翻。

9 乙丑，詔以天下學校生徒多而不精，校，戶教翻。唯簡留國子學生七十人，太學、四門及州縣學並廢。漢置太學，晉武帝立國子學，後國子、太學各置博士以授生徒。後魏太和二十年，於四門置學，立四門博士。自漢以來，郡有文學，隋郡、縣皆置博士。殿內將軍河間劉炫殿內將軍，即殿中將軍，隋避諱改之，屬左、右衞。河間郡，瀛州。炫，熒絹翻。上表切諫；不聽。上，時掌翻。秋，七月，【章：甲十一行本「月」下有「戊戌」二字；乙十一行本同；孔本同；張校同；退齋校同。】改國子學爲太學。

10 初，帝受周禪，恐民心未服，故多稱符瑞以耀之，其僞造而獻者，不可勝計。勝，音升。冬，十一月，己丑，有事于南郊，如封禪禮，版文備述前後符瑞以報謝云。

11 山獠作亂，獠，盧皓翻。蜀有獠。以衞尉少卿洛陽衞文昇爲資州刺史隋志：洛陽縣屬河南郡洛州。資陽郡，西魏置資州，治盤石。少，始照翻。鎮撫之。文昇名玄，以字行。初到官，獠方攻大牢鎮，開皇十三年，置大牢縣。宋白曰：榮州應靈縣，本漢南安縣，隋置大牢鎮。九域志：在州西一百五十里。文昇單騎造其營，騎，奇寄翻。造，七到翻。謂曰：「我是刺史，銜天子詔，安養汝等，勿驚懼也！」羣獠莫敢動。於是說以利害，渠帥感悅，解兵而去，說，輸芮翻。帥，所類翻；下同。前後歸附者十餘萬口。帝大悅，賜縑二千匹。壬辰，以文昇爲遂州總管。隋志：遂寧郡，後周置遂州。

12潮、成等五州獠反，高州酋長馮盎馳詣京師，請討之。隋志：義安郡，梁置東揚州，後改曰瀛州，平陳置潮州。蒼梧郡，梁置成州，隋後改封州。高涼郡，置高州。酋，才由翻。長，知兩翻。帝敕楊素與盎論賊形勢，素歎曰：「不意蠻夷中有如是人！」卽遣盎發江、嶺兵擊之。江、嶺，謂江南、嶺南也。事平，除盎漢陽太守。隋志：漢陽郡，後魏曰南秦州，西魏曰成州。守，手又翻。

13詔以楊素爲雲州道行軍元帥，隋志：定襄郡，開皇五年置雲州總管府，治大利。長孫晟爲受降使者，長，知兩翻。晟，承正翻。降，戶江翻。使，疏吏翻。挾啓民可汗北擊步迦。挾，戶頰翻。可，從刊入聲。汗，音寒。迦，古牙翻。

二年（壬戌、六〇二）

1春，三月，己亥，上幸仁壽宮。

2突厥思力俟斤等厥，九勿翻。俟，渠之翻。南渡河，掠啓民男女六千口、雜畜二十餘萬而去。畜，許又翻。楊素帥諸軍追擊，轉戰六十餘里，大破之，帥，讀曰率。突厥北走。素復進追，夜，及之，復，扶又翻。恐其越逸，令其騎稍後，親引兩騎幷降突厥二人與虜並行，虜不之覺；候其頓舍未定，趣後騎掩擊，騎，奇寄翻。趣，讀曰促。大破之，悉得人畜以歸啓民。自是突厥遠遁，磧南無復寇抄。磧，七迹翻。抄，楚交翻。素以功進子玄感爵柱國，賜玄縱爵淮南公。淮南郡公。

3兵部尚書柳述，慶之孫也，柳慶見一百六十一卷梁武帝太清二年。尚蘭陵公主，怙寵使氣，自楊素之屬皆下之。下，遐嫁翻。帝問符璽直長萬年韋雲起：符璽局，屬門下省，直長四人。萬年，屬京兆。璽，斯氏翻。長，知兩翻。「外間有不便事，可言之。」述時侍側，雲起奏曰：「柳述驕豪，未嘗經事，兵機要重，非其所堪，徒以主壻，遂居要職。臣恐物議以爲陛下『官不擇賢，專私所愛』，斯亦不便之大者。」帝甚然其言，顧謂述曰：「雲起之言，汝藥石也，可師友之。」秋，七月，丙戌，詔內外官各舉所知。柳述舉雲起，除通事舍人。曹魏中書置通事一人，掌呈奏案章，正始中，改爲通事舍人，屬中書省。隋改中書省爲內史省。

4益州總管蜀王秀，容貌瓌偉，瓌，古回翻。有膽氣，好武藝。好，呼到翻。帝每謂獨孤后曰：「秀必以惡終，我在當無慮，至兄弟，必反矣。」大將軍劉噲之討西爨也，帝令上開府儀同三司楊武通將兵繼進。此必爨翫再反時。將，卽亮翻。秀以嬖人萬智光爲武通行軍司馬。嬖，卑義翻，又博義翻。帝以秀任非其人，譴責之，因謂羣臣曰：「壞我法者，子孫也。壞，音怪。譬如猛虎，物不能害，反爲毛間蟲所損食耳。」遂分秀所統。

自長史元巖卒後，秀漸奢僭，按隋書元巖傳：開皇十三年，巖卒。是後仁壽四年，帝臥疾仁壽宮，又有黃門侍郎元巖與楊素、柳述同侍疾。參考廢太子勇傳、柳述傳皆然。如此，則有兩元巖。長，知兩翻。造渾天儀，多捕山獠充宦者，獠，魯皓翻。車馬被服，擬於乘輿。被，皮義翻。乘，繩證翻。

及太子勇以讒廢，晉王廣爲太子，秀意甚不平。太子恐秀終爲後患，陰令楊素求其罪而譖之。令，力丁翻。上遂徵秀，秀猶豫，欲謝病不行。總管司馬源師諫，源師，卽北齊源文宗之子，蓋是時亦老矣。秀作色曰：「此自我家事，何預卿也！」師垂涕對曰：「師忝參府幕，敢不盡忠！聖上有敕追王，以淹時月，「以」，當從隋書源師傳作「已」。蜀本作「已」。今乃遷延未去。百姓不識王心，儻生異議，內外疑駭，發雷霆之詔，降一介之使，王何以自明？願王熟計之！」朝廷恐秀生變，戊子，以原州總管獨孤楷爲益州總管，平涼郡，置原州。馳傳代之。傳，株戀翻。楷至，秀猶未肯行；楷諷諭久之，乃就路。楷察秀有悔色，因勒兵爲備；秀行四十餘里，將還襲楷，覘知有備，乃止。覘，丑廉翻，又丑豔翻。

5 八月，甲子，皇后獨孤氏崩。太子對上及宮人哀慟絕氣，若不勝喪者；勝，音升。其處私室，處，昌呂翻。飲食言笑如平常。又，每朝令進二溢米，而私令取肥肉脯鮓，乾肉爲脯，釀魚肉爲鮓。置竹筩中，以蠟閉口，衣襆裹而納之。襆，防玉翻，帊也。

著作郎王劭上言：「佛說：『人應生天上及生無量壽國之時，上，時掌翻。天佛放大光明，以香花妓樂來迎。』妓，渠綺翻。伏惟大行皇后福善禎符，備諸祕記，皆云是妙善菩薩。釋典：菩，普也；薩，濟也。菩薩，言能普濟衆生。菩，薄乎翻。薩，桑葛翻。臣謹按八月二十二日，仁壽宮內再雨金銀花；雨，于具翻。二十三日，大寶殿後夜有神光；大寶殿，在仁壽宮中寢殿也。二十四日卯時，永安宮北有自然種種音樂，種，章勇翻。震滿虛空；至夜五更，更，工衡翻。奄然如寐，遂即升遐，與經文所說，事皆符驗。」上覽之悲喜。

6 九月，丙戌，上至自仁壽宮。

7 冬，十月，癸丑，以工部尚書楊達爲納言。達，雄之弟也。雄自廣平王改封清漳，時又改封安德。

8 閏月，甲申，詔楊素、蘇威與吏部尚書牛弘等脩定五禮。五禮，吉、凶、軍、賓、嘉。

9 上令上儀同三司蕭吉爲皇后擇葬地，爲，于僞翻。得吉處，云：「卜年二千，卜世二百。」上曰：「吉凶由人，不在於地。高緯葬父，豈不卜乎！俄而國亡。正如我家墓田，若云不吉，朕不當爲天子；若云不凶，我弟不當戰沒。」上弟整從周武帝伐齊，至并州，力戰而死。然竟從吉言。吉退，告族人蕭平仲曰：「皇太子遣宇文左率深謝余云：宇文述時爲左衞率。率，所律翻。『公前稱我當爲太子，竟有其驗，終不忘也。今卜山陵，務令我早立。我立之後，當以富貴相報。』吾語之云：『後四載，太子御天下。』語，牛倨翻。載，作亥翻。若太子得政，隋其亡乎！吾前紿云紿，徒亥翻。『卜年二千』者，三十字也；『卜世二百』者，取世二傳也。汝其識之！」識，職吏翻，記也。

壬寅，葬文獻皇后於太陵。詔以「楊素經營葬事，勤求吉地，論素此心，事極誠孝，豈與夫平戎定寇比夫，音扶。其功業！可別封一子義康公，邑萬戶。」義康郡公。隋志：高涼郡杜原縣舊有宋康郡，平陳改曰義康郡。并賜田三十頃，絹萬段，米萬石，金珠綾錦稱是。稱，尺證翻。

10 蜀王秀至長安，上見之，不與語；明日，使使切讓之。使使，下疏吏翻。秀謝罪，太子諸王流涕庭謝。上曰：「頃者秦王糜費財物，我以父道訓之。今秀蠹害生民，當以君道繩之。」於是付執法者。開府儀同三司慶整諫曰：慶姓，出於齊大夫慶氏。「庶人勇既廢，秦王已薨，陛下見子無多，見，賢遍翻。何至如是！蜀王性甚耿介，今被重責，被，皮義翻。恐不自全。」上大怒，欲斷其舌，斷，丁管翻。因謂羣臣曰：「當斬秀於市以謝百姓。」乃令楊素等推治之。治，直之翻。太子陰作偶人，縛手釘心，枷鎖杻械，釘，丁定翻。杻，敕九翻。書上及漢王姓名，仍云「請西嶽慈父聖母【章：甲十一行本「母」下有「神兵」二字；乙十一行本同；孔本同；張校同。】收楊堅、楊諒神魂，如此形狀，勿令散蕩。」密埋之華山下，華，戶化翻。楊素發之；又云秀妄述圖讖，稱京師妖異，造蜀地徵祥；妖，於驕翻。徵，與禎同。并作檄文，云「指期問罪」，置秀集中，集，文集也。隋志曰：別集者，蓋漢東京之所創也。自靈均已降，屬文之士衆矣，然其志尚不同，風流殊別；後之君子，欲觀其體勢而見其心靈，故別聚焉，名之爲集。辭人景慕，並自記載，以成書部。俱以聞奏。上曰：「天下寧有是邪！」邪，音耶。十二月，癸巳，廢秀爲庶人，幽之內侍省，不聽與妻子相見，唯獠婢二人驅使，獠，魯皓翻。連坐者百餘人。秀上表摧謝曰：上，時掌翻。「伏願慈恩，賜垂矜愍，殘息未盡之間，希與瓜子相見；請賜一穴，令骸骨有所。」瓜子，其愛子也。上因下詔數其十罪，數，所具翻。且曰：「我不知楊堅、楊諒是汝何親？」後乃聽與其子同處。處，昌呂翻。

初，楊素嘗以少譴敕送南臺，南臺者，御史臺也。立國面朝後市，臺省皆在南，故尚書省曰南省，御史臺曰南臺。少，詩沼翻。命治書侍御史柳彧治之。治，直之翻；下同。素恃貴，坐彧牀。彧從外來，【章：甲十一行本「來」下有「見之」二字；乙十一行本同；孔本同；張校同。】於階下端笏整容謂素曰：「奉敕治公之罪！」素遽下。彧據案而坐，立素於庭，辨詰事狀。素由是銜之。詰，去吉翻。蜀王秀嘗從彧求李文博所撰治道集，李文博，博陵人，仕隋不調。性貞介鯁直，好學不倦，至於教義名理，特所留心；讀書至治亂得失，忠臣烈士，未嘗不反覆吟翫。長於議論，亦善屬文，著治道集十卷，大行於世。夫其文大行而仕不遇，何也？治，直吏翻。彧與之；秀遺彧奴婢十口。遺，于季翻。及秀得罪，素奏彧以內臣交通諸侯，除名爲民，配戍懷遠鎮。新唐志，營州有懷遠城。

帝使司農卿趙仲卿往益州窮按秀事，秀之賓客經過之處，仲卿必深文致法，州縣長吏坐者太半。過，音戈。長，音知兩翻。上以爲能，賞賜甚厚。

久之，貝州長史裴肅隋志：清河郡，後周置貝州。遣使上書，稱：「高熲以天挺良才，元勳佐命，爲衆所疾，以至廢棄；熲廢見上卷開皇十九年。使，疏吏翻。上，時掌翻。願陛下錄其大功，忘其小過。又二庶人得罪已久，二庶人，謂勇、秀。寧無革心！願陛下弘君父之慈，顧天性之義，經曰：父子之道，天性也。各封小國，觀其所爲：若能遷善，漸更增益；如或不悛，悛，丑緣翻。貶削非晚。今者自新之路永絕，愧悔之心莫見，豈不哀哉！」書奏，上謂楊素曰：「裴肅憂我家事，此亦至誠也。」於是徵肅入朝。朝，直遙翻；下同。太子聞之，謂左庶子張衡曰：「使勇自新，欲何爲也？」衡曰：「觀肅之意，欲令如吳太伯、漢東海王耳。」吳太伯，註已見前。漢東海王彊事見光武紀。此張衡爲裴肅解也。令，力丁翻。肅至，上面諭以勇不可復收之意而罷遣之。肅，俠之子也。裴俠見一百五十六卷梁武帝中大通六年。復，扶又翻。

楊素弟約及從父文思、文紀，從，才用翻。族父忌並爲尚書、列卿，諸子無汗馬之勞，位至柱國、刺史；廣營資產，自京師及諸方都會處，邸店、碾磑，碾，尼展翻。丁度集韻，碾，女箭翻，所以轢物器也。磑，五對翻，並磨也。便利田宅，不可勝數；勝，音升。家僮千數，後庭妓妾曳綺羅者以千數；妓，渠綺翻。第宅華侈，制擬宮禁；親故吏布列清顯。隋書素傳作「親戚故吏」，此逸「戚」字。既廢一太子及一王，威權愈盛。朝臣有違忤者，或至誅夷；忤，五故翻。有附會及親戚，雖無才用，必加進擢；朝廷靡然，莫不畏附。敢與素抗而不橈者，橈，奴教翻，屈也。獨柳彧及尚書右丞李綱、大理卿梁毗而已。

始，毗爲西寧州刺史，隋志：越巂郡，後周置嚴州，開皇六年，改曰西寧州，十八年又改曰巂州。毗刺西寧，蓋十八年以前也。凡十一年，蠻夷酋長皆以金多者爲豪雋，遞相攻奪，略無寧歲，毗患之。後因諸酋長相帥以金遺毗，酋，才由翻。帥，讀曰率。長，知兩翻。遺，于季翻。毗置金坐側，坐，徂臥翻。對之慟哭，而謂之曰：「此物飢不可食，寒不可衣，衣，於既翻。汝等以此相滅，不可勝數，勝，音升。今將此來，欲殺我邪！」邪，音耶。一無所納。於是蠻夷感悟，遂不相攻擊。上聞而善之，徵爲大理卿，處法平允。處，昌呂翻，信也，當也。

毗見楊素專權，恐爲國患，乃上封事曰：「臣聞臣無有作威作福，其害于而家，凶于而國。書洪範之言。上，時掌翻。竊見左僕射越國公素，幸遇愈重，權勢日隆，搢紳之徒，屬其視聽。言注耳目也。屬，之欲翻。忤旨者嚴霜夏零，阿旨者甘雨冬澍；忤，五故翻。澍，之戍翻，又殊遇翻。榮枯由其脣吻，廢興候其指麾；所私皆非忠讜，讜，音黨。所進咸是親戚，子弟布列，兼州連縣。天下無事，容息異圖；四海有虞，必爲禍始。黎陽之變，卒如毗言。夫姦臣擅命，有漸而來，夫，音扶。王莽資之於積年，桓玄基之於易世，而卒殄漢祀，終傾晉祚。二事具漢、晉紀。卒，子恤翻。陛下若以素爲阿衡，臣恐其心未必伊尹也。伏願揆鑒古今，量爲處置，量，音良。處，昌呂翻。俾洪基永固，率土幸甚！」書奏，上大怒，收毗繫獄，親詰之。詰，去吉翻。毗極言「素擅寵弄權，將領之處，殺戮無道。將，卽亮翻。又太子、蜀王罪廢之日，百僚無不震竦，唯素揚眉奮肘，喜見容色，見，賢遍翻。利國家有事以爲身幸。」上無以屈，乃釋之。

其後上亦寖疏忌素，乃下敕曰：「僕射國之宰輔，不可躬親細務，但三五日一向省，評論大事。」外示優崇，實奪之權也。素由是終仁壽之末，不復通判省事。出楊約爲伊州刺史。隋志：河南郡陸渾縣，東魏置伊川郡及北荊州，後周改曰和州，開皇初，又改曰伊州。素既被疏，被，皮義翻。吏部尚書柳述益用事，攝兵部尚書，參掌機密；按述傳：仁壽中，判兵部尚書事，尋拜兵部尚書，參掌機密；抗表陳讓，乃令攝兵部尚書事。素由是惡之。惡，烏路翻。

太子問於賀若弼曰：「楊素、韓擒虎、史萬歲皆稱良將，其優劣何如？」弼曰：「楊素猛將，非謀將；韓擒虎鬭將，非領將；史萬歲騎將，非大將。」太子曰：「然則大將誰也？」弼拜曰：「唯殿下所擇！」弼意自許也。若，人者翻。將，卽亮翻；下同。騎，奇寄翻。

11 交州俚帥李佛子作亂，交趾郡，交州。俚，音里。帥，所類翻。據越王故城，此城蓋秦漢間駱越之王所築也。遣其兄子大權據龍編城，交州，舊治龍編縣，隋志治宋平，而龍編以縣屬州。其別帥李普鼎據烏延城。帥，所類翻；下同。楊素薦瓜州刺史長安劉方敦煌郡置瓜州。有將帥之略，詔以方爲交州道行軍總管，統二十七營而進。方軍令嚴肅，有犯必斬；然仁愛士卒，有疾病者親臨撫養，士卒亦以此懷之。至都隆嶺，遇賊，擊破之。進軍臨佛子營，先諭以禍福。佛子懼，請降，降，戶江翻。送之長安。

三年（癸亥、六〇三）

1 秋，八月，壬申，賜幽州總管燕榮死。燕，因肩翻。榮性嚴酷，鞭撻左右，動至千數。嘗見道次叢荊，以爲堪作杖，命取之，輒以試人。人或自陳無罪，榮曰：「後有罪，當免汝。」既而有犯，將杖之，人曰：「前日被杖，使君許以有罪宥之。」榮曰：「無罪尚爾，況有罪邪！」被，皮義翻。使，疏吏翻。邪，音耶。杖之自若。

觀州長史元弘嗣隋志：平原郡東光縣，舊置勃海郡，隋廢郡，置觀州。杜佑曰：開皇三年，改別駕、治中爲長史、司馬。觀，古玩翻。長，知兩翻。遷幽州長史，懼爲榮所辱，固辭。上敕榮曰：「弘嗣杖十已上罪，皆須奏聞。」榮忿曰：「豎子何敢玩我！」於是遣弘嗣監納倉粟，颺得一糠一粃，皆罰之。監，古銜翻。颺，與章翻，又餘亮翻。粃，音比。每笞雖不滿十，然一日之中，或至三數。如是歷年，怨隙日構。榮遂收弘嗣付獄，禁絕其糧，弘嗣抽絮雜水咽之。咽，於甸翻。其妻詣闕稱冤，上遣使按驗，使，疏吏翻。奏榮暴虐，贓穢狼籍；徵還，賜死。元弘嗣代榮爲政，酷又甚之。

2 九月，壬戌，置常平官。開皇初，置義倉，今置常平官掌之。

3 是歲，龍門王通詣闕獻太平十二策，隋志：龍門縣屬河東郡。上不能用，罷歸。通遂教授於河、汾之間，弟子自遠至者甚衆，累徵不起。楊素甚重之，勸之仕，通曰：「通有先人之弊廬足以蔽風雨，薄田足以具饘粥，饘，諸延翻，厚粥。讀書談道足以自樂。樂，音洛。願明公正身以治天下，治，直之翻。時和歲豐，【章：甲十一行本「時」上有「使」字，「歲」作「年」；乙十一行本同；孔本同。】通也受賜多矣，不願仕也。」或譖通於素曰：「彼實慢公，公何敬焉？」素以問通，通曰：「使公可慢，則僕得矣；不可慢，則僕失矣；得失在僕，公何預焉！」素待之如初。

弟子賈瓊問息謗，通曰：「無辯。」問止怨，曰：「不爭。」通嘗稱：「無赦之國，其刑必平；重斂之國，其財必削。」斂，力贍翻。又曰：「聞謗而怒者，讒之囮也；見譽而喜者，佞之媒也；絕囮去媒，讒佞遠矣。」囮，余周翻，又五戈翻，鳥媒也。爾雅翼曰：按說文，囮，譯也。率鳥者繫生鳥以來之，名曰囮，讀若譌。譽，音余。去，羌呂翻。大業末，卒于家，卒，子恤翻。門人謚曰文中子。通卒，門人議曰：「禮，男子生有字，所以昭德；死有謚，所以易名。仲尼既沒，文不在茲乎！易曰，『黃裳元吉，文在中也。』請謚曰文中子。」

4 突厥步迦可汗所部大亂，鐵勒僕骨等十餘部，皆叛步迦降於啓民。隋書：鐵勒之先，匈奴之苗裔也，種類最多，自西海之東，依據山谷，往往不絕。獨洛河北有僕骨、同羅、韋紇、拔也古、覆羅，並號俟斤，蒙陳、吐如、紇斯結、渾、斛薛等諸姓，勝兵可二萬。伊吾以西，焉耆之北，傍白山則有契弊、薄落職、乙咥、蘇婆、那曷、烏讙、紇骨、也咥、於尼讙等，勝兵可二萬。金山西有薛延陁、咥勒兒、十槃、達契等，一萬餘兵。康國北傍阿得水，則有訶咥、曷嶻、撥忽、比千、具海、曷比悉、何嵯蘇、拔也末渴達等，有三萬餘兵。得嶷海東有蘇路羯、三索咽、蔑促、隆忽等諸姓，八千餘。拂菻東則有恩屈、阿蘭、北褥九離、伏嗢昏等，近二萬人。北海南則都波等。雖姓氏各別，總謂爲鐵勒。並無君長，分屬東、西兩突厥。人性凶忍，善於騎射，貪婪尤甚，以寇抄爲生。自突厥有國，東西征討，皆資其用，以制北荒。迦，古牙翻。可，從刊入聲。汗，音寒。步迦衆潰，西奔吐谷渾；長孫晟送啓民置磧口，啓民於是盡有步迦之衆。磧，七迹翻。

資治通鑑卷第一百八十

端明殿學士兼翰林侍讀學士朝散大夫右諫議大夫充集賢殿修撰提舉西京嵩山崇福宮上柱國河內郡開國侯食邑一千八百戶食實封六百戶賜紫金魚袋臣　司馬光　奉敕編集

後　學　天　台　胡三省　音　註

隋紀四 起閼逢困敦（甲子），盡強圉單閼（丁卯），凡四年。

高祖文皇帝下

仁壽四年（甲子、六〇四）

1 春，正月，丙午，赦天下。

2 帝將避暑於仁壽宮，術士章仇太翼固諫；不聽。太翼曰：「是行恐鑾輿不返！」帝大怒，繫之長安獄，期還而斬之。甲子，幸仁壽宮。乙丑，詔賞賜支度，事無巨細，並付皇太子。夏，四月，乙卯，帝不豫。六月庚申，赦天下。秋，七月，甲辰，上疾甚，臥與百僚辭訣，並握手歔欷，歔，音虛。欷，音希，又許既翻。命太子赦章仇太翼。丁未，崩於大寶殿。年六十四。高祖性嚴重，令行禁止。每【章：十二行本「每」上有「勤於政事」四字；乙十一行本同；孔本同。】旦聽朝，日昃忘倦。朝，直遥翻。昃，阻力翻。日中則昃。雖嗇於財，至於賞賜有功，即無所愛；將士戰沒，必加優賞，仍遣使者勞問其家。將，卽亮翻。使，疏吏翻。勞，力到翻。愛養百姓，勸課農桑，輕傜薄賦。其自奉養，務爲儉素，乘輿御物，故弊者隨宜補用；乘，繩證翻。自非享宴，所食不過一肉；後宮皆服澣濯之衣。天下化之，開皇、仁壽之間，丈夫率衣絹布，衣，於既翻。不服綾綺，裝帶不過銅鐵骨角，無金玉之飾。故衣食滋殖，倉庫盈溢。受禪之初，民戶不滿四百萬，末年，踰八百九十萬，此以開皇初元戶口之數，比較仁壽末年大業初之數而言之也。按周之平齊，得戶三百三萬，而隋受周禪，戶不滿四百萬，則周氏初有關中，西幷巴、蜀，南兼江、漢，見戶不滿百萬也。陳氏之亡，戶六十萬。大約隋氏混壹天下，見戶未及五百萬；及其盛也，蓋幾倍之。滋，音茲。殖，音植。禪，音墠。獨冀州已一百萬戶。隋以信都郡爲冀州，此以古冀州之域言之也。然禹之冀州，兼有幽、幷、營三州地，其界比他州爲最大，其後以天文晝壄分州，自胃七度至畢十一度爲大梁，冀州分。隋志以信都、淸河、魏、汲、河內、長平、上黨、河東、絳、文城、臨汾、龍泉、西河、離石、鴈門、馬邑、定襄、樓煩、太原、襄國、武安、趙、恆山、博陵、河間、涿、上谷、漁陽、北平、安樂、遼西等郡爲冀州，則其地亦兼有幽、幷、營三州地，故其戶最多。然猜忌苛察，信受讒言，功臣故舊，無始終保全者；乃至子弟，皆如仇敵，此其所短也。此上總論文帝平生。

初，文獻皇后既崩，獨孤后崩，謚文獻，見上卷二年。宣華夫人陳氏、容華夫人蔡氏皆有寵。陳氏，陳高宗之女；陳宣帝廟號高宗。蔡氏，丹楊人也。丹楊郡，時置蔣州。上寢疾於仁壽宮，尚

素等再拜舞蹈而出。己卯，以素爲尚書令。唐六典：秦變周法，天下之事，皆決丞相府；置尚書於禁中，有令、丞，掌通章奏而已。漢初因之。武、宣之後，稍以委任。及光武親總吏職，天下事皆上尚書，與人主參決，乃下三府，尚書令爲端揆之官；魏、晉已來，其任尤重。

7 詔天下公除，惟帝服淺色黃衫、鐵裝帶。

8 三月，丁未，詔楊素與納言楊達、將作大匠宇文愷營建東京，後周并齊，以洛陽爲東京。每月役丁二百萬人，徙洛州郭內居民及諸州富商大賈數萬戶以實之。廢二崤道，開葼冊道。左傳：晉禦秦師於殽。殽有二陵焉，南陵，夏后皋之墓也，北陵，文王所以避風雨也。酈道元曰：言山徑委深，峯阜交陰，故可以避風雨。水經有盤殽、石崤、千崤之山。盤崤之山，崤水所出也。石崤之山，石崤水所出也。所謂崤有二陵，則石崤之山也。千崤之山，千崤之水出焉，其水北流瀍、洛二道。漢建安中，曹公西討，惡南路之嶮，更開北道，自後行旅率多從之。山側附路，有石銘云：「晉太康三年，弘農太守梁柳脩復故道。」太崤以東，東、西崤以西，明非一崤也。魏書地形志：恆農郡有崤縣，太和十一年置，縣有三崤山。志又有西恆農郡，治恆農縣，有桃林。隋志：河南郡桃林縣，開皇十六年置，有上陽宮。陝縣，後魏置陝州恆農郡，後周又置崤郡，開皇初，郡廢，大業初，州廢，置恆農宮。又熊耳縣，後周置，有後魏崤縣，大業初廢，有二崤及峽石山。新唐志：陝州峽石縣，本崤，移治峽石塢，有繡嶺宮。靈寶縣，本桃林；古函谷關在縣西；有桃源宮。洛州永寧縣，本熊耳，西五里有崎岫宮，南三十三里有蘭峯宮。此皆東、西二京往來緣道離宮，雜出於隋、唐所置，不載所謂葼冊道，不知此道起於何所，入於何所。山海經曰：夸父之山，在湖縣西九里，其山多椶枏，其北曰桃林，或者「椶枏」字後訛爲「葼冊」，遂爲葼冊道歟？無徵不信，又當博考。杜佑曰：隋大業七年，移潼關道於南北鎮城間，塼獸檻谷置，去舊關四里餘。賈，音古。塼，音闕。葼，子紅翻。（按：「㘭」，今本杜佑通典作「坑」。）

9 戊申，詔曰：「聽採輿頌，謀及庶民，故能審刑政之得失；今將巡歷淮、海，觀省風俗。」省，悉景翻。

10 敕宇文愷與內史舍人封德彝等營顯仁宮，南接皁澗，北跨洛濱。隋志：河南郡壽安縣有顯仁宮。水經註：洛水徑宜陽縣故城南，又東與黑澗水合，水出陸渾西山，歷黑澗西北入洛。皁，才早翻。發大江之南、五嶺以北奇材異石，輸之洛陽；又求海內嘉木異草、珍禽奇獸，以實園苑。辛亥，命尚書右丞皇甫議發河南、淮北諸郡民，前後百餘萬，開通濟渠。杜佑曰：陳留郡城西有通濟渠，煬帝開以通江、淮漕運，兼引汴水，即莨蕩渠也。考異曰：雜記作「皇甫公儀」，又云，「發兵夫五十餘萬。」今從略記。自西苑引穀、洛水達于河；是歲營建東京，東去故都十八里，南直伊闕之口，北倚邙山之塞，東出瀍水之東，西出澗水之西；其城西面連苑，距上陽宮七里。苑牆周迴一百二十六里，北拒北邙，西至孝水，南帶洛水支渠，穀、洛二水會于其間，故自苑引之爲渠，以達于河。復自板渚引河歷滎澤入汴；板渚在虎牢之東。水經：河水東合汜水，又東過板城，北有津謂之板城渚口。又東過滎陽縣，蒗蕩渠出焉。是渠南出爲汴水，漢之滎陽石門即其地也。隋志：滎陽郡滎澤縣，開皇四年置，曰廣武，仁壽元年改焉。又自大梁之東引汴水入泗，達于淮；大梁，即浚儀也。引河入汴，汴入泗，蓋皆故道。又發淮南民十餘萬開邗溝，自山陽至楊子入江。春秋吳城邗溝通江淮，此亦因故道也。邗溝，貫今揚州城中。山陽，今淮安州。楊子，今眞州。邗，音寒。渠廣四十步，廣，古曠翻。渠旁皆築御道，樹以柳；自長安至江都，江都郡，揚州。置離宮四十餘所。庚申，遣黃門侍郎王弘等往江南造龍舟及雜船數萬艘。艘，蘇遭翻。東京官吏督役嚴急，役丁死者什四五，所司以車載死丁，東至城皋，隋志：鄭州滎陽縣舊置成皋郡。北至河陽，相望於道。又作天經宮於東京，四時祭高祖。經曰：夫孝，天之經也。故以名宮。

11 林邑王梵志梵，扶泛翻。遣兵守險，劉方擊走之。師渡闍黎江，闍，視遮翻。林邑兵乘巨象，四面而至。方戰不利，乃多掘小坑，草覆其上，覆，敷又翻。以兵挑之，挑，徒了翻。既戰，僞北；林邑逐之，象多陷地顛躓，躓，音致。轉相驚駭，軍遂亂。方以弩射象，象卻走，蹂其陳，射，而亦翻。蹂，人九翻。陳，讀曰陣。因以銳師繼之，林邑大敗，俘馘萬計。方引兵追之，屢戰皆捷，過馬援銅柱南，新唐書：林邑奔浪陀州，其南大浦有五銅柱山，形若倚蓋，西重巖，東涯海，漢馬援所植也。杜佑曰：林邑南水步二千餘里，有西屠夷，馬援所樹兩銅柱表界處也。銅柱山周十里，形如倚蓋，西跨重巖，東臨大海。宋白曰：馬援討交趾，自日南南行四百餘里至林邑，又南行二千餘里，有西屠夷國，援至其國，鑄二銅柱於象林南界，與西屠夷分境。計交州至銅柱五千里。宋、杜之說，銅柱在林邑南，今此所記，則林邑在銅柱南。八日至其國都。夏，四月，梵志棄城走入海。方入城，獲其廟主十八，皆鑄金爲之；刻石紀功而還。士卒腫足，死者什四五，方亦得疾，卒於道。卒，子恤翻。

初，尚書右丞李綱數以異議忤楊素及蘇威，數，色角翻。忤，五故翻。素薦綱於高祖，以爲方行軍司馬。方承素意，屈辱之，幾死。幾，居希翻。軍還，久不得調，調，徒釣翻。威復遣綱詣南海應接林邑，久而不召。綱自歸奏事，威劾奏綱擅離所職，下吏按問；劾，戶槪翻，又戶得翻。離，力智翻。下，遐嫁翻。會赦，免官，屏居於鄠。鄠縣，屬京兆郡。爲李綱爲何潘仁所逼致張本。屏，必郢翻。鄠，音戶。

12 五月，築西苑，周二百里；與六典所紀小異。其內爲海，周十餘里；爲蓬萊、方丈、瀛洲諸山，象海中三神山。高出水百餘尺，臺觀殿閣，羅絡山上，向背如神。觀，古玩翻。背，蒲妹翻。北有龍鱗渠，縈紆注海內。緣渠作十六院，門皆臨渠，每院以四品夫人主之，內命婦之品視百官。堂殿樓觀，窮極華麗。宮樹秋冬彫落，則翦綵爲華葉，綴於枝條，色渝則易以新者，常如陽春。沼內亦翦綵爲荷芰菱芡，乘輿遊幸，則去冰而布之。芰，奇寄翻。芡，巨險翻。乘，繩證翻。去，羌呂翻。十六院競以殽羞精麗相高，求市恩寵。上好以月夜從宮女數千騎遊西苑，作清夜遊曲，於馬上奏之。用曹植「清夜遊西園」之詩以名曲。好，呼到翻。騎，奇計翻。

13 帝待諸王恩薄，多所猜忌；滕王綸、衞王集內自憂懼，呼術者問吉凶及章醮求福。或告其怨望呪詛，呪，職救翻。詛，莊助翻。有司奏請誅之；秋，七月，丙午，詔除名爲民，徙邊郡。綸，瓚之子；集，爽之子也。瓚，高祖之母弟；爽，異母弟。瓚，藏旱翻。

14 八月，壬寅，上行幸江都，考異曰：雜記作九月，今從隋帝紀及略記。發顯仁宮，王弘遣龍舟奉迎。乙巳，上御小朱航，自漕渠出洛口，洛水入河之口。御龍舟。考異曰：略記云，「甲子，進龍舟。」

按長曆，是月戊子朔，無甲子。龍舟四重，高四十五尺，重，直龍翻。高，工號翻。考異曰：略記云高五丈，雜記言其制度尤詳，今從之。長二百丈。【章：十二行本「丈」作「尺」；乙十一行本同；孔本同。】長，尺亮翻，上重有正殿、內殿、東・西朝堂，中二重有百二十房，皆飾以金玉，下重內侍處之。朝，直遙翻。處，直呂翻。皇后乘翔螭舟，制度差小，而裝飾無異。別有浮景九艘，三重，皆水殿也。螭，丑知翻。艘，蘇遭翻；下同。又有漾彩、朱鳥、蒼螭、白虎、玄武、飛羽、青鳧、陵波、五樓、道場、玄壇、板【章：十二行本「板」上有「樓船」二字；乙十一行本同；孔本同；張校同。】⿰舟翕、黄篾等數千艘，⿰舟翕，託盍翻。大船曰⿰舟翕。篾，音蔑。後宮、諸王、公主、百官、僧、尼、道士、蕃客乘之，尼，女夷翻。及載內外百司供奉之物，共用挽船士八萬餘人，其挽漾彩以上者九千餘人，謂之殿腳，皆以錦綵爲袍。又有平乘、青龍、艨艟、艚⿰舟爰、八櫂、艇舸等數千艘，艨，莫公翻。艟，尺庸翻。艚，昨遭翻。⿰舟爰，字書闕。櫂，讀曰棹。艇，徒頂翻。舸，賈我翻。並十二衞兵乘之，并載兵器帳幕，兵士自引，不給夫。舳艫相接二百餘里，照耀川陸，騎兵翊兩岸而行，舳艫，音逐盧。騎，奇寄翻；下同。旌旗蔽野。所過州縣，五百里內皆令獻食，多者一州至百轝，轝，音余。極水陸珍奇；後宮厭飫，將發之際，多棄埋之。飫，於據翻。

15 契丹寇營州，遼西郡，置營州。契，欺訖翻，又音喫。詔通事謁者韋雲起隋志：帝即位，增置謁者臺，改內史省通事舍人爲謁者臺職，通事謁者員二十人，從六品。護突厥兵討之，啓民可汗發騎二萬，受其處分。厥，九勿翻。可，從刊入聲。汗，音寒。處，昌呂翻。分，扶問翻。雲起分爲二十營，四道俱引，營相去一里，不得交雜，聞鼓聲而行，聞角聲而止，自非公使，勿得走馬，公使，謂公事使之。三令五申，擊鼓而發。有紇干犯約，斬之，紇干，突厥小官。紇，下沒翻。持首以徇。於是突厥將帥入謁，皆膝行股栗，莫敢仰視。將，卽亮翻。帥，所類翻。契丹本事突厥，情無猜忌。雲起旣入其境，使突厥詐云向柳城此古柳城也。隋志，遼西郡、營州，並治柳城縣，乃龍城縣。龍城本和龍城，自後魏以來，營州治焉。開皇元年，改爲龍山縣，十八年，改爲柳城。與高麗交易，敢漏泄事實者斬。契丹不爲備，去其營五十里，馳進襲之，盡獲其男女四萬口，殺其男子，以女子及畜產之半賜突厥，餘皆收之以歸。帝大喜，集百官曰：「雲起用突厥平契丹，才兼文武，朕今自舉之。」擢爲治書侍御史。治，直之翻。

16 初，西突厥阿波可汗爲葉護可汗所虜，見一百七十六卷陳長城公禎明元年。國人立鞅素特勒之子，是爲泥利可汗。泥利卒，子達漫立，號處羅可汗。其母向氏，向，式亮翻。本中國人，更嫁泥利之弟婆實特勒。更，工衡翻。開皇末，婆實與向氏入朝，朝，直遙翻。遇達頭之亂，遂留長安，舍於鴻臚寺。鴻臚寺，主蕃客。臚，音閭。處羅多居烏孫故地，撫御失道，國人多叛，復爲鐵勒所困。復，扶又翻。鐵勒者，匈奴之遺種，種，章勇翻。族類最多，有僕骨、同羅、契苾、薛延陀等部，其酋長皆號俟斤。酋，才由翻。長，知兩翻；下同。俟，渠之翻。族姓雖殊，通謂之鐵勒，大抵與突厥同俗，以寇抄爲生，無大君長，分屬東、西兩突厥。是歲，處羅引兵擊鐵勒諸部，厚稅其物，又猜忌薛延陀，恐其爲變，集其酋長數百人，盡殺之。於是鐵勒皆叛，立俟利發俟斤契苾歌楞爲莫何可汗，苾，毗必翻。楞，盧登翻。又立薛延陀俟斤字也咥爲小可汗，咥，昌栗翻，又徒結翻。與處羅戰，屢破之。莫何勇毅絕倫，甚得衆心，爲鄰國所憚，伊吾、高昌、焉耆皆附之。

二年（丙寅、六〇六）

1春，正月，辛酉，東京成，進將作大匠宇文愷位開府儀同三司。

2丁卯，遣十使併省州縣。使，疏吏翻。

3二月，丙戌，詔吏部尚書牛弘等議定輿服、儀衛制度。考異曰：帝紀云「尚書令牛弘、禮部侍郎許善心」。按弘未嘗爲尚書令，善心於帝卽位之初已左遷。蓋紀誤也。以開府儀同三司何稠爲太府少卿，使之營造，送江都。稠智思精巧，思，相吏翻。博覽圖籍，參會古今，多所損益；袞冕畫日、月、星、辰，皮弁用漆紗爲之。書：「日、月、星、辰、山、龍、華蟲作會。」周升日月於旌旗而闕三辰，今復古制。五經通義：弁高五寸，前後玉飾。詩云：「璯弁如星，」董巴曰：以鹿皮爲之。何稠用漆紗，施象牙簪導。弁加簪導，自稠始也。又作黃麾三萬六千人仗，黃麾仗，汔唐遵而用之，大朝會大駕。及輅輦車輿，皇后鹵簿，百官儀服，務爲華盛，以稱上意。稱，尺證翻。課州縣送羽毛，民求捕之，網羅被水陸，被，皮義翻。禽獸有堪氅毦之用者，殆無遺類。氅，昌兩翻。毦，乃吏翻，羽毛飾也。烏程有高樹，烏程，屬湖州。郡國志曰：古烏氏、程氏居此，能醞酒，故以名縣。踰百尺，旁無附枝，上有鶴巢，民欲取之，不可上，上，時掌翻。乃伐其根；鶴恐殺其子，自拔氅毛投於地，時人或稱以爲瑞，曰：「天子造羽儀，鳥獸自獻羽毛。」所役工十萬餘人，用金銀錢帛鉅億計。帝每出遊幸，羽儀塡街溢路，亙二十餘里。三月，庚午，上發江都，夏，四月，庚戌，自伊闕陳法駕，備千乘萬騎入東京。隋志：伊闕縣，舊曰新城，開皇十八年更名，屬河南郡，北至東京二百餘里。乘，繩證翻。騎，奇寄翻。辛亥，御端門，唐六典：東京皇城南面三門，中曰端門。大赦，免天下今年租賦。制五品已上文官乘車，在朝弁服，佩玉；隋制，五品已上服紫，自公已下佩水蒼玉。朝，直遙翻。武官馬加珂，戴幘，服袴褶。珂，螺屬，生海中，潔白如雪色。通俗文曰：馬勒飾曰珂。溫公類篇曰：鷃入海爲珂。爾雅翼曰：珂，黃黑色，其骨白，可以飾馬。此等飾非特取其容，兼取其聲。故說文貨蘇切，貝聲也。董巴曰：幘起於秦人，施於武將。初爲絳袙以表貴賤。珂，音丘何翻。褶，音習。文物之盛，近世莫及也。

4 六月，壬子，以楊素爲司徒；進封豫章王暕爲齊王。暕，古限翻。

5 秋，七月，庚申，制百官不得計考增級，必有德行、功能灼然顯著者進擢之。行，下孟翻。帝頗惜名位，羣臣當進職者，多令兼假而已；雖有闕員，留而不補。時牛弘爲吏部尙書，不得專行其職，別敕納言蘇威、左翊衞大將軍宇文述、帝改左、右衞爲左、右翊衞。左驍衞大將軍張瑾、驍，堅堯翻。內史侍郎虞世基、御史大夫裴蘊、黃門侍郎裴矩參掌選事，時人謂之「選曹七貴」。選，宣戀翻。雖七人同在坐，坐，徂臥翻。然與奪之筆，虞世基獨專之，受納賄賂，多者超越等倫，無者注色而已。注其入仕所歷之色也。宋末參選者具腳色狀，今謂之根腳。蘊，邃之從曾孫也。裴邃爲梁將，著功名。從，才用翻。

6 元德太子昭自長安來朝，帝令昭留守長安。朝，音直遙翻。數月，將還，欲乞少留；少，詩沼翻。帝不許。拜請無數，體素肥，因致勞疾，甲戌，薨。考異曰：雜記云：「初，太子之遘疾也，時與楊素同在侍宴，帝既深忌於素，並起二巵同至，傳酒者不悟是藥酒，錯進太子，既飲三日而毒發，下血二斗餘。宮人聞素平常，始知毒酒誤飲太子，祕不敢言。太子知之，歎曰：『豈意代楊素死乎？命也！』數日而薨。後素亦竟以毒斃。」按他書皆無此說，蓋時人見太子與素相繼薨，妄有此論耳。帝哭之，數聲而止，尋奏聲伎，無異平日。伎，渠綺翻。

7 楚景武公楊素，雖有大功，特爲帝所猜忌，外示殊禮，內情甚薄。太史言隋分野有大喪，乃徙素爲楚公，意言楚與隋同分，欲以厭之。分，扶問翻。厭，於葉翻。素寢疾，帝每令名醫診候，賜以上藥，然密問醫者，恆恐不死。診，章忍翻。恆，戶登翻。素亦自知名位已極，不肯餌藥，亦不將慎，謂其弟約曰：「我豈須更活邪！」乙亥，素薨，贈太尉公、弘農等十郡太守，葬送甚盛。邪，音耶。守，式又翻。

8 八月，辛卯，封皇孫倓爲燕王，侗爲越王，倓，徒甘翻。燕，因肩翻。侗，他紅翻。侑爲代王，皆昭之子也。

9 九月，乙丑，立秦孝王子浩爲秦王。帝弟秦王俊謚秦孝王。

10 帝以高祖末年，法令峻刻，冬，十月，詔改脩律令。

11 置洛口倉於鞏東南原上，鞏縣，屬河南郡。洛水至鞏縣入河，謂之洛口。築倉城，周回二十餘里，穿三千窖，窖，工孝翻。窖容八千石以還，置監官并鎮兵千人。監，古銜翻。十二月，置回洛倉於洛陽北七里，倉城周回十里，穿三百窖。

12 初，齊溫公之世，齊主緯，周封爲溫公。有魚龍、山車等戲，謂之散樂，散，悉亶翻。周宣帝時，鄭譯奏徵之。見一百七十四卷陳高宗太建十一年。散，悉亶翻。高祖受禪，命牛弘定樂，非正聲清商及九部四舞之色，悉放遣之。正聲，謂鄭譯等所定之樂也。開皇九年，平陳，置清商署，管宋、齊舊樂，卽清樂也。杜佑曰：清樂者，其始卽清商三調是也，並漢氏以來舊典，樂器形制并歌章古調，與魏三祖所作者，皆備於史籍；屬晉朝遷播，夷、羯竊據，其音分散。苻堅平張氏，於涼州得之，宋武平關中，因而入南。及隋平陳後，文帝聽而善其節奏，曰：此華夏正聲也。因置清商署，總謂之清樂。帝定清樂、西涼、龜茲、天竺、康國、疏勒、安國、高麗、禮畢爲九部。又，開皇定令，牛弘請存鞞、鐸、巾、拂四舞，與諸伎並陳，因謂之四舞。帝以啓民可汗將入朝，欲以富樂誇之。太常少卿裴蘊希旨，奏括天下周、齊、梁、陳樂家子弟皆爲樂戶；可，從刊入聲。汗，音寒。朝，直遙翻。富樂，音洛。少，始照翻。其六品以下至庶人，有善音樂者，皆直太常。帝從之。於是四方散樂，大集東京，閱之於芳華苑積翠池側。芳華苑，蓋卽西苑。有舍利獸先來跳躍，激水滿衢，黿鼉、龜鼈、水人、蟲魚，徧覆于地。覆，敷又翻。又有鯨魚噴霧翳日，倏忽化成黃龍，長七八丈。長，直亮翻。又二人戴竿，上有舞者，欻然騰過，左右易處。欻，許勿翻。又有神鼇負山，幻人吐火，千變萬化。伎人皆衣錦繡繒綵，伎，渠綺翻。衣，於既翻。舞者鳴環佩，綴花毦；毦，乃吏翻。課京兆、河南製其衣，兩京錦綵爲之空竭。爲，于僞翻。帝多製豔篇，令樂正白明達造新聲播之，音極哀怨。隋制，太樂署、清商署各有樂師員，帝改樂師爲樂正，置員十人。帝甚悅，謂明達曰：「齊氏偏隅，樂工曹妙達猶封王；隋志：齊後主賞胡、戎樂，耽愛無已，於是繁手淫聲，爭新哀怨，故曹妙達、安馬駒之徒，至有封王、開府。煬帝溺於淫聲，以亡國自況，淫昏甚矣。我今天下大同，方且貴汝，宜自脩謹！」

三年（丁卯、六〇七）

1 春，正月，朔旦，大陳文物。時突厥啓民可汗入朝，見而慕之，請襲冠帶，帝不許。明日，又率其屬上表固請，厥，九勿翻。可，從刊入聲。汗，音寒。帥，讀曰率。上，時掌翻。帝大悅，謂牛弘等曰：「今衣冠大備，致單于解辮，卿等功也！」單，音蟬。各賜帛甚厚。

2 三月，辛亥，帝還長安。

3 癸丑，帝使羽騎尉朱寬入海開皇六年，置武騎、屯騎、驍騎、游騎、飛騎、旅騎、雲騎、羽騎八尉。羽騎，從九品。騎，奇寄翻。求訪異俗，至流求國而還。隋書：流求國居海島之中，當建安郡東，水行五日而至。是後陳稜自義安擊流求，至高華嶼，又東行二日至黿鼊嶼，又一日便至流求。還，從宣翻，又音如字。

4 初，雲定興、閻毗坐媚事太子勇，與妻子皆沒官爲奴婢。事見上卷開皇二十年。上卽位，多所營造，聞其有巧思，思，相吏翻。召之，使典其事，以毗爲朝請郎。開皇置八郎，朝請，第三。朝，直遙翻。時宇文述用事，定興以明珠絡帳賂述，并以奇服新聲求媚於述；述大喜，兄事之。上將有事四夷，大作兵器，述薦定興可使監造，上從之。監，古銜翻。述謂定興曰：「兄所作器仗，並合上心，而不得官者，爲長寧兄弟猶未死耳。」定興曰：「此無用物，何不勸上殺之。」述因奏：「房陵諸子廢太子勇，追封房陵王。年並成立，今欲興兵誅討，若使之從駕，則守掌爲難；若留於一處，又恐不可。進退無用，請早處分。」處，昌呂翻。分，扶問翻。帝然之，乃鴆殺長寧王儼，分徙其七弟於嶺表，仍遣間使於路盡殺之。間，古莧翻。使，疏吏翻。襄城王恪之妃柳氏自殺以從恪。

5 夏，四月，庚辰，下詔欲安輯河北，巡省趙、魏。省，悉景翻。

6 牛弘等造新律成，凡十八篇，謂之大業律；甲申，始頒行之。民久厭嚴刻，喜於寬政。其後征役繁興，民不堪命，有司臨時迫脅以求濟事，不復用律令矣。復，扶又翻，又音如字。旅騎尉劉炫預脩律令，弘嘗從容問炫曰：騎，奇寄翻。炫，熒絹翻。從，千容翻。「周禮士多而府史少，少，詩沼翻。今令史百倍於前，減則不濟，其故何也？」炫曰：「古人委任責成，歲終考其殿最，殿，丁甸翻。案不重校，重，直龍翻。文不繁悉，府史之任，掌要目而已。今之文簿，恆慮覆治，治，直之翻。若鍛鍊不密，則萬里追證百年舊案。故諺云：『老吏抱案死。』事繁政弊，職此之由也。」弘曰：「魏、齊之時，令史從容而已，今則不遑寧處，何故？」處，昌呂翻。炫曰：「往者州唯置綱紀，此綱紀，謂長史、司馬。郡置守、丞，縣置令而已。其餘具僚則長官自辟，長，知兩翻。受詔赴任，每州不過數十。今則不然，大小之官，悉由吏部，纖介之迹，皆屬考功。考功侍郎，掌內外文武官吏之功課，皆具錄當年功過行能而考校之。省官不如省事，官事不省而望從容，其可得乎！」弘善其言而不能用。

7 壬辰，改州爲郡；改度量權衡，並依古式。改上柱國以下官爲大夫；舊上柱國下至都督凡十一等，今改爲光祿、左・右光祿、金紫・銀青光祿、正議、通議、朝請、朝散九大夫。置殿內省，殿內省，掌諸供奉。與尚書、門下、內史、祕書爲五省；增謁者、司隸臺，謁者臺，掌受詔勞問，出使慰撫，持節察按及受冤枉而申奏之。司隸臺，掌諸巡察。與御史爲三臺；分太府寺置少府監，太府寺，止掌左・右藏、黃藏，其尚方、司織、司染、鎧甲、弓弩、掌治皆屬少府監。少，始照翻。與長秋、國子、將作、都水爲五監；改內侍省爲長秋監。又增改左、右翊衛等爲十六府；改左、右衛爲左、右翊衛，左、右備身爲左、右驍衛，左、右武衛依舊名，改領軍爲左、右屯衛，加置左、右禦衛，改左、右武候爲左、右候衛：是爲十二衛。改領左、右府爲左、右備身府，左、右監門依舊名，凡十六府。廢伯、子、男爵，唯留王、公、侯三等。

8丙寅，車駕北巡；己亥，頓赤岸澤。五月，丁巳，【章：十二行本「巳」作「酉」；乙十一行本同；孔本同。】突厥啓民可汗遣其子拓特勒來朝。厥，九勿翻。可，從刊入聲。汗，音寒。朝，直遙翻。戊午，發河北十餘郡丁男鑿太行山，達于并州，以通馳道。行，戶剛翻。丙寅，啓民遣其兄子毗黎伽特勒來朝。伽，求加翻。辛未，啓民遣使請自入塞奉迎輿駕，使，疏吏翻。上不許。

9初，高祖受禪，唯立四親廟，同殿異室而已，四親廟：一曰皇高祖太原府君廟，二曰皇曾祖康王廟，三曰皇祖獻王廟，四曰皇考太祖武元皇帝廟。帝卽位，命有司議七廟之制。禮部侍郎攝太常少卿許善心等時定制，尚書省六部各侍郎一人，以貳尚書之職；諸曹侍郎並改爲郎。奏請爲太祖、高祖各立一殿，爲，于僞翻。準周文、武二祧，與始祖而三，祧，土彫翻。餘並分室而祭，從迭毀之法。至是，有司請如前議，於東京建宗廟。帝謂祕書監柳䛒曰：䛒，與辯同。「今始祖及二祧已具，後世子孫處朕何所？」處，昌呂翻。六月，丁亥，詔爲高祖建別廟，仍修月祭禮。既而方事巡幸，竟不果立。

10帝過鴈門，帝改代州爲鴈門郡。鴈門太守丘和守，手又翻。獻食甚精；至馬邑，帝改朔州爲馬邑郡。馬邑太守楊廓獨無所獻，帝不悅。以和爲博陵太守，改定州爲博陵郡。丘和自邊郡遷內郡，以示賞也。仍使廓至博陵觀和爲式。由是所至獻食，競爲豐侈。

戊子，車駕頓榆林郡。時改勝州爲榆林郡。帝欲出塞耀兵，徑突厥中，指于涿郡，厥，九勿翻。時改幽州爲涿郡。恐啓民驚懼，先遣武衛將軍長孫晟諭旨。長，知兩翻。晟，承正翻。啓民奉詔，因召所部諸國奚、霫、室韋等酋長數十人咸集。霫，居鮮卑故地，保冷陘山南奥支水。室韋，契丹之類也；其南者爲契丹，其北者爲室韋。新唐書：室韋，蓋丁零苗裔也，地據黄龍北，傍猺越河。霫，而立翻。酋，才由翻。長，知兩翻。晟見牙帳中草穢，欲令啓民親除之，示諸部落，以明威重，乃指帳前草曰：「此根大香。」啓民遽嗅之，嗅，許救翻。曰：「殊不香也。」晟曰：「天子行幸所在，諸侯躬自灑掃，耕除御路，以表至敬之心；今牙内蕪穢，謂是留香草耳！」啓民乃悟曰：「奴之罪也！奴之骨肉皆天子所賜，得效筋力，豈敢有辭。特以邊人不知法耳，賴將軍教之；將軍之惠，奴之幸也。」遂拔所佩刀，自芟庭草。芟，所銜翻。其貴人及諸部爭效之。於是發榆林北境，至其牙，東達於薊，涿郡治薊。長三千里，長，直亮翻。廣百步，廣，古曠翻。舉國就役，開爲御道。帝聞晟策，益嘉之。

丁酉，啓民及義成公主來朝行宫。朝，直遥翻。己亥，吐谷渾、高昌並遣使入貢。吐，從暾入聲。谷，音浴。使，疏吏翻。

甲辰，上御北樓觀漁於河，以宴百僚。定襄太守周法尚朝于行宫，改雲州爲定襄郡。守，式又翻。太府卿元壽言於帝曰：「漢武出關，旌旗千里。事見二十卷漢武帝元封元年。今御營之外，請分爲二十四軍，日別遣一軍發，相去三十里，旗幟相望，鉦鼓相聞，首尾相屬，幟，昌志翻。鉦，音征。屬，之欲翻。千里不絕，此亦出師之盛者也。」法尚曰：「不然，兵亙千里，動間山川，間，古莧翻。猝有不虞，四分五裂；腹心有事，首尾未知，道路阻長，難以相救，雖有故事，乃取敗之道也。」帝不懌，曰：「卿意如何？」法尚曰：「結爲方陳，陳，讀曰陣。四面外拒，六宮及百官家屬並在其內；若有變起，所當之面，卽令抗拒，內引奇兵，出外奮擊，車爲壁壘，重設鉤陳，鉤陳，曲陳如鉤，象天之鉤陳星。重，直龍翻。陳，如字。此與據城，理亦何異！若戰而捷，抽騎追奔，騎，奇計翻。萬一不捷，屯營自守，臣謂此萬全之策也。」帝曰：「善！」因拜法尚左武衞將軍。

啓民可汗復上表，以爲「先帝可汗憐臣，賜臣安義公主，種種無乏。可，從刊入聲。汗，音寒。復，扶又翻。上，時掌翻。種，章勇翻。臣兄弟嫉妬，共欲殺臣。臣當是時，走無所適，仰視唯天，俯視唯地，奉身委命，依歸先帝。先帝憐臣且死，養而生之，以臣爲大可汗，還撫突厥之民。事見一百七十八卷開皇十九年。厥，九勿翻。至尊今御天下，還如先帝養生臣及突厥之民，種種無乏。臣荷戴聖恩，荷，下可翻。言不能盡。臣今非昔日突厥可汗，乃是至尊臣民，願率部落變改衣服，一如華夏。」帥，讀曰率。夏，戶雅翻。帝以爲不可。秋，七月，辛亥，賜啓民璽書，諭以「磧北未靜，猶須征戰，璽，斯氏翻。磧，七亦翻。但存心恭順，何必變服？」

帝欲誇示突厥，令宇文愷爲大帳，其下可坐數千人；甲寅，帝於城東御大帳，備儀衛，宴啓民及其部落，作散樂。散，昔亶翻。諸胡駭悅，爭獻牛羊駝馬數千萬頭。帝賜啓民帛二千【章：十二行本「千」作「十」；孔本同；張校同。】萬段，其下各有差。又賜啓民路車乘馬，鼓吹幡旗，乘，繩證翻。吹，昌瑞翻。贊拜不名，位在諸侯王上。

又詔發丁男百餘萬築長城，西拒榆林，東至紫河。隋志：定襄郡大利縣有陰山，有紫河。通典：紫河發源朔州善陽縣。金河上承紫河。尚書左僕射蘇威諫，上不聽，築之二旬而畢。帝之徵散樂也，太常卿高熲諫，不聽。熲退，謂太常丞李懿曰：「周天元以好樂而亡，殷鑒不遠，安可復爾！」好，呼到翻。復，扶又翻；下同。熲又以帝遇啓民過厚，謂太府卿何稠曰：「此虜頗知中國虛實，山川險易，易，以豉翻。恐爲後患。」又謂觀王雄曰：雄自安德郡王改封觀王。觀，古玩翻。「近來朝廷殊無綱紀。」禮部尚書宇文弻私謂熲曰：「天元之侈，以今方之，不亦甚乎？」又言：「長城之役，幸非急務。」光祿大夫賀若弼亦私議宴可汗太侈。並爲人所奏。帝以爲誹謗朝政，丙子，高熲、宇文弻、賀若弼皆坐誅，弻，古弼字。若，人者翻。朝，直遙翻；下同。熲諸子徙邊，弼妻子沒官爲奴婢。事連蘇威，亦坐免官。熲有文武大略，明達世務，自蒙寄任，竭誠盡節，進引貞良，以天下爲己任；蘇威、楊素、賀若弼、韓擒虎皆熲所推薦，自餘立功立事者不可勝數；勝，音升。當朝執政將二十年，朝野推服，物無異議，海內富庶，熲之力也。及死，天下莫不傷之。先是，蕭琮以皇后故，甚見親重，先，昔薦翻。爲內史令，改封梁公，宗族緦麻以上，皆隨才擢用，諸蕭昆弟，布列朝廷。琮性澹雅，不以職務爲意，身雖羈旅，見北間豪貴，無所降下。澹，徒覽翻。下，遐嫁翻。與賀若弼善，弼既誅，又有童謠曰：「蕭蕭亦復起。」帝由是忌之，遂廢於家，未幾而卒。幾，居豈翻。卒，子恤翻。

11 八月，壬午，車駕發榆林，歷雲中，泝金河。隋志：榆林郡有金河縣。杜佑曰：單于都護府，秦、漢雲中郡地也，治金河縣。縣有金河，上承紫河。宋白曰：金河縣卽漢盛樂縣地。時天下承平，百物豐實，甲士五十餘萬，馬十萬匹，旌旗輜重，千里不絕。重，直用翻。令宇文愷等造觀風行殿，上容侍衞者數百人，離合爲之，下施輪軸，倏忽推移。又作行城，周二千步，以板爲榦，衣之以布，衣，於既翻。飾以丹青，樓櫓悉備。胡人驚以爲神，每望御營，十里之外，屈膝稽顙，無敢乘馬。稽，音啓。啓民奉廬帳以俟車駕；乙酉，帝幸其帳，啓民奉觴上壽，跪伏恭甚；上，時掌翻；下同。王侯以下祖割於帳前，祖而割肉。莫敢仰視。帝大悅，賦詩曰：「呼韓頓顙至，屠耆接踵來；何如漢天子，空上單于臺！」上，時掌翻。單，音蟬。皇后亦幸義成公主帳。帝賜啓民及公主金甕各一，幷衣服被褥錦綵，特勒以下，受賜各有差。帝還，啓民從入塞，己丑，遣歸國。癸巳，入樓煩關；樓煩郡治靜樂縣，縣有關官。壬寅，至太原，詔營晉陽宮。帝謂御史大夫張衡曰：「朕欲過公宅，可爲朕作主人。」過，工禾翻。爲，于僞翻。衡乃先馳至河內，具牛酒。張衡，河內人。帝改懷州爲河內郡。帝上太行，開直道九十里，開直道抵張衡所居。行，戶剛翻。九月，己未，至濟源，開皇十六年置濟源縣，屬河內郡。濟，子禮翻。幸衡宅。帝悅其山泉，留宴三日，賜賚甚厚。衡復獻食，賚，來代翻。復，扶又翻。帝令頒賜公卿，下至衞士，無不霑洽。己巳，至東都。

12 壬申，以齊王暕爲河南尹；癸酉，以民部尚書楊文思爲納言。

13 冬，十月，敕河南【章：十二行本「南」作「北」；乙十一行本同；孔本同。】諸郡送一藝戶陪東都三千餘家，置十二坊於洛水南以處之。藝戶，謂其家以技藝名者。陪，助也。處，昌呂翻。

14 西域諸胡多至張掖交市，帝改甘州爲張掖郡。交市，爲互市也。帝使吏部侍郎裴矩掌之。矩知帝好遠略，商胡至者，矩誘訪諸國山川風俗，王及庶人儀形服飾，撰西域圖記三卷，合四十四國，入朝奏之。好，呼報翻。誘，音酉。撰，士免翻。朝，直遙翻；下同。仍別造地圖，窮其要害，從西傾以去，西傾山，在隴西臨洮縣西南，洮水之所出也。縱橫所亙，將二萬里，發自敦煌，帝改瓜州爲敦煌郡。敦，徒門翻。至于西海，此西海在條支西。凡爲三道，北道從伊吾，中道從高昌，南道從鄯善，伊吾，唐爲伊州。高昌，唐爲西州。鄯善，唐爲納縛波地。鄯，時戰翻。總湊敦煌。且云：「以國家威德，將士驍雄，將，即亮翻。驍，堅堯翻。汎濛汜而越崑崙，易如反掌。濛汜，蒙谷之水也，日所入處。史記禹本紀言河出崑崙。汜，祥里翻。崙，盧昆翻。易，以豉翻。但突厥、吐渾分領羌、胡之國，爲其壅遏，故朝貢不通。吐，從暾入聲。朝，直遙翻。今並因商人密送誠款，引領翹首，願爲臣妾。若服而撫之，務存安輯，皇華遣使，弗動兵車，諸蕃既從，渾、厥可滅，混壹戎、夏，其在茲乎！」渾、厥，謂吐谷渾、突厥也。使，疏吏翻。厥，九勿翻。夏，戶雅翻。帝大悅，賜帛五百段，日引矩至御坐，親問西域事。矩盛言「胡中多諸珍寶，吐谷渾易可幷吞。」谷，音浴。易，弋豉翻。帝於是慨然慕秦皇、漢武之功，甘心將通西域；四夷經略，咸以委之。以矩爲黃門侍郎，復使至張掖，引致諸胡，啗之以利，勸令入朝。復，扶又翻。啗，徒濫翻，又徒覽翻。自是西域胡往來相繼，所經郡縣，疲於送迎，糜費以萬萬計，卒令中國疲弊以至於亡，卒，子恤翻。皆矩之唱導也。

15 鐵勒寇邊，帝遣將軍馮孝慈出敦煌擊之，不利。鐵勒尋遣使謝罪，請降；降，戶剛翻。帝使裴矩慰撫之。

王崇武標點容肇祖聶崇岐覆校

資治通鑑卷第一百八十一

端明殿學士兼翰林侍讀學士朝散大夫右諫議大夫充集賢殿修撰提舉西京嵩山崇福宮上柱國河内郡開國侯食邑一千八百户食實封六百户賜紫金魚袋臣**司馬光** 奉敕編集

後　學　天　台　**胡三省** 音　註

隋紀五 起著雍執徐（戊辰），盡玄黓涒灘（壬申），凡五年。

煬皇帝上之下

大業四年（戊辰、六〇八）

1 春，正月，乙巳，詔發河北諸軍百餘萬穿永濟渠，引沁水南達于河，北通涿郡。班志：沁水出上黨穀遠縣羊頭山世靡谷。師古曰：今至懷州武陟縣界入河。穀遠，隋爲沁源縣。沁，七鴆翻。考異曰：雜記：「三年六月，敕開永濟渠，引汾水入河，於汾水東北開渠，合渠水至于涿郡二千餘里，通龍舟。」按永濟渠即今御河，未嘗通汾水，雜記誤也。丁男不供，始役婦人。

2 壬申，以太府卿元壽爲内史令。

3 裴矩聞西突厥處羅可汗思其母，請遣使招懷之。二月，己卯，帝遣司朝謁者崔君肅齎詔書慰諭之。帝置謁者臺大夫一人，置司朝謁者二人以貳之。處，昌呂翻。厥，九勿翻。可，從刊入聲。汗，音寒。使，疏吏翻。朝，直遙翻。考異曰：隋帝紀作「崔毅」，今從西突厥傳。處羅見君肅甚倨，受詔不肯起，君肅謂之曰：「突厥本一國，中分爲二，每歲交兵，積數十歲而莫能相滅者，明知其勢敵耳。然啓民舉其部落百萬之衆，卑躬折節，入臣天子者，其故何也？折，而列翻。正以切恨可汗，不能獨制，欲借兵於大國，共滅可汗耳。羣臣咸欲從啓民之請，天子既許之，師出有日矣。顧可汗母向夫人可，從刊入聲。汗，音寒。向，式亮翻。懼西國之滅，旦夕守闕，哭泣哀祈，匍匐謝罪，請發使召可汗，令入內屬。天子憐之，故復遣使至此。匍，音蒲。匐，蒲北翻。使，疏吏翻；下同。令，力丁翻。復，扶又翻。今可汗乃倨慢如此，則向夫人爲誑天子，誑，居況翻。必伏尸都市，傳首虜庭。虜庭，謂啓民庭。發大隋之兵，資東國之衆，左提右挈以擊可汗，亡無日矣！奈何愛兩拜之禮，絕慈母之命，惜一語稱臣，使社稷爲墟乎！」處羅矍然而起，處，昌呂翻。矍，居縛翻。流涕再拜，跪受詔書，因遣使者隨君肅貢汗血馬。

4 三月，壬戌，倭王多利思比孤隋書：倭國在百濟、新羅東南，水陸三千里，於大海之中，依山島而居；都於邪靡堆，則魏志所謂邪馬臺者也，在會稽之東，與儋耳相近。杜佑曰：倭在帶方東南大海中，去遼東萬二千里，大較在閩川、會稽之東，亦與朱崖、儋耳相近，自謂太伯之後。一名日本，自云國在日邊，因以爲稱。倭，烏禾翻。入【章：十二行本「入」上有「遣使」二字；乙十一行本同；孔本同；張校同。】貢，遺帝書曰：遺，于季翻。「日出處天子致書日沒處天子無恙。」恙，余亮翻。帝覽之，不悅，謂鴻臚卿曰：臚，凌如翻。「蠻夷書無禮者，勿復以聞。」復，扶又翻。

5 乙丑，車駕幸五原，帝改豐州爲五原郡。因出塞巡長城。去年所築者。行宮設六合板城，隋志：帝北巡出塞，行宮設六合城，方一百二十步，高四丈二尺。六合，以木爲之，方一尺，外面一方有板，離合爲之，塗以青色。壘六板爲城，高三丈六尺，上加女牆，板高六尺，開南北門。又於城四角起樓敵二，門觀、門樓檻皆丹青綺畫。又造六合殿、千人帳，載以槍車，車載六合三板。其車軨解合交叉，卽爲馬槍，皆車上張幕，幕下張平一弩傅矢，五人更守。兩車之間，施車軨馬槍，皆外其轅，以爲外圍。次內布鐵菱，次內施蟄鞬。中施弩牀，長六尺，闊三尺；牀桄陛插鋼錐，皆長五寸，謂之蝦鬚，皆施機關，張則錐皆外向。其牀上施旋機弩，以繩連弩機，人從外來，觸繩則弩機旋轉，向觸所而發。其外又以矰周圍行宮，二丈一鈴一柱，柱舉矰，去地二尺五寸。當行宮南北門施槌磬，連矰，以機發之，有人觸矰，則衆鈴發響，槌擊兩磬，以知所警，名爲擊磬。考異曰：雜記云：「帝幸啓民帳時造行城，周二千步，高二十餘丈。」今從隋禮儀志。載以槍車。每頓舍，則外其轅以爲外圍，內布鐵菱；爾雅翼曰：今軍旅以鐵作茨，以布敵路，謂之鐵蒺藜。或云：鐵蒺藜菱角，起於煬帝征遼爲之。然六韜中已有此物，朝錯傳謂之渠答。次施弩牀，皆插鋼錐，鋼，音剛；精鐵也。外向；上施旋機弩，以繩連機，人來觸繩，則弩機旋轉，向所觸而發。其外又以矰周圍，施鈴柱、槌磬以知所警。矰，作滕翻。槌，直追翻。

6 帝募能通絕域者，屯田主事常駿等請使赤土，屯田曹，屬工部尚書。尚書諸曹各有主事，流外吏職也。隋書：赤土國，扶南之別種，在南海中，水行百餘日而達；所都土色多赤，因以爲號。杜佑曰：崖州直南水行，便風十餘日到赤土國。其國到五月日亭午，物影都在南。一日三食，飯皆旋炊；不然，逡巡過時，卽便臭敗，熱氣特甚。使，疏利翻。帝大悅，丙寅，命駿齎物五千段，以賜其王。赤土者，南海中遠國也。

7帝無日不治宮室，治，直之翻。兩京及江都，苑囿亭殿雖多，久而益厭，每遊幸，左右顧矚，矚，之欲翻。無可意者，不知所適。乃備責天下山川之圖，躬自歷覽，以求勝地可置宮苑者。夏，四月，詔於汾州之北汾水之源，營汾陽宮。隋志：樓煩郡汾源縣，舊岢嵐也，大業四年，改爲靜樂，有汾陽宮、管涔山、天池、汾水。十三州志：汾水出武州之燕京山，管涔之異名也。水經註，燕京山上有大池，世謂之天池。按煬帝起汾陽宮環天池，詳見後五臺註。

8初，元德太子薨，見上卷二年。河南尹齊王暕次當爲嗣，元德吏兵二萬餘人，悉隸於暕，暕，古限翻。帝爲之妙選僚屬，爲，于僞翻。以光祿少卿柳謇之爲齊王長史，少，始照翻。謇，九輦翻。長，知兩翻。且戒之曰：「齊王德業修備，富貴自鍾卿門；鍾，聚也。若有不善，罪亦相及。」謇之，慶之從子也。柳慶事宇文泰。從，才用翻。暕寵遇日隆，百官趨謁，闐咽道路。暕以是驕恣，昵近小人，闐，田年翻。昵，尼質翻。近，其靳翻。所爲多不法。遣左右喬令則、庫狄仲錡、庫狄，複姓。錡，魚豈翻。陳智偉求聲色。令則等因此放縱，訪人家有美女，輒矯暕命呼之，載入暕第，淫而遣之。仲錡、智偉詣隴西，撾炙諸胡，責其名馬，帝改渭州爲隴西郡。撾，側瓜翻。得數匹以進暕；暕令還主，仲錡等詐言王賜，取歸其家，暕不知也。樂平公主嘗奏帝，言柳氏女美，樂平公主，周天元后也。樂，音洛。帝未有所答。久之，主復以柳氏進暕，復，扶又翻。暕納之。其後，帝問主：「柳氏女安在？」主曰：「在齊王所。」帝不悅。暕從帝幸汾陽宮，大獵，詔暕以千騎入圍，騎，奇寄翻。暕大獲麋鹿以獻；而帝未有得也，乃怒從官，皆言爲暕左右所遏，獸不得前。從，才用翻。帝於是發怒，求暕罪失。時制：縣令無故不得出境；有伊闕令皇甫詡，得幸於暕，違禁，攜之至汾陽宮。御史韋德裕希旨劾奏暕，劾，戶概翻，又戶得翻。帝令甲士千餘人大索暕第，令，力丁翻。索，山客翻。因窮治其事。治，直之翻。暕妃韋氏早卒，卒，子恤翻。暕與妃姊元氏婦通，產一女。暕召相工相，息亮翻。令徧視後庭，相工指妃姊曰：「此產子者當爲皇后。」暕以元德太子有三子，三子：侑、倓、侗。恐不得立，陰挾左道爲厭勝，厭，於葉翻。至是皆發。帝大怒，斬令則等數人，賜妃姊死，暕府僚皆斥之邊遠。柳謇之坐不能匡正，除名。謇，九輦翻。時趙王杲尚幼，帝謂侍臣曰：「朕唯有暕一子，不然者，當肆諸市朝以明國憲。」暕自是恩寵日衰，雖爲京尹，不復關預時政。帝恆令虎賁郎將一人監其府事，帝制十二衞，每衞置護軍四人，掌副貳將軍，無則一人攝，尋改護軍爲虎賁郎將，正四品。朝，直遙翻。復，扶又翻。恆，戶登翻。令，力丁翻。賁，音奔。將，卽亮翻。監，古銜翻。暕有微失，虎賁輒奏之。帝亦常慮暕生變，所給左右，皆以老弱，備員而已。太史令庾質，季才之子也，其子爲齊王屬，隋王府有掾有屬。帝謂質曰：「汝不能一心事我，乃使兒事齊王，何向背如此！」背，蒲妹翻。對曰：「臣事陛下，子事齊王，實是一心，不敢有二。」帝猶怒，出爲合水令。開皇十六年，置合水縣，爲慶州治所，帝改慶州爲弘化郡，唐改合水縣爲安化。

9乙卯，詔以突厥啓民可汗厥，九勿翻。可，從刊入聲。汗，音寒。遵奉朝化，思改戎俗，宜於萬壽戍置城造屋，其帷帳牀褥以上，務從優厚。

10秋，七月，辛巳，發丁男二十餘萬築長城，自榆谷而東。此榆谷當在榆林西。

11裴矩說鐵勒，說，式芮翻。使擊吐谷渾，大破之。吐谷渾可汗伏允東走，入西平境內，帝改鄯州爲西平郡。吐，讀暾入聲。谷，音浴。可，從刊入聲。汗，音寒。遣使請降求救；帝遣安德王雄出澆河，前已書觀王雄，此復書安德王雄何也？按雄傳，雄從帝征吐谷渾還，方徙封觀王，高熲誅之時，雄尚爲安德王，通鑑因舊史成文而書之耳。帝改廓州爲澆河郡。使，疏吏翻。降，戶江翻。澆，古堯翻。許公宇文述出西平迎之。宇文述封許國公。述至臨羌城，漢臨羌縣城也。吐谷渾畏述兵盛，不敢降，帥衆西遁；帥，讀曰率。述引兵追之，拔曼頭、赤水二城，隋志：帝平吐谷渾，置河源郡於古赤水城，管下有曼頭城。曼，音萬。斬三千餘級，獲其王公以下二百人，虜男女四千口而還。還，從宣翻，又如字；下同。伏允南奔雪山，此即蜀西山之西雪山也。其故地皆空，東西四千里，南北二千里，皆爲隋有，置州、【章：十二行本「州」作「郡」；乙十一行本同；孔本同。】縣、鎮、戍，置鄯善、且末、西海、河源四郡，顯武、濟遠、肅寧、伏戎、宣德、威定、遠化、赤水等縣。志云，置於五年。天下輕罪徙居之。

12八月，辛酉，上親祠恒岳，恒岳，北岳恒山。恒，戶登翻。赦天下。河北道郡守畢集，守，式又翻。裴矩所致西域十餘國皆來助祭。考異曰：裴矩傳云「三年」，誤也。今從帝紀。

13九月，辛未，徵天下鷹師悉集東京。鷹師，善調習鷹隼者也。至者萬餘人。

14冬，十月，乙卯，頒新式。去年四月壬辰，改度量權衡，並依古式，今頒於天下。

15常駿等至赤土境，赤土王利富多塞遣使以三十舶迎之，進金鏁以纜駿船，使，疏吏翻；下同。舶，莫百翻。鏁，蘇果翻。凡汎海百餘日，入境月餘，乃至其都。赤土所都名僧祇城。其王居處，昌呂翻。器用，窮極珍麗，待使者禮亦厚，遣其子那邪迦隨駿入貢。迦，音加。

16帝以右翊衞將軍河東薛世雄爲玉門道行軍大將，帝改蒲州爲河東郡。隋志：玉門縣屬敦煌郡。改行軍總管爲行軍大將。將，即亮翻。與突厥啓民可汗連兵擊伊吾，厥，九勿翻。可，從刊入聲。汗，音寒。考異曰：世雄擊伊吾，帝紀無之。本傳前有從帝征吐谷渾，後云，「歲餘，以世雄爲玉門大將，與突厥啓民可汗擊伊吾。」然則似在大業六、七年也。按是時啓民已卒，伐吐谷渾之歲，伊吾吐屯設獻地數千里，恩寵甚厚，隋何故伐之！今移置獻地之前。師出玉門，啓民不至。世雄孤軍度磧，伊吾初謂隋軍不能至，皆不設備；聞世雄軍已度磧，大懼，請降。流沙亦謂之磧。磧，七迹翻。降，戶江翻。世雄乃於漢故伊吾城東築城，留銀青光祿大夫王威以甲卒千餘人戍之而還。還，從宣翻，又音如字。

五年（己巳、六〇九）

1春，正月，丙子，改東京爲東都。

2 突厥啓民可汗來朝，禮賜益厚。厥，九勿翻。可，從刊入聲。汗，音寒。朝，直遙翻。

3 癸未，詔天下均田。

4 戊子，上自東都西還。

5 己丑，制民間鐵叉、搭鉤、穳刃之類皆禁之。搭，多臘翻。穳，作管翻。

6 二月，戊申，車駕至西京。

7 三月，己巳，西巡河右；乙亥，幸扶風舊宅。河右，河西武威諸郡地。帝改岐州爲扶風郡。夏，四月，癸亥，出臨津關，臨津關當在枹罕界，臨河津。水經註：河水自澆河東流，逕邯川城南，又東逕臨津城北，白土城南，爲緣河濟渡之地。渡黃河，至西平，陳兵講武，將擊吐谷渾。五月，乙亥，上大獵於拔延山，隋志：西平郡化隆縣有拔延山。杜佑曰：拔延山在廓州廣威縣，隋煬帝征吐渾經此山。吐，從暾入聲。谷，音浴。長圍亙二十里。考異曰：隋帝紀作「二千里」，疑二十里字誤。庚辰，入長寧谷，長寧谷在古晉昌郡界。水經註：湟水逕臨羌縣故城南，又東，長寧川水注之。長寧水東南流逕晉昌川，又有長寧亭，亭北有養女嶺，卽浩亹西平之北山。度星嶺；丙戌，至浩亹川。水經註：浩亹河出塞外，逕西平之鮮谷塞，又東逕養女北山東南。隋志：西平郡湟水縣有舊浩亹縣。浩亹，音告門。浩，又音閤。以橋未成，斬都水使者黃亘及督役者九人，帝改都水監爲都水使者。考異曰：隋帝紀云：「梁浩亹，御馬度而橋壞。」今從略記。數日，橋成，乃行。

吐谷渾可汗伏允帥衆保覆袁川，可，從刊入聲。汗，音寒。帥，讀曰率。帝分命內史元壽南屯金山，兵部尚書段文振北屯雪山，太僕卿楊義臣東屯琵琶峽，將軍張壽西屯泥嶺，四面圍之。伏允以數十騎遁出，遣其名王詐稱伏允，保車我眞山。騎，奇寄翻。車，昌遮翻。壬辰，詔右屯衛大將軍張定和往捕之。定和輕其衆少，不被甲，挺身登山，吐谷渾伏兵射殺之；少，詩沼翻。被，皮義翻。射，而亦翻。其亞將柳武建擊吐谷渾，破之。將，卽亮翻。甲午，吐谷渾仙頭王窮蹵，蹵，與蹙同。帥男女十餘萬口來降。帥，讀曰率。降，戶江翻。六月，丁酉，遣左光祿大夫梁默等追討伏允，兵敗，爲伏允所殺。衞尉卿劉【章：十二行本「劉」上有「彭城」二字；乙十一行本同；孔本同；張校同。】權出伊吾道，擊吐谷渾，至青海，隋志：西海郡有青海。吐谷渾傳：青海在伏俟城東，周回千餘里。虜獲千餘口，乘勝追奔，至伏俟城。吐谷渾都伏俟城，在青海西十五里。

辛丑，帝謂給事郞蔡徵曰：「自古天子有巡狩之禮；而江東諸帝多傅脂粉，坐深宮，不與百姓相見，此何理也？」對曰：「此其所以不能長世。」丙午，至張掖。帝改甘州爲張掖郡。帝之將西巡也，命裴矩說高昌王麴伯雅麴，姓也。漢末有西平麴演。說，輸芮翻。及伊吾吐屯設等，吐屯設，意突厥所置，以守伊吾。啗以厚利，召使入朝。壬子，帝至燕支山，隋志：武威郡番禾縣有燕支山。啗，徒濫翻，又徒覽翻。朝，直遙翻。燕，因肩翻。伯雅、吐屯設等及西域二十七國謁於道左，皆令佩金玉，被錦罽，令，力丁翻。被，皮義翻。罽，音計。焚香奏樂，歌舞諠譟。帝復令武威、張掖士女盛飾縱觀，衣服車馬不鮮者，郡縣督課之。騎乘塡咽，騎，奇寄翻。乘，繩證翻。周亙數十里，以示中國之盛。吐屯設獻西域數千里之地，上大悅。癸丑，置西海、河源、鄯善、且末等郡，西海郡置於伏俟城，河源郡置於赤水城，鄯善郡置於古樓蘭城，且末郡置於古且末城。酈道元曰：且末城東去鄯善七百二十里。鄯，時戰翻。且，子閭翻。謫天下罪人爲戍卒以守之。命劉權鎮河源郡積石鎮，志云：河源郡有積石山，河所出也。杜佑曰：積石山在西平郡龍支縣南。大開屯田，扞禦吐谷渾，以通西域之路。

是時天下凡有郡一百九十，縣一千二百五十五，戶八百九十萬有奇。奇，居宜翻。東西九千三百里，南北萬四千八百一十五里。隋氏之盛，極於此矣。

帝謂裴矩有綏懷之略，進位銀青光祿大夫。自西京諸縣及西北諸郡，皆轉輸塞外，每歲鉅億萬計；經途險遠及遇寇鈔，鈔，楚交翻。人畜死亡不達者，郡縣皆徵破其家。由是百姓失業，西方先困矣。

初，吐谷渾伏允使其子順來朝，吐，從暾入聲。谷，音浴。朝，直遥翻。帝留順不遣。伏允敗走，無以自資，帥數千騎客於党項。隋書：党項羌者，三苗之後也，其種有宕昌、白狼，皆自稱獮猴種。東接臨洮、西平，西拒葉護，南北數千里，處山谷間，每姓別爲部落。帥，讀曰率。党，他朗翻。帝立順爲可汗，可，從刊入聲。汗，音寒。送至玉門，令統其餘衆；以其大寶王尼洛周爲輔。統，他綜翻。尼，女夷翻。至西平，其部下殺洛周，順不果入而還。還，從宣翻，又音如字。

丙辰，上御觀風殿，卽觀風行殿也。大備文物，引高昌王麴伯雅及伊吾吐屯設升殿宴飲，考異曰：略記在六月壬寅，今從隋帝紀。其餘蠻夷使者陪階庭者二十餘國，奏九部樂，杜佑曰：煬帝立清樂、龜茲、西涼、天竺、康國、疏勒、安國、高麗、禮畢爲九部。使，疏吏翻。及魚龍戲以娛之，賜賚有差。戊午，赦天下。

吐谷渾有青海，俗傳置牝馬於其上，得龍種。吐谷渾傳：青海中有小山，其俗至冬輒放牝馬於其上，言得龍種。吐谷渾嘗得波斯草馬，放入青海，因生驄駒，能日行千里，時稱青海驄。種，章勇翻。秋，七月，【章：十二行本「月」下有「丁卯」二字；乙十一行本同；孔本同；張校同。】置馬牧於青海，縱牝馬二千匹於川谷以求龍種，無效而止。

車駕東還，經大斗拔谷，還，從宣翻，又如字。新唐志：涼州西二百里有大斗軍，本赤水守捉，開元十六年爲軍，因大斗拔谷爲名。山路隘險，魚貫而出，單行相次，若貫魚然。風雪晦冥，文武飢餒沾濕，夜久不逮前營，逮，及也。士卒凍死者太半，考異曰：帝紀在六月癸卯。按西邊地雖寒，不容六月大雪，凍死人畜，今從略記。略記作達十拔谷，今從帝紀。馬驢什八九，後宮妃、主或狼狽相失，與軍士雜宿山間。九月，乙【章：十二行本「乙」作「癸」；乙十一行本同；孔本同；張校同。】未，車駕入西京。冬，十一月，丙子，復幸東都。復，扶又翻。

8 民部侍郎裴蘊以民間版籍，脫漏戶口及詐注老小尚多，奏令貌閱，令，力丁翻。閱其貌以驗老小。若一人不實，則官司解職。又許民糾得一丁者，令被糾之家代輸賦役。被，皮義翻。是歲，諸郡計帳進丁二十【章：十二行本「十」下有「四」字；乙十一行本同；孔本同；張校同。】萬三千，新附口六十四萬一千五百。帝臨朝覽狀，朝，直遙翻。謂百官曰：「前代無賢才，致此罔冒；今戶口皆實，全由裴蘊。」由是漸見親委，未幾，擢授御史大夫，與裴矩、虞世基參掌機密。蘊善候伺人主微意，幾，居豈翻。伺，相吏翻。所欲罪者，則曲法鍛成其罪；所欲宥者，則附從輕典，因而釋之。是後大小之獄，皆以付蘊，刑部、大理莫敢與爭，必稟承進止，然後決斷。斷，丁亂翻。蘊有機辯，言若懸河，或重或輕，皆由其口，剖析明敏，時人不能致詰。書曰：「知人則哲，能官人。」史言知人善任之難。

9 突厥啓民可汗卒，厥，九勿翻。可，從刊入聲。汗，音寒。卒，子恤翻。上爲之廢朝三日，爲，于僞翻。朝，直遙翻；下同。立其子咄吉，咄，當沒翻。是爲始畢可汗；表請尚公主，詔從其俗。

10 初，內史侍郎薛道衡以才學有盛名，久當樞要，高祖末，出爲襄州總管；帝改襄州爲襄陽郡。帝卽位，自番州刺史召之，隋志：廣州，仁壽元年改番州，蓋因番禺以名州，帝改爲南海郡。番，依漢書音義音潘。欲用爲祕書監。道衡既至，上高祖文皇帝頌，上，時掌翻。帝覽之，不悅，顧謂蘇威曰：「道衡致美先朝，致，極也。此魚藻之義也。」詩小序曰：魚藻，刺幽王也。言萬物失其性，王居鎬京，將不能以自樂，故君子思古之武王焉。拜司隸大夫，將置之罪。司隸刺史房彥謙勸道衡杜絕賓客，卑辭下氣，帝置司隸大夫一人，爲司隸臺率。又置司隸刺史十四人，正六品，巡察畿外諸郡。道衡不能用。會議新令，久不決，道衡謂朝士曰：「向使高熲不死，令決當久行。」有人奏之，帝怒曰：「汝憶高熲邪！」朝，直遙翻。熲，居永翻。邪，音耶。付執法者推之。推，尋繹也，推考而尋繹其事也。裴蘊奏：「道衡負才恃舊，有無君之心，推惡於國，推，吐雷翻。妄造禍端。論其罪名，似如隱昧；原其情意，深爲悖逆。」悖，蒲內翻，又蒲沒翻。帝曰：「然。我少時與之行役，謂伐陳時。少，詩照翻。輕我童稚，稚，遲二翻。與高熲、賀若弼等外擅威權；若，人者翻。及我卽位，懷不自安，賴天下無事，未得反耳。公論其逆，妙體本心。」道衡自以所坐非大過，促憲司早斷，斷，丁亂翻。冀奏日帝必赦之，敕家人具饌，以備賓客來候者。饌，雛戀翻，又雛皖翻。及奏，帝令自盡，道衡殊不意，未能引決。憲司重奏，縊而殺之，妻子徙且末。令，力丁翻。重，直龍翻。縊，於賜翻。且，子閭翻。天下冤之。

11 帝大閱軍實，稱器甲之美，宇文述因進言：「此皆雲定興之功。」帝卽擢定興爲太府丞。

六年（庚午、六一〇）

1 春，正月，癸亥朔，未明三刻，有盜數十人，素冠練衣，焚香持華，自稱彌勒佛，入自建國門，釋氏之說，以爲釋迦佛衰謝，彌勒佛出世，故盜稱之以爲姦。建國門蓋東都皇城端門也。唐六典云：武德五年平王世充，惡其壯麗，焚乾陽殿及建國門。華，讀曰花。考異曰：雜記在五年正月，又云「三百人」。今從隋書。監門者皆稽首。監，古銜翻。稽，音啓。既而奪衞士仗，將爲亂；齊王暕遇而斬之。於是都下大索，暕，古限翻。索，山客翻。連坐者千餘家。

2 帝以諸蕃酋長畢集洛陽，酋，才由翻。長，知兩翻。丁丑，於端門街洛陽皇城端門外之街。盛陳百戲，戲場周圍五千步，執絲竹者萬八千人，聲聞數十里，聞，音問。自昏至旦，燈火光燭天地；終月而罷，所費巨萬。自是歲以爲常。丁丑，正月十五日。今人元宵行樂，蓋始盛於此。

諸蕃請入豐都市交易，東都東市曰豐都，南市曰大同，北市曰通遠。帝許之。先命整飾店肆，簷宇如一，盛設帷帳，珍貨充積，人物華盛，賣菜者亦藉以龍須席。龍須席以龍須草織成，今淮上安慶府居人多能織龍須席。胡客或過酒食店，過，工禾翻。悉令邀延就坐，坐，徂臥翻。醉飽而散，不取其直，紿之曰：「中國豐饒，酒食例不取直。」胡客皆驚歎。其黠者頗覺之，紿，徒亥翻。黠，戶八翻，慧也。見以繒帛纏樹，曰：「中國亦有貧者，衣不蓋形，何如以此物與之，纏樹何爲？」市人慙不能答。

帝稱裴矩之能，謂羣臣曰：「裴矩大識朕意，凡所陳奏，皆朕之成算，未發之頃，矩輒以聞；自非奉國盡心，孰能若是！」是時矩與右翊衞大將軍宇文述、內史侍郎虞世基、御史大夫裴蘊、光祿大夫郭衍皆以諂諛有寵。述善於供奉，容止便辟，便，毗連翻。辟，讀曰僻。侍衞者咸取則焉。郭衍嘗勸帝五日一視朝，朝，直遙翻；下同。曰：「無效高祖，空自勤苦。」帝益以爲忠，曰：「唯有郭衍心與朕同。」

帝臨朝凝重，朝，直遥翻。發言降詔，辭義可觀；而內存聲色，其在兩都及巡遊，常以僧、尼、道士、女官自隨，女官，卽女道士。謂之四道場。梁公蕭鉅，琮之弟子；千牛左右宇文皛，慶之孫也；隋制，千牛備身左、右十二人，掌供御弓箭。宇文慶見一百七十三卷陳高宗太建十一年。皛，戶了翻。皆有寵於帝。帝每日於苑中林亭間盛陳酒饌，饌，雛晥翻，又雛戀翻。敕燕王倓與鉅、皛及高祖嬪御爲一席，倓，徒甘翻。嬪，毗賓翻。僧、尼、道士、女官爲一席，帝與諸寵姬爲一席，略相連接，罷朝卽從之，朝，直遥翻。宴飲，更相勸侑，更，工衡翻。酒酣殽亂，靡所不至，以是爲常。楊氏婦女之美者，往往進御。皛出入宮掖，不限門禁，至於妃嬪、公主皆有醜聲，帝亦不之罪也。

3 帝復遣朱寬招撫流求，復，扶又翻。流求不從，帝遣虎賁郎將廬江陳稜、朝請大夫同安張鎮周發東陽兵萬餘人，自義安汎海擊之。賁，音奔。將，卽亮翻。帝改廬州爲廬江郡，熙州爲同安郡，婺州爲東陽郡，潮州爲義安郡。行月餘，至其國，以鎮周爲先鋒。流求王渴剌兜剌，盧達翻。遣兵逆戰，屢破之，遂至其都。流求國王所居曰婆羅檀洞，塹柵三重，環以流水，樹棘爲藩。渴剌兜自將出戰，將，卽亮翻。又敗，退入柵；稜等乘勝攻拔之，斬渴剌兜，虜其民萬餘口而還。還，從宣翻，又如字。二月，乙巳，稜等獻流求俘，頒賜百官，進稜位右光祿大夫，鎮周金紫光祿大夫。

4 乙卯，詔以「近世茅土妄假，名實相乖，自今唯有功勳乃得賜封，仍令子孫承襲。」於是舊賜五等爵，非有功者皆除之。

5 庚申，以所徵周、齊、梁、陳散樂散，悉但翻。悉配太常，皆置博士弟子以相傳授，樂工至三萬餘人。

6 三月，癸亥，帝幸江都宮。

7 初，帝欲大營汾陽宮，令御史大夫張衡具圖奏之。考異曰：張衡傳云，「帝幸衡宅之明年，幸汾陽宮。」又云「明年，復幸汾陽宮。」按本紀皆無其事，恐傳誤。衡乘間進諫曰：「比年勞役繁多，間，古莧翻。比，毗至翻。百姓疲弊，伏願留神，稍加抑損。」帝意甚不平，後目衡謂侍臣曰：「張衡自謂由其計畫，令我有天下也。」令，力丁翻。乃錄齊王暕攜皇甫詡從駕及前幸涿郡祠恆岳時父老謁見者衣冠多不整，暕，古限翻。從，才用翻。恆，戶登翻。見，賢遍翻。譴衡以憲司不能舉正，張衡爲御史大夫，故譴之以憲司職分。出爲榆林太守。久之，衡督役築樓煩城，大業四年，置樓煩郡，後魏之嵐州也，本漢之汾陽縣地，時置汾陽宮，故築城。守，式又翻。因帝巡幸，得謁帝。帝惡衡不損瘦，惡，烏路翻。以爲不念咎，謂衡曰：「公甚肥澤，宜且還郡。」復遣之榆林。還，從宣翻，又音如字。復，扶又翻，又音如字。未幾，敕衡督役江都宮。幾，居豈翻。禮部尚書楊玄感使至江都，使，疏吏翻。衡謂玄感曰：「薛道衡眞爲枉死。」玄感奏之；江都郡丞王世充又奏衡頻減頓具。帝於是發怒，鎖詣江都市，將斬之，久乃得釋，除名爲民，放還田里。以王世充領江都宮監。

世充本西域胡人，姓支氏，父收，幼從其母嫁王氏，因冒其姓。世充性譎詐，有口辯，頗涉書傳，好兵法，習律令。譎，古穴翻。傳，直戀翻。好，呼到翻；下同。帝數幸江都，數，所角翻。世充能伺候顏色爲阿諛，雕飾池臺，奏獻珍物，由是有寵。爲王世充乘時僭竊張本。伺，相吏翻。

8 夏，六月，甲寅，制江都太守秩同京尹。隋制，京尹正三品。

9 冬，十二月，己未，文安憲侯牛弘卒。按牛弘傳：弘爵奇章郡公，卒贈文安縣侯，諡曰憲，此書其贈諡也。隋志：文安縣屬河間郡。卒，子恤翻。弘寬厚恭儉，學術精博，隋室舊臣，始終信任，悔吝不及者，唯弘一人而已。弟弼，好酒而酗，酗，香句翻，醉怒也。嘗因醉射殺弘駕車牛。射，而亦翻。弘來還宅，還，從宣翻，又音如字。其妻迎謂之曰：「叔射殺牛。」弘無所怪問，直答云：「作脯。」坐定，其妻又曰：「叔忽射殺牛，大是異事！」弘曰：「已知之矣。」顏色自若，讀書不輟。

10 敕穿江南河，自京口至餘杭，八百餘里，今浙西運河自杭州達鎮江府入大江是也。鎮江，古京口也。帝改杭州爲餘杭郡。廣十餘丈，廣，古曠翻。使可通龍舟，并置驛宮、草頓，欲東巡會稽。帝改越州復曰會稽郡。會，古外翻。

11 上以百官從駕皆服袴褶，從，才用翻。褶，音習。於軍旅間不便，是歲，始詔「從駕涉遠者，文武官皆戎衣，五品以上，通著紫袍，六品以下，兼用緋綠，自此文武官常服，遂以爲品色。著，則略翻。緋，音非。胥史以青，庶人以白，屠商以皁，皁，才早翻。士卒以黃。」

12 帝之幸啓民帳也，見上卷三年。高麗使者在啓民所，麗，力知翻。使，疏吏翻。啓民不敢隱，與之見帝。見，賢遍翻。黄門侍郎裴矩說帝曰：「高麗本箕子所封之地，漢、晉皆爲郡縣；周武王封箕子於朝鮮，秦末衛滿據之，傳國至孫右渠，漢武帝滅之，開爲四郡。漢末，公孫度據之，傳國至孫淵，魏滅之，至晉皆爲郡縣。高麗之先，出於夫餘，朱蒙建國，號高句驪，以高爲氏。魏、晉以來，中國兵亂，高麗內侵，併有遼東地。說，輸芮翻。朝，漢書音義音潮。今乃不臣，別爲異域。先帝欲征之久矣，但楊諒不肖，師出無功。事見一百七十八卷開皇十八年。當陛下之時，安可不取，使冠帶之境，遂爲蠻貊之鄉乎！今其使者親見啓民舉國從化，可因其恐懼，脅使入朝。」朝，直遙翻；下同。帝從之。敕牛弘宣旨曰：「朕以啓民誠心奉國，故親至其帳。明年當往涿郡，爾還日語高麗王：還，從宣翻，又音如字。語，牛倨翻。麗，力知翻。勿【章：十二行本「勿」上有「宜早來朝」四字；乙十一行本同；孔本同；張校同；退齋校同。】自疑懼，存育之禮，當如啓民。苟或不朝，將帥啓民往巡彼土。」帥，讀曰率。高麗王元懼，藩禮頗闕，帝將討之；課天下富人買武馬，匹至十萬錢；簡閱器仗，務令精新，或有濫惡，則使者立斬。令，力丁翻。

七年（辛未、六一一）

1 春，正月，壬寅，眞定襄侯郭衍卒。眞定縣侯也。隋志，恒山郡治眞定縣。卒，子恤翻。

2 二月，己未，上升釣臺，臨楊子津，大宴百僚。乙亥，帝自江都行幸涿郡，御龍舟，渡河入永濟渠，仍敕選部、門下、內史、御史四司之官於船前選補，選部之選，宣戀翻；選補之選，如字。其受選者三千餘人，或徒步隨船三千餘里，不得處分，處，昌呂翻。分，扶問翻。凍餒疲頓，因而致死者什一二。

3 壬午，下詔討高麗。敕幽州總管元弘嗣大業初已廢諸州總管府，此書元弘嗣前官。往東萊海口帝改萊州爲東萊郡。造船三百艘，艘，蘇遭翻。官吏督役，晝夜立水中，略不敢息，自腰以下皆生蛆，死者什三四。蛆，子余翻。夏，四月，庚午，車駕至涿郡之臨朔宮，唐志：幽州薊縣有故隋臨朔宮。考異曰：略記曰：「丙午，幸涿郡之新宮。」按長曆，是月丙辰朔，無丙午。今從帝紀。文武從官九品以上，並令給宅安置。從，才用翻。先是，詔總徵天下兵，無問遠近，俱會於涿。涿，卽涿郡。先，悉薦翻。又發江淮以南水手一萬人，弩手三萬人，嶺南排鑹手三萬人，鑹，七亂翻，小矟也。於是四遠奔赴如流。五月，敕河南、淮南、江南造戎車五萬乘送高陽，隋志：高陽縣，屬河間郡。乘，繩證翻。供載衣甲幔幕，幔，莫半翻。令兵士自挽之，發河南、北民夫以供軍須。秋，七月，發江、淮以南民夫及船運黎陽及洛口諸倉米至涿郡，令，力丁翻。黎陽縣屬汲郡，有黎陽倉。洛口倉初置，見上卷二年。舳艫相次千餘里，舳艫，音逐盧。載兵甲及攻取之具，往還在道常數十萬人，塡咽於道，晝夜不絕，死者相枕，枕，職任翻。臭穢盈路，天下騷動。

4 山東、河南大水，漂沒三十餘郡。冬，十月，乙卯，底柱崩，偃河逆流數十里。砥柱，在河南郡陝縣北河中。底，與砥同。

5 初，帝西巡，見五年。遣侍御史韋節隋制：御史臺侍御史八人。召西突厥處羅可汗，厥，九勿翻。處，昌呂翻。可，從刊入聲。汗，音寒。令與車駕會大斗拔谷，國人不從，處羅謝使者，辭以他故。帝大怒，無如之何。會其酋長射匱遣使來求婚，令，力丁翻。使，疏吏翻。酋，才由翻。長，知兩翻。裴矩因奏曰：「處羅不朝，恃強大耳。臣請以計弱之，分裂其國，卽易制也。朝，直遙翻；下同。易，以豉翻。射匱者，都六之子，達頭之孫，杜佑曰：都六者，突厥始建號者也。今矩言都六爲達頭之子，則非始建號者也。世爲可汗，君臨西面，今聞其失職，附屬處羅，故遣使來以結援耳，願厚禮其使，拜爲大可汗，則突厥勢分，兩從我矣。」言射匱、處羅將兩皆從隋也。帝曰：「公言是也。」因遣矩朝夕至館，微諷諭之。帝於仁風殿召其使者，言處羅不順之狀，稱射匱向善，吾將立爲大可汗，令發兵誅處羅，然後爲婚。帝取桃竹白羽箭一枚桃竹，桃枝竹也。今江南有之。以賜射匱，因謂之曰：「此事宜速，使疾如箭也。」使者返，路徑處羅，處羅愛箭，將留之，使者譎而得免。譎，古穴翻。射匱聞而大喜，興兵襲處羅；處羅大敗，棄妻子，將數千騎東走，緣道被劫，寓於高昌，東保時羅漫山。新唐志：伊州伊吾縣有折羅漫山，亦曰天山。將，卽亮翻，又音如字，領也。騎，奇寄翻。被，皮義翻。高昌王麴伯雅上狀。上言其狀。帝遣裴矩與向氏親要左右馳至玉門關晉昌城，新唐志：玉門關在沙州壽昌縣西北。曉諭處羅使入朝。十二月，己未，處羅來朝於臨朔宮，朝，直遥翻。帝大悦，接以殊禮。帝與處羅宴，處羅稽首，謝入見之晚。帝以溫言慰勞之，稽，音啓。見，賢遍翻。勞，力到翻。備設天下珍膳，盛陳女樂，羅綺絲竹，眩曜耳目，然處羅終有怏怏之色。怏，於兩翻。

6 帝自去歲謀討高麗，詔山東置府，令養馬以供軍役。又發民夫運米，積於瀘河、懷遠二鎮，新唐志曰：隋於營州之境，汝羅故城置遼西郡，領遼西、瀘河、懷遠三縣。瀘，音盧。車牛往者皆不返，士卒死亡過半，耕稼失時，田疇多荒。加之饑饉，穀價踊貴，東北邊尤甚，斗米直數百錢。所運米或粗惡，粗，倉乎翻。令民糴而償之。又發鹿車夫六十餘萬，鹿車，小車也，言其小止容一鹿。二人共推米三石，推，吐雷翻。道途險遠，不足充餱糧，餱，戶鉤翻，乾食也。至鎮，無可輸，皆懼罪亡命。重以官吏貪殘，重，直用翻。因緣侵漁，百姓困窮，財力俱竭，安居則不勝凍餒，勝，音升。死期交急，剽掠則猶得延生，剽，匹妙翻。於是始相聚爲羣盜。鄒平民王薄擁衆據長白山，鄒平縣，宋所僑置平原郡縣之地，隋開皇十八年，改名鄒平，時屬齊郡，唐併入齊州臨濟縣。長白山在章丘縣界，亦屬齊郡。宋白曰：淄州長山縣，宋於此僑立廣川郡及武彊縣，隋改武彊爲長山，以縣西南三十五里長白山爲名。剽掠齊、濟之郊，帝改齊州爲齊郡，濟州爲濟北郡。剽，匹妙翻。濟，子禮翻。自稱知世郎，言事可知矣；又作無向遼東浪死歌以相感勸，浪死，猶言徒死也。避征役者多往歸之。

平原東有豆子䴚，帝改德州爲平原郡。䴚，舉朗翻，鹽澤也。負海帶河，地形深阻，自高齊以來，羣盜多匿其中。有劉霸道者，家於其旁，累世仕宦，貲產富厚。霸道喜遊俠，喜，許記翻。食客常數百人，及羣盜起，遠近多往依之，有衆十餘萬，號「阿舅賊」。阿，烏葛翻。

漳南人竇建德，漳南，本漢東陽縣地，久廢，開皇六年復置，十八年改爲漳南，屬清河郡。宋白曰：取地居漳水之南爲名。少尚氣俠，膽力過人，爲鄉黨所歸附。會募人征高麗，建德以勇敢選爲二百人長。少，詩照翻。長，知兩翻。同縣孫安祖亦以驍勇選爲征士，驍，堅堯翻。安祖辭以家爲水所漂，妻子餒死，縣令怒笞之。安祖刺殺令，刺，七亦翻。亡抵建德，考異曰：杜儒童隋季革命記云，「安祖以盜羊爲縣令所考」，今從舊唐書建德傳。建德匿之。官司逐捕，蹤跡至建德家，建德謂安祖曰：「文皇帝時，天下殷盛，發百萬之衆以伐高麗，尚爲所敗。即謂開皇十八年事。敗，補邁翻。今水潦爲災，百姓困窮，加之往歲西征，謂西征吐谷渾。行者不歸，瘡痍未復；主上不恤，乃更發兵親擊高麗，天下必大亂。丈夫不死，當立大功，豈可但爲亡虜邪！」邪，音耶。乃集無賴少年，得數百人，使安祖將之，少，詩照翻。將，卽亮翻。入高雞泊中爲羣盜，新唐書曰：高雞泊廣袤數百里，葭薍阻奧，可以違難。安祖自號將軍。時鄃人張金稱聚衆河曲，鄃，漢縣，舊廢，開皇十六年復置，屬清河郡。河曲，清河之曲，新唐書作「河渚」。鄃，音輸。蓨人高士達聚衆於清河境內爲盜。蓨，舊曰脩，開皇五年改屬信都郡。蓨，音條。郡縣疑建德與賊通，悉收其家屬，殺之。新書曰：時羣盜往來漳南，剽殺人，焚鄉聚，獨不入建德閭，由是郡縣疑其與賊通。建德帥麾下二百人亡歸士達，帥，讀曰率。士達自稱東海公，以建德爲司兵。頃之，孫安祖爲張金稱所殺，其衆盡歸建德，兵至萬餘人。建德能傾身接物，與士卒均勞逸，由是人爭附之，爲之致死。爲，于僞翻。竇建德始此。

自是所在羣盜蜂起，不可勝數，勝，音升。數，所具翻。徒衆多者至萬餘人，攻陷城邑。甲子，敕都尉、鷹揚與郡縣相知追捕，隋置奉車、駙馬都尉，屬三衞，帝並廢之。此蓋置都尉以討羣盜。帝又改驃騎爲鷹揚郎將。隨獲斬決；隨所獲而斬決之。然莫能禁止。

八年（壬申、六一二）

1 春，正月，考異曰：略記云：「癸丑，帝御前殿。」按長曆，是月辛巳朔，無癸丑。略記甲子多差誤，今不取，皆從隋書。帝分西突厥處羅可汗之衆爲三，厥，九勿翻。處，昌呂翻。可，從刊入聲。汗，音寒。使其弟闕度設將羸弱萬餘口，居于會寧，突厥之官，典兵者謂之設。靈州鳴沙縣，後周置會州會寧郡，尋廢，唐復置。將，卽亮翻；下同。羸，倫爲翻。考異曰：隋西突厥傳作「達度闕設」，今從裴矩傳。又使特勒大奈別將餘衆居于樓煩，突厥之官，子弟爲特勒。命處羅將五百騎常從車駕巡幸，賜號曷娑【章：十二行本「娑」作「婆」；孔本同；張校同。】那可汗，騎，奇寄翻。考異曰：唐李軌傳作「曷娑那可汗」。今從隋書。按今隋書作「曷薩那」。賞賜甚厚。

2 初，嵩高道士潘誕隋志：河南郡嵩陽縣有嵩高山。自言三百歲，爲帝合煉金丹。帝爲之作嵩陽觀，爲，于僞翻。合，音閤。觀，古玩翻。華屋數百間，以童男童女各一百二十人充給使，位視三品；常役數千人，所費巨萬。云金丹應用石膽、石髓，髓，息委翻。發石工鑿嵩高大石深百尺者數十處。深，式浸翻。凡六年，丹不成。帝詰之，詰，去吉翻。誕對以「無石膽、石髓，若得童男女膽髓各三斛六斗，可以代之。」帝怒，鎖詣涿郡，斬之。且死，語人曰：語，牛倨翻。「此乃天子無福，值我兵解時至，解，佳買翻，一作假音。學仙者謂蛻骨登仙爲尸解，故其徒謂死爲解化，今誕謂兵死爲兵解。我應生梵摩天」云。梵，扶泛翻。

3 四方兵皆集涿郡，帝徵合水令庾質，質出合水，見上四年。問曰：「高麗之衆不能當我一郡，今朕以此衆伐之，卿以爲克不？」麗，力知翻。不，讀曰否。對曰：「伐之可克。然臣竊有愚見，不願陛下親行。」帝作色曰：「朕今總兵至此，豈可未見賊而先自退邪？」邪，音耶。對曰：「戰而未克，懼損威靈。若車駕留此，命猛將勁卒，將，即亮翻。指授方略，倍道兼行，出其不意，克之必矣。事機在速，緩則無功。」帝不悅，曰：「汝既憚行，自可留此。」右尚方署監事耿詢上書切諫，監事，監作者也，秩九品。監，古銜翻。上，時掌翻。帝大怒，命左右斬之，何稠苦救，得免。

壬午，詔左十二軍出鏤方、長岑、溟海、蓋馬、建安、南蘇、遼東、玄菟、扶餘、朝鮮、沃沮、樂浪等道，帝指授諸軍所出之道，多用漢縣舊名。漢志：鏤方、長岑、朝鮮，屬樂浪郡。蓋馬，屬玄菟郡，有蓋馬大山。遼東，漢郡名。溟海，蓋卽漢樂浪郡之海冥縣。建安、南蘇、扶餘，皆高麗國城守之處。沃沮，亦古地名，是時其地已入新羅界。鏤，郎豆翻。菟，音塗。朝，音潮。鮮，音仙。沮，子餘翻。樂，音洛。浪，音郎。右十二軍出黏蟬、含資、渾彌、臨屯、候城、提奚、蹋頓、肅愼、碣石、東暆、帶方、襄平等道，漢志：黏蟬、含資、渾彌、提奚、東暆、帶方等縣，屬樂浪郡。候城、襄平，屬遼東郡。臨屯，亦漢武帝所置郡名。蹋頓，卽漢末遼西烏丸蹋頓所居。肅愼，古肅愼氏之國，其地時爲靺鞨所居。碣石，禹貢之碣石也。杜佑以爲此碣石在高麗中。佑曰：碣石山，在漢樂浪郡遂城縣，秦長城起於此山。今驗長城東截遼水而入高麗，遺址猶存。黏，女廉翻。蟬，服虔音提。蹋，徒盍翻。碣，其列翻。暆，應劭曰：音移。駱驛引途，駱驛，相繼不絕也。總集平壤，平壤城，高麗國都也，亦曰長安城，東西六里，隨山屈曲，南臨浿水。杜佑曰：高麗王自東晉以後居平壤城，卽漢樂浪郡王險城。凡一百一十三萬三千八百人，號二百萬，其餽運者倍之。宜社於南桑乾水上，類上帝於臨朔宮南，記王制：天子將出，類乎上帝，宜乎社。鄭氏註：類、宜，皆祭名。孔穎達曰：天道遠，以事類而祭告之也。社主殺戮，故求便宜。社主陰，萬物於此斷殺，故曰宜。桑乾河，逕薊城南。水經：㶟水出鴈門陰館縣，東北過代郡桑乾縣，謂之桑乾水，東過廣陽薊縣北。今在薊城南，城邑有變遷也。乾，音干。祭馬祖於薊城北。周禮祭馬祖，鄭氏註曰：馬祖，天駟也。帝親授節度：每軍大將、亞將各一人；騎兵四十隊，隊百人，十隊爲團，步卒八十隊，分爲四團，團各有偏將一人；其鎧冑、纓拂、旗旛，每團異色；將，卽亮翻。騎，奇寄翻。鎧，可亥翻。受降使者一人，承詔慰撫，不受大將節制；其輜重散兵等亦爲四團，降，戶江翻。使，疏吏翻。重，直用翻。散，悉但翻。使步卒挾之而行；進止立營，皆有次敍儀法。癸未，第一軍發；日遣一軍，相去四十里，連營漸進；終四十日，發乃盡，首尾相繼，鼓角相聞，旌旗亙九百六十里。御營內合十二衞、三臺、五省、九寺，分隸內、外、前、後、左、右六軍，次後發，又亙八十里。近古出師之盛，未之有也。

4 甲辰，內史令元壽薨。

5 二月，壬戌，觀德王雄薨。觀王雄，諡曰德。觀，古玩翻。

6 北平襄侯段文振爲兵部尚書，上表，以爲帝「寵待突厥太厚，處之塞內，上，時掌翻。處，昌呂翻。資以兵食，戎狄之性，無親而貪，異日必爲國患，宜以時諭遣，令出塞外，令，力丁翻；下同。然後明設烽候，緣邊鎮防，務令嚴重，此萬歲之長策也。」兵曹郎斛斯政，椿之孫也，帝改尚書諸曹侍郎爲郎。兵曹郎，開皇之兵部侍郎也。斛斯椿，構間後魏孝武、高歡者也。以器幹明悟，爲帝所寵任，使專掌兵事。文振知政險薄，不可委以機要，屢言於帝，帝不從。及征高麗，以文振爲左候衞大將軍，出南蘇道。文振於道中疾篤，上表曰：「竊見遼東小醜，未服嚴刑，遠降六師，親勞萬乘。但夷狄多詐，深須防擬，口陳降款，毋宜遽受。乘，繩證翻。降，戶江翻。水潦方降，不可淹遲。唯願嚴勒諸軍，星馳速發，水陸俱前，出其不意，則平壤孤城，勢可拔也。若傾其本根，餘城自克；如不時定，脫遇秋霖，深爲艱阻，兵糧既竭，強敵在前，靺鞨出後，靺，音末。鞨，音曷。遲疑不決，非上策也。」三月，辛卯，文振卒，卒，子恤翻。帝甚惜之。

7 癸巳，上始御師，進至遼水。衆軍總會，臨水爲大陳，陳，讀曰陣。高麗兵阻水拒守，隋兵不得濟。左屯衞大將軍麥鐵杖謂人曰：「丈夫性命自有所在，豈能然艾灸頞，瓜蔕歕鼻，治黄不差，而卧死兒女手中乎！」黄，熱病也。熱則頭痛，故燃艾以灸頞。熱則上壅，瓜蔕味苦寒，故噴鼻以通關鬲。差，愈也。然，與燃同。灸，居又翻。頞，烏葛翻；鼻頞。說文曰：頞，鼻莖。蔕，音帝。歕，蒲悶翻。差，楚懈翻。治，直之翻。乃自請爲前鋒，謂其三子曰：「吾荷國恩，荷，下可翻。今爲死日！我得良殺，汝當富貴。」帝命工部尚書宇文愷造浮橋三道於遼水西岸，既成，引橋趣東岸，趣，七喻翻。橋短不及岸丈餘。高麗兵大至，隋兵驍勇者爭赴水接戰，驍，堅堯翻。高麗兵乘高擊之，隋兵不得登岸，死者甚衆。麥鐵杖躍登岸，與虎賁郎將錢士雄、孟叉等皆戰死。考異曰：雜記作「錢英、孟金釵」。今從隋帝紀。乃斂兵，引橋復就西岸。詔贈鐵杖宿公，宿，古國名。使其子孟才襲爵，次子仲才、季才並拜正議大夫。更命少府監何稠接橋，更，工衡翻。少，始照翻。二日而成，諸軍相次繼進，大戰于東岸，高麗兵大敗，死者萬計。諸軍乘勝進圍遼東城，卽漢之襄平城也。車駕渡遼，考異曰：隋帝紀：「癸巳，上御師；甲子，臨遼水橋；戊戌，麥鐵杖死；甲午，車駕渡遼；乙未，大頓；丙申，大赦。」按長曆，是月庚辰朔，不容有甲子。又戊戌之下，不容有甲午、乙未、丙申。此必誤也。今並除之。引曷薩那可汗及高昌王伯雅觀戰處以懾憚之，懾，之涉翻。因下詔赦天下。命刑部尚書衞文昇、尚書右丞劉士龍撫遼左之民，給復十年，復，方目翻。建置郡縣，以相統攝。

8 夏，五月，壬午，納言楊達薨。

9 諸將之東下也，帝親戒之曰：「今者弔民伐罪，非爲功名。諸將或不識朕意，欲輕兵掩襲，孤軍獨鬭，立一身之名以邀勳賞，非大軍行法。言非大軍征行之法。將，卽亮翻。公等進軍，當分爲三道，有所攻擊，必三道相知，毋得輕軍獨進，以致失亡。又，凡軍事進止，皆須奏聞待報，毋得專擅。」遼東數出戰不利，數，所角翻。乃嬰城固守，帝命諸軍攻之。又敕諸將，高麗若降，卽宜撫納，不得縱兵。遼東城將陷，城中人輒言請降；降，戶江翻。諸將奉旨不敢赴機，先令馳奏，比報至，比，必寐翻。城中守禦亦備，隨出拒戰。如此再三，帝終不寤。既而城久不下，六月，己未，帝幸遼東城南，觀其城池形勢，因召諸將詰責之曰：「公等自以官高，又恃家世，欲以暗懦待我邪！詰，去吉翻。懦，乃臥翻，又乃亂翻。邪，音耶；下同。在都之日，公等皆不願我來，恐見病敗耳。我今來此，正欲觀公等所爲，斬公輩耳！公今畏死，莫肯盡力，謂我不能殺公邪！」諸將咸戰懼失色。帝因留城西數里，御六合城。此六合城略如三年行城之制，周回八里，城及女垣高十仞。高麗諸城各堅守不下。右翊衛大將軍來護兒帥江、淮水軍，舳艫數百里，浮海先進，入自浿水，班志：浿水西至增地縣入海，皆在樂浪界。帥，讀曰率。舳艫，音逐盧。浿，普大翻。去平壤六十里，與高麗相遇，進擊，大破之。護兒欲乘勝趣其城，趣，七喻翻。副總管周法尚止之，請俟諸軍至俱進。護兒不聽，簡精甲四萬，直造城下。造，七到翻。高麗伏兵於羅郭內空寺中，出兵與護兒戰而僞敗，護兒逐之入城，縱兵俘掠，無復部伍。伏兵發，護兒大敗，僅而獲免，士卒還者不過數千人。高麗追至船所，周法尙整陳待之，高麗乃退。護兒引兵還屯海浦，不敢復留應接諸軍。陳，讀曰陣。復，扶又翻。考異曰：北史云：「護破高麗，斬高元弟建武，因破其郛，營於城外，以待諸軍。」今從隋書及革命記。

左翊衞大將軍宇文述出扶餘道，右翊衞大將軍于仲文出樂浪道，隋制：十二衞各置大將軍一人，來護兒、于仲文並書右翊衞大將軍，何也？考二人本傳，于仲文，帝卽位之初爲右翊衞大將軍，征吐渾時，來護兒已爲右翊衞大將軍，通鑑蓋追書仲文官也。左驍衞大將軍荊元恆出遼東道，驍，堅堯翻。恆，戶登翻。右翊衞將軍薛世雄出沃沮道，左屯衞將軍辛世雄出玄菟道，沮，子余翻。菟，音塗。右禦衞將軍張瑾出襄平道，右武候將軍趙孝才出碣石道，涿郡太守檢校左武衞將軍崔弘昇出遂城道，檢校右禦衞虎賁郎將衞文昇出增地道，守，式又翻。將，卽亮翻。皆會於鴨綠水西。班志：玄菟郡西蓋馬縣有馬訾水。新唐書：馬訾水出靺鞨之白山，色若鴨頭，號鴨綠水。平壤城在鴨綠東南。金人謂鴨綠水爲混同江。杜佑曰：鴨淥水闊三百步，在平壤西北四百五十里，遼水東南四百八十里。述等兵自瀘河、懷遠二鎭，人馬皆給百日糧，又給排甲、槍矟，矟，色角翻。幷衣資、戎具、火幕，人別三石已上，重莫能勝致。勝，音升。下令軍中：「士卒有【章：十二行本無上三字；乙十一行本同；孔本同；張校同。】遺棄米粟者斬！」軍士皆於幕下掘坑埋之，纔行及中路，糧已將盡。

高麗遣大臣乙支文德詣其營詐降，乙支，東夷複姓。支，力知翻。降，戶江翻；下同。考異曰：革命記作「尉支文德」，今從隋書及北史。實欲觀虛實。于仲文先奉密旨：「若遇高元及文德來者，必擒之。」仲文將執之，尚書右丞劉士龍爲慰撫使，使，疏吏翻；下同。固止之。仲文遂聽文德還，還，從宣翻。既而悔之，遣人紿文德曰：「更欲有言，可復來。」紿，待亥翻。復，扶又翻。文德不顧，濟鴨綠水而去。仲文與述等既失文德，內不自安，述以糧盡，欲還。仲文議以精銳追文德，可以有功，述固止，仲文怒曰：「將軍仗十萬之衆，不能破小賊，何顏以見帝！且仲文此行，固知無功，何則？古之良將能成功者，軍中之事，決在一人，將，即亮翻；下同。今人各有心，何以勝敵！」時帝以仲文有計畫，令諸軍諮稟節度，故有此言。由是述等不得已而從之，與諸將渡水追文德。文德見述軍士有饑色，故欲疲之，每戰輒走。述一日之中，七戰皆捷，既恃驟勝，又逼羣議，於是遂進，東濟薩水，薩，桑葛翻。去平壤城三十里，因山爲營。文德復遣使詐降，復，扶又翻。請於述曰：「若旋師者，當奉高元朝行在所。」朝，直遙翻。述見士卒疲弊，不可復戰，復，扶又翻。又平壤城險固，度難猝拔，度，徒洛翻。遂因其詐而還。使來護兒之師不敗而先退，則營於平壤城外，與宇文述諸軍猶聲援相接，不致有薩水之狼狽也。還，從宣翻，又如字；下同。考異曰：革命記云：「許公卽至平壤，城頭卽樹降幡，約至五日，檢錄簿籍圖書，開門待命。期過五日，無一言，許公頻催，竟無報答。又十數日，乃云：『船糧敗卻迴，公今更欲何待！』然始抗旌拒守，分兵以捉險要。許公知被欺，卽卷甲歸，每日常設方陳而行，四面俱時受敵，傷殺既衆，糧食又盡，過遼水者什無二三。」按煬帝驕暴，高麗若明言不降，述等必不敢還。今從隋書。述等爲方陳而行，高麗四面鈔擊，陳，讀曰陣。鈔，楚交翻。麗，力知翻。述等且戰且行。秋，七月，壬寅，至薩水，軍半濟，高麗自後擊其後軍，右屯衞將軍辛世雄戰死。於是諸軍俱潰，不可禁止，將士奔還，一日一夜至鴨綠水，行四百五十里。將軍天水王仁恭爲殿，殿，丁練翻。擊高麗，卻之。來護兒聞述等敗，亦引還。唯衞文昇一軍獨全。還，從宣翻，又如字。

初，九軍度遼，凡三十萬五千，及還至遼東城，唯二千七百人，資儲器械巨萬計，巨萬，萬萬也。失亡蕩盡。帝大怒，鎖繫述等。癸卯，引還。考異曰：雜記：「七月，帝自涿郡還東都。十一月，宇文述等糧盡遁歸，高麗出兵邀截，亡失蕩盡。帝怒，敕所司鎖將隨行。無幾，斬劉士龍等於軍市，特赦述。」今從隋書。

初，百濟王璋遣使請討高麗，帝使之覘高麗動靜，麗，力知翻。使，疏吏翻。覘，丑廉翻；又丑豔翻。璋內與高麗潛通。隋軍將出，璋使其臣國智牟來請師期，帝大悅，厚加賞賜，遣尚書起部郎席律詣百濟，隋志：起部郎，屬工部尚書。姓苑：席姓，其先姓籍，避項羽諱，改姓席氏。告以期會。告以起師之期及會師之日也。及隋軍渡遼，百濟亦嚴兵境上，聲言助隋，實持兩端。

是行也，唯於遼水西拔高麗武厲邏，高麗置邏於遼水之西以警察度遼者。邏，郎佐翻。置遼東郡及通定鎭而已。八月，敕運黎陽、洛陽、洛口、太原等倉穀開皇三年，於衞州置黎陽倉，其汾、晉之粟，漕運以給京師，汾晉以北諸州，輸之太原倉。向望海頓，望海頓，當在遼西界。使民部尚書【章：十二行本「書」下有「盧江」二字；乙十一行本同；孔本同；張校同；退齋校同。】樊子蓋留守涿郡。九月，庚寅，車駕至東都。考異曰：雜記：「十月，車駕幸涿郡，徵召兵馬，將遂度遼之功」，蓋誤。今不取。

10 冬，十月，甲寅，工部尚書宇文愷卒。卒，子恤翻。

11 十一月，己卯，以宗女爲華容公主，嫁高昌。

12 宇文述素有寵於帝，且其子士及尚帝女南陽公主，故帝不忍誅。甲申，與于仲文等皆除名爲民，斬劉士龍以謝天下。以士龍縱乙支文德也。薩水之敗，高麗追圍薛世雄於白石山，世雄奮擊，破之，由是獨得免官。以衞文昇爲金紫光祿大夫。諸將皆委罪於于仲文，帝既釋諸將，獨繫仲文。仲文憂恚，發病困篤，乃出之，卒于家。恚，於避翻。卒，子恤翻。考異曰：略記：「于仲文以下斬於市。」今從隋書。

13 是歲，大旱，疫，山東尤甚。

14 張衡既放廢，衡放還田里見上六年。帝每令親人覘衡所爲。覘，丑廉翻，又丑豔翻。帝還自遼東，衡妾告衡怨望，謗訕朝政，朝，直遙翻。詔賜盡于家。衡臨死大言：「我爲人作何等事，謂仁壽四年事也。爲，于僞翻。而望久活！」監刑者塞耳，監，古銜翻。塞，悉則翻。促令殺之。令，力丁翻。

資治通鑑卷第一百八十二

端明殿學士兼翰林侍讀學士朝散大夫右諫議大夫充集賢殿修撰提舉西京嵩山崇福宮上柱國河内郡開國侯食邑一千八百戶食實封六百戶賜紫金魚袋臣　司馬光　奉敕編集

後　學　天　台　胡三省　音　註

隋紀六

起昭陽作噩（癸酉），盡旃蒙大淵獻（乙亥），凡三年。

煬皇帝中

大業九年（癸酉、六一三）

1 春，正月，丁丑，詔徵天下兵集涿郡。始募民爲驍果，爲驍果作逆張本。驍，古堯翻。脩遼東古城以貯軍糧。漢、晉以來，遼東郡皆治襄平，慕容氏始鎮平郭。前伐高麗，圍遼東，言卽漢襄平城，今言復脩古城，蓋城郭有遷徙也。貯，丁呂翻。

2 靈武賊帥白瑜娑帝改靈州爲靈武郡。帥，所類翻。娑，桑何翻。考異曰：隋書作「白榆妄」。今從略記。劫掠牧馬，北連突厥，厥，九勿翻。隴右多被其患，被，皮義翻。謂之「奴賊」。

3 戊戌，赦天下。

4己亥，命刑部尚書衛文昇等輔代王侑留守西京。是後李淵得以尊立代王。守，手又翻。

5二月，壬午，詔：「宇文述以兵糧不繼，遂陷王師；事見上卷上年。乃軍吏失於支料，非述之罪，宜復其官爵。」考異曰：雜記在去年十二月，今從隋書。尋又加開府儀同三司。

6帝謂侍臣曰：「高麗小虜，侮慢上國；今拔海移山，猶望克果，克，能也。果，決也。麗，力知翻。況此虜乎！」乃復議伐高麗。復，扶又翻。左光祿大夫郭榮諫曰：「戎狄失禮，臣下之事；千鈞之弩，不爲鼷鼠發機，杜襲諫曹操嘗有是言。鼷，音奚，小鼠也。柰何親辱萬乘以敵小寇乎！」乘，繩證翻。帝不聽。

7三月，丙子，濟陰孟海公起爲盜，保據周橋，帝改曹州爲濟陰郡。濟，子禮翻。衆至數萬，見人稱引書史，輒殺之。

8丁丑，發丁男十萬城大興。大興城，西京城。

9戊寅，帝幸遼東，命民部尚書樊子蓋等開皇三年，改度支尚書爲戶部尚書，帝乃改爲民部尚書，併曹郎亦改之。輔越王侗留守東都。是後遂階王世充僭竊。侗，他紅翻。

10時所在盜起：齊郡王薄、孟讓、北海郭方預、清河張金稱、平原郝孝德、河間格謙、勃海孫宣雅各聚衆攻剽，帝改青州爲北海郡，瀛州爲河間郡，滄州爲勃海郡。姓苑：格姓，允格之後。東觀漢記有侍御史、東平相格班。稱，尺證翻。郝，呼各翻。格，古百翻。剽，匹妙翻。多者十餘萬，少者數萬人，少，詩沼翻。山東苦之。天下承平日久，人不習戰，郡縣吏每與賊戰，望風沮敗。沮，在呂翻。唯齊郡丞閿鄉張須陀隋志：閿鄉縣屬河南郡，本湖城，開皇十六年改焉。閿，音旻。得士衆心，勇決善戰。將郡兵擊王薄於泰山下，隋志：泰山，在魯郡博城縣。須陀蓋越郡境而戰。將，卽亮翻。薄恃其驟勝，不設備；須陀掩擊，大破之。薄收餘兵北渡河，須陀追擊於臨邑，又破之。隋志：臨邑縣屬齊郡。薄北連孫宣雅、郝孝德等十餘萬攻章丘，隋志：章丘縣，舊曰高唐，開皇十六年改焉，亦屬齊郡。須陀帥步騎二萬擊之，賊衆大敗。賊帥裴長才等衆二萬掩至城下，大掠，須陀未暇集兵，帥五騎與戰，帥，讀曰率。賊帥，所類翻。騎，奇寄翻。賊競赴之，圍百餘重，身中數創，重，直龍翻。中，竹仲翻。創，初良翻。勇氣彌厲。會城中兵至，賊稍退卻，須陀督衆擊之，長才等敗走。庚子，郭方預等合軍攻陷北海，大掠而去。須陀謂官屬曰：「賊恃其強，謂我不能救，吾今速行，破之必矣。」乃簡精兵倍道進擊，大破之，斬數萬級，前後獲賊輜重不可勝計。重，直用翻。勝，音升。

歷城羅士信，歷城縣，舊置濟南郡，隋爲齊郡治所。年十四，從須陀擊賊於濰水上。隋志：濰水，在北海郡下密縣。濰，音惟。賊始布陳，士信馳至陳前，刺殺數人，陳，讀曰陣；下同。刺，七亦翻。斬一人首，擲空中，以矟盛之，揭以略陳；賊徒愕眙，莫敢近。矟，色角翻。盛，受也，時征翻。揭，其謁翻，擔揭也。眙，丑吏翻。近，其靳翻。須陀因引兵奮擊，賊衆大潰。士信逐北，每殺一人，劓其鼻懷之，劓，魚器翻。還，以驗殺賊之數；須陀歎賞，引置左右。每戰，須陀先登，士信爲副。

帝遣使慰諭，幷畫須陀、士信戰陳之狀而觀之。使，疏吏翻。畫，與畫通。

11夏，四月，庚午，車駕渡遼。壬申，遣宇文述與上大將軍楊義臣趣平壤。趣，七喻翻。

12左光祿大夫王仁恭出扶餘道。仁恭進軍至新城，新城在南蘇城之西。高麗兵數萬拒戰，仁恭帥勁騎一千擊破之，高麗嬰城固守。帝命諸將攻遼東，聽以便宜從事。麗，力知翻。帥，讀曰率。騎，奇寄翻。將，卽亮翻。飛樓、橦、雲梯、地道四面俱進，橦，宅江翻。晝夜不息，而高麗應變拒之，二十餘日不拔，主客死者甚衆。守者爲主，攻者爲客。衝梯竿長十五丈，驍果吳興沈光升其端，隋志：吳郡烏程縣舊置吳興郡。史以舊郡名書。長，直亮翻。驍，堅堯翻；下同。臨城與高麗戰，短兵接，殺十數人，高麗競擊之而墜；未及地，適遇竿有垂絙，絙，古恆翻，索也。光接而復上。復，扶又翻。上，時掌翻。帝望見，壯之，卽拜朝散大夫，朝，直遙翻。散，悉但翻。恆置左右。恆，戶登翻。

13禮部尚書楊玄感，驍勇，便騎射，好讀書，喜賓客，騎，奇寄翻。好，呼到翻；下同。喜，許記翻。海內知名之士多與之遊。與蒲山公李密善，密，弼之曾孫也，李密襲爵蒲山郡公。蒲山郡，闕。李弼，宇文氏佐命功臣。少有才略，志氣雄遠，輕財好士，爲左親侍。隋制：左右翊衞府領親、勳、武三侍。左親侍屬左翊衞。少，詩照翻。帝見之，謂宇文述曰：「向者左仗下黑色小兒，瞻視異常，勿令宿衞！」述乃諷密使稱病自免，密遂屛人事，屛，必郢翻。專務讀書。嘗乘黃牛讀漢書，楊素遇而異之，因召至家，與語，大悅，謂其子玄感等曰：「李密識度如此，汝等不及也！」由是玄感與爲深交。時或侮之，密曰：「人言當指實，寧可面諛！若決機兩陳之間，喑嗚咄嗟，使敵人震懾，陳，讀曰陣。喑，於今翻。咄，當沒翻。懾，之涉翻。密不如公；驅策天下賢俊，各申其用，公不如密：豈可以階級稍崇而輕天下士大夫邪！」玄感笑而服之。李密事始此。

素恃功驕倨，朝宴之際，或失臣禮，朝，直遙翻；下同。帝心銜而不言，素亦覺之。及素薨，帝謂近臣曰：「使素不死，終當夷族。」玄感頗知之，且自以累世貴顯，在朝文武多父之故吏，見朝政日紊，紊，音問。而帝多猜忌，內不自安，乃與諸弟潛謀作亂。帝方事征伐，玄感自言：「世荷國恩，願爲將領。」帝喜曰：「將門必有將，相門必有相，固不虛也。」荷，下可翻。將，即亮翻。相，悉亮翻。由是寵遇日隆，頗預朝政。

帝伐高麗，命玄感於黎陽督運，遂與虎賁郎將王仲伯、汲郡贊治趙懷義等謀，按隋志，帝改州爲郡，郡置太守；罷長史、司馬，置贊務一人以貳之。贊務，即贊治也。隋書成於唐臣，避高宗名，故改「治」爲「務」。治，直吏翻。故逗遛漕運，不時進發，逗，音豆。遛，音留。欲令渡遼諸軍乏食；帝遣使者促之，令，力丁翻。使，疏吏翻。玄感揚言水路多盜，不可前後而發。玄感弟虎賁郎將玄縱，鷹揚郎將萬石，並從幸遼東，玄感潛遣人召之，二人皆亡還。萬石至高陽，高陽縣屬河間郡。爲監事許華所執，按唐六典，武庫署、太倉署皆有監事，蓋因隋制也。監，工銜翻。斬於涿郡。

時右驍衛大將軍來護兒以舟師自東萊將入海趣平壤，玄感遣家奴僞爲使者從東方來，詐稱護兒反。驍，堅堯翻。六月，乙巳，玄感入黎陽，閉城，大索男夫，索，山客翻。取帆布爲牟、甲，帆，施於船上以汎風，時軍興織蒲不給，以布爲之。牟，兜牟也。署官屬，皆準開皇之舊。不用帝所改官制。移書傍郡，以討護兒爲名，各令發兵會於倉所。倉，謂黎陽倉。郡縣官有幹用者，玄感皆以運糧追集之，以趙懷義爲衞州刺史，東光尉元務本爲黎州刺史，河內郡主簿唐褘爲懷州刺史。復開皇之制，以郡爲州，以太守爲刺史。隋志：州、郡皆置主簿。東光縣屬平原郡。宋白曰：今定遠軍治東光縣，漢舊縣也；故城在今縣東二十里，齊天保七年，移於今縣東南三十里陶氏故城，隋開皇三年，又移於後魏廢勃海郡城。縣置令、丞、尉、正。褘，許韋翻。考異曰：雜記作「懷州司功書佐」，今從隋書。

治書侍御史游元，隋御史臺置治書侍御史二員，帝增爲正五品。治，直之翻。督運在黎陽，玄感謂曰：「獨夫肆虐，陷身絕域，此天亡之時也。我今親帥義兵以誅無道，卿意如何？」元正色曰：「尊公荷國寵靈，近古無比，公之弟兄，青紫交映，當謂竭誠盡節，上答鴻恩。豈意墳土未乾，帥，讀曰率。荷，下可翻。乾，音干。親圖反噬！僕有死而已，不敢聞命！」玄感怒而囚之，屢脅以兵，不能屈，乃殺之。元，明根之孫也。游明根，元魏太和中以儒名。

玄感選運夫少壯者得五千餘人，少，詩照翻。丹陽、宣城篙梢三千餘人，帝改蔣州爲丹陽郡，改宣州爲宣城郡。篙梢，習於用舟者。篙，音高，進船竿也。刑三牲誓衆，且諭之曰：「主上無道，不以百姓爲念，天下騷擾，死遼東者以萬計。今與君等起兵以救兆民之弊，何如？」衆皆踴躍稱萬歲。乃勒兵部分。分，扶問翻。唐禕自玄感所逃歸河內。

先是玄感陰遣家僮至長安，先，悉薦翻。召李密及弟玄挺赴黎陽。及舉兵，密適至，玄感大喜，以爲謀主，謂密曰：「子常以濟物爲己任，今其時矣！計將安出？」密曰：「天子出征，遠在遼外，去幽州猶隔千里。南有巨海，北有強胡，中間一道，理極艱危。公擁兵出其不意，長驅入薊，據臨渝之險，臨渝關，隋屬平州盧龍縣，卽所謂盧龍之險也。顔師古曰：渝，音喩，今多讀如榆。扼其咽喉。咽，於賢翻。歸路旣絕，高麗聞之，必躡其後，不過旬月，資糧皆盡，其衆不降則潰，可不戰而擒，此上計也。」麗，力知翻。降，戶江翻。玄感曰：「更言其次。」密曰：「關中四塞，天府之國，雖有衞文昇，不足爲意。今帥衆鼓行而西，帥，讀曰率；下同。經城勿攻，直取長安，收其豪傑，撫其士民，據險而守之。天子雖還，失其根本，可徐圖也。」玄感曰：「更言其次。」密曰：「簡精銳，晝夜倍道，襲取東都，以號令四方。但恐唐禕告之，先已固守。禕，許韋翻。若引兵攻之，百日不克，天下之兵四面而至，非僕所知也。」玄感曰：「不然，今百官家口並在東都，若先取之，足以動其心。且經城不拔，何以示威！其後玄感攻弘農，自速敗亡，其識度已見於此。公之下計，乃上策也。」遂引兵向洛陽，遣楊玄挺將驍勇千人爲前鋒，將，卽亮翻；下同。驍，堅堯翻。先取河內。唐禕據城拒守，玄挺無所獲。

禕又使人告東都越王侗與樊子蓋等勒兵爲備，果如李密所料。侗，他紅翻。脩武民相帥守臨清關。脩武縣屬河內郡。玄感不得度，乃於汲郡南渡河，從之者如市。使弟積善將兵三千自偃師南緣洛水西入，隋志：偃師縣舊廢，開皇十六年復置，屬河南郡。玄挺自白司馬坂逾邙山南入，白司馬坂在邙山北，邙山在洛城北。坂，音反。玄感將三千餘人隨其後，相去十里許，自稱大軍。其兵皆執單刀柳楯，楯，食尹翻，干也，以扞弓矢。無弓矢甲冑。東都遣河南令達奚善意隋志：河南縣，帶河南郡。將精兵五千人拒積善，將作監、河南贊治裴弘策將八千人拒玄挺。治，直吏翻。善意渡洛南，營於漢王寺；明日，積善兵至，不戰自潰，鎧仗皆爲積善所取。弘策出至白司馬坂，一戰，敗走，棄鎧仗者太半，鎧，可亥翻。玄挺亦不追。弘策退三四里，收散兵，復結陳以待之；復，扶又翻。陳，讀曰陣。玄挺徐至，坐息良久，忽起擊之，弘策又敗，如是五戰。丙辰，玄挺直抵太陽門，弘策將十餘騎馳入宮城，自餘無一人返者，皆歸於玄感。

玄感屯上春門，隋志：河南郡舊置洛州，大業元年移都，改曰豫州。東面三門，北曰上春，中曰建陽，無太陽門，當考。將，卽亮翻。考異曰：玄感傳云：「屯兵上春門。」又云：「屯兵尚書省。」按劉仁軌河洛記：「東都羅郭東面北頭第一曰上春門，唐改曰上東門。」又，尚書省在宣仁門內，玄感不容至此。每誓衆曰：「我身爲上柱國，家累鉅萬金，至於富貴，無所求也。今不顧滅族者，但爲天下解倒懸之急耳！」爲，于僞翻。衆皆悅。父老爭獻牛酒，子弟詣軍門請自効者，日以千數。

內史舍人韋福嗣，洸之兄子也，韋洸著聲績於平陳之後。洸，古黃翻。從軍出拒玄感，爲玄感所獲；玄感厚禮之，使與其黨胡師耽共掌文翰。玄感令福嗣爲書遺樊子蓋，數帝罪惡，遺，于季翻。數，所具翻。云：「今欲廢昏立明，願勿拘小禮，自貽伊戚。」樊子蓋新自外藩入爲京官，樊子蓋自涿郡留守爲東都留守。東都舊官多慢之，至於部分軍事，未甚承稟。分，扶問翻。裴弘策與子蓋同班，贊治次留守立班，故言同班。前出討賊失利，子蓋更使出戰，不肯行，子蓋命引出斬之以徇。國子祭酒河東楊汪，小有不恭，楊汪傳：本弘農華陰人，曾祖順徙河東。子蓋又將斬之；汪頓首流血，乃得免。於是將吏震肅，無敢仰視，是將，子亮翻。令行禁止。玄感盡銳攻城，子蓋隨方拒守，玄感不能克。然達官子弟應募從軍者，聞弘策死，皆不敢入城。韓擒虎子世咢、咢，五各翻。觀王雄子恭道、虞世基子柔、來護兒子淵、裴蘊子爽、大理卿鄭善果子儼、周羅睺子仲等四十餘人皆降於玄感，降，戶江翻；下同。玄感悉以親重要任委之。善果，譯之兄子也。鄭譯，高祖佐命。

玄感收兵得五萬餘人，分五千守慈磵道，隋志：河南郡壽安縣有慈磵。五千守伊闕道，隋志：河南郡伊闕縣，舊曰新城，開皇十八年改名，以伊闕山名縣也。遣韓世咢將三千人圍滎陽，隋志：滎陽縣，屬滎陽郡，郡治管城，滎陽在郡西。顧覺將五千人取虎牢。隋志：滎陽郡汜水縣，舊曰成皋，卽虎牢也。開皇十八年，改曰汜水，大業初，置虎牢都尉府。虎牢降，降，戶江翻。以覺爲鄭州刺史，鎭虎牢。

代王侑使刑部尚書衞文昇帥兵四萬救東都，代王侑時守長安。帥，讀曰率。考異曰：隋書云：

「步騎七萬。」按玄感衆不過十萬，而下云衆寡不敵。今從雜記。文昇至華陰，掘楊素冢，隋志：華陰縣屬京兆郡。楊素世居華陰，死葬焉。華，戶化翻。焚其骸骨，示士卒以必死，遂鼓行出崤、澠，直趣東都城北。崤，崤谷；澠，澠池。澠，彌兗翻。趣，七喻翻。玄感逆拒之；文昇且戰且行，屯於金谷。金谷，卽晉石崇之金谷也。水經註：穀水自千金堨東經罣門橋，又東，左會金谷水，水出太白原東，南流歷金谷，謂之金谷澗。在河南縣界。

遼東城久不拔，帝遣造布囊百餘萬口，滿貯土，貯，丁呂翻。欲積爲魚梁大道，築道若魚梁然。闊三十步，高與城齊，使戰士登而攻之；又作八輪樓車，樓車下施八輪。高出於城，夾魚梁道，欲俯射城內，射，而亦翻。指期將攻，城內危蹙。會楊玄感反書至，帝大懼，引納言蘇威入帳中，謂曰：「此兒聰明，得無爲患？」威曰：「夫識是非，審成敗，乃謂之聰明，夫，音扶。玄感粗疏，必無所慮。但恐因此寖成亂階耳。」帝又聞達官子弟皆在玄感所，益憂之。兵部侍郎斛斯政素與玄感善，玄感之反，政與之通謀，玄縱兄弟亡歸，政潛遣之。帝將窮治玄縱等黨與，治，直之翻。政內不自安，戊辰，亡奔高麗。史言段文振之言驗。麗，力知翻。庚午，夜二更，二更，乙夜也。甲、乙、丙、丁、戊分爲五夜，守卒分番守漏，鳴鼓以相警，謂之持更。更，工衡翻。帝密召諸將，使引軍還，還，從宣翻，又音如字。軍資、器械、攻具，積如丘山，營壘、帳幕，按堵不動，皆棄之而去。衆心恟懼，恟，許拱翻。無復部分，諸道分散。復，扶又翻。部分，扶問翻。高麗卽時覺之，然不敢出，但於城內鼓譟。至來日午時，方漸出外，四遠覘偵，覘，丑廉翻，又丑塹翻。偵，丑鄭翻。猶疑隋軍詐之。經二日，乃出數千兵追躡，畏隋兵之衆，不敢逼，常相去八九十里；將至遼水，知御營畢渡，乃敢逼後軍。時後軍猶數萬人，高麗隨而抄擊，最後羸弱數千人爲所殺略。麗，力知翻。抄，楚交翻。羸，倫爲翻。

初，帝再征高麗，復問太史令庾質曰：「今段何如？」今段，言自今以後一段事也。復，扶又翻。對曰：「臣實愚迷，猶執前見，庾質前對，見上卷八年。陛下若親動萬乘，勞費實多。」乘，繩證翻。帝怒曰：「我自行猶不克，直遣人去，安得有功！」及還，謂質曰：「卿前不欲我行，當爲此耳。還，從宣翻，又音如字。爲，于僞翻。玄感其有成乎？」質曰：「玄感地勢雖隆，素非人望，因百姓之勞，冀幸成功。今天下一家，未易可動。」易，以豉翻。

帝遣虎賁郎將陳稜攻元務本於黎陽，又遣左翊衞大將軍宇文述、右候衞將軍屈突通乘傳發兵以討玄感。屈，區勿翻。傳，株戀翻。來護兒至東萊，聞玄感圍東都，召諸將議旋軍救之。諸將咸以無敕，不宜擅還，固執不從，護兒厲聲曰：「洛陽被圍，心腹之疾；高麗逆命，猶疥癬耳。將，即亮翻。被，皮義翻。疥癬，皮膚之疾。公家之事，知無不爲，專擅在吾，不關諸人，有沮議者，軍法從事！」沮，在呂翻。即日迴軍。令子弘、整馳驛奏聞。帝時還至涿郡，已敕護兒救東都，見弘、整，甚悅，按隋書來護兒傳：弘、整，護兒之二子。賜護兒璽書曰：「公旋師之時，是朕敕公之日，君臣意合，遠同符契。」

先是，右武候大將軍李子雄坐事除名，令從軍自效，從來護兒在東萊，帝疑之，按隋書子雄傳，因玄感反而疑之。璽，斯氏翻。先，悉薦翻。詔鎖子雄送行在所。子雄殺使者，逃奔玄感。使，疏吏翻。衞文昇以步騎二萬渡瀍水，水經：瀍水出河南穀城縣北山，東過洛陽、偃師而入于洛。騎，奇寄翻。瀍，音廛。與玄感戰，玄感屢破之。玄感每戰，身先士卒，先，悉薦翻。所向摧陷，又善撫悅其下，皆樂爲致死，樂，音洛。爲，于僞翻。由是每戰多捷，衆益盛，至十萬人。文昇衆寡不敵，死傷太半且盡，考異曰：雜記曰：「每戰刃纔接，官軍皆坐地棄甲，以白布裹頭，聽賊所掠。前後十二戰，皆不利。」今從文昇傳。乃更進屯邙山之陽，與玄感決戰，一日十餘合。會楊玄挺中流矢死，中，竹仲翻。玄感軍乃稍卻。

秋，七月，癸未，餘杭民劉元進起兵以應玄感。元進手長尺餘，手長尺餘，言自指至掌腕橫紋之長。長，直亮翻。臂垂過膝，言臂垂則其手過膝。過，古禾翻。自以相表非常，相，息亮翻。陰有異志。會帝再發三吳兵征高麗，三吳兵皆相謂曰：「往歲天下全盛，吾輩父兄征高麗者猶太半不返；此指八年事。今已罷弊，復爲此行，罷，讀曰疲。復，扶又翻。吾屬無遺類矣！」由是多亡命。郡縣捕之急，聞元進舉兵，亡命者雲集，旬月間，衆至數萬。

始，楊玄感至東都，自謂天下響應。【章：十二行本「應」下有「功在朝夕」四字；乙十一行本同；張校同，云無註本亦無。】得韋福嗣，委以心膂，不復專任李密。復，扶又翻。福嗣每畫策，皆持兩端；密揣知其意，揣，初委翻。謂玄感曰：「福嗣元非同盟，實懷觀望；明公初起大事而姦人在側，聽其是非，必爲所誤，請斬之！」玄感曰：「何至於此！」密退，謂所親曰：「楚公好反而不欲勝，玄感襲爵楚國公，故稱之。好，呼到翻。吾屬今爲虜矣！」

李子雄勸玄感速稱尊號，玄感以問密，密曰：「昔陳勝自欲稱王，張耳諫而被外；事見七卷秦二世元年。被，皮義翻。魏武將求九錫，荀彧止而見誅。事見六十六卷漢獻帝建安十七年。今者密欲正言，還恐追蹤二子；阿諛順意，又非密之本圖。何者？兵起以來，雖復頻捷，復，扶又翻；下蓋復同。至於郡縣，未有從者；東都守禦尚強，天下救兵益至，公當挺身力戰，早定關中，迺亟欲自尊，何示人不廣也！」亟，已力翻。玄感笑而止。

屈突通引兵屯河陽，宇文述繼之，玄感問計於李子雄，子雄曰：「通曉習兵事，若一得渡河，則勝負難決，不如分兵拒之。通不能濟，則樊、衞失援。」樊、衞謂樊子蓋、衞文昇也。玄感然之，將拒通；樊子蓋知其謀，數擊其營，玄感不得往。斯亦伐謀之一也。使援兵不合，樊子蓋堅守都城，兵何由解！數，所角翻；下軍數同。通濟河，軍於破陵。破陵，當在河陽南岸、洛城東北。玄感分爲兩軍，西抗文昇，東拒通。子蓋復出兵大戰，玄感軍屢敗，與其黨謀之，李子雄曰：「東都援軍益至，我軍數敗，不可久留，不如直入關中，開永豐倉以振貧乏，新唐志，華陰縣有永豐倉，蓋隋所置也。三輔可指麾而定，此指言漢三輔之地。據有府庫，東面而爭天下，亦霸王之業也。」李密曰：「弘化留守元弘嗣握強兵在隴右，帝改慶州爲弘化郡，其地屬隴右。可聲言其反，遣使迎公，因此入關，可以紿衆。」使，疏吏翻。紿，徒亥翻。

會華陰諸楊請爲鄉導，華陰諸楊，玄感之宗黨也。華，戶化翻。鄉，讀曰嚮。壬辰，玄感解東都圍，引兵西趣潼關，潼關，在華陰縣。趣，七喩翻。宣言：「我已破東都，取關西矣！」宇文述等諸軍躡之。至弘農宮，隋志：河南郡陝縣，後魏置陝州恆農郡，開皇初廢郡，大業初廢州，置弘農宮。恆農卽弘農，後魏避諱改曰恆農。父老遮說玄感曰：「宮城空虛，又多積粟，攻之易下。」說，式芮翻。易，以豉翻。玄感以爲然。弘農太守蔡王智積觀此，則帝廢陝州，改爲弘農郡也。智積，高祖弟整之子。守，式又翻。謂官屬曰：「玄感聞大軍將至，欲西圖關中，若成其計，則難克也；當以計縻之，使不得進，不出一旬，可以成擒。」及玄感軍至城下，智積登陴詈之；陴，符支翻，城上女垣。詈，力智翻，罵也。玄感怒，留攻之。李密諫曰：「公今詐衆西入，軍事貴速，況乃追兵將至，安可稽留！若前不得據關，謂據潼關也。退無所守，大衆一散，何以自全！」玄感不從，遂攻之，燒其城門，智積於內益火，玄感兵不得入。三日不拔，乃引而西。至閿鄉，閿，音旻。宇文述、衞文昇、來護兒、屈突通等軍追及於皇天原。水經註：玉澗水南出玉溪，北流逕皇天原西。周固記，開山東首，上平博，方可里餘，三面壁立，高千許仞，漢世祭天於其上，名之爲皇天原。上有漢武思子臺。又北逕閿鄉城西。又有全鳩澗，水出南山，北逕皇天原東。隋志，閿鄉縣有玉澗、全鳩澗。玄感上槃豆，即西魏將于謹所攻拔盤豆也。上，時掌翻。布陳亙五十里，陳，讀曰陣；下同。亙，古鄧翻。且戰且行，玄感一日三敗。

八月，壬寅，玄感陳於董杜原，諸軍擊之，玄感大敗，獨與十餘騎奔上洛。帝改商州爲上洛郡。玄感欲由華陽以奔上洛也。騎，奇寄翻；下同。追騎至，玄感叱之，皆反走。至葭蘆戍，葭，音加。獨與弟積善徒步走，自度不免，度，徒洛翻。謂積善曰：「我不能受人戮辱，汝可殺我！」積善抽刀斫殺之，因自刺，不死，刺，七亦翻。爲追兵所執，與玄感首俱送行在所。磔玄感尸於東都市，三日，復臠而焚之。磔，陟格翻。復，扶又翻。臠，力兗翻。玄感弟玄獎爲義陽太守，隋志：義陽郡，齊、梁之司州，後魏改曰郢州，後周改曰申州，大業初，改義州，尋改爲義陽郡。守，式又翻。將赴玄感，爲郡丞周旋玉所殺；隋書楊玄感傳作「周琁玉」。仁行爲朝請大夫，伏誅於長安。楊素之門於是滅矣。朝，直遙翻。

玄感之圍東都也，梁郡民韓相國舉兵應之，帝改宋州爲梁郡。相，息亮翻。玄感以爲河南道元帥，帥，所類翻。旬月間衆十餘萬，攻剽郡縣；至襄城，隋志：襄城郡，東魏置北荊州，後周改曰和州，開皇初，改爲伊州，大業初，改爲汝州，尋改爲郡。剽，匹妙翻。聞玄感敗，衆稍散，爲吏所獲，傳首東都。

帝以元弘嗣，斛斯政之親也，留守弘化郡，隋書元弘嗣傳云：屯兵安定。遣衛尉少卿李淵馳往執之，少，始照翻。因代爲留守，關右十三郡兵皆受徵發。十三郡，天水、隴西、金城、枹罕、臨洮、漢陽、靈武、朔方、平涼、弘化、延安、雕陰、上郡也。淵御衆寬簡，人多附之。帝以淵相表奇異，相，息亮翻。又名應圖讖，忌之。讖，楚譖翻。未幾，徵詣行在所，淵遇疾未謁，謁，見也。幾，居豈翻。其甥王氏在後宮，帝問曰：「汝舅來何遲？」王氏以疾對，帝曰：「可得死否？」淵聞之，懼，因縱酒納賂以自晦。李淵事始此。

14 癸卯，吳郡朱燮、晉陵管崇聚衆寇掠江左。隋志：吳郡，陳置吳州，平陳改曰蘇州，大業初復曰吳州，尋改爲吳郡。毗陵郡，平陳置常州，帝改爲晉陵郡。燮本還俗道人，涉獵經史，頗知兵法，形容眇小，爲崑山縣博士，劉昫曰：崑山本漢婁縣地，梁分婁縣置信義縣，又分信義置崑山縣，取縣界山名，時屬吳郡。隋制縣博士，不見于志，蓋在曹佐、市令之下。與數十學生起兵，民苦役者赴之如歸。崇長大，美姿容，志氣倜儻，倜，他狄翻。隱居常熟，常熟，吳、晉南沙之地，本屬吳縣，晉分吳縣置海虞縣，梁置常熟縣。劉昫曰：今崑山縣東一百三十里常熟故城是也。隋治南沙城，屬吳郡。自言有王者相，相，息亮翻。故羣盜相與奉之。時帝在涿郡，命虎牙郎將趙六兒將兵萬人屯揚子，揚子，地名，時屬江都縣。將，卽亮翻；下同。分爲五營以備南賊。南賊，謂劉元進及崇、燮等。崇遣其將陸顗渡江，夜，襲六兒，破其兩營，收其器械軍資而去。顗，魚豈翻。衆益盛，至十萬。

15 辛酉，司農卿雲陽趙元淑坐楊玄感黨伏誅。隋書楊玄感傳作「博陵趙元淑」，此言「雲陽」，隋志：博陵郡，舊定州；雲陽縣，屬京兆郡。地理相去遠甚，當考。帝使大理卿鄭善果、御史大夫裴蘊、刑部侍郎骨儀、與留守樊子蓋推玄感黨與。帝置六部侍郎以貳尚書之職。守，式又翻。推，尋也，考鞫也。考異曰：雜記作「滑儀」，今從隋書。雜記推玄感黨在十月，疑太晚。今因誅趙元淑言之。儀，本天竺胡人也。隋書陰壽傳言骨儀，京兆長安人，蓋本天竺胡人而居京兆長安也。帝謂蘊曰：「玄感一呼而從者十萬，呼，火故翻。益知天下人不欲多，多卽相聚爲盜耳。不盡加誅，無以懲後。」子蓋性既殘酷，蘊復受此旨，復，扶又翻。由是峻法治之，治，直之翻。所殺三萬餘人，皆籍沒其家，枉死者太半，流徙者六千餘人。玄感之圍東都也，開倉賑給百姓。凡受米者，皆阬之於都城之南。玄感所善文士會稽虞綽、琅邪王胄隋志：會稽郡，梁置東揚州，平陳改曰吳州，大業初，改越州，尋復改爲會稽郡。琅邪郡，舊置北徐州，後周改曰沂州，帝復改爲琅邪郡。會，古外翻。邪，讀曰耶。俱坐徙邊，綽、胄亡命，捕得，誅之。

帝善屬文，屬，之欲翻。不欲人出其右。薛道衡死，道衡死，見上卷五年。帝曰：「更能作『空梁落燕泥』否！」王胄死，帝誦其佳句曰：「『庭草無人隨意綠，』復能作此語邪！」復，扶又翻。帝自負才學，每驕天下之士，嘗謂侍臣曰：「天下皆謂朕承藉緒餘而有四海，設令朕與士大夫高選，亦當爲天子矣。」令，力丁翻。

帝從容謂祕書郎虞世南曰：「我性不喜人諫，從，千容翻。喜，許記翻。若位望通顯而諫以求名，彌所不耐。至於卑賤之士，雖少寬假，然卒不置之地上。少，詩沼翻。卒，子恤翻。汝其知之！」世南，世基之弟也。

16帝使裴矩安集隴右，因之會寧，存問曷薩那可汗部落，八年，帝處曷薩那部落于會寧，今遣矩存問之。薩，桑葛翻。可，從刊入聲。汗，音寒。遣闕度設寇掠吐谷渾以自富，還而奏狀，帝大賞之。吐，從暾入聲。谷，音浴。還，音旋，又如字。賞，稱奬也。

17九月，己卯，東海民彭孝才起爲盜，帝改海州郡爲東海。有衆數萬。

18甲午，車駕至上谷，隋志：開皇元年，以易縣置易州，帝改爲上谷郡。按秦置上谷郡，本治沮陽。王隱晉書地道志曰：郡在谷之頭，故因以上谷名焉。隋之易縣，則漢涿郡故安縣地也，非古上谷。以供費不給，免太守虞荷等官。守，式又翻。閏月，己巳，幸博陵。

19冬，十月，丁丑，賊帥呂明星圍東郡，東郡，古白馬之地，隋開皇九年置杞州，十六年改滑州，大業二年，改爲兗州，尋改爲東郡。帥，所類翻。虎賁郎將費靑奴擊破之。賁，音奔。將，卽亮翻。陳湘姓林曰：費氏，音蜚，夏禹之後。趙明誠曰：費字有兩姓，音讀不同，源流亦異。其一音蜚，費姓出於伯益之後，史記所載費昌、費中、楚費無極、漢費將軍、費直、費長房、費禕之徒，是其後也。其一音祕，出於魯季友，姓苑所載琅邪費氏，則是其後也。

20劉元進帥其衆將渡江，帥，讀曰率。會楊玄感敗，朱燮、管崇共迎元進，推以爲主，據吳郡，稱天子，燮、崇俱爲尚書僕射，署置百官，毗陵、東陽、會稽、建安豪傑多執長吏以應之。

帝改婺州爲東陽郡。大業初，改泉州爲閩州，尋改爲建安郡。長，知兩翻。會，工外翻。帝遣左屯衛大將軍代人吐萬緒、隋書：吐萬緒，代郡鮮卑人。吐萬，蓋鮮卑複姓也。隋志：大業初，於馬邑善陽縣置代郡。光祿大夫下邽魚俱羅隋志：下邽縣屬馮翊郡。風俗通：魚姓，宋公子魚之後。將兵討之。將，卽亮翻，又音如字。

21 十一月，己酉，右候衛將軍馮孝慈討張金稱於清河，孝慈敗死。稱，尺證翻。帝改貝州爲清河郡。

22 楊玄感之西也，韋福嗣亡詣東都歸首，嗣，祥吏翻。首，手又翻。是時如其比者皆不問。樊子蓋收玄感文簿，得其書草，卽福嗣所草遺子蓋之書。封以呈帝；帝命執送行在。李密亡命，爲人所獲，亦送東都。考異曰：隋書密傳云：「密間行入關，與玄感從叔詢相隨，匿於馮翊詢妻之舍，尋爲鄰人所告，遂捕獲，囚於京兆獄。」又云：「及出關外，防禁漸弛。」又云：「至邯鄲，密等七人皆穿牆而遁。」唐書雖不云囚於京兆獄，亦云出關。按密若自關中送高陽，不當與韋福嗣同行。今從賈閏甫蒲山公傳及劉仁軌河洛行年記。樊子蓋鎖送福嗣、密及楊積善、王仲伯等十餘人詣高陽，密與王仲伯等竊謀亡去，悉使出其所齎金以示使者曰：「吾等死日，此金並留付公，幸用相瘞，使，疏吏翻；下同。瘞，於計翻。其餘卽皆報德。」使者利其金，許諾，防禁漸弛。密請通市酒食，每宴飲，諠譁竟夕，使者不以爲意，行至魏郡石梁驛，飲防守者皆醉，穿牆而逸。帝改相州爲魏郡。飲防之飲，於禁翻。考異曰：河洛記曰「左梁驛」，今從蒲山公傳。密呼韋福嗣同去，福嗣曰：「我無罪，天子不過一面責我耳。」至高陽，帝以書草示福嗣，收付大理。宇文述奏：「凶逆之徒，臣下所當同疾，若不爲重法，無以肅將來。」帝曰：「聽公所爲。」十二月，甲申，述就野外，縛諸應刑者於格上，以車輪括其頸，使文武九品以上皆持兵斫射，射，而亦翻。亂發矢如蝟毛，支體糜碎，猶在車輪中。積善、福嗣仍加車裂，皆焚而揚之。積善自言手殺玄感，冀得免死。帝曰：「然則梟類耳！」因更其姓曰梟氏。梟食母，說文曰：不孝鳥。更，工衡翻。梟，古堯翻。

23 唐縣人宋子賢，善幻術，隋志：唐縣，屬博陵郡。幻術者，化無爲有，以眩惑人。幻，戶辦翻。能變佛形，自稱彌勒出世，遠近信惑，遂謀因無遮大會舉兵襲乘輿；天子曰乘輿。乘，繩證翻。事泄，伏誅，并誅黨與千餘家。扶風桑門向海明亦自稱彌勒出世，人有歸心者，輒獲吉夢，由是三輔人翕然奉之，帝改岐州爲扶風郡。扶風，漢三輔之一也。因舉兵反，衆至數萬。丁亥，海明自稱皇帝，改元白烏。詔太僕卿楊義臣擊破之。

24 帝召衛文昇、樊子蓋詣行在，慰勞之，賞賜極厚，遣還所任。賞其拒討楊玄感之功，遣各還留臺。勞，力到翻。

25 劉元進攻丹陽，隋書吐萬緒傳云：時元進以兵攻潤州。按唐志，武德三年，始以延陵縣地置潤州，而潤州管下丹陽縣，本曲阿，亦唐改名。元進所攻，蓋此丹陽非隋志之丹陽郡；隋之丹陽郡，治石頭城。隋書成於武德之後，書潤州，書丹陽，皆以唐州縣書之也。吐萬緒濟江擊破之，元進解圍去，緒進屯曲阿。〔觀此及以隋書證之，則元進所攻正潤州。元進結栅拒緒，相持百餘日；緒擊之，賊衆大潰，死者以萬數。元進挺身夜遁，保其壘。朱燮、管崇等屯毗陵，連營百餘里，緒乘勝進擊，復破之。賊退保黃山，隋志，吳縣有黃山。緒圍之，元進、燮僅以身免，於陳斬崇及其將卒五千餘人，陳，讀曰陣。將，即亮翻。收其子女三萬餘口，進解會稽圍。會，古外翻。魚俱羅與緒偕行，戰無不捷，然百姓從亂者如歸市，賊敗而復聚，復，扶又翻；下同。其勢益盛。

元進退據建安，帝令緒進討，緒以士卒疲弊，請息甲待來春；考異曰：帝紀云：「緒與俱羅連年不能克。」按緒請待來春，而王世充十年又擊孟讓，然則元進敗正在今年冬、春之交矣。元進退據建安，而得拒世充於江上者，蓋復來也。帝不悅。俱羅亦以賊非歲月可平，諸子在洛京，洛陽爲東都，故謂之洛京。俱羅潛遣家僕迎之；帝怒。有司希旨，奏緒怯懦，俱羅敗衂，懦，乃臥翻，又奴亂翻。衂，女六翻。俱羅坐斬，徵緒詣行在，緒憂憤，道卒。卒，子恤翻。

帝更遣江都丞王世充王世充爲江都郡丞，帝又改郡贊治爲丞。更，工衡翻。發淮南兵數萬人討元進。世充渡江，頻戰皆捷，元進、燮敗死於吳，隋志：吳縣，吳郡治所。其餘衆或降或散。世充召先降者於通玄寺瑞像前焚香爲誓，約降者不殺。降，戶江翻。散者始欲入海爲盜，聞之，旬月之間，歸首略盡，首，手又翻。世充悉阬之於黃亭澗，死者三萬餘人。考異曰：略記：「阬其衆二十餘萬於黃亭澗，澗長數里，深闊數丈，積屍與之平。」雜記：「世充貪而無信，利在子女資財，並阬所首八千餘人於黃山之下。」今從隋書。由是餘黨復相聚爲盜，官軍不能討，以至隋亡。帝以世充有將帥才，益加寵任。將，即亮翻。帥，所類翻；下同。

26 是歲，詔爲盜者籍沒其家。時羣盜所在皆滿，郡縣官因之各專威福，生殺任情矣。

27 章丘杜伏威與臨濟輔公祏爲刎頸交，章丘、臨濟二縣，隋志皆屬齊郡。章丘，漢陽丘縣，宋、魏之高唐也，開皇十六年，改爲章丘。宋白曰：高齊天保七年，移高唐縣治古黃巾城，隋改章丘縣，因縣東南章丘爲名。臨濟，漢之菅縣，久廢，開皇六年置朝陽縣，十六年改曰臨濟。輔姓，出於晉大夫輔躒；又，智果別族爲輔氏。顏師古曰：刎，斷也。刎頸交，言託契深重，雖斷頸絕頭無所顧也。濟，子禮翻。祏，音石。刎，武粉翻。俱亡命爲羣盜。唐書杜伏威傳：公祏數盜姑家牧羊以餽伏威，縣迹捕急，乃相與亡命爲盜。伏威年十六，每出則居前，入則殿後，殿，丁練翻。由是其徒推以爲帥。下邳苗海潮亦聚衆爲盜，隋志：下邳郡，後魏置南徐州，梁改爲東徐州，東魏改爲東楚州，陳改爲安州，後周改爲泗州，帝改爲下邳郡。風俗通曰：楚大夫伯棼之後賁皇奔晉，食采於苗，因爲苗氏。伏威使公祏謂之曰：「今我與君同苦隋政，各舉大義，力分勢弱，常恐被擒；被，皮義翻。若合爲一，則足以敵隋矣。君能爲主，吾當敬從，自揆不堪，宜來聽命；不則一戰以決雌雄。」不，讀曰否。海潮懼，即帥其衆降之。帥，讀曰率。降，戶江翻。伏威轉掠淮南，自稱將軍，江都留守遣校尉宋顥討之，帝置鷹揚府郎將、副郎將，每府置越騎校尉二人，掌騎士，步兵校尉二人，掌步兵。守，式又翻。校，戶教翻。伏威與戰，陽爲不勝，引顥衆入葭葦中，因從上風縱火，顥衆皆燒死。海陵賊帥趙破陳以伏威兵少，輕之，海陵，漢縣，屬臨淮郡，梁置海陵郡，開皇初，廢郡爲縣。隋志屬江都郡。帥，所類翻。陳，讀曰陣。少，詩沼翻。召與幷力；伏威使公祏嚴兵居外，自與左右十人齎牛酒入謁，於座殺破陳，幷其衆。史言杜伏威寖強。

十年（甲戌、六一四）

1春，考異曰：雜記：「是年正月，又以許公宇文述爲元帥，將兵十六萬刻到鴨綠水。乙支文德遣行人僞請降以緩我師，又求與述相見，以觀我軍形勢。述與之歡飲，良久乃去。停五日，王師食盡，燒甲札食之，病不能興。文德乃縱兵大戰。敗績，死者十餘萬。」此蓋序八年事，誤在此耳。二月，辛未，詔百僚議伐高麗，數日，無敢言者。戊子，詔復徵天下兵，復，扶又翻。百道俱進。

2丁酉，扶風賊帥唐弼立李弘芝爲天子，帥，所類翻。考異曰：隋帝紀作「李弘」，今從唐書薛舉傳。有衆十萬，自稱唐王。

3三月，壬子，帝行幸涿郡，士卒在道，亡者相繼。癸亥，至臨渝宮，隋志：北平郡盧龍縣有臨渝宮。渝，音論，又音楡。禡祭黃帝，鄭玄曰：禡，師祭也，在野曰禡。應劭曰：黃帝戰于阪泉以定天下，故祭以求福祥。杜佑曰：禡，師祭也，爲兵禱也。其神蓋蚩尤，或云黃帝。北齊之制，天子親征，將屆戰所，卜剛日，備玄牲，列軍容，設於辰地，爲壝而禡祭，大司馬奠矢，有司奠毛血，樂奏大濩之音，禮畢徹牲柴燎。按記王制，天子出征，禡於所征之地，其禮亡矣。杜佑所載者，北齊之禮耳。禡，馬嫁翻。斬叛軍者以釁鼓，斬人以血塗鼓。亡者亦不止。

4夏，四月，榆林太守成紀董純帝改勝州爲榆林郡。隋志，成紀縣屬天水郡。守，式又翻。與彭城賊帥張大虎戰於昌慮，帝改徐州爲彭城郡。昌慮，漢縣，晉、宋、魏志皆有之，隋已廢省，其地當入彭城郡蘭陵縣界。帥，所類翻；下同。慮，音廬。大破之，斬首萬餘級。

5甲午，車駕至北平。帝改平州爲北平郡。

6五月，庚申，延安賊帥劉迦論隋志：延安郡，後魏置東夏州，西魏改爲延州，帝改爲延安郡。迦，音加。考異曰：唐書作「安定人」。按安定去上郡太遠，今從隋書。自稱皇王，建元大世，有衆十萬，與稽胡相表裏爲寇。詔以左驍衛大將軍屈突通爲關內討捕大使，發兵擊之，戰於上郡，隋志：上郡，後魏置東秦州，後改爲北華州，西魏改爲敷州，大業二年改爲鄜城郡，後改爲上郡。驍，堅堯翻。屈，居勿翻。使，疏吏翻。鄜，音膚。斬迦論并將卒萬餘級，將，卽亮翻。虜男女數萬口而還。還，從宣翻，又如字。

7秋，七月，癸丑，車駕次懷遠鎭。時天下已亂，所徵兵多失期不至，高麗亦困弊。來護兒至畢奢城，卽卑沙城。自登、萊海道趨平壤，先至卑沙城。唐貞觀末，程名振亦由此道。麗，力知翻。高麗舉兵逆戰，護兒擊破之，將趣平壤，趣，七喻翻。高麗王元偘，甲子，遣使乞降，囚送斛斯政。斛斯政去年奔高麗。使，疏吏翻；下同。降，戶江翻。帝大悅，遣使持節召護兒還。護兒集衆曰：「大軍三出，未能平賊，此還不可復來，還，從宣翻。復，扶又翻。勞而無功，吾竊恥之。今高麗實困，以此衆擊之，不日可克，吾欲進兵徑圍平壤，取高元，獻捷而歸，不亦善乎！」答表請行，不肯奉詔。長史崔君肅固爭，長，知兩翻。護兒不可，曰：「賊勢破矣，獨以相任，自足辦之。吾在閫外，事當專決，寧得高元還而獲譴，捨此成功，所不能矣！」君肅告衆曰：「若從元帥違拒詔書，必當聞奏，皆應獲罪。」諸將懼，俱請還，乃始奉詔。帥，所類翻；下賊帥、將帥同。將，即亮翻；下同。

八月，己巳，帝自懷遠鎮班師。邯鄲賊帥楊公卿帥其黨八千人隋志，邯鄲縣屬武安郡。帥，讀曰率。抄駕後第八隊，得飛黄上廐馬四十二匹而去。抄，楚交翻。帝置殿内省，統尚食、尚藥、尚衣、尚舍、尚乘、尚輦等六局。尚乘局置左、右六閑：一曰左、右飛黄閑，二左、右吉良閑，三左、右龍媒閑，四左、右騊駼閑，五左、右駃騠閑，六左、右天苑閑。冬，十月，丁卯，上至東都；己丑，還西京。以高麗使者及斛斯政告太廟；仍徵高麗王元入朝，元竟不至。朝，直遥翻；下同。敕將帥嚴裝，更圖後舉，竟不果行。

初，開皇之末，國家殷盛，朝野皆以高麗爲意，劉炫獨以爲不可，炫，榮絹翻。作撫夷論以刺之，至是，其言始驗。

十一月，丙申，殺斛斯政於金光門外，金光門，大興城西面三門之中門。如楊積善之法，去年殺楊積善。仍烹其肉，使百官噉之，佞者或噉之至飽，噉，與啖同，徒濫翻。收其餘骨，焚而揚之。

8 乙巳，有事于南郊，上不齋于次。鄭氏曰：次，自脩正之處。詰朝，備法駕，漢仍秦制，大駕八十一乘，法駕三十六乘。隋開皇中，大駕十二乘，法駕減半。帝更定其制，大駕用三十六，法駕用十二。詰，去吉翻。至卽行禮。是日，大風。上獨獻上帝，三公分獻五帝。禮畢，御馬疾驅而歸。

9 乙卯，離石胡劉苗王反，隋志：離石郡，後齊置西汾州，後周改爲汾州，帝改離石郡。自稱天子，衆至數萬；將軍潘長文討之，不克。長，知兩翻。

10 汲郡賊帥王德仁擁衆數萬，保林慮山爲盜。隋志：汲郡，東魏置義州，後周爲衞州，帝改汲郡。林慮山，在魏郡林慮縣。帥，所類翻；下同。慮，音廬。

11 帝將如東都，太史令庾質諫曰：「比歲伐遼，比，毗至翻。民實勞弊，陛下宜鎭撫關內，使百姓盡力農桑，三五年間，四海稍豐實，然後巡省，省，悉景翻。於事爲宜。」帝不悅。質辭疾不從，從，才用翻。帝怒，下質獄，下，遐嫁翻。竟死獄中。十二月，壬申，帝如東都，赦天下；戊子，入東都。

12 東海賊帥彭孝才轉掠沂水，劉昫曰：沂水，漢東莞縣，隋改爲東安縣，尋改爲沂水，屬琅邪郡。彭城留守董純討擒之。守，式又翻。純戰雖屢捷，而盜賊日滋，或譖純怯懦；懦，乃臥翻，又乃亂翻。帝怒，鎖純詣東都，誅之。

13 孟讓自長白山寇掠諸郡，至盱眙，衆十餘萬，據都梁宮，隋志：盱眙縣屬江都郡，有都梁山，都梁宮在焉。山出都梁香，故名。盱眙，音吁怡。阻淮爲固。江都丞王世充將兵拒之，爲五栅以塞險要，將，卽亮翻；下同。塞，悉則翻。羸形示弱。羸，倫爲翻。讓笑曰：「世充文法小吏，安能將兵！吾今生縛取，鼓行入江都耳！」時民皆結堡自固，野無所掠，賊衆漸餒，乃少留兵，圍五栅，分人於南方抄掠；世充伺其懈，少，詩沼翻。抄，楚交翻。伺，相吏翻。懈，居隘翻。縱兵出擊，大破之，讓以數十騎遁去，騎，奇寄翻；下同。斬首萬餘級。

14 齊郡賊帥左孝友衆十萬屯蹲狗山，蹲狗者，以形得名。蹲，徂尊翻。郡丞張須陀列營逼之，孝友窘迫出降。須陀威振東夏，降，戶江翻。窘，巨隕翻。夏，戶雅翻。以功遷齊郡通守，帝罷州置郡，郡置太守，其後諸郡各加置通守一人，位次太守。守，式又翻。領河南道十二郡黜陟討捕大使。涿郡賊帥盧明月衆十餘萬軍祝阿，隋志：祝阿縣，屬齊郡，唐改爲禹城縣。考異曰：唐秦叔寶傳作「下邳」。今從隋書。須陀將萬人邀之。將，卽亮翻；下謂將、分將同。相持十餘日，糧盡，將退，謂將士曰：「賊見吾退，必悉衆來追，若以千人襲據其營，可有大利。此誠危事，誰能往者？」衆莫對，唯羅士信及歷城秦叔寶請行。隋志：歷城縣帶齊郡。於是須陀委栅而遁，使二人分將千兵伏葭葦中，明月悉衆追之。士信、叔寶馳至其栅，栅門閉，二人超升其樓，各殺數人，營中大亂；二人斬關以納外兵，因縱火焚其三十餘栅，煙焰漲天。明月奔還，須陀回軍奮擊，大破之，明月以數百騎遁去，所俘斬無算。叔寶名瓊，以字行。

十一年（乙亥、六一五）

1春，正月，增祕書省官百二十員，隋制：祕書省，監、丞各一人，郎四人，校書郎十二人，正字四人，著作郎二人，佐郎八人，校書郎、正字各二人。帝增少監一人，減校書郎爲十人，加置佐郎四人。又置儒林郎十人，文林郎二十人，增校書郎員四十人，加置楷書郎員二十人，凡百一十七人。並以學士補之。帝好讀書著述，自爲揚州總管，開皇十年，帝爲揚州總管。好，呼到翻。置王府學士至百人，常令修撰，以至爲帝，前後近二十載，近，其靳翻。載，作亥翻。修撰未嘗暫停；自經術、文章、兵、農、地理、醫、卜、釋、道乃至蒱博、鷹狗，蒱，音蒲，摴蒱也。皆爲新書，無不精洽，共成三十一部，萬七千餘卷。初，西京嘉則殿有書三十七萬卷，帝命祕書監柳顧言等詮次，除其複重猥雜，詮，此緣翻；說文：「具也。」重，直龍翻。得正御本三萬七千餘卷，納於東都修文殿。又寫五十副本，簡爲三品，分置西京、東都宮・省・官府，其正【章：十二行本「正」下有「御」字；乙十一行本同；孔本同；張校同。】書皆裝翦華淨，寶軸錦褾。褾，方小翻，卷端也。於觀文殿前爲書室十四間，窗戶牀褥廚幔，幔，莫半翻。咸極珍麗，每三間開方戶，垂錦幔，上有二飛仙，戶外地中施機發。帝幸書室，有宮人執香爐，香爐始於漢。漢官典職曰：尚書郎給女史二人，著潔衣服，執香爐燒薰。前行踐機，則飛仙下，收幔而上，踐，慈演翻。上，時掌翻。戶扉及廚扉皆自啓，帝出，則垂閉復故。

2帝以戶口逃亡，盜賊繁多，二月，庚午，詔民悉城居，田隨近給。郡縣驛亭村塢皆築城。

3上谷賊帥王須拔自稱漫天王，帥，所類翻。漫，謨官翻。國號燕；賊帥魏刀兒自稱歷山飛：衆各十餘萬，北連突厥，南寇燕、趙。燕，因肩翻。

4初，高祖夢洪水沒都城，意惡之，惡，烏路翻。故遷都大興。開皇三年，遷新都。申明公李穆薨，穆薨見一百七十六卷陳長城公至德四年。孫筠襲爵。叔父渾忿其吝嗇，使兄子善衡賊殺之，而證其從父弟瞿曇，從，才用翻。曇，徒含翻。使之償死。渾謂其妻兄左衞率宇文述曰：「若得紹封，當歲奉國賦之半。」述爲之言於太子，率，所律翻。爲，于僞翻。奏高祖，以渾爲穆嗣。二歲之後，不復以國賦與述，復，扶又翻。述大恨之。帝卽位，渾累官至右驍衞大將軍，改封郕公，驍，堅堯翻。帝以其門族強盛，忌之。會有方士安伽陁伽，求加翻。言「李氏當爲天子」，勸帝盡誅海內凡李姓者。渾從子將作監敏，小名洪兒，從，才用翻。帝疑其名應讖，常面告之，冀其引決。敏大懼，數與渾及善衡屏人私語；數，所角翻。屏，必郢翻。述譖之於帝，仍遣虎賁郎將河東裴仁基表告渾反。帝改蒲州爲河東郡。賁，音奔。將，卽亮翻；下同。帝收渾等家，遣尚書左丞元文都、御史大夫裴蘊雜治之，治，直之翻；下同。按問數日，不得反狀，以實奏聞。帝更遣述窮治之，述誘教敏妻宇文氏爲表，誣告渾謀因度遼，與其家子弟爲將領者共襲取御營，立敏爲天子。述持入，奏之，帝泣曰：「吾宗社幾傾，幾，居依翻。賴公獲全耳。」三月，丁酉，殺渾、敏、善衡及宗族三十二人，自三從以上皆徙邊徼。從，才用翻。徼，吉弔翻。後數月，敏妻亦鴆死。敏妻宇文氏，周天元之女，帝之姊子也。

5有二孔雀自西苑飛集寶城朝堂前，西苑在洛城西，元年所築也。後唐兵之攻王世充，世充使其弟世偉守寶城，則寶城在洛城羅郭之內，自爲一城。既朝堂在焉，則百司廨署皆在焉，自爲一城，附於宮城之東南也。唐因隋制，亦以洛陽爲東京。六典云：東城在皇城之東，皇城在東城之內，百僚廨署如京城之制，皇宮在皇城之北。吾以此推之，皇城蓋卽隋之寶城，在宮城東南也。朝，直遥翻；下同。親衛校尉高德儒等十餘人見之，奏以爲鸞，帝置親侍鷹揚府，領親、勳、武三侍。三侍，卽三衛也，各置越騎校尉、步兵校尉。考異曰：雜記云：「五年二月，馬德儒奏孔雀爲鸞。」今年月及姓皆從略記幷溫大雅創業起居注。時孔雀已飛去，無可得驗，於是百僚稱賀。詔以德儒誠心冥會，肇見嘉祥，擢拜朝散大夫，朝，直遥翻。散，悉亶翻。賜物百段，餘人皆賜束帛；仍於其地造儀鸞殿。

6己酉，帝行幸太原；夏，四月，幸汾陽宮避暑。宮城迫隘，百官士卒布散山谷間，結草爲營而居之。

7以衛尉少卿李淵爲山西、河東撫慰大使，少，始照翻。使，疏吏翻。考異曰：創業註云：「帝自衛尉少卿轉右驍衛將軍，奉詔爲太原道安撫大使，卽隋大業十二年煬帝幸樓煩時也。」按十二年帝未嘗幸樓煩，今從高祖實錄在幸汾陽宮時。余按隋志，汾陽宮正屬樓煩郡，自可以言幸樓煩，但有十二年、十一年之差耳。承制黜陟選補郡縣文武官，仍發河東兵討捕羣盜。淵行至龍門，擊賊帥毋端兒，破之。劉昫曰：龍門，漢艾氏縣，後魏改爲龍門；隋志屬河東郡。帥，所類翻。毋，音無，姓也。

8秋，八月，乙丑，帝巡北塞。考異曰：雜記：「六月，突厥賊入嵐城鎮抄掠，遣范安貴討擊之，王師敗績，安貴死，百司震懼。七月，帝幸鴈門，先至天池，值雨，山谷泥深二尺，從官狼狽，帳幕多不至，一夜並露坐雨中，至曉多死，宮人無食，貸糒於衞士。」今從隋書。

初，裴矩以突厥始畢可汗部衆漸盛，厥，九勿翻。可，從刊入聲。汗，音寒。獻策分其勢，欲以宗女嫁其弟叱吉設，拜爲南面可汗；叱吉不敢受，始畢聞而漸怨。突厥之臣史蜀胡悉多謀略，爲始畢所寵任，矩詐與爲互市，誘至馬邑下，殺之。帝改朔州爲馬邑郡。誘，音酉。遣使詔始畢曰：「史蜀胡悉叛可汗來降，我已相爲斬之。」使，疏吏翻。降，戶江翻。爲，于僞翻。始畢知其狀，由是不朝。

戊辰，始畢帥騎數十萬謀襲乘輿，朝，直遙翻。帥，讀曰率。騎，奇寄翻；下同。乘，繩證翻；下同。義成公主先遣使者告變。壬申，車駕馳入鴈門，隋志：鴈門郡，後周置肆州，開皇五年改爲代州，帝改鴈門郡。齊王暕以後軍保崞縣。崞，漢縣，後魏置石城縣，開皇十年改曰平寇。大業初改爲崞縣，屬鴈門郡。暕，古限翻。崞，音郭。癸酉，突厥圍鴈門，上下惶怖，怖，普布翻。撤民屋爲守禦之具，城中兵民十五萬口，食僅可支二旬，鴈門四十一城，突厥克其三十九，唯鴈門、崞不下。突厥急攻鴈門，矢及御前；上大懼，抱趙王杲而泣，目盡腫。

左衛大將軍宇文述勸帝簡精鋭數千騎潰圍而出，納言蘇威曰：「城守則我有餘力，輕騎乃彼之所長，陛下萬乘之主，豈宜輕動！」乘，繩證翻。民部尚書樊子蓋曰：「陛下乘危徼幸，徼，堅堯翻。徼幸，覬非望也。一朝狼狽，悔之何及！不若據堅城以挫其鋭，坐徵四方兵使入援。陛下親撫循士卒，諭以不復征遼，復，扶又翻。厚爲勳格，必人人自奮，何憂不濟！」內史侍郎蕭瑀以爲：「突厥之俗，可賀敦預知軍謀；突厥可汗之妻爲可賀敦。可，從刊入聲。且義成公主以帝女嫁外夷，必恃大國之援。若使一介告之，借使無益，庸有何損。又，將士之意，恐陛下既免突厥之患，還事高麗，麗，力知翻。若發明詔，諭以赦高麗、專討突厥，則衆心皆安，人自爲戰矣。」瑀，皇后之弟也。虞世基亦勸帝重爲賞格，下詔停遼東之役。帝從之。

帝親巡將士，謂之曰：「努力擊賊，將，即亮翻。苟能保全，凡在行陳，行，戶剛翻。陳，讀曰陣；並下同。勿憂富貴，必不使有司弄刀筆破汝勳勞。」乃下令：「守城有功者，無官直除六品，賜物百段；有官以次增益。」使者慰勞，相望於道，使，疏吏翻。勞，力到翻。於是衆皆踊躍，晝夜拒戰，死傷甚衆。

甲申，詔天下募兵。守令競來赴難，守，式又翻。難，乃旦翻。李淵之子世民，年十六，應募隸屯衛將軍雲定興，說定興多齎旗鼓爲疑兵，說，式芮翻。曰：「始畢敢舉兵圍天子，必謂我倉猝不能赴援故也。宜晝則引旌旗數十里不絕，夜則鉦鼓相應，虜必謂救兵大至，望風遁去。不然，彼衆我寡，若悉軍來戰，必不能支。」定興從之。

帝遣間使求救於義成公主，間，古莧翻。使，疏吏翻；下同。公主遣使告始畢云：「北邊有急。」東都及諸郡援兵亦至忻口；九域志：忻州秀容縣有忻口寨。隋志：秀容屬樓煩郡。杜佑曰：隋置忻州，因忻口爲名。九月，甲辰，始畢解圍去。帝使人出偵，山谷皆空，無胡馬，偵，丑鄭翻。乃遣二千騎追躡，至馬邑，得突厥老弱二千餘人而還。

丁未，車駕還至太原。帝改并州爲太原郡。騎，奇寄翻。還，從宣翻，又如字。蘇威言於帝曰：「今盜賊不息，士馬疲弊，願陛下亟還西京，深根固本，爲社稷計。」帝初然之。宇文述曰：「從官妻子多在東都，亟，紀力翻。從，才用翻。宜便道向洛陽，自潼關而入。」帝從之。

冬，十月，壬戌，帝至東都，考異曰：略記：「九月辛未，帝入東都。」今從隋帝紀。顧眄街衢，眄，莫甸翻，斜視。謂侍臣曰：「猶大有人在。」意謂曩日平楊玄感，殺人尚少故也。少，詩沼翻。蘇威追論勳格太重，宜加斟酌，樊子蓋固請，以爲不宜失信，帝曰：「公欲收物情邪！」邪，音耶。子蓋懼，不敢對。帝性吝官賞，初平楊玄感，應授勳者多，乃更置戎秩：建節尉爲正六品，次奮武、宣惠、綏德、懷仁、秉義、奉誠、立信等尉，遞降一階。將士守鴈門者萬七千人，得勳者纔千五百人，皆準平玄感勳，一戰得第一勳者進一階，其先無戎秩者止得立信尉，三戰得第一勳者至秉義尉，其在行陳而無勳者四戰進一階，亦無賜。會仍議伐高麗，由是將士無不憤怨。行，戶剛翻。陳，讀曰陣。麗，力知翻。將，即亮翻。

初，蕭瑀以外戚有才行，行，下孟翻。嘗事帝於東宮，累遷至內史侍郎，委以機務。瑀性剛鯁，數言事忤旨，數，所角翻。忤，五故翻。帝漸疏之。及鴈門圍解，帝謂羣臣曰：「突厥狂悖，厥，九勿翻。悖，蒲妹翻，又蒲沒翻。勢何能爲！少時未散，少，詩沼翻。蕭瑀遽相恐動，情不可恕！」出爲河池郡守，隋志：河池郡，後魏置南岐州，後周改曰鳳州，帝改河池郡。守，式又翻。即日遣之。候衞將軍楊子崇從帝在汾陽宮，知突厥必爲寇，屢請早還京師，【章：十二行本「師」下有「帝不納，及解圍」六字；乙十一行本同；孔本同；張校同；退齋校同。】帝怒曰：「子崇怯懦，驚動衆心，懦，乃臥翻，又乃亂翻。不可居爪牙之官。」出爲離石郡守。子崇，高祖之族弟也。

9 楊玄感之亂，龍舟水殿皆爲所焚，詔江都更造，凡數千艘，艘，蘇遭翻。制度仍大於舊者。

10 壬申，盧明月帥衆十萬寇陳、汝。陳州，淮陽郡。汝州，襄城郡。帥，讀曰率。

11 東海李子通，有勇力，先依長白山賊帥左才相，帥，所類翻。相，息亮翻。羣盜皆殘忍，而子通獨寬仁，由是人多歸之，未半歲，有衆萬人。才相忌之，子通引去，渡淮，與杜伏威合。伏威選軍中壯士養爲假子，凡三十餘人，濟陰王雄誕、臨濟闞稜爲之冠。隋志：濟陰郡，後魏置西兗州，後周改曰曹州，帝改濟陰郡。闞，姓也，左傳齊有大夫闞止。濟，子禮翻。冠，古玩翻。既而李子通謀殺伏威，遣兵襲之。伏威被重創墜馬，被，皮義翻。創，初良翻。雄誕負之逃葭葦中，收散兵復振。將軍來整擊伏威，破之；其將西門君儀之妻王氏，勇而多力，負伏威以逃，雄誕帥壯士十餘人衞之，將，即亮翻。帥，讀曰率；下同。與隋兵力戰，由是得免。來整又擊李子通，破之，子通帥其餘衆奔海陵，復收兵得二萬人，自稱將軍。

12 城父朱粲隋志，城父縣屬譙郡。父，音甫。始爲縣佐史，隋郡縣皆有佐史。從軍，遂亡命聚衆爲盜，謂之「可達寒賊」，自稱迦樓羅王，迦，音加。衆至十餘萬，引兵轉掠荆、沔荆州，南郡。沔州，沔陽郡。沔，彌兗翻。及山南郡縣，山南者，長安南山之南。所過噍類無遺。噍，才笑翻。

13 十二月，庚寅，【張：「寅」作「辰」。】詔民部尚書樊子蓋發關中兵數萬擊絳賊敬盤陀等。絳賊，絳郡賊也。風俗通：敬姓，陳敬仲之後。姓苑：黃帝孫敬康之後。子蓋不分臧否，否，音鄙。自汾水之北，村塢盡焚之，賊有降者皆阬之；百姓怨憤，益相聚爲盜。詔以李淵代之。有降者，淵引置左右，由是賊衆多降，前後數萬人，餘黨散入他郡。降，戶江翻。

資治通鑑卷第一百八十三

端明殿學士兼翰林侍讀學士朝散大夫右諫議大夫充集賢殿修撰提舉西京嵩山崇福宮上柱國河内郡開國侯食邑一千八百户食實封六百户賜紫金魚袋臣　司馬光　奉敕編集
後　學　天　台　胡三省　音　註

隋紀七起柔兆困敦（丙子），盡強圉赤奮若（丁丑）五月，凡一年有奇。

煬皇帝下

大業十二年（丙子、六一六）

1 春，正月，朝集使不至者二十餘郡，漢儀：正旦大朝會，諸郡計吏皆覲。隋之朝集使，亦此類也。朝，直遥翻；下同。始議分遣使者十二道發兵討捕盜賊。使，疏吏翻。

2 詔毗陵通守路道德守，式又翻。集十郡兵數萬人，於郡東南起宫苑，周圍十二里，内爲十六離宫，大抵倣東都西苑之制，而奇麗過之。又欲築宫於會稽，會，古外翻。會亂，不果成。

3 三月，上巳，帝與羣臣飲於西苑水上，命學士杜寶撰水飾圖經，采古水事七十二，使朝散大夫黄袞以木爲之，間以妓航、酒船，朝，直遥翻。散，悉亶翻。間，古莧翻。妓，渠綺翻。航，戶郎翻。

人物自動如生，鍾磬箏瑟，能成音曲。

4 己丑，張金稱陷平恩，隋志，平恩縣，屬武安郡。稱，尺證翻。一朝殺男女萬餘口；又陷武安、鉅鹿、清河諸縣。隋志，武安縣屬武安郡，鉅鹿縣屬襄國郡。清河郡帶清河縣；既郡城堅守，則此縣不陷。詳考隋志，帶郭之清河本武城縣，開皇初，改名清河。而清陽縣則舊清河縣，金稱所陷蓋此。金稱比諸賊尤殘暴，所過民無孑遺。孑，單也；遺，餘也；言無單孑遺餘也。

5 夏，四月，丁巳，大業殿西院火，帝以爲盜起，驚走，入西苑，匿草間，火定乃還。還，從宣翻，又如字。帝自八年以後，每夜眠恆驚悸，恆，戶登翻。悸，其季翻，心動也。云有賊，令數婦人搖撫，乃得眠。

6 癸亥，歷山飛別將甄翟兒衆十萬寇太原，將，卽亮翻。甄，側鄰翻。將軍潘長文敗死。長，知兩翻。

7 五月，丙戌朔，日有食之，既。

8 壬午，【張：「壬午」作「甲午」。】帝於景華宮徵求螢火，得數斛，夜出遊山，放之，光遍巖谷。考異曰：吳兢貞觀政要：「貞觀八年，上謂侍臣曰：『人君之言不可容易，隋煬帝幸甘泉宮，怪無螢火，勑云：「捉取少多，於宮照夜。」所司遽遣數千人採拾，送五百轝於宮側。小事尚爾，況其大乎！』」今從隋書。

9 帝問侍臣盜賊，左翊衛大將軍宇文述曰：「漸少。」帝曰：「比從來少幾何？」對曰：

「不能什一。」納言蘇威引身隱柱，帝呼前問之，對曰：「臣非所司，不委多少，委，悉也。少，詩沼翻。但患漸近。」帝曰：「何謂也？」威曰：「他日賊據長白山，今近在汜水。隋志，汜水縣屬滎陽郡，舊曰成皋，開皇十八年，改曰汜水。汜，音似。且往日租賦丁役，今皆何在！豈非其人皆化爲盜乎！比見奏賊皆不以實，比，毗至翻。遂使失於支計，不時翦除。又昔在鴈門，許罷征遼，今復徵發，復，扶又翻。賊何由息！」帝不悅而罷。尋屬五月五日，屬，之欲翻。百僚多饋珍玩，威獨獻尚書。或譖之曰：「尚書有五子之歌，威意甚不遜。」言威以帝逸豫盤遊不知返，將至失邦，如夏太康也。尚，而亮翻。孔安國曰：以其上古之書，謂之尚書。帝益怒。頃之，帝問威以伐高麗事，麗，力知翻。威欲帝知天下多盜，對曰：「今茲之役，願不發兵，但赦羣盜，自可得數十萬，遣之東征。彼喜於免罪，爭務立功，高麗可滅。」麗，力知翻。帝不懌。威出，御史大夫裴蘊奏曰：「此大不遜！天下何處有許多賊！」帝曰：「老革多姦，蜀志：彭羕訕劉備曰：「老革荒悖！」註云：老革，皮色枯瘁之形。羕罵備爲老革，猶言老兵也。帝引此語。以賊脅我！欲批其口，且復隱忍。」批，蒲鱉翻，又普迷翻。復，扶又翻。蘊知帝意，遣河南白衣張行本隋志：洛州河南郡，大業二年移都，改曰豫州。奏：「威昔在高陽典選，謂九年從帝自遼東還高陽時。選，宣戀翻。濫授人官；畏怯突厥，請還京師。」事見上卷上年。厥，九勿翻。帝令按驗，獄成，下詔數威罪狀，數，所具翻。除名爲民。後月餘，復有奏威與突厥陰圖不軌者，復，扶又翻。厥，九勿翻。事下裴蘊推之，蘊處威死。下，遐嫁翻。處，昌呂翻。威無以自明，但摧謝而已。帝憫而釋之，曰：「未忍卽殺。」幷其子孫三世皆除名。

10 秋，七月，壬戌，濟景公樊子蓋卒。隋書樊子蓋傳：帝以子蓋守東都平玄感之功，進爵濟公，謂其功濟天下，封以嘉名，無此郡國也。濟，讀當如字。卒，子恤翻。

11 江都新作龍舟成，送東都；宇文述勸幸江都，【章：十二行本「都」下有「帝從之」三字；乙十一行本同；孔本同；張校同。】右候衞大將軍酒泉趙才諫曰：「今百姓疲勞，府藏空竭，隋志，張掖郡福祿縣舊置酒泉郡。藏，徂浪翻。盜賊蜂起，禁令不行，願陛下還京師，安兆庶。」帝大怒，以才屬吏，屬，之欲翻。旬日，意解，乃出之。朝臣皆不欲行，帝意甚堅，無敢諫者。建節尉任宗上書極諫，置建節尉事見上卷上年。朝，直遙翻；下同。任，音壬。上，時掌翻；下同。卽日於朝堂杖殺之。甲子，帝幸江都，命越王侗與光祿大夫段達、太府卿元文都、檢校民部尚書韋津、右武衞將軍皇甫無逸、右司郎盧楚等總留後事。唐六典曰：煬帝三年，尚書都司始置左、右司郎各一人，掌都省之職，品同諸曹郎，從五品。總留後事者，帝出巡幸，以後事付留臺官總之。侗，他紅翻，又音同。津，孝寬之子也。韋孝寬，宇文干城之將。帝以詩留別宮人曰：「我夢江都好，征遼亦偶然。」奉信郎崔民象以盜賊充斥，於建國門上表諫；隋志：帝置謁者臺官，尋又置散騎郎二十人，從五品，承議郎，正六品，通直郎，從六品，各三十人；宣德郎，正七品，宣義郎，從七品，各四十人；徵事郎，正八品，將仕郎，從八品，常從郎，正九品，奉信郎，從九品，各五十人。洛都羅城門，正南曰建國。上，時掌翻。帝大怒，先解其頤，然後斬之。說文：頤，顄也。

12 戊辰，馮翊孫華舉兵爲盜。隋志：馮翊郡，後魏置華州，西魏改曰同州，帝改爲郡。虞世基以盜賊充斥，請發兵屯洛口倉，大業二年置洛口倉。帝曰：「卿是書生，定猶恇怯。」恇，音匡。戊辰，車駕至鞏。敕有司移箕山、公路二府於倉內，鞏縣屬河南郡。新唐志：河南有府三十九。有鞏洛府，無箕山、公路二府，疑移於倉內後，遂并爲鞏洛府也。仍令築城以備不虞。至汜水，汜，音似。奉信郎王愛仁復上表請還西京，帝斬之而行。至梁郡，帝改宋州爲梁郡。復，扶又翻。郡人邀車駕上書曰：「陛下若遂幸江都，天下非陛下之有！」又斬之。是時李子通據海陵，左才相掠淮北，杜伏威屯六合，隋志，六合縣屬江都郡，舊曰尉氏，置秦郡，後周改郡曰六合，開皇初，廢郡，改尉氏縣爲六合縣。相，息亮翻。衆各數萬；帝遣光祿大夫陳稜將宿衞精兵八千討之，往往克捷。將，即亮翻。

13 八月，乙巳，賊帥趙萬海衆數十萬，自恆山寇高陽。帝改恆州爲恆山郡。帥，所類翻。恆，戶登翻。

14 冬，十月，己丑，許恭公宇文述卒。卒，子恤翻。初，述子化及、智及皆無賴。化及事帝於東宮，帝寵昵之，昵，尼質翻。及即位，以爲太僕少卿。少，始照翻。帝幸榆林，三年幸榆林，見一百八十卷。化及、智及冒禁與突厥交市，帝怒，將斬之，已解衣辮髮，既而釋之，賜述爲奴。智及弟士及，以尚主之故，常輕智及，惟化及與之親昵。述卒，帝復以化及爲右屯衛將軍，智及爲將作少監。爲化及兄弟爲逆張本。復，扶又翻。

15 李密之亡也，往依郝孝德，考異曰：韓昱壺關錄曰：「大業十一年正月，歷亭鎮將王該，認形狀，獲李密，送宇文述。密佯患足疾，防守者一日不行一二十里。忽至一澗，水深岸險，密跛足寅緣，佯足蹶，返撲而墜，乃至良久，狀若未蘇。防守者又無計下取之，遂以手中槍戟引之。密以手援戟，佯作失勢，推戟向水。守者以危岸，手探不住，遂卽放卻，密卽得槍，擉守者二人俱斃，遂投郝孝德於平原。」按密，楊玄感之黨，前已詐亡，防者豈得不加械繫，怠慢如此！今不取。孝德不禮之；又入王薄，薄亦不之奇也。密困乏，至削樹皮而食之，匿於淮陽村舍，帝改陳州爲淮陽郡。變姓名，聚徒教授。郡縣疑而捕之，密亡去，抵其妹夫雍丘令丘君明。隋志，雍丘縣屬梁郡。雍，於用翻。君明不敢舍，轉寄密於遊俠王秀才家，秀才以女妻之。君明從姪懷義告其事，妻，七細翻。從，才用翻。帝令懷義自齎敕書與梁郡通守楊汪相知守，式又翻。收捕。汪遣兵圍秀才宅，適值密出外，由是獲免，君明、秀才皆死。

韋城翟讓爲東都法曹，隋志，韋城縣屬東郡，開皇六年置。劉昫曰：隋分白馬縣，置於古城韋氏之國城。「東都」，當作「東郡」，帝改滑州爲兗州，二年改爲東郡。郡有西曹，金、戶、兵、法、士等曹。翟，萇伯翻。坐事當斬。獄吏黃君漢奇其驍勇，驍，堅堯翻；下同。夜中潛謂讓曰：「翟法司，天時人事，抑亦可知，豈能守死獄中乎！」讓驚喜【章：十二行本「喜」下有「叩頭」二字；乙十一行本同；孔本同；張校同；

退齋校同。】曰：「讓，圈牢之豕，圈，求遠翻。死生唯黃曹主所命。」君漢卽破械出之。讓再拜曰：「讓蒙再生之恩則幸矣，柰黃曹主何！」因泣下。君漢怒曰：「本以公爲大丈夫，可救生民之命，故不顧其死以奉脫，柰何反效兒女子涕泣相謝乎！君但努力自免，勿憂吾也！」讓遂亡命於瓦崗爲羣盜。瓦崗，在東郡界。同郡單雄信，考異曰：唐書云：「雄信，曹州人。」今從河洛記。單，常演翻。驍健，善用馬槊，驍，堅堯翻。槊，色角翻。聚少年往從之。少，詩照翻。離狐徐世勣家於衛南，離狐，漢縣，後魏之北濟陰郡也，時屬濟陰郡。唐中世改曰南華。宋白曰：離狐縣，初置在濮水南，常爲神狐所穿穴，遂移水北，故曰離狐。衛南，古楚丘也，隋開皇置衛南縣，屬東郡。宋白曰：全衛之時，此地在衛之南垂，故以名縣。年十七，有勇略，說讓曰：說，輸芮翻。「東郡於公與勣皆爲鄉里，人多相識，不宜侵掠。滎陽、梁郡，汴水所經，帝改鄭州爲滎陽郡，宋州爲梁郡。班志，汴水在滎陽西南，蓋汴水所起，東南入梁郡界。汴，皮變翻。剽行舟，掠商旅，足以自資。」剽，匹妙翻。讓然之，引衆入二郡界，掠公私船，資用豐給，附者益衆，聚徒至萬餘人。

時又有外黃王當仁、濟陽王伯當、韋城周文舉、雍丘李公逸等皆擁衆爲盜。外黃、濟陽二縣，隋志皆屬濟陰郡。剽，匹妙翻。濟，子禮翻。李密自雍州【章：十二行本「州」作「邱」；乙十一行本同；孔本同；張校同。】亡命，往來諸帥間，說以取天下之策，帥，所類翻。說，式芮翻；下同。始皆不信。久之，稍以爲然，相謂曰：「斯人公卿子弟，志氣若是。今人人皆云楊氏將滅，李氏將興。吾聞王者不死，斯人再三獲濟，豈非其人乎！」由是漸敬密。

密察諸帥唯翟讓最强，乃因王伯當以見讓，考異曰：隋、唐書皆云：「密歸翟讓，其中有知密是玄感亡將，潛勸讓害之。密懼，因王伯當以策干讓，讓始敬焉。」按密既亡歸羣盜，必不隱其姓名，誰不知是玄感亡將！讓得之當用以敵隋，何惡於密而害之！今不取。革命記云：「密投賊帥郝孝德，說之曰：『君能用密之策，河朔可指揮而定。』孝德曰：『本緣饑荒，求活性命，何敢別圖！國家若知公在此，孝德死亡無日。翟讓等徒衆絕多，請將兵送公於彼。』是日，孝德以馬一匹自送至河，執袂飲酒而別，軍中慕從者亦數十人，仍遣兵馬將送密於翟讓。」今從隋書。爲讓畫策，爲，于僞翻。往說諸小盜，皆下之。讓悅，稍親近密，與之計事，近，其靳翻。密因說讓曰：「劉、項皆起布衣爲帝王。今主昏於上，民怨於下，銳兵盡於遼東，和親絕於突厥，厥，九勿翻。方乃巡遊揚、越，委棄東都，此亦劉、項奮起之會也。以足下雄才大略，士馬精銳，席卷二京，誅滅暴虐，隋氏不足亡也！」卷，讀曰捲。讓謝曰：「吾儕羣盜，旦夕偷生草間，儕，士皆翻。君之言者，非吾所及也。」

會有李玄英者，自東都逃來，經歷諸賊，求訪李密，云「斯人當代隋家。」人問其故，玄英言：「比來民間謠歌比，毗至翻。有桃李章曰：『桃李子，皇后繞揚州，宛轉花園裏。勿浪語，誰道許！』『桃李子』，謂逃亡者李氏之子也；皇與后，皆君也；『宛轉花園裏』，謂天子在揚州無還日，將轉於溝壑也；『莫浪語，誰道許』者，密也。」既與密遇，遂委身事之。前宋城尉齊郡房玄藻，自負其才，隋志：宋城縣，帶梁郡，舊曰睢陽，開皇十八年更名。恨不爲時用，預於楊玄感之謀，變姓名亡命，遇密於梁、宋之間，遂與之俱遊漢、沔，沔，彌兗翻。偏入諸賊，說其豪傑；還日，從者數百人，說，式芮翻。從，才用翻。仍爲遊客，處於讓營。處，昌呂翻。讓見密爲豪傑所歸，欲從其計，猶豫未決。

有賈雄者，曉陰陽占候，爲讓軍師，言無不用。密深結於雄，使之託術數以說讓；雄許諾，懷之未發。會讓召雄，告以密所言，問其可否，對曰：「吉不可言。」又曰：「公自立恐未必成，若立斯人，事無不濟。」讓曰：「如卿言，蒲山公當自立，何來從我？」對曰：「事有相因。所以來者，將軍姓翟，翟者，澤也，翟，萇伯翻。蒲非澤不生，故須將軍也。」讓然之，與密情好日篤。好，呼到翻。

密因說讓曰：「今四海糜沸，糜，粥也，言如粥之沸也。不得耕耘，公士衆雖多，食無倉廩，唯資野掠，常苦不給。若曠日持久，加以大敵臨之，必渙然離散。未若先取滎陽，休兵館穀，考異曰：革命記：「密說讓曰：『洛口倉米逾巨億，請公發一札之令，使密奉之，告諸道英雄，就倉喫米，必當雲合響應，受命於公，然後稱帝號以定中原』云云。讓曰：『就倉食米，實是上計。自顧庸賤，寧敢別創餘心；必如此謀，願奉公爲主。』密懷懼，改容而拜，讓亦拜。於是言宴盡歡，各恨相知之晚。即日，讓作書與密，散告諸處賊頭，並尅期定日，令總會洛口倉食米。」今從隋書。待士馬肥充，然後與人爭利。」讓從之，於是破金隄關，金隄關，當在滎陽界，以漢金隄名之。攻滎陽諸縣，多下之。滎陽太守郇王慶，弘之子也，弘，高祖從祖弟也，封河間王。守，式又翻；下同。不能討，帝徙張須陁爲滎陽通守以討之。庚戌，須陁引兵擊讓，讓曏數爲須陁所敗，數，所角翻。敗，補邁翻。聞其來，大懼，將避之。密曰：「須陁勇而無謀，兵又驟勝，既驕且狠，可一戰擒也。狠，戶墾翻。公但列陳以待，密保爲公破之。」陳，讀曰陣；下同。爲，于僞翻；下同。讓不得已，勒兵將戰，密分兵千餘人伏於大海寺北林間。須陁素輕讓，方陳而前，讓與戰，不利，須陁乘之，逐北十餘里；密發伏掩之，須陁兵敗。密與讓及徐世勣、王伯當合軍圍之，須陁潰圍出；左右不能盡出，須陁躍馬復入救之，來往數四，遂戰死。所部兵晝夜號哭，數日不止，史言張須陁得士卒心。號，戶刀翻。河南郡縣爲之喪氣。爲，于僞翻。喪，息浪翻。鷹揚郎將河東賈務本爲須陁之副，亦被傷，帥餘衆五千餘人奔梁郡，務本尋卒。將，卽亮翻。被，皮義翻。帥，讀曰率。卒，子恤翻。詔以光祿大夫裴仁基爲河南討捕大使，代領其衆，徙鎭虎牢。虎牢，卽滎陽郡汜水縣。使，疏吏翻。

讓乃令密建牙，別統所部，號蒲山公營。密部分嚴整，分，扶問翻。凡號令士卒，雖盛夏，皆如背負霜雪。躬服儉素，所得金寶，悉頒賜麾下，由是人爲之用。麾下士卒多爲讓士卒所陵辱，以威約有素，不敢報也。讓謂密曰：「今資糧粗足，粗，坐五翻；今人多從去聲。意欲還向瓦崗，公若不往，唯公所適，讓從此別矣。」讓帥輜重東引，重，直用翻。密亦西行至康城，說下數城，說，輸芮翻。大獲資儲。讓尋悔，復引兵從密。復，扶又翻。

16 鄱陽賊帥操師乞自稱元興王，建元始興，帝改饒州爲鄱陽郡。操，姓也。帥，所類翻。考異曰：隋帝紀作「操天成」。按唐高祖實錄林士弘傳：「大業末，與其鄉人操師乞起爲羣盜，師乞僭號，建元爲天成，攻陷豫章郡，人據之。」唐書士弘傳：「操乞師自號元興王。」皆無操天成名。此賊本一人，而隋、唐二史各有名號年紀，今參取之。攻陷豫章郡，帝改洪州爲豫章郡。以其鄉人林士弘爲大將軍。詔治書侍御史劉子翊將兵討之。師乞中流矢死，治，直之翻。中，竹仲翻。士弘代統其衆，與子翊戰於彭蠡湖，禹貢：東匯澤爲彭蠡。班志：豫章郡彭澤縣，彭蠡湖在西。今在南康軍城東南，西接江州德化縣界，周迴四百五十里。子翊敗死。士弘兵大振，至十餘萬人。十二月，壬辰，士弘自稱皇帝，國號楚，建元太平；考異曰：唐高祖實錄：「士弘自稱南越王，尋僭號，建元延康。」唐書林士弘傳：「操乞師攻陷豫章郡而據之，以士弘爲大將軍。乞師既死，士弘代董其衆，復與劉子翊大戰於彭蠡湖，隋師敗績，子翊死之。士弘大振，兵至十餘萬。十三年，徙據虔州稱帝。」其國號、年名與此同。今從隋書。遂取九江、臨川、南康、宜春等郡，帝改江州爲九江郡，改撫州爲臨川郡，虔州爲南康郡，袁州爲宜春郡。豪傑爭殺隋守令，以郡縣應之。其地北自九江，南及番禺，皆爲所有。南海郡治番禺，隋併爲南海縣。番，音潘。禺，音愚。

17 詔以右驍衞將軍唐公李淵爲太原留守，帝改并州爲太原郡。驍，堅堯翻。守，式又翻。以虎賁郎將王威、虎牙郎將高君雅爲之副，帝改定官制，十二衛府每衛置護軍四人，掌副貳將軍，尋改護軍爲虎賁郎將，正四品，而置虎牙郎將六人副焉，從四品。將，卽亮翻；下同。賁，音奔。將兵討甄翟兒，甄，側鄰翻。與翟兒遇於雀鼠谷。隋志，西河郡永安縣有雀鼠谷。淵衆纔數千，賊圍淵數匝；匝，子答翻。李世民將精兵救之，拔淵於萬衆之中，會步兵至，合擊，大破之。考異曰：新、舊唐書本紀皆云「十三年，拜太原留守。」新書仍云「擊高陽歷山飛賊甄翟兒於西河，破之。」今從隋帝紀。

18 帝疏薄骨肉，蔡王智積每不自安，及病，不呼醫，臨終，謂所親曰：「吾今日始知得保首領沒於地矣！」

19 張金稱、郝孝德、孫宣雅、高士達、楊公卿等寇掠河北，屠陷郡縣；隋將帥敗亡者相繼，將，卽亮翻。帥，所類翻。唯虎賁中郎將蒲城王辯、清河郡丞華陰楊善會數有功，按隋官制無中郎將。王辯傳，辯自鷹揚郎將遷虎賁郎將。「中」字衍。隋志，蒲城縣屬馮翊郡。數，所角翻。善會前後與賊七百餘戰，未嘗負敗。帝遣太僕卿楊義臣討張金稱。金稱營於平恩東北，隋志，平恩縣屬武安郡。義臣引兵直抵臨清之西，據永濟渠爲營，隋志，臨清縣屬清河郡。劉昫曰：臨清，漢清泉縣，後魏改爲臨清。永濟渠，大業初所開。去金稱營四十里，深溝高壘，不與戰。金稱日引兵至義臣營西，義臣勒兵擐甲，擐，音宦。約與之戰，既而不出。日暮，金稱還營，明旦，復來；復，扶又翻；下同。如是月餘，義臣竟不出。金稱以爲怯，屢逼其營詈辱之。詈，力智翻。義臣乃謂金稱曰：「汝明旦來，我當必戰。」金稱易之，不復設備。易，以豉翻。義臣簡精騎二千，夜自館陶濟河，隋志，館陶縣屬武陽郡。此河，謂清河也。伺金稱離營，卽入擊其累重。離，力智翻。累，力瑞翻。重，直用翻。金稱聞之，引兵還，義臣從後擊之，金稱大敗，與左右逃於清河之東。月餘，楊善會討擒之。吏立木於市，懸其頭，張其手足，令仇家割食之；未死間，歌謳不輟。詔以善會爲清河通守。守，式又翻。

20 涿郡通守郭絢絢，許縣翻。將兵萬餘人討高士達。士達自以才略不及竇建德，乃進建德爲軍司馬，悉以兵授之。建德請士達守輜重，自簡精兵七千人拒絢，詐爲與士達有隙而叛，遣人請降於絢，降，戶江翻。願爲前驅，擊士達以自效。絢信之，引兵隨建德至長河，隋志，長河縣屬平原郡，舊曰廣川，仁壽初改名。不復設備。建德襲之，殺虜數千人，斬絢首，獻士達，張金稱餘衆皆歸建德。楊義臣乘勝至平原，欲入高雞泊討之。建德謂士達曰：「歷觀隋將，將，卽亮翻。善用兵者無如義臣，今滅張金稱而來，其鋒不可當。請引兵避之，使其欲戰不得，坐費歲月，將士疲倦，然後乘間擊之，間，古莧翻。乃可破也。不然，恐非公之敵。」士達不從，留建德守營，自帥精兵逆擊義臣，帥，讀曰率。戰小勝，因縱酒高宴。建德聞之曰：「東海公未能破敵，遽自矜大，禍至不久矣。」後五日，義臣大破士達，於陳斬之，乘勝逐北，趣其營，陳，讀曰陣。趣，七喻翻。營中守兵皆潰。建德與百餘騎亡去，至饒陽，隋志，饒陽縣屬河間郡。騎，奇寄翻。乘其無備，攻陷之，收兵，得三千餘人。義臣既殺士達，以爲建德不足憂，引去。建德還平原，收士達散兵，收葬死者，爲士達發喪，軍復大振，爲，于僞翻。考異曰：革命記曰：「高士達、高德政與宗族鳩集離散，得五萬人，掠渦於四根柳樹，入高雞泊中，德政自號東海公，以建德爲長史。俄而德政病死，即有高欓脫繼立爲東海公，建德仍依舊任。欓脫領兵劫抄，至晏城府，爲城中兵所射而死。賊之異姓皆欲建德爲主，高氏一族不欲更立別人，遂分爲兩軍，各相猜貳。然高氏兵精強，建德恐被屠，乃詐分爲官軍，告高氏併力共擊之。高氏無疑，即合軍共鬬，兵刃纔交，建德自後擊之，高氏兵大亂，建德兩軍擁掠遺坐，簡其驍勇及頭首千餘人，殺之，遂總統其衆。建德自號長樂王，寇抄州縣，即大業十二年二月也。」今從隋、唐書。自稱將軍。先是，羣盜得隋官及士族子弟，皆殺之，先，悉薦翻。獨建德善遇之；由是隋官稍以城降之，聲勢日盛，勝兵至十餘萬人。降，戶江翻；下同。勝，音升。

21 內史侍郎虞世基以帝惡聞賊盜，惡，烏路翻。諸將及郡縣有告敗求救者，將，即亮翻。世基皆抑損表狀，不以實聞，但云：「鼠竊狗盜，郡縣捕逐，行當殄盡，願陛下勿以介懷！」帝良以爲然，或杖其使者，以爲妄言，由是盜賊徧海內，陷沒郡縣，帝皆弗之知也。楊義臣破降河北賊數十萬，列狀上聞，所降者皆張金稱、高士達之衆。將，即亮翻。使，疏吏翻。上，時掌翻。帝歎曰：「我初不聞賊頓如此，義臣降賊何多也！」世基對曰：「小竊雖多，未足爲慮，義臣克之，擁兵不少，少，詩沼翻；下同。久在閫外，此最非宜。」帝曰：「卿言是也。」遽追義臣，放散其兵，賊由是復盛。復，扶又翻。

治書侍御史韋雲起劾奏：「世基及御史大夫裴蘊職典樞要，維持內外，四方告變，不爲奏聞。治，直之翻。劾，戶槪翻，又戶得翻。爲，于僞翻。賊數實多，裁減言少，陛下既聞賊少，發兵不多，衆寡懸殊，往皆不克，故使官軍失利，賊黨日滋。請付有司結正其罪。」大理卿鄭善果奏：「雲起詆訾名臣，訾，將此翻。所言不實，非毁朝政，妄作威權。」朝，直遥翻。由是左遷雲起爲大理司直。唐六典：後魏永安三年，御史中尉高穆奏置司直十人，視五品，隸廷尉，位在正、監上，不署曹事，唯覆理御史劾事；北齊及隋因之。

22帝至江都，江、淮郡官謁見者，見，賢遍翻。專問禮餉豐薄，豐則超遷丞、守，薄則率從停解。江都郡丞王世充獻銅鏡屏風，遷通守；守，式又翻。歷陽郡丞趙元楷獻異味，遷江都郡丞。帝改和州爲歷陽郡。趙元楷自小郡丞遷大郡丞。由是郡縣競務刻剝，以充貢獻。民外爲盜賊所掠，內爲郡縣所賦，生計無遺；加之饑饉無食，無穀曰饑，無蔬果曰饉。民始采樹皮葉，或擣藁爲末，或煑土而食之，諸物皆盡，乃自相食；而官食猶充牣，吏皆畏法，莫敢振救。王世充密爲帝簡閱江淮民間美女獻之，由是益有寵。

23河間賊帥格謙擁衆十餘萬，據豆子䴚，帝改瀛州爲河間郡。姓苑：格姓，允格之後。帥，所類翻。䴚，各朗翻。自稱燕王，帝命王世充將兵討斬之。謙將勃海高開道帝改滄州爲勃海郡。燕，因肩翻。

將，卽亮翻；下同。收其餘衆，寇掠燕地，軍勢復振。復，扶又翻。

24 初，帝謀伐高麗，麗，力知翻。器械資儲，皆積於涿郡；涿郡人物殷阜，屯兵數萬。又，臨朔宮多珍寶，諸賊競來侵掠；留守官虎賁郎將趙什住等不能拒，唯虎賁郎將雲陽羅藝獨出戰，守，式又翻。賁，音奔。將，卽亮翻。雲陽縣，屬京兆郡。前後破賊甚衆，威名日重，什住等陰忌之。藝將作亂，先宣言以激其衆曰：「吾輩討賊數有功，數，所角翻。城中倉庫山積，制在留守之官，而莫肯散施以濟貧乏，施，式豉翻。將何以勸將士！」衆皆憤怨。軍還，郡丞出城候藝，藝因執之，陳兵而入。什住等懼，皆來聽命，乃發庫物以賜戰士，開倉廩以賑貧乏，境內咸服；殺不同己者勃海太守唐禕等數人，守，式又翻。威振燕地，柳城、懷遠並歸之。藝黜柳城太守楊林甫，改郡爲營州，隋志，柳城縣帶遼西郡，與襄平郡蓋皆帝所置。改郡爲州，示復開皇之舊也。以襄平太守鄧暠爲總管，暠，古老翻。藝自稱幽州總管。

25 突厥數寇北邊。厥，九勿翻。詔晉陽留守李淵帥太原道兵與馬邑太守王仁恭擊之。晉陽留守，卽太原留守也。太原有晉陽宮，故亦稱晉陽留守。帝改朔州爲馬邑郡。帥，讀曰率；下同。守，式又翻。時突厥方強，兩軍衆不滿五千，仁恭患之。淵選善騎射者二千人，使之飲食舍止一如突厥，或與突厥遇，則伺便擊之，前後屢捷，突厥頗憚之。前後屢得小捷耳。曰頗憚者，未深憚也。厥，九勿翻。騎，奇寄翻。伺，相吏翻。

恭皇帝上諱侑，封代王；元德太子昭之子，煬帝之孫也。謚法：尊賢讓善曰恭。

義寧元年（丁丑、六一七）是年十一月，李淵克長安，方奉代王即位改元，通鑑因以繫年。

1春，正月，右禦衞將軍陳稜討杜伏威，伏威帥衆拒之。稜閉壁不戰，伏威遺以婦人之服，謂之「陳姥」。遺，于季翻。姥，莫補翻。稜怒，出戰，伏威奮擊，大破之，稜僅以身免。考異曰：隋陳稜傳云：「往往克捷。」唐杜伏威傳云：「稜僅以身免。」蓋稜先破李子通等，後爲伏威所敗也。今從唐書。伏威乘勝破高郵，隋志，高郵縣屬江都郡。引兵據歷陽，自稱總管，以輔公祏爲長史，祏，音石。長，知兩翻。分遣諸將徇屬縣，所至輒下，將，即亮翻。江淮間小盜爭附之。伏威常選敢死之士五千人，謂之「上募」，寵遇甚厚，有攻戰，輒令上募先擊之，戰罷閱視，有傷在背者即殺之，以其退而被擊故也。破，皮義翻。所獲資財，皆以賞軍。士有戰死者，以妻、妾徇葬。故人自爲戰，所向無敵。

2丙辰，竇建德爲壇於樂壽，隋志，樂壽縣屬河間郡，古樂城縣，仁壽初更名。樂，音洛；下同。自稱長樂王，置百官，改元丁丑。考異曰：許敬宗太宗實錄、舊唐帝紀皆云「武德元年二月，建德稱長樂王」。按建德改元丁丑，即是今歲。今從隋帝紀及建德傳。

3辛巳，魯郡賊徐圓朗攻陷東平，分兵略地，自琅邪以西，北至東平，盡有之，煬帝改兗州爲魯郡，改鄆州爲東平郡，沂州爲琅邪郡。邪，音耶。勝兵二萬餘人。勝，音升。

4盧明月轉掠河南，至于淮北，衆號四十萬，自稱無上王；帝命江都通守王世充討之。世充與戰於南陽，大破之，隋志：南陽郡，舊置荆州，開皇初，改鄧州，煬帝改爲郡。守，式又翻。斬明月，餘衆皆散。

5二月，壬午，朔方鷹揚郎將梁師都帝改夏州爲朔方郡。將，卽亮翻。殺郡丞唐世宗，據郡，自稱大丞相，北連突厥。

6馬邑太守王仁恭，煬帝改朔州爲馬邑郡。多受貨賂，不能振施。施，式豉翻。郡人劉武周，驍勇喜任俠，驍，堅堯翻。喜，許記翻。爲鷹揚府校尉，煬帝改大都督爲校尉。校，戶教翻。仁恭以其土豪，甚親厚之，令帥親兵屯閤下。帥，讀曰率。武周與仁恭侍兒私通，恐事泄，謀作亂，先宣言曰：「今百姓饑饉，僵尸滿道，王府君閉倉不賑卹，豈爲民父母之意乎！」僵，居良翻。賑，津忍翻；下同。衆皆憤怒。武周稱疾臥家，豪傑來候問，武周椎牛縱酒，因大言曰：「壯士豈能坐待溝壑！今倉粟爛積，誰能與我共取之？」豪傑皆許諾。己丑，仁恭坐聽事，聽，讀曰廳。武周上謁，上，時掌翻。其黨張萬歲等隨入，升階，斬仁恭，持其首出徇，郡中無敢動者。於是開倉以賑飢民，馳檄境內屬城，皆下之，收兵得萬餘人。武周自稱太守，守，式又翻。考異曰：創業注云：「二月己丑，馬邑軍人劉武周殺太守王仁恭，據其郡，自稱天子，國號定楊。」按唐書，武周據汾陽宮乃僭號，於時未也。遣使附于突厥。使，疏吏翻。厥，九勿翻。

7李密說翟讓曰：說，式芮翻。翟，萇伯翻。「今東都空虛，兵不素練；越王沖幼，留守諸官政令不壹，士民離心。段達、元文都，闇而無謀，以僕料之，彼非將軍之敵。若將軍能用僕計，天下可指麾而定。」乃遣其黨裴叔方覘東都虛實，守，式又翻。令，力定翻。覘，丑廉翻，又丑豔翻。留守官司覺之，始爲守禦之備，且馳表告江都。密謂讓曰：「事勢如此，不可不發。兵法曰：『先則制於己，後則制於人。』今百姓饑饉，洛口倉多積粟，去都百里有餘，都，謂東都。將軍若親帥大衆，輕行掩襲，帥，讀曰率。彼遠未能救，又先無豫備，取之如拾遺耳。比其聞知，比，必寐翻。吾已獲之，發粟以賑窮乏，遠近孰不歸附！百萬之衆，一朝可集，枕威養銳，枕，職任翻。以逸待勞，縱彼能來，吾有備矣。然後檄召四方，引賢豪而資計策，選驍悍而授兵柄，驍，堅堯翻。悍，戶旰翻；又下罕翻。除亡隋之社稷，布將軍之政令，豈不盛哉！」讓曰：「此英雄之略，非僕所堪；惟君之命，盡力從事，請君先發，僕爲後殿。」殿，丁甸翻。庚寅，密、讓將精兵七千人將，卽亮翻。出陽城北，踰方山，自羅口襲興洛倉，破之；隋志，陽城縣屬河南郡。陸渾縣有方山。鞏縣有興洛倉。魏收地形志，鞏縣有長羅川。羅口，蓋卽長羅川口。水經：羅水出方山西北流，謂之長羅川，又西北過呰城東北而入于洛。括地志，方山，在洛州汜水縣東南三十二里，汜水所出也。開倉恣民所取，老弱襁負，道路相屬。襁，居兩翻。屬，之欲翻。

朝散大夫時德叡以尉氏應密，時姓，楚大夫申叔時之後。隋志，尉氏縣屬潁川郡。尉氏，漢縣也。應劭曰：古獄官曰尉氏，鄭之別獄也。臣瓚曰：鄭大夫尉氏之邑，故遂以名邑。朝，直遥翻。散，悉亶翻。前宿城令祖君彥自昌平往歸之。隋志，宿城縣屬東平郡，開皇十六年置。劉昫曰：漢須昌縣故城，在今鄆州東南三十二里，隋於此置宿城縣。昌平縣，隋志屬涿郡。君彥，珽之子也，珽，他鼎翻。博學強記，文辭贍敏，著名海內，吏部侍郎薛道衡嘗薦之於高祖，高祖曰：「是歌殺斛律明月人兒邪？歌殺斛律光，事見一百七十一卷陳高宗太建四年。邪，音耶。朕不須此輩！」煬帝卽位，尤疾其名，依常調選東平書佐，檢校宿城令。隋制，州郡皆有書佐，在祭酒從事之上，視正九品，謂之流內視品。檢校官，未得爲眞。調，徒釣翻。選，宣戀翻。君彥自負其才，常鬱鬱思亂，密素聞其名，得之大喜，引爲上客，軍中書檄，一以委之。

越王侗遣虎賁郎將劉長恭、光祿少卿房崱侗，音通。賁，音奔。將，卽亮翻。少，始照翻。崱，士力翻。帥步騎二【張：「二」作「三」。】萬五千討密。帥，讀曰率；下同。騎，奇寄翻。時東都人皆以密爲飢賊盜米，烏合易破，易，以豉翻。爭來應募，國子三館學士隋以國子、太學、四門爲三館。及貴勝親戚皆來從軍，器械脩整，衣服鮮華，旌旗鉦鼓甚盛。長恭等當其前，使河南討捕大使裴仁基等將所部兵自汜水而入以掩其後，大使，疏吏翻。將，卽亮翻。汜，音祀。約十一日會於倉城南，考異曰：蒲山公傳云：「剋取二十一日會戰。」河洛記曰：「取其月十二日會戰。」按下有庚子，則非二十一日也，當是十一日。密、讓具知其計。東都兵先至，士卒未朝食，長恭等驅之渡洛水，陳於石子河西，水經註：洞水出南溪石泉，世亦名之爲石泉水，過鞏東坎欿聚西而北入于洛。蓋卽石子河也。陳，讀曰陣；下同。南北十餘里。密、讓選驍雄，分爲十隊，驍，堅堯翻。令四隊伏橫嶺下以待仁基，以六隊陳於石子河東。長恭等見密兵少，輕之。少，詩沼翻。讓先接戰，不利，密帥麾下橫衝之。隋兵飢疲，遂大敗，長恭等解衣潛竄得免，奔還東都，士卒死者什五六。越王侗釋長恭等罪，慰撫之。密、讓盡收其輜重器甲，重，直用翻。威聲大振。

讓於是推密爲主，上密號爲魏公；上，時掌翻。庚子，設壇場，卽位，稱元年，考異曰：壺關錄云：「王伯當令密於西垣校射，書王字於堋上如錢，約中者爲主，其次以近、遠爲拜官高下。使賈雄執箭，仰天而誓，密正中字心，遂奉以爲主。」其說鄙陋，今不取。河洛記云：「改大業十三年爲永平元年。」今從蒲山公傳及隋、唐書。大赦。其文書行下，下，遐嫁翻。稱行軍元帥府；帥，所類翻；下同。其魏公府置三司、六衞，元帥府置長史以下官屬。拜翟讓爲上柱國、司徒、東郡公，長，知兩翻。考異曰：河洛記云，鄧公蓋後來進封耳，今從蒲山公傳及隋、唐書。亦置長史以下官，減元帥府之半；以單雄信爲左武候大將軍，單，音善。徐世勣爲右武候大將軍，各領所部；房彥藻爲元帥左長史，東郡邴元眞爲右長史，楊德方爲左司馬，鄭德韜爲右司馬，祖君彥爲記室，其餘封拜各有差。於是趙、魏以南，江、淮以北，羣盜莫不響應，孟讓、郝孝德、王德仁郝，呼各翻。及濟陰房獻伯、上谷王君廓、長平李士才、淮陽魏六兒、李德謙、譙郡張遷、魏郡李文相、譙郡黑社、白社、濟北張靑特、上洛周比洮、胡驢賊等皆歸密。隋志：長平郡，舊曰建州，開皇初，改爲澤州，煬帝改爲郡。譙郡，後魏置南兗州，後周改亳州，煬帝改爲郡。改濟州爲濟北郡，商州爲上洛郡。黑社、白社，蓋賊之號，非人姓名也。濟，子禮翻。相，息亮翻。比，毗至翻。洮，土刀翻。密悉拜官爵，使各領其衆，置百營簿以領之。道路降者不絕如流，降，戶江翻。衆至數十萬。考異曰：略記云，「二月丙辰，密遣其將夜襲倉城，二府兵擊退之。己未，又悉衆來攻，而府兵敗，遂入據倉；然二府將士猶各固小倉城，二十餘日不下。既而外救不至，食又盡，城乃陷沒，死者太半。於是鞏縣長柴孝和、監察御史鄭頲等舉縣降賊。密開倉招納降者，日數百千人。於是趙、魏以南，江、淮以北，莫不歸附，自是賊徒滋蔓矣。壬子，使劉長恭、房崱等統兵東討，大敗，戊午，還都，王慰撫，不責也。於是發教募士庶商旅奴等，分置營壁，各立將帥統領而固守，其諸里居民皆移入三城之內，於省寺府舍安置焉。又使宋遵貴將兵鎮陝縣太原倉。」雜記：「密稱魏公改年，于時倉猶自固守。既而密遣翟讓將兵夜襲倉城，官軍擊退之；明日，又引衆攻倉，連戰三日，陷外城，官軍猶捉子城。月餘，外援不至，城盡陷沒，死者十六七。」按二月壬午朔，無丙辰等日。今從隋書。乃命其護軍田茂廣築洛口城，方四十里而居之，考異曰：壺關錄云：「周四十八里。」今從隋書。密遣房彥藻將兵東略地，取安陸、汝南、淮安、濟陽，煬帝改安州爲安陸郡。隋志：汝南郡，後魏置豫州。帝改洛州爲豫州，以此爲秦州，又改曰蔡州，尋改爲郡。淮安郡，後魏置東荆州，西魏改爲淮州，開皇五年又改爲顯州，煬帝改爲郡。濟陽縣屬濟陰郡。濟，子禮翻。河南郡縣多陷於密。

8 鴈門郡丞河東陳孝意與虎賁郎將王智辯共討劉武周，圍其桑乾鎮。桑乾，漢縣，後魏爲桑乾郡，後周廢，隋以爲鎮，在馬邑郡善陽縣界。賁，音奔。將，即亮翻。乾，音干。壬寅，武周與突厥合兵擊智辯，殺之；孝意奔還雁門。三月，丁卯，武周襲破樓煩郡，進取汾陽宮，獲隋宮人，以賂突厥始畢可汗；厥，九勿翻。可，從刊入聲。汗，音寒。始畢以馬報之，兵勢益振，又攻陷定襄。煬帝改雲州爲定襄郡。突厥立武周爲定楊可汗，言將使之定楊州也。考異曰：新、舊唐書武周皆無國號，惟創業起居注云，國號定楊。遺以狼頭纛。隋書曰：突厥本狼種。牙門建狼頭纛，示不忘本也。遺，于季翻。武周卽皇帝位，立妻沮氏爲皇后，沮，子余翻。改元天興。以衞士楊伏念爲尚書左僕射，妹壻同縣苑君璋爲內史令。武周引兵圍雁門，陳孝意悉力拒守，乘間出擊武周，屢破之；間，古莧翻；下同。既而外無救援，遣間使詣江都，皆不報。使，疏吏翻。孝意誓以必死，旦夕向詔敕庫俯伏流涕，悲動左右。圍城百餘日，食盡，校尉張倫殺孝意以降。校，戶教翻。降，戶江翻。

9 梁師都略定雕陰、弘化、延安等郡，隋志：雕陰郡，西魏置綏州，大業初，改爲上郡，尋改爲雕陰郡。改慶州爲弘化郡。遂卽皇帝位，國號梁，改元永隆。始畢遺以狼頭纛，號爲大度毗伽可汗。師都乃引突厥居河南之地，攻破鹽川郡。隋志：鹽川郡，西魏置西安州，後改爲鹽州，煬帝改爲郡。

10 左翊衞蒲城郭子和郭子和，蓋衞士之屬左翊衞府者。坐事徙榆林。會郡中大饑，子和潛結敢死士十八人攻郡門，執郡丞王才，數以不恤百姓，斬之，數，所具翻。開倉賑施。自稱永樂王，施，式豉翻。樂，音洛。改元丑平。尊其父爲太公，以其弟子政爲尚書令，子端、子升爲左右僕射。有二千餘騎，南連梁師都，北附突厥，各遺子爲質以自固。騎，奇寄翻。厥，九勿翻。質，音致。始畢以劉武周爲定楊天子，梁師都爲解事天子，解，戶買翻。子和爲平楊天子；平楊，猶定楊也。子和固辭不敢當，乃更以爲屋利設。

11 汾陰薛舉，僑居金城，隋志，汾陰縣屬河東郡。煬帝改蘭州爲金城郡。僑，寓也。驍勇絕倫，家貲鉅萬，交結豪傑，雄於西邊，爲金城府校尉。新唐志，金城郡有府二，曰廣武、金城。校尉，其帥。驍，堅堯翻。校，戶教翻。時隴右盜起，金城令郝瑗金城縣，帶郡。郝，呼各翻。瑗，于眷翻。募兵得數千人，使舉將而討之。將，即亮翻。夏，四月，癸未，方授甲，置酒饗士，舉與其子仁果及同黨十三人，於座劫瑗發兵，考異曰：唐高祖實錄先作「仁果」，後作「仁杲」。新、舊高祖、太宗紀、薛舉傳、柳芳唐曆、柳宗元集皆作「仁杲」。太宗實錄、吳兢太宗勳史、革命記、焦璐唐朝年代記、陳嶽唐統記皆作「仁果」。今醴泉昭陵前有石馬六匹，其一銘曰：「白蹄烏，平薛仁果時所乘。」此最可據，今從之。因郡縣官，開倉賑施。賑，津忍翻。施，式智翻。自稱西秦霸王，改元秦興。以仁果爲齊公，少子仁越爲晉公，招集羣盜，掠官牧馬。賊帥宗羅睺帥衆歸之，以爲義興公。少，詩照翻。賊帥，所類翻。睺帥，讀曰率。將軍皇甫綰將兵一萬屯枹罕，煬帝改河州爲枹罕郡。綰將，即亮翻。枹，音膚。舉選精銳二千人襲之。【章：十二行本「之」下有「遂克枹罕」四字；乙十一行本同；張校同；退齋校同。】岷山羌酋鍾利俗擁衆二萬歸之，隋志：臨洮郡臨洮縣有岷山。酋，才由翻。舉兵大振。更以仁果爲齊王，領東道行軍元帥，帥，所類翻。仁越爲晉王，兼河州刺史，復以枹罕郡爲河州。羅睺爲興王，以副仁果；分兵略地，取西平、澆河二郡。煬帝改鄯州爲西平郡，周武帝逐吐谷渾，置廓州，煬帝改爲澆河郡。澆，古堯翻。未幾，盡有隴西之地，衆至十三萬。幾，居豈翻。

12 李密以孟讓爲總管、齊郡公，考異曰：河洛記作「孟達」，今從隋書。己丑夜，讓帥步騎二千入東都外郭，外郭，羅郭也。帥，讀曰率。騎，奇寄翻。燒掠豐都市，比曉而去。比，必寐翻。於是東京居民悉遷入宮城，臺省府寺皆滿。鞏縣長柴孝和、監察御史鄭頲以城降密，長，知兩翻；下同。頲，他鼎翻。降，戶江翻；下同。密以孝和爲護軍，頲爲右長史。

裴仁基每破賊得軍資，悉以賞士卒，監軍御史蕭懷靜不許，監，工銜翻。士卒怨之；懷靜又屢求仁基長短劾奏之。劾，戶概翻，又戶得翻。倉城之戰，仁基失期不至，聞劉長恭等敗，懼不敢進，屯百花谷，百花谷蓋在汜水縣西，鞏縣東南。固壘自守，又恐獲罪於朝。朝，直遙翻。李密知其狼狽，集韻：狽，音貝。狼屬生子，或欠一足，二足相附而行，離則顚，故猝遽謂之狼狽。使人說之，說，輸芮翻。啗以厚利。啗，徒濫翻。賈務本之子閏甫在軍中，賈務本，見上滎陽之戰。勸仁基降密，仁基曰：「如蕭御史何？」閏甫曰：「蕭君如棲上雞，若不知機變，在明公一刀耳。」仁基從之，遣閏甫詣密請降。密大喜，以閏甫爲元帥府司兵參軍，兼直記室事，使之復命，遺仁基書，慰納之，遺，于季翻。仁基還屯虎牢。蕭懷靜密表其事，仁基知之，遂殺懷靜，帥其衆以虎牢降密。密以仁基爲上柱國、河東公；仁基子行儼，驍勇善戰，密亦以爲上柱國、絳郡公。

驍，堅堯翻；下同。

密得秦叔寶及東阿程齩金，隋志，東阿縣，屬濟北郡。齩，五巧翻。皆用爲驃騎。驃騎，開皇官制也，煬帝改爲鷹揚郎將。驃，匹妙翻。騎，奇寄翻。選軍中尤驍勇者八千人，分隸四驃騎以自衛，號曰内軍，常曰：「此八千人足當百萬。」齩金後更名知節。更，工衡翻。羅士信、趙仁基皆帥衆歸密，密署爲總管，使各統所部。

癸巳，密遣裴仁基、孟讓帥二萬餘人襲回洛東倉，破之；新唐志：孟州河陽有回洛故城。是地得名之由，見一百五十八卷梁武帝大同九年。遂燒天津橋，煬帝使宇文愷營造東都，洛水貫都，有河漢之象，因名其橋爲天津橋。縱兵大掠。東都出兵擊之，仁基等敗走，密自帥衆屯回洛倉。東都兵尚二十餘萬人，乘城擊柝，柝，他各翻。晝夜不解甲。密攻偃師、金墉，皆不克；偃師縣，屬河南郡，在都城東六十里。晉金墉城，在洛城西北，隋營東都城，東去故都十八里，則金墉亦在都城之東。乙未，還洛口。考異曰：略記：「三月辛未，密遣孟讓將二十餘人夜入都郭，燒豐都市，比曉而去。癸未，密襲據都倉。乙亥，密部衆入自上春門，於宣仁門東街立柵而住。丙寅，燒上春門及街南北里門樓，火接宣仁門，因逼門爲陳，與城上弓矢相接，而退還倉。」雜記：「密遣格謙將兵燒豐都市。三月，越王侗教募力捉，宮城守固，官賞有差，撤天津等諸橋，運回洛倉米入城。四月，密攻偃師，圍金墉，東都兵出，密還洛口。五月，裴仁基翻虎牢入賊，自滎陽以東至陳、譙、下邳、彭城、梁郡皆屬密，賊衆逾盛，并家口百萬。」蒲山公傳：「三月乙亥，密帥衆入自上東門，攻宣仁門，不克。丙寅，燒上東門而退。」此三書月日交錯，皆不可憑。今從隋、唐書。

東都城內乏糧，而布帛山積，至以絹爲汲綆，綆，古杏翻。然布以爨。越王侗使人運回洛倉米入城，遣兵五千屯豐都市，五千屯上春門，五千屯北邙山，爲九營，首尾相應，以備密。

丁酉，房獻伯陷汝陰，煬帝改潁州爲汝陰郡。淮陽太守趙陁舉郡降密。守，式又翻。陁，徒河翻。降，戶江翻。考異曰：隋書作「趙佗」，今從蒲山公傳。

己亥，密帥衆三萬復據回洛倉，大修營塹以逼東都；復，扶又翻。塹，七豔翻。段達等出兵七萬拒之。辛丑，戰於倉北，隋兵敗走。丁未，密使其幕府移檄郡縣，數煬帝十罪，數，所具翻，又所主翻。且曰：「罄南山之竹，書罪無窮；決東海之波，流惡難盡。」祖君彥之辭也。

越王侗遣太常丞元善達間行賊中，間，古莧翻。詣江都奏稱：「李密有衆百萬，圍逼東都，據洛口倉，城內無食。若陛下速還，烏合必散；不然者，東都決沒。」因歔欷嗚咽，帝爲之改容。歔，音虛。欷，音希，又許旣翻。爲，于僞翻。虞世基進曰：「越王年少，少，詩照翻。此輩誑之。誑，居況翻。若如所言，善達何緣來至！」帝乃勃然怒曰：「善達小人，敢廷辱我！」因使經賊中向東陽催運，此東陽，蓋指婺州東陽郡。善達遂爲羣盜所殺。是後人人杜口，莫敢以賊聞。

世基容貌沈審，沈，持林翻。言多合意，特爲帝所親愛，朝臣無與爲比；親黨憑之，鬻官賣獄，賄賂公行，其門如市。由是朝野共疾怨之。朝，直遙翻。內史舍人封德彝託附世基，以世基不閑吏務，閑，習也。密爲指畫，宣行詔命，諂順帝意，羣臣表疏忤旨者，皆屏而不奏。

爲，于僞翻。忤，五故翻。屛，必郢翻。鞫獄用法，多峻文深詆，論功行賞，則抑削就薄。故世基之寵日隆而隋政益壞，皆德彝所爲也。

13 初，唐公李淵娶於神武肅公竇毅，神武，郡名。隋志，馬邑郡神武縣，舊置神武郡。生四男，建成、世民、玄霸、元吉；一女，適太子千牛備身臨汾柴紹。隋志：東宮左、右內率府有千牛備身八人，掌執千牛刀。以千牛名刀者，取其解千牛而芒刃不頓。臨汾縣，帶臨汾郡，本平陽也，開皇初，改名。

世民聰明勇決，識量過人，見隋室方亂，陰有安天下之志，傾身下士，散財結客，咸得其歡心。下，遐稼翻。世民娶右驍衞將軍長孫晟之女；驍，堅堯翻。長，知兩翻。晟，承正翻。右勳衞長孫順德，晟之族弟也，與右勳侍池陽劉弘基隋開皇置親、勳、武三衞，大業初，改爲親、勳、武三侍。順德蓋開皇中爲勳衞，弘基則爲大業勳侍也。三衞、三侍皆分左、右。劉弘基，雍州池陽人。隋志，雍州有雲陽縣，無池陽。舊唐志云：貞觀三年，改石門爲雲陽，雲陽爲池陽。通鑑據唐書，以唐州縣書之也。皆避遼東之役，亡命在晉陽依淵，與世民善。左親衞竇琮，熾之孫也，竇熾，隋初三公。亦亡命在太原，素與世民有隙，每以自疑；世民加意待之，出入臥內，琮意乃安。

晉陽宮監猗氏裴寂，隋離宮皆置宮監。猗氏縣，屬河東郡。晉陽令武功劉文靜，晉陽縣，帶太原郡。武功縣，屬京兆郡。相與同宿，見城上烽火，寂歎曰：「貧賤如此，復逢亂離，復，扶又翻。將何以自存！」文靜笑曰：「時事可知，吾二人相得，何憂貧賤！」文靜見李世民而異之，深自結寂初未納，謂寂曰：「此非常人，豁達類漢高，神武同魏祖，年雖少，命世才也。」少，詩照翻。然之。未知文靜之言爲是。

文靜坐與李密連昏，繫太原獄，繫郡獄。世民就省之。文靜曰：「天下大亂，非高、光之才，不能定也。」以漢高祖、光武之事擿發世民。省，悉景翻；下同。世民曰：「安知其無，但人不識耳。我來相省，非兒女子之情，欲與君議大事也。計將安出？」文靜曰：「今主上南巡江、淮，李密圍逼東都，羣盜殆以萬數。當此之際，有眞主驅駕而用之，取天下如反掌耳。太原百姓皆避盜入城，文靜爲令數年，知其豪傑，一旦收拾，可得十萬人，尊公所將之兵復且數萬，將，卽亮翻。復，扶又翻。一言出口，誰敢不從！以此乘虛入關，號令天下，不過半年，帝業成矣。」世民笑曰：「君言正合吾意。」乃陰部署賓客，淵不之知也。世民恐淵不從，猶豫久之，不敢言。

淵與裴寂有舊，每相與宴語，或連日夜。文靜欲因寂關說，關，白也。說，輸芮翻；下同。乃引寂與世民交。世民出私錢數百萬，使龍山令高斌廉與寂博，稍以輸之，按隋志，後齊置龍山縣，帶太原郡，開皇十年改曰晉陽。則此時不復有龍山矣；豈斌廉在開皇中嘗爲令史，以舊官書之邪？對博者，不勝者納物與勝者曰輸。斌，音彬。寂大喜，由是日從世民遊，情款益狎。世民乃以其謀告之，寂許諾。

會突厥寇馬邑，淵遣高君雅將兵與馬邑太守王仁恭并力拒之；仁恭、君雅戰不利，按王仁恭是年春已死，此必去年，史序李淵起兵來歷及之。厥，九勿翻。將，卽亮翻。守，式又翻。淵恐幷獲罪，甚憂之。世民乘間屏人說淵曰：間，古莧翻。屏，必郢翻。「今主上無道，百姓困窮，晉陽城外皆爲戰場；大人若守小節，下有寇盜，上有嚴刑，危亡無日。不若順民心，興義兵，轉禍爲福，此天授之時也。」淵大驚曰：「汝安得爲此言，吾今執汝以告縣官！」因取紙筆，欲爲表。世民徐曰：「世民觀天時人事如此，故敢發言；必欲執告，不敢辭死！」淵曰：「吾豈忍告汝，汝愼勿出口！」明日，世民復說淵曰：「今盜賊日繁，遍於天下，大人受詔討賊，賊可盡乎！要之，終不免罪。且世人皆傳李氏當應圖讖，復，扶又翻。說，式芮翻。讖，楚譖翻。故李金才無罪，一朝族滅。李渾，字金才，族滅事見上卷大業十一年。大人設能盡賊，則功高不賞，身益危矣！唯昨日之言，可以救禍，此萬全之策也，願大人勿疑。」淵乃歎曰：「吾一夕思汝言，亦大有理。今日破家亡軀亦由汝，化家爲國亦由汝矣！」

先是，裴寂私以晉陽宮人侍淵，先，悉薦翻。淵從寂飲，酒酣，寂從容言曰：「二郎陰養士馬，欲舉大事，正爲寂以宮人侍公，世民第二。從，千容翻。爲，于僞翻。恐事覺幷誅，爲此急計耳。衆情已協，公意如何？」淵曰：「吾兒誠有此謀，事已如此，當復柰何，正須從之耳。」復，扶又翻；下同。

帝以淵與王仁恭不能禦寇，遣使者執詣江都。此帝謂煬帝。使，疏吏翻。淵大懼，世民與寂等復說淵曰：「今主昏國亂，盡忠無益。偏裨失律，而罪及明公。說，式芮翻。裨，賓彌翻。事已迫矣，宜早定計。且晉陽士馬精強，宮監蓄積巨萬，以茲舉事，何患無成！代王幼沖，關中豪傑並起，未知所附，公若鼓行而西，撫而有之，如探囊中之物耳。探，吐南翻。柰何受單使之囚，使，疏吏翻；下遣使同。坐取夷滅乎！」淵然之，密部勒，將發；會帝繼遣使者馳驛赦淵及仁恭，使復舊任，考異曰：創業注曰：「隋主遣司直姓名馳驛繫帝而斬仁恭。帝自以姓名著於圖籙，太原王氣所在，恐被猜忌，因而禍及，頗有所悔。時皇太子在河東，獨有秦王侍側，耳語謂王曰：『隋曆將盡，吾家繼膺符命，不早起兵者，顧爾兄弟未集耳。今遭羑里之厄，爾昆季須會孟津之師，不可從吾同受孥戮，家破身亡，爲英雄笑。』王泣而啓帝曰：『芒碭山澤，是處容人，請同漢祖，以觀時變。』帝曰：『今遇時來，逢茲錮繫，雖覩機變，何能爲也！然天命有在，吾應會昌，未必不以此相啓，今吾激勵，謹當敬天之誡以卜興亡，自天祐吾，彼焉能害，天必亡我，何所逃刑。』乃後數日，果有詔使馳驛而至。釋淵而免仁恭，各依舊檢校所部。」按煬帝若有詔斬仁恭，則比後使之至，仁恭已死矣。又高祖身爲留守，且被禁繫，亡去何之？恐此亦非太宗之謀也！今皆不取。淵謀亦緩。

淵之爲河東討捕使也，大業十一年，淵爲使討捕河東。使，疏吏翻。請大理司直夏侯端爲副。端，詳之孫也，梁武帝起兵荆、雍，夏侯詳佐命。夏，戶雅翻。善占候及相人，相，息亮翻。謂淵曰：「今玉牀搖動，帝座不安，晉天文志：北極五星，第二星主帝座。太乙之座，謂最赤明者。紫宮門內六星，曰天牀，主寢舍，解息燕休。又大角一星在攝提間，大角者，天王帝座也。天官書云：大角北三星爲帝座，主宴飲、酬酢也。參墟得歲，必有眞人起於其分，左傳：參爲晉星，故以晉陽爲參墟。得歲，謂歲星居參也。參，所今翻。分，扶問翻。非公而誰乎！主上猜忍，尤忌諸李，金才既死，公不思變通，必爲之次矣。」淵心然之。及留守晉陽，鷹揚府司馬太原許世緒煬帝制鷹揚府，有司馬及兵、倉兩司。說淵曰：「公姓在圖籙，名應歌謠；握五郡之兵，五郡，謂太原、鴈門、馬邑、樓煩、西河。說，式芮翻。當四戰之地，舉事則帝業可成，端居則亡不旋踵；唯公圖之。」行軍司鎧文水武士彠、按士彠傳，蓋爲行軍府司鎧參軍。隋志，文水縣屬太原郡，舊曰受陽，開皇十年改名。宋白曰：文水縣，漢大陵縣，後魏省大陵，於今處置受陽縣，隋改曰文水。彠，一號翻。前太子左勳衞唐憲、開皇之制，東宮左、右衞率府亦有親、勳、翊三衞，煬帝改親衞爲功曹。憲弟儉皆勸淵舉兵。儉說淵曰：「明公北招戎狄，南收豪傑，以取天下，此湯、武之舉也。」淵曰：「湯、武非所敢擬，在私則圖存，在公則拯亂，卿姑自重，吾將思之。」憲，儉之孫也。唐邕以強幹事高齊。時建成、元吉尚在河東，淵留建成護家居河東。故淵遷延未發。

劉文靜謂裴寂曰：「先發制人，後發制於人。何不早勸唐公舉兵，而推遷不已！推遷，言推故遷延也。推，吐雷翻。且公爲宮監，而以宮人侍客，公死可爾，何誤唐公也！」寂甚懼，屢趣淵起兵。趣，讀曰促。淵乃使文靜詐爲敕書，發太原、西河、鴈門、馬邑民年二十已上五十已下悉爲兵，期歲暮集涿郡，擊高麗，麗，力知翻。由是人情恟恟，思亂者益衆。恟，許拱翻。

及劉武周據汾陽宮，世民言於淵曰：「大人爲留守，而盜賊竊據離宮，不早建大計，禍今至矣！」淵乃集將佐謂之曰：將，即亮翻；下同。「武周據汾陽宮，吾輩不能制，罪當族滅，若之何？」王威等皆懼，再拜請計。淵曰：「朝廷用兵，動止皆稟節度。今賊在數百里內，江都在三千里外，加以道路險要，復有他賊據之；復，扶又翻。以嬰城膠柱之兵，當巨猾豕突之勢，必不全矣。進退維谷，何爲而可？」威等皆曰：「公地兼親賢，同國休戚，若俟奏報，豈及事機；要在平賊，專之可也。」淵陽若不得已而從之者，曰：「然則先當集兵。」乃命世民與劉文靜、長孫順德、劉弘基等各募兵，遠近赴集，旬日間近萬人，仍密遣使召建成、元吉於河東，柴紹於長安。近，其靳翻。使，疏吏翻。

王威、高君雅見兵大集，疑淵有異志，謂武士彠曰：「順德、弘基皆背征三侍，所犯當死，二人避役亡命，故曰背征。背，蒲妹翻。安得將兵！」欲收按之。士彠曰：「二人皆唐公客，若爾，必大致紛紜。」威等乃止。留守司兵田德平欲勸威等按募人之狀，隋制：留守置司功、倉、戶、兵、法、士曹等書佐。守，式又翻。士彠曰：「討捕之兵，悉隸唐公，威、君雅但寄坐耳，言但寄身於留守坐間也。坐，徂臥翻。彼何能爲！」德平亦止。

晉陽鄉長劉世龍開皇初，置保長、黨長，鄉長亦此類也。長，知兩翻。密告淵云：「威、君雅欲因晉祠祈雨，爲不利。」晉陽有晉王祠。五月，癸亥夜，淵使世民伏兵於晉陽宮城之外。甲子旦，淵與威、君雅共坐視事，使劉文靜引開陽府司馬胙城劉政會入立庭中，新唐志，太原有府十八，開陽其一也。隋志，胙城縣屬東郡，舊曰東燕，開皇十八年改名。稱有密狀。言有狀告密。淵目威等取狀視之，政會不與，曰：「所告乃副留守事，唯唐公得視之。」淵陽驚曰：「豈有是邪！」視其狀，乃云：「威、君雅潛引突厥入寇。」邪，音耶。厥，九勿翻。君雅攘袂大詬曰：詬，苦候翻，罵也。「此乃反者欲殺我耳。」時世民已布兵塞衢路，塞，悉則翻。文靜因與劉弘基、長孫順德等共執威、君雅繫獄。丙寅，突厥數萬衆寇晉陽，輕騎入外郭北門，出其東門。騎，奇寄翻；下同。淵命裴寂等勒兵爲備，而悉開諸城門，突厥不能測，莫敢進。衆以爲威、君雅實召之也，淵於是斬威、君雅以徇。淵部將王康達將千餘人出戰，皆死，城中恟懼。將，卽亮翻；下舉將同。恟，許拱翻。淵夜遣軍潛出城，旦則張旗鳴鼓自他道來，如援軍者；突厥終疑之，留城外二日，大掠而去。

14 煬帝命監門將軍涇陽龐玉、隋志：左、右監門府各將軍一人，掌宮殿門禁及守衞事。涇陽縣，屬京兆郡。監，工銜翻。虎賁郎將霍世舉將關內兵援東都。柴孝和說李密曰：賁，音奔。將，卽亮翻。說，式芮翻。「秦地山川之固，秦、漢所憑以成王業者也。今不若使翟司徒守洛口，裴柱國守回洛，翟司徒，讓也；裴柱國，仁基。翟，萇伯翻。明公自簡精銳西襲長安。既克京邑，業固兵強，然後東向以平河、洛，傳檄而天下定矣。方今隋失其鹿，豪傑競逐，不早爲之，必有先我者，先，悉薦翻。悔無及矣！」密曰：「此誠上策，吾亦思之久矣。但昏主尚存，從兵猶衆，從，才用翻。我所部皆山東人，見洛陽未下，誰肯從我西入！諸將出於羣盜，留之各競雌雄，如此，則大業隳矣。」孝和曰：「然則大軍既未可西上，僕請間行觀釁。」將，卽亮翻。上，時掌翻。間，古莧翻。

密許之。孝和與數十騎至陝縣，隋志，陝縣屬河南郡。騎，奇寄翻。陝，式冉翻。山賊歸之者萬餘人。時密兵鋒甚銳，每入苑，與隋兵連戰。苑，卽大業初所築西苑。會密爲流矢所中，尙臥營中，丁丑，越王侗使段達與龐玉等夜出兵，陳於回洛倉西北。陳，讀曰陣。密與裴仁基出戰，達等大破之，殺傷太半，密乃棄回洛，奔洛口。考異曰：略記云：「四月戊申，段達等帥關內兵陳於倉西、倉南，密出兵拒戰，大破兇醜，密還固倉。五月丁丑，達等又出兵陳於倉西、倉北，密又來拒，大破之，密奔洛口。」按隋書、北史、新・舊唐書皆云，「密爲流矢所中，臥營中，東都出兵擊之，密衆大潰，棄回洛倉，奔洛口。」俱無月日。河洛記云：「密軍失利，歸於鞏縣，東都復得回洛倉。」蒲山公傳曰：「五月二十八日，越王夜出師，使段達等大戰於倉西、北；密軍敗績，歸於鞏縣。」亦不云密連月再敗也。戊申，四月二十八日；丁丑，五月二十八日。蓋趙毅承蒲山公傳，誤以密一敗分爲二事也。龐玉、霍世舉軍於偃師，龐，薄江翻。杜佑曰：偃師，帝嚳所都，古西亳也，湯亦都之。武王伐紂，迴師息戎，遂名。偃師縣屬河南郡。柴孝和之衆聞密退，各散去。孝和輕騎歸密，楊德方、鄭德韜皆死。考異曰：楊德方，壺關錄作「王德仁」，今從河洛記。密以鄭頲爲左司馬，頲，他鼎翻。滎陽鄭乾象爲右司馬。考異曰：隋、唐書皆作「虔象」，唯壺關錄作「乾象」，云「密殺其兄乾覆。乾覆之子會通後從盛彥師殺密」，今從之。

15李建成、李元吉棄其弟智雲於河東而去，吏執智雲送長安，殺之。建成、元吉遇柴紹於道，與之偕行。

資治通鑑卷第一百八十四

端明殿學士兼翰林侍讀學士朝散大夫右諫議大夫充集賢殿修撰提舉西京嵩山崇福宮上柱國河內郡開國侯食邑一千八百戶食實封六百戶賜紫金魚袋臣 司馬光 奉敕編集

後學天台 胡三省 音註

隋紀八 起強圉赤奮若（丁丑）六月，不滿一年。

恭皇帝下

義寧元年（丁丑、六一七）

1 六月，己卯，李建成等至晉陽。

2 劉文靜勸李淵與突厥相結，厥，九勿翻。考異曰：創業注云：「突厥去，覘人來報，文武入賀。帝曰：『且勿相賀，當爲諸君召而使之。』即自手與突厥書。」蓋溫大雅欲歸功高祖耳。今從唐書劉文靜傳。資其士馬以益兵勢。淵從之，自爲手啓，卑辭厚禮，遺始畢可汗。遺，于季翻。可，從刊入聲。汗，音寒。考異曰：創業注云：「仍命封題，署云『名啓』。所司請改啓爲書；帝不許。」按太宗云：「太上皇稱臣於突厥，」蓋謂此時，但溫大雅諱之耳。云：「欲大舉義兵，遠迎主上，復與突厥和親，如開皇之時。若能與我俱南，願勿侵暴百姓；若但和親，坐受寶貨，亦唯可汗所擇。」始畢得啓，謂其大臣曰：「隋主爲人，我所知也，若迎以來，必害唐公而擊我無疑矣。苟唐公自爲天子，我當不避盛暑，以兵馬助之。」卽命以此意爲復書。使者七日而返，將佐皆喜，請從突厥之言，使，疏吏翻。將，卽亮翻；下同。淵不可。裴寂、劉文靜皆曰：「今義兵雖集而戎馬殊乏，胡兵非所須，須者，意所欲也。而馬不可失；若復稽回，復，扶又翻。恐其有悔。」淵曰：「諸君宜更思其次。」寂等乃請尊天子爲太上皇，立代王爲帝，以安隋室；移檄郡縣；改易旗幟，雜用絳白，以示突厥。隋色尚赤。今用絳而雜之以白，示若不純於隋。幟，昌志翻。厥，九勿翻。淵曰：「此可謂『掩耳盜鍾，』此鄙語也；言盜鍾者惡鍾聲之聞而掩耳盜之，此可以自欺而不可以欺人也。然逼於時事，不得不爾。」乃許之，遣使以此議告突厥。使，疏吏翻。厥，九勿翻。

西河郡不從淵命，甲申，淵使建成、世民將兵擊西河；將，卽亮翻，又音如字，領也。考異曰：創業注云：「命大郎、二郎率衆討西河。」高祖、太宗實錄但云「命太宗徇西河」，蓋史官沒建成之名耳。唐殷嶠傳：「從隱太子攻西河」。今從創業注。命太原令太原溫大有與之偕行，隋志，太原縣，舊曰晉陽，開皇十年，分置太原縣，而改後齊所置龍山縣爲晉陽縣，二縣並帶太原郡。令，力正翻。曰：「吾兒年少，少，詩照翻。以卿參謀軍事；事之成敗，當以此行卜之。」時軍士新集，咸未閱習，建成、世民與之同甘苦，遇敵則以身先之。先，悉薦翻。近道菜果，非買不食，軍士有竊之者，輒求其主償之，亦不詰竊者，詰，去吉翻。軍士及民皆感悅。至西河城下，民有欲入城者，皆聽其入。郡丞高德儒閉城拒守，己丑，攻拔之。執德儒至軍門，世民數之曰：「汝指野鳥爲鸞，以欺人主，取高官，事見一百八十二卷大業十一年。數，所具翻。又所主翻。吾興義兵，正爲誅佞人耳！」爲，于僞翻。遂斬之。自餘不戮一人，秋毫無犯，各尉撫使復業，尉，與慰同。遠近聞之大悅。義師初起，而人心如此，固可以取天下矣。建成等引兵還晉陽，往返凡九日。還，從宣翻，又音如字。淵喜曰：「以此行兵，雖橫行天下可也。」言世民行兵有紀律也。遂定入關之計。

淵開倉以賑貧民，賑，津忍翻。應募者日益多。淵命爲三軍，分左右，通謂之義士。裴寂等上淵號爲大將軍，上，時掌翻。癸巳，建大將軍府；以寂爲長史，長，知兩翻。劉文靜爲司馬，唐儉及前長安尉溫大雅爲記室，大雅仍與弟大有共掌機密，武士彠爲鎧曹，劉政會及武城崔善爲、太原張道源爲戶曹，晉陽長上邽姜謩爲司功參軍，太谷長殷開山爲府掾，此唐公開大將軍府，署置官屬，參用隋親王府、大將軍府、州郡官屬之制也。隋制，唯親王有掾、有屬、有記室，大將軍府有鎧曹，州郡有戶曹，皆行參軍也。煬帝改州爲郡，郡置諸司書佐，而書佐卽參軍之職，行書佐卽行參軍之職也。隋志，武城縣，屬清河郡；上邽縣，帶天水郡；太谷縣，屬太原郡，舊曰陽邑，開皇十八年改名。彠，一虢翻。鎧，可亥翻。謩，與謨同。長，知兩翻。掾，以絹翻。長孫順德、劉弘基、竇琮及鷹揚郎將高平王長諧、天水姜寶誼、陽屯爲左・右統軍；高平縣，後魏置高平郡，隋已改爲平高縣。煬帝改秦州爲天水郡，因古郡名也。統軍，後魏所置。將，卽亮翻。統，他綜翻。自餘文武，隨才授任。又以世子建成爲隴西公，左領軍大都督，左三統軍隸焉；世民爲敦煌公，敦，大門翻。右領軍大都督，右三統軍隸焉；各置官屬。以柴紹爲右領軍府長史；此左、右領軍，以總領左、右軍而名，非取隋十二衛左、右領軍之職而名也。諮議譙人劉瞻領西河通守。此大將軍府諮議參軍也。譙縣屬譙郡。瞻，而豔翻。守，式又翻。道源名河，開山名嶠，皆以字行。開山，不害之孫也。殷不害以孝行聞於陳、隋之間。

3 李密復帥衆向東都，復，扶又翻；下同。帥，讀曰率。丙申，大戰于平樂園。此蓋卽漢、魏平樂觀之地爲園也。然漢、魏平樂觀在洛城西，隋既遷營新都，則平樂園當在都城東。樂，音洛。密左騎、右步，騎，奇寄翻。中列強弩，鳴千鼓以衝之，東都兵大敗，密復取回洛倉。

4 突厥遣其柱國康鞘利等厥，九勿翻。鞘，所交翻。送馬千匹詣李淵爲互市，許發兵送淵入關，多少隨所欲。少，詩沼翻；下同。丁酉，淵引見康鞘利等，受可汗書，禮容盡恭。可，從刊入聲。汗，音寒。贈遺康鞘利等甚厚。擇其馬之善者，止市其半；義士請以私錢市其餘，淵曰：「虜饒馬而貪利，其來將不已，恐汝不能市也。吾所以少取者，示貧，且不以爲急故也，當爲汝貰之，爲，于僞翻。貰，時制翻，賒也。不足爲汝費。」

乙巳，靈壽賊帥郗士陵隋志，靈壽縣屬恆山郡。帥，所類翻。郗，丑之翻。帥衆數千降於淵，淵以爲鎭東將軍、燕郡公，帥，讀曰率。降，戶江翻。燕，因肩翻。仍置鎭東府，補僚屬，以招撫山東郡縣。

己巳，康鞘利北還。淵命劉文靜使於突厥以請兵，使，疏吏翻；下同。私謂文靜曰：「胡騎入中國，生民之大蠹也。騎，奇寄翻。吾所以欲得之者，恐劉武周引之共爲邊患；又，胡馬行牧，不費芻粟，聊欲藉之以爲聲勢耳。數百人之外，無所用之。」觀唐公之言，豈若肅、代及石晉之君所爲哉！

5 秋，七月，煬帝遣江都通守王世充將江、淮勁卒，將軍王隆帥邛黃蠻，按唐書，邛部有烏蠻、白蠻；又謂羣蠻種類多不可記，意必有黃蠻也。守，式又翻；下同。充將，即亮翻，又音如字，領也。帥，讀曰率；下同。邛，渠容翻。河北大使太常少卿韋霽、河南大使虎牙郎將王辯等二人蓋皆討捕大使也。使，疏吏翻。少，始照翻。將，即亮翻；下同。各帥所領同赴東都，相知討李密。帥，讀曰率。考異曰：雜記：「四月，世充帥淮南兵萬人援東都。世充行至彭城，懼密衆之盛，自以兵少不敵，乃間行自黎陽濟河而至。七月，世充帥留守兵二萬擊密無功。」今從略記、蒲山公傳。霽，世康之子也。韋世康，開皇四大總管之一。

6 壬子，李淵以子元吉爲太原太守，留守晉陽宮，後事悉以委之。守，式又翻。癸丑，淵帥甲士三萬發晉陽，立軍門誓衆，幷移檄郡縣，諭以尊立代王之意；西突厥阿史那大柰亦帥其衆以從。大業八年，分大柰之衆居樓煩，故今亦從淵。帥，讀曰率。厥，九勿翻。從，才用翻。甲寅，遣通議大夫張綸將兵徇稽胡。稽胡部落居郃〔汾〕、石間。丙辰，淵至西河，慰勞吏民，勞，力到翻。賑贍窮乏；民年七十以上，皆除散官，朝議等八郎，武騎等八尉，皆散官也。賑，津忍翻。贍，而豔翻。散，悉亶翻。其餘豪俊，隨才授任，口詢功能，手註官秩，一日除千餘人；受官皆不取告身，唐志：補官者皆給以符，謂之告身，猶今言付身也。各分淵所書官名而去。淵入雀鼠谷；壬戌，軍賈胡堡，賈胡堡，在霍邑西北。括地志：汾州靈石縣有賈胡堡。賈，音古。去霍邑五十餘里。代王侑遣虎牙郎將宋老生帥精兵二萬屯霍邑，將，即亮翻。左武侯大將軍屈突通【章：十二行本「通」下有「將驍果數萬」五字；乙十一行本同；孔本同；張校同；退齋校同。】屯河東以拒淵。屈，區勿翻。會積雨，淵不得進，遣府佐沈叔安等將羸兵還太原，更運一月糧。將，如字，即良翻。羸，倫爲翻。還，從宣翻，又音如字。乙丑，張綸克離石，殺太守楊子崇。煬帝改石州爲離石郡。

劉文靜至突厥，見始畢可汗，請兵，且與之約厥，九勿翻。可，從刊入聲。汗，音寒。考異曰：唐劉文靜傳曰：「始畢曰：『唐公起事，今欲何爲？』文靜曰：『皇帝廢冢嫡，傳位後主，致斯禍亂。唐公國之懿戚，不忍坐觀成敗，故起義軍，欲黜不當立者。』創業起居注先已再遣使至突厥，不容始畢方有此問。今不取。曰：「若入長安，民衆土地入唐公，金玉繒帛歸突厥。」繒，慈陵翻。厥，九勿翻。始畢大喜，丙寅，遣其大臣級失特勤先至淵軍，告以兵已上道。上，時掌翻。

淵以書招李密。考異曰：壺關錄云：「高祖屯壽陽，遣右衛將軍張仁則齎書招李密。」蒲山公傳：「密答書曰：『使至，辱今月十九日書』，按長曆是月己酉朔，十九日丁卯，不應己巳還至霍邑，又發書日不應猶在壽陽。今皆不取。密自恃兵強，欲爲盟主，【章：十二行本「主」下有「己巳」二字；乙十一行本同；孔本同；張校同。】使祖君彥復書曰：「與兄派流雖異，根系本同。唐公出於李虎，密出於李弼，是異派也。然李弼之先，本遼東襄平人。李虎祖西涼，本隴西成紀人。所謂根系，但同姓耳。自唯虛薄，爲四海英雄共推盟主。「唯」，當作「惟」。惟，思也。詳見審是。所望左提右挈，戮力同心，執子嬰於咸陽，以謂代王。殪商辛於牧野，以謂煬帝。殪，於計翻。豈不盛哉！」且欲使淵以步騎數千自至河內，煬帝改懷州爲河內郡。騎，奇寄翻。面結盟約。淵得書，笑曰：「密妄自矜大，非折簡可致。吾方有事關中，若遽絕之，乃是更生一敵；不如卑辭推獎以驕其志，使爲我塞成皋之道，綴東都之兵，塞成皋之道，則江都信使不通；綴東都之兵，則不得西應長安。折，之舌翻。爲，于僞翻。塞，悉則翻。我得專意西征。俟關中平定，據險養威，徐觀鷸蚌之勢以收漁人之功，未爲晚也。」戰國策：趙且伐燕，蘇代爲燕說趙惠王曰：「今者臣來過易水，蚌方出曝，鷸啄其肉，蚌合而拑其喙，鷸曰：『今日不雨，明日不雨，即有蚌脯。』蚌亦謂鷸曰：『今日不出，明日不出，必見死鷸。』漁父見而并獲之。今燕、趙相持，臣恐強秦之爲漁父也。」唐公欲使李密與東都相持而已收漁人之利。鷸，餘律翻。乃使溫大雅復書曰：「吾雖庸劣，幸承餘緒，出爲八使，漢順帝遣八使。唐公使山西、河東，故云然。使，疏吏翻；下同。入典六屯，隋制，六軍十二衞，唐公嘗爲將軍，故云。顛而不扶，通賢所責。所以大會義兵，和親北狄，共匡天下，志在尊隋。天生烝民，必有司牧，當今爲牧，非子而誰！老夫年逾知命，孔子曰：「五十而知天命。」願不及此。欣戴大弟，攀鱗附翼，唯弟早膺圖籙，以寧兆民！宗盟之長，屬籍見容，屬籍，宗屬之籍。長，知兩翻。復封於唐，斯榮足矣。殪商辛於牧野，所不忍言；執子嬰於咸陽，未敢聞命。汾晉左右，尚須安輯；盟津之會，未暇卜期。」盟，讀曰孟。密得書甚喜，以示將佐曰：「唐公見推，天下不足定矣！」將，卽亮翻。自是信使往來不絕。

雨久不止，淵軍中糧乏；劉文靜未返，或傳突厥與劉武周乘虛襲晉陽；淵召將佐謀北還。厥，九勿翻。還，從宣翻，又音如字。裴寂等皆曰：「宋老生、屈突通連兵據險，未易猝下。屈，居勿翻。易，以豉翻。李密雖云連和，姦謀難測。突厥貪而無信，唯利是視。武周，事胡者也。太原一方都會，且義兵家屬在焉，不如還救根本，更圖後舉。」李世民曰：「今禾菽被野，何憂乏糧！老生輕躁，一戰可擒。被，皮義翻。躁，則到翻。李密顧戀倉粟，未遑遠略。武周與突厥外雖相附，內實相猜。武周雖遠利太原，豈可近忘馬邑！本興大義，奮不顧身以救蒼生，當先入咸陽，號令天下。今遇小敵，遽已班師，恐從義之徒一朝解體，還守太原一城之地爲賊耳，還，從宣翻，又音如字。何以自全！」李建成亦以爲然。淵不聽，促令引發。世民將復入諫，令，力丁翻。復，扶又翻。會日暮，淵已寢；世民不得入，號哭於外，聲聞帳中。號，戶刀翻。聞，音問。淵召問之，世民曰：「今兵以義動，進戰則克，退還則散；衆散於前，敵乘於後，死亡無日，何得不悲！」淵乃悟曰：「軍已發，柰何？」世民曰：「右軍嚴而未發；嚴，裝也。左軍雖去，計亦未遠，請自追之。」淵笑曰：「吾之成敗皆在爾，知復何言，復，扶又翻。唯爾所爲。」世民乃與建成【章：十二行本「成」下有「分道」二字；乙十一行本同；孔本同；張校同。】夜追左軍復還。復，音如字。考異曰：創業注：「帝集文武官人及大郎、二郎等而謂之曰：『以天贊我而言，應無此勢；以人事見機而發，無有不爲。借遣吾當突厥、武周之地，何有不來之理。諸公謂云何？』議者以『老生、屈突通相去不遠；李密譎誑，姦謀難測；突厥見利而行；武周，事胡者也；太原一都之會，義兵家屬在焉。愚夫所慮，伏聽教旨。』唐公顧謂大郎、二郎曰：『爾輩何如？』對曰：『武周位極而志滿，突厥少信而貪利，外雖相附，內實相猜。突厥必欲求利太原，寧肯近忘馬邑！武周悉其此勢，未必同謀同志。老生、突厥奔競來拒，進闕圖南，退窮自北，還無所入，往無所之，畏溺先沈，近於斯矣。今禾菽被野，人馬無憂，坐卽有糧，行卽得衆。李密戀於倉粟，未遑遠略。老生輕躁，破之不疑。定業取威，在茲一決。諸人保家愛命，言不可聽。雨罷進軍，若不殺老生而取霍邑，兒等敢以死謝！』唐公喜曰：『爾謀得之，吾其決矣。三占從二，何藉輿言。懦夫之徒，幾敗乃公事耳。』」太宗實錄盡以爲太宗之策，無建成名，蓋沒之耳。據建成同追左軍，則是建成意亦不欲還也。今從創業注。丙子，太原運糧亦至。

7 武威鷹揚府司馬李軌，煬帝改涼州爲武威郡。各郡置鷹揚府，有郎將、副郎將、長史、司馬。家富，好任俠；好，呼到翻；下同。薛舉作亂於金城，是年，夏四月，薛舉起。軌與同郡曹珍、關謹、梁碩、李贇、安脩仁等謀曰：贇，於倫翻。「薛舉必來侵暴，郡官庸怯，勢不能禦，吾輩豈可束手并妻孥爲人所虜邪！孥，音奴。邪，音耶。不若相與并力拒之，保據河右以待天下之變。」衆皆以爲然，欲推一人爲主，各相讓，莫肯當。曹珍曰：「久聞圖讖李氏當王；讖，楚譖翻。今軌在謀中，乃天命也。」遂相與拜軌，奉以爲主。丙辰，軌令脩仁集諸胡，令，力丁翻。安氏，涼州豪望，世爲民夷所附，故使之集諸胡。軌結民間豪傑，共起兵，執虎賁郎將謝統師、郡丞韋士政。賁，音奔。將，即亮翻。統，他綜翻。軌自稱河西大涼王，置官屬並擬開皇故事。關謹等欲盡殺隋官，分其家貲，軌曰：「諸人既逼以爲主，當稟其號令。今興義兵以救生民，乃殺人取貨，此羣盜耳，將何以濟！」於是以統師爲太僕卿，士政爲太府卿。西突厥闕度設據會寧川，大業八年，分闕度設居會寧。厥，九勿翻。自稱闕可汗，請降於軌。可，從刊入聲。汗，音寒。降，戶江翻。

8 薛舉自稱秦帝，考異曰：唐高祖實錄：「武德元年四月辛卯，舉稱尊號。」按今冬舉敗，問褚亮曰：「天子有降事否？」是則已稱尊號也。今從唐書舉傳。立其妻鞠氏爲皇后，子仁果爲皇太子。遣仁果將兵圍天水，克之，舉自金城徙都之。仁果多力，善騎射，將，即亮翻。騎，奇寄翻。軍中號萬人敵；然性貪而好殺。嘗獲庾信子立，怒其不降，磔於火上，稍割以啗軍士。庾信自梁入關，有文名。史言薛仁果在兵間不能收禮文藝名義之士，卒以敗亡。好，呼到翻。降，戶江翻。磔，陟格翻。啗，徒濫翻。及克天水，悉召富人，倒懸之，以醋灌鼻，責其金寶。舉每戒之曰：「汝之才略足以辦事，然苛虐無恩，終當覆我國家。」

舉遣晉王仁越將兵趨劍口，至河池郡；太守蕭瑀拒卻之。劍口，劍門關口。舉指授仁越，使之趨劍口，未至，而蕭瑀以河池拒之，遂退卻。將，即亮翻；下同。趨，七喻翻，又逡須翻。瑀，音禹。守，式又翻。

又遣其將常仲興濟河擊李軌，與軌將李贇戰於昌松，隋志：昌松縣，屬武威郡。仲興舉軍敗沒。軌欲縱遣之，贇曰：「力戰獲俘，復縱以資敵，將焉用之！不如盡阬之。」復，扶又翻；下同。焉，於乾翻。軌曰：「天若祚我，當擒其主，此屬終爲我有；若其無成，留之何益！」乃縱之。李軌不殺隋官，縱薛舉兵，皆有人君之言；其才略不足以濟，則徒言無益也。未幾，攻張掖、敦煌、西平、枹罕，皆克之，幾，居豈翻。敦，徒門翻。枹，音膚。盡有河西五郡之地。

9 煬帝詔左禦衞大將軍涿郡留守薛世雄將燕地精兵三萬討李密，燕，因肩翻。命王世充等諸將皆受世雄節度，所過盜賊，隨便誅翦。世雄行至河間，軍於七里井，七里井，蓋其地去河間七里，故名。竇建德士衆惶懼，悉拔諸城南遁，聲言還入豆子䴚。䴚，各朗翻。世雄以爲畏己，不復設備，建德謀還襲之。其處去世雄營百四十里，建德帥敢死士二百八十人先行，帥，讀曰率。令餘衆續發，建德與其士衆約曰：「夜至，則擊其營；已明，則降之。」降，戶江翻；下同。未至一里所，天欲明，建德惶惑議降；會天大霧，人咫尺不相辨，建德喜曰：「天贊我也！」贊，助也。遂突入其營擊之，世雄士卒大亂，皆騰柵走。世雄不能禁，與左右數十騎遁歸涿郡，考異曰：革命記：「帝以李密在洛口，征遼回日，令右翊衞將軍薛世雄於留鎭兵內簡練精銳及幽、易驍勇討密，經過之處，若有草竊，隨便誅翦；仍令王世充等諸軍並取世雄處分。世雄乃自領精兵六萬，四月末，至河間郡城下作營，州縣皆備牛酒軍糧以待薛將軍。時建德以無糧食，兵士先皆分散，餘軍不滿千人，在武強縣境收麥充食，聞世雄兵至河間，惶懼無計。問一女巫：『欲走避之，如何？』巫云：『不免。』問：『欲首如何？』巫云：『亦不吉。』問：『欲掩其不備擊之，如何？』巫云：『今夜天未明到，大吉。』卜時，日已午；卜處，去河間一百四十里。建德簡精兵二百八十人先行，餘勒續發。建德與衆決云：『夜到卽打，明卽降之，吉凶之事，在此舉耳。』遂行。去世雄營二里，天已屬明，又聞吹角聲擬發，建德惶惑欲降。須臾，大霧忽起，建德曰：『此天助我也。』遂引兵入營攻之，兵遂大亂。世雄左右先已裝束擬發，世雄遂得上馬奔走，仍中數槍，僅而獲免。幽、易之士，並不欲作留鎮兵，先無鬭意，既不知賊多少，悉棄甲奔亡，遂使山東賊勢轉盛。李密先招慰河北州縣，多悉從之。世雄慙憤而卒。」唐實建德傳云：「七月，世雄討之，建德帥敢死士千人襲之，世雄以數百騎遁去。」今從隋薛世雄傳，以建德傳、革命記參之。　慙恚發病卒。恚，於避翻。卒，子恤翻。建德遂圍河間。

10 八月，己卯，雨霽。庚辰，李淵命軍中曝鎧仗行裝。鎧，可亥翻。辛巳旦，東南由山足細道趣霍邑。趣，七喻翻，又逡須翻。淵恐宋老生不出，李建成、李世民曰：「老生勇而無謀，以輕騎挑之，挑，徒了翻。理無不出；脫其固守，則誣以貳於我。彼恐爲左右所奏，安敢不出！」淵曰：「汝測之善，老生不能逆戰賈胡，謂淵屯賈胡堡時，老生不能逆戰。賈，音古。吾知其無能爲也！」淵與數百騎先至霍邑城東數里以待步兵，使建成、世民將數十騎至城下，舉鞭指麾，若將圍城之狀，且詬之。騎，奇寄翻。詬，苦候翻。老生怒，引兵三萬自東門、南門分道而出，淵使殷開山趣召後軍。趣，讀曰促。後軍至，淵欲使軍士先食而戰，世民曰：「時不可失。」淵乃與建成陳於城東，世民陳於城南。陳，讀曰陣；下同。淵、建成戰小卻，世民與軍頭臨淄段志玄自南原引兵馳下，新唐志曰：武德元年，改鷹揚郎將曰軍頭。蓋起兵之初，已置軍頭也。後又改軍頭爲驃騎將軍。隋志，臨淄縣屬北海郡。衝老生陳，出其背，世民手殺數十人，兩刀皆缺，流血滿袖，灑之復戰。淵兵復振，復，扶又翻。因傳呼曰：「已獲老生矣！」老生兵大敗，淵兵先趣其門，趣，七喻翻。門閉，老生下馬投塹，劉弘基就斬之，僵尸數里。塹，七豔翻。僵，居良翻。日已暮，淵卽命登城，時無攻具，將士肉薄而登，遂克之。

淵賞霍邑之功，軍吏疑奴應募者不得與良人同，淵曰：「矢石之間，不辨貴賤，論勳之際，何有等差，宜並從本勳授。」壬午，淵引見霍邑吏民，勞賞如西河，勞，力到翻。選其丁壯使從軍；關中軍士欲歸者，並授五品散官，煬帝置散職九大夫，朝請大夫正五品，朝散大夫從五品。散，悉但翻。遣歸。旣順其歸志，又以動關中士民之心。或諫以官太濫，淵曰：「隋氏吝惜勳賞，此所以失人心也，柰何效之！且收衆以官，不勝於用兵乎！」

丙戌，淵入臨汾郡，平陽，古郡名，後改置唐州，後改爲晉州，開皇初，改郡曰平河；平陽縣改曰臨汾縣，惡平陽之名也；大業初，改曰臨汾郡。慰撫如霍邑。庚寅，宿鼓山。鼓山，在絳郡北。絳郡通守陳叔達拒守；通守，式又翻。煬帝改絳州爲絳郡。辛卯，進攻，克之。叔達，陳高宗之子，有才學，淵禮而用之。

癸巳，淵至龍門，龍門縣屬河東郡，在郡東北。劉文靜、康鞘利以突厥兵五百人、馬二千匹來至。淵喜其來緩，謂文靜曰：「吾西行及河，突厥始至，兵少馬多，皆君將命之功也。」厥，九勿翻。少，詩沼翻。

汾陽薛大鼎說淵：按新唐書，薛大鼎，蒲州汾陰人。隋、唐志亦皆無汾陽縣，「陽」當作「陰」。說，式芮翻。「請勿攻河東，自龍門直濟河，據永豐倉，傳檄遠近，關中可坐取也。」淵將從之。諸將請先攻河東，乃以大鼎爲大將軍府察非掾。察非掾，言使之察姦非，若漢刺姦掾也。煬帝時左、右候衞府增置察非掾。諸將，卽亮翻。掾，俞絹翻。

河東縣戶曹任瓌河東縣，帶河東郡，舊曰蒲坂，開皇十六年改名。隋制，縣置金、戶、兵、法、士等曹佐。任，音壬。瓌，古回翻。說淵曰：「關中豪傑皆企踵以待義兵。瓌在馮翊積年，瓌，仁壽中爲馮翊韓城尉。說，式芮翻。企，去智翻。知其豪傑，請往諭之，必從風而靡。義師自梁山濟河，指韓城，逼郃陽。梁山，在韓城縣界，臨河，卽左傳所謂梁山崩者也。韓城、郃陽二縣皆屬馮翊郡，隋所置也。杜佑曰：同州韓城縣，漢爲夏陽縣，有梁山、龍門山。宋白曰：今韓城縣西南三里有夏陽故城，乃韓國故城。今縣理南二十五里有少梁故城。隋文帝分郃陽故城，於此置韓城縣，以古韓城爲名。郃，古沓翻。蕭造文吏，必當望塵請服。孫華之徒，皆當遠迎，然後鼓行而進，直據永豐，雖未得長安，關中固已定矣。」淵悅，以瓌爲銀青光祿大夫。隋制，銀青光祿，散職，從三品。

時關中羣盜，孫華最強；丙申，淵至汾陰，以書招之。汾陰縣屬河東郡。己亥，淵進軍壺口，隋志：文城郡昌寧縣有壺口山。河濱之民獻舟者日以百數，仍置水軍。壬寅，孫華自郃陽輕騎渡河見淵。騎，奇寄翻；下同。淵握手與坐，慰奬之，以華爲左光祿大夫、武鄉縣公，領馮翊太守，隋制，散職左光祿，正二品。馮翊縣，後魏曰華陰，西魏改曰武鄉，大業初，改曰馮翊。今以開皇舊縣名封華。守，式又翻。其徒有功者，委華以次授官，賞賜甚厚。使之先濟；繼遣左右統軍王長諧、劉弘基及左領軍長史陳演壽、陳演壽，建成府元僚。長，知兩翻。金紫光祿大夫史大柰金紫光祿，散職，正三品。將步騎六千自梁山濟，營於河西以待大軍。以任瓌爲招慰大使，瓌說韓城，下之。淵謂長諧曰：「屈突通精兵不少，任，音壬。瓌，古回翻。使，疏吏翻。說，式芮翻。少，詩沼翻。相去五十餘里，不敢來戰，足明其衆不爲之用。然通畏罪，不敢不出。若自濟河擊卿等，則我進攻河東，必不能守；若全軍守城，則卿等絕其河梁：河梁，謂蒲津橋。前扼其喉，後拊其背，彼不走必爲擒矣。」

11 驍果從煬帝在江都者多逃去，驍，堅堯翻。帝患之，以問裴矩，對曰：「人情非有匹偶，難以久處，處，昌呂翻。請聽軍士於此納室。」帝從之。九月，悉召江都境內寡婦、處女集宮下，恣將士所取；或先與姦者聽自首，處，昌呂翻。將，卽亮翻。首，手又翻。卽以配之。

12 武陽郡丞元寶藏以郡降李密，煬帝改魏州爲武陽郡。降，戶江翻；下同。甲寅，密以寶藏爲上柱國、武陽公。寶藏使其客鉅鹿魏徵爲啓謝密，隋志，鉅鹿縣屬襄國郡。且請改武陽爲魏州；

又請帥所部西取魏郡，煬帝改相州爲魏郡。帥，讀曰率。南會諸將取黎陽倉。汲郡黎陽縣有黎陽倉。將，即亮翻。密喜，即以寶藏爲魏州總管，召魏徵爲元帥府文學參軍，掌記室。帥，所類翻。徵少孤貧，好讀書，有大志，少，詩照翻。好，呼到翻。落拓不事生業。始爲道士，寶藏召典書記。密愛其文辭，故召之。

初，貴鄉長弘農魏德深，隋志：貴鄉縣，帶武陽郡。劉昫曰：魏州，漢魏郡元城縣之地。後魏天平二年，分館陶西界於今州西北三十里古趙城置貴鄉縣。後魏建德七年，以趙城卑濕，西南移三十里，就孔思集寺爲貴鄉縣。大象二年，於縣置魏州，隋改名武陽郡。隋志，魏德深本鉅鹿人，家弘農；隋河南郡陝縣，後魏之弘農郡也。弘農郡之弘農縣，後魏之西弘農郡也。魏避諱，「弘」作「恆」。長，知兩翻。爲政清靜，不嚴而治。治，直吏翻。遼東之役，徵稅百端，使者旁午，責成郡縣，民不堪命，唯貴鄉閭里不擾，有無相通，不竭其力，所求皆給。元寶藏受詔捕賊，數調器械，數，所角翻。調，徒釣翻。動以軍法從事。其鄰城營造，皆聚於聽事，聽，讀曰廳。官吏遞相督責，晝夜喧囂，猶不能濟。德深聽隨便脩營，官府寂然，恆若無事，恆，戶登翻。唯戒吏以不須過勝餘縣，使百姓勞苦；然民各自竭心，常爲諸縣之最，民愛之如父母。寶藏深害其能，遣將千兵赴東都。將，即亮翻。所領兵聞寶藏降密，思其親戚，輒出都門，東向慟哭而返；或勸之降密，皆泣曰：「我與魏明府同來，何忍棄去！」

河南、山東大水，餓殍滿野，殍，平表翻。煬帝詔開黎陽倉賑之，吏不時給，死者日數萬人。徐世勣言於李密曰：「天下大亂，本爲饑饉。爲，于僞翻。今更得黎陽倉，大事濟矣。」密遣世勣帥麾下五千人自原武濟河，隋志：原武縣屬滎陽郡，開皇十六年置。帥，讀曰率。會元寶藏、郝孝德、李文相及洹水賊帥張升、清河賊帥趙君德共襲破黎陽倉，據之，隋志：洹水縣屬魏郡，後周置。洹，于元翻，又音桓。帥，所類翻。考異曰：河洛記，今年四月，祖君彥檄云：「又得回洛，復取黎陽，天下之倉盡非隋有。」而九月魏徵啓方勸取黎陽。蓋君彥爲檄，欲虛張聲勢，非事實也。開倉恣民就食，浹旬間，得勝兵二十餘萬。浹，子協翻。勝，音升。考異曰：唐李勣傳：「勣初得黎陽倉，就食者數十萬人。魏徵、高季輔、杜正倫、郭孝恪皆客游其所，一見於衆人中，卽加禮敬，引之臥內，談謔忘倦。」按徵爲元寶藏作啓，方謀取黎陽倉，高季輔已爲汲令，杜正倫爲羽騎都尉，郭孝恪先在密所：足知此事爲虛。今不取。余按隋置羽騎尉，「都」字衍。武安、永安、義陽、弋陽、齊郡相繼降密。煬帝改洛州爲武安郡，黄州爲永安郡。義陽郡，齊、梁曰司州，後魏曰郢州，後周改申州，大業二年改義州，尋改爲郡。改光州爲弋陽郡。改齊州爲齊郡。竇建德、朱粲之徒亦遣使附密，使，疏吏翻。密以粲爲揚州總管、鄧公。以粲總管揚州而爵爲鄧公也。泰山道士徐洪客獻書於密，以爲：「大衆久聚，恐米盡人散，師老厭戰，難可成功。」勸密「乘進取之機，因士馬之銳，沿流東指，直向江都，執取獨夫，號令天下。」密壯其言，以書招之，洪客竟不出，莫知所之。

13乙卯，張綸徇龍泉、文成等郡，煬帝改隰州爲龍泉郡，治隰川縣，漢之蒲子縣也。改汾州爲文城郡，治吉昌縣，後魏定陽縣也。皆下之，獲文成太守鄭元璹。元璹，譯之子也。成隋文帝業者，鄭譯也。守，式又翻。璹，殊玉翻。

14屈突通遣虎牙郎將桑顯和將驍果數千人夜襲王長諧等營，長諧等戰不利，將，即亮翻。考異曰：創業注云：「桑顯和帥驍果精兵數千人夜馳掩襲長諧等軍營，諧及孫華等奉敎備豫，故並覺之；伺和赴營，設伏分擊，應時摧散。」唐高祖本紀云：「義師不利，太宗以遊騎數百掩其後，顯和潰散。按太宗時未過河西。今從高祖實録及唐史大柰傳。孫華、史大柰以遊騎自後擊顯和，大破之。騎，奇寄翻。顯和脱走入城，仍自絕河梁。丙辰，馮翊大守蕭造降於李淵。造，脩之子也。梁宜豐侯。「脩」，一作「循」。

戊午，淵帥諸軍圍河東，降，戶江翻。帥，讀曰率。考異曰：創業注：「戊午，唐公親率諸軍圍河東郡，屈突通不敢出，閉門自守。城甚高峻，不易可攻，唐公觀義士等志，試遣登之，南面千餘人應時而上。時值雨甚，公命旋師。軍人時速上城，不時速下。公曰：『屈突宿衞舊人，解安陣隊，野戰非其所長，嬰城善爲捍禦。我師常勝，人必輕之，驍鋭先登，恐無還路。今且示威而已，未是攻城之時；殺人得城，知何所用！』乃命還。」唐高祖實錄云：「驍勇千餘人已登其南城，高祖在東原，不之見。會暴雨，高祖鳴角收衆，由是不克。」温大雅因爲虛美耳。今不取。屈突通嬰城自守。

將佐復推淵領太尉，復，扶又翻。增置官屬，淵從之。時河東未下，三輔豪傑至者日以千數。淵欲引兵西趣長安，趣，七喻翻，又逡須翻。猶豫未決。裴寂曰：「屈突通擁大衆，憑堅城，吾捨之而去，若進攻長安不克，退爲河東所躡，腹背受敵，此危道也。不若先克河東，然後西上。上，時掌翻。長安恃通爲援，通敗，長安必破矣。」李世民曰：「不然。兵貴神速，吾席累勝之威，撫歸順之衆，鼓行而西，長安之人望風震駭，智不及謀，勇不及斷，斷，丁亂翻。取之若振槁葉耳。若淹留自弊於堅城之下，彼得成謀脩備以待我，坐費日月，衆心離沮，沮，在呂翻。則大事去矣。且關中蜂起之將，未有所屬，不可不早招懷也。將，卽亮翻；下同。屈突通自守虜耳，不足爲慮。」淵兩從之，留諸將圍河東，自引軍而西。

朝邑法曹武功靳孝謨，以蒲津、中潬二城降，隋志：朝邑縣，屬馮翊郡，後魏曰南五泉，西魏改焉。其地當蒲津橋西，唐改爲河西縣，梁大河爲橋，故有中潬。朝，直遙翻。靳，居焮翻。潬，徒旱翻。降，戶江翻；下同。華陰令李孝常以永豐倉降，隋志：華陰縣屬京兆郡。華，戶化翻。仍應接河西諸軍。孝常，圓通之子也。李圓通寵任於開皇之初。京兆諸縣亦多遣使請降。使，疏吏翻。

王世充、韋霽、王辯及河內通守孟善誼、河陽郡尉獨孤武都河陽非郡也。隋制，舊有兵處，州刺史帶諸軍事以統之。煬帝罷州置郡，別置都尉領兵，與郡不相知。「郡尉」，當作「都尉」。各帥所領會東都，帥，讀曰率；下同。唯王隆後期不至。王隆，帥邛黄蠻者也。己未，越王侗使虎賁郎將劉長恭等帥留守兵，龐玉等帥偃師兵，與世充等合十餘萬衆，擊李密於洛口。賁，音奔。守，式又翻。帥，讀曰率。考異曰：略記作「乙丑」。河洛記作「十二日」。蒲山公傳：「九月十一日，師出東都。」按長曆，是月己酉朔，乙丑十七日也。今從蒲山公傳。與密夾洛水相守。煬帝詔諸軍皆受世充節度。考異曰：略記云：「世充擊密，罔不摧破，露布相續而來，百姓忻忻歡詠於道。」蒲山公傳云：「自秋徂冬，凡經三十餘戰，世充多敗績。」河洛記云：「四十餘戰，世充無功。」三書相違，莫知孰是，今皆不取，唯勝負有顯狀者存之。

帝遣攝江都郡丞馮慈明向東都，爲密所獲，密素聞其名，慈明事煬帝於并省，歷位于朝，其名夙著。延坐勞問，勞，力到翻。禮意甚厚，因謂曰：「隋祚已盡，公能與孤立大功乎？」慈明曰：「公家歷事先朝，朝，直遥翻。榮祿兼備。不能善守門閥，乃與玄感舉兵，偶脫罔羅，得有今日，唯圖反噬，未諭高旨。莽、卓、敦、玄王莽、董卓、王敦、桓玄。非不強盛，一朝夷滅，罪及祖宗。僕死而後已，不敢聞命！」密怒，囚之。慈明說防人席務本，說，輸芮翻。使亡走。奉表江都，及致書東都論賊形勢，至雍丘，爲密將李公逸所獲，將，即亮翻；下同。密又義而釋之；出至營門，翟讓殺之。慈明，子琮之子也。馮子琮事高齊，死於琅邪王儼之難。

密之克洛口也，是年二月，密克洛口。箕山府郎將張季珣固守不下，大業十二年，移箕山、公路二府守洛口倉。密以其寡弱，遣人呼之。季珣罵密極口，密怒，遣兵攻之，不能克。時密衆數十萬在其城下，季珣四面阻絕，所領不過數百人，而執志彌固，誓以必死。久之，糧盡水竭，城在原上，汲道不通，故水竭。士卒羸病，羸，倫爲翻。季珣撫循之，一無離叛，自三月至于是月，城遂陷。季珣見密不肯拜，曰：「天子爪牙，何容拜賊！」密猶欲降之，誘諭終不屈，乃殺之。

降，户江翻。考異曰：隋書季珣傳云：「密攻之經三年，遂爲所陷。」又云：「密壯而釋之；翟讓從求金不得，遂殺之。」河洛記曰：「自三月至九月不下，後爲糧盡水竭，乃被摧陷。生獲珣於牙門，遣人宣之，以降爲度。珣更張目極罵，不肯低屈；遂殺之。」按密明年已降唐，安得三年攻守箕山之事，今參取二書，去其牴牾者而已。季珣，祥之子也。漢王諒舉兵，張祥守井陘不下。

16 庚申，李淵帥諸軍濟河；帥，讀曰率；下同。甲子，至朝邑，舍於長春宮，隋志：朝邑縣有長春宮。關中士民歸之者如市。丙寅，淵遣世子建成、司馬劉文靜帥王長諧等諸軍數萬人屯永豐倉，守潼關以備東方兵，慰撫使竇軌等受其節度；敦煌公世民帥劉弘基等諸軍數萬人徇渭北，慰撫使殷開山等受其節度。軌，琮之兄也。

冠氏長于志寧、安養尉顏師古冠氏，春秋邑名。隋分館陶東界置冠氏縣，屬武陽郡。安養縣，屬襄陽郡。劉昫曰：漢鄧城，古樊城也，宋改安養縣，後周廢山都、樊城二縣入焉。使，疏吏翻。敦，徒門翻。及世民婦兄長孫無忌謁見淵於長春宮。兄長，知兩翻。見，賢遍翻。師古名籀，以字行；籀，直又翻。志寧，宣敏之兄子；于宣敏見一百七十五卷陳宣帝太建十三年。師古，之推之孫也；顏之推見一百七十三卷陳宣帝太建九年。皆以文學知名，無忌仍有才略。淵皆禮而用之，以志寧爲記室，師古爲朝散大夫，無忌爲渭北行軍典籤。朝散大夫，隋散職，從五品。自親王府至州郡皆有典籤。朝，直遙翻。

屈突通聞淵西入，署鷹揚郎將湯陰堯君素領河東通守，隋志：湯陰縣屬汲郡。使守蒲坂，隋河東郡治河東縣，古蒲坂也。坂，音反。自引兵數萬趣長安，趣，七喻翻。考異曰：唐書通傳云：「將自武關趨藍田，赴長安。」疑其太迂，今但云趨長安。爲劉文靜所遏。將軍劉綱戍潼關，屯都尉南城，隋潼關有守兵，故置都尉。通欲往依之，王長諧先引兵襲斬綱，據城以拒通，通退保北城。淵遣其將呂紹宗等攻河東，不能克。將，即亮翻。

柴紹之自長安赴太原也，是年五月，紹赴太原。謂其妻李氏曰：「尊公舉兵，今偕行則不可，留此則及禍，柰何？」李氏曰：「君弟速行，弟，與第同。我一婦人，易以潛匿，易，以豉翻。當自爲計。」紹遂行。李氏歸鄠縣別墅，隋志，鄠縣屬京兆郡。鄠，音戶。墅，承與翻。散家貲，聚徒衆。淵從弟神通在長安，從，才用翻；下之從同。亡入鄠縣山中，與長安大俠史萬寶等起兵以應淵。西域商胡何潘仁入司竹園爲盜，隋志：京兆府盩厔縣有司竹園。有衆數萬，劫前尚書右丞李綱爲長史，長，知兩翻。李氏使其奴馬三寶說潘仁，說，輸芮翻。與之就神通，合勢攻鄠縣，下之。神通衆逾一萬，自稱關中道行軍總管，以前樂城長令狐德棻爲記室。考之隋志，惟信安郡有樂城縣。又河間郡樂壽縣，舊曰樂城。長，知兩翻。令，力定翻。棻，扶分翻；下同。德棻，熙之子也。令狐熙事宇文氏，著勞績於河西。李氏又使馬三寶說羣盜李仲文、向善志、丘師利等，皆帥衆從之。仲文，密之從父；師利，和之子也。丘和以饋食爲煬帝所寵用。說，輸芮翻。帥，讀曰率。西京留守屢遣兵討潘仁等，皆爲所敗。敗，補邁翻。李氏徇盩厔、武功、始平，皆下之，盩厔，音舟窒。隋志，始平縣屬京兆郡。唐改曰興平。衆至七萬。左親衛段綸，文振之子也，娶淵女，段文振見一百八十一卷大業八年。考異曰：唐太宗實錄云：「隱太子以琅邪長公主妻之。」劉子玄唐高祖實錄及新唐書皆云「高密大長公主適段綸。」蓋改封。亦聚徒於藍田，隋志：藍田縣屬京兆郡。得萬餘人。及淵濟河，神通、李氏、綸各遣使迎淵。使，疏吏翻；下同。淵以神通爲光祿大夫，子道彥爲朝請大夫，綸爲金紫光祿大夫，隋散職，光祿從一品，金紫正三品，朝請正五品。朝，直遥翻。使柴紹將數百騎並南山迎李氏。將，即亮翻。騎，奇寄翻。並，步浪翻。自華山而南，接盩厔、鄠、杜諸山，皆長安南山也。何潘仁、李仲文、向善志及關中羣盜，皆請降於淵，淵一一以書慰勞授官，降，戶江翻。勞，力到翻；下同。使各居其所，受敦煌公敦，徒門翻。世民節度。

刑部尚書領京兆內史衛文昇年老，煬帝改京兆、河南尹爲內史。聞淵兵向長安，憂懼成疾，不復預事，復，扶又翻。獨左翊衛將軍陰世師、京兆郡丞骨儀奉代王侑乘城拒守。己巳，淵如蒲津；庚午，自臨晉濟渭，朝邑，古臨晉地。至永豐勞軍，開倉賑飢民。賑，津忍翻。辛未，還長春宮；壬申，進屯馮翊。隋志：馮翊縣，帶郡。世民所至，吏民及羣盜歸之如流，世民收其豪俊以備僚屬，營于涇陽，涇陽縣屬京兆郡。勝兵九萬。勝，音升；下同。李氏將精兵萬餘會世民於渭北，與柴紹各置幕府，號「娘子軍」。

先是，平涼奴賊數萬圍扶風太守竇璡，帝改原州爲平涼郡，岐州爲扶風郡。先，悉薦翻。守，式又翻。璡，將鄰翻。數月不下，賊中食盡。丘師利遣其弟行恭帥五百人負米麥持牛酒詣奴賊營，帥，讀曰率。奴帥長揖，行恭手斬之，帥，所類翻。謂其衆曰：「汝輩皆良人，何故事奴爲主，使天下謂之奴賊！」衆皆俯伏曰：「願改事公。」行恭卽帥其衆與師利共謁世民於渭北，帥，讀曰率；下同。世民以爲光祿大夫。璡，琮之從子也。從，才用翻。隰城尉房玄齡謁世民於軍門，考異曰：舊唐書玄齡傳云：「溫彥博又薦焉。」按彥博時在羅藝所。今不取。世民一見如舊識，署記室參軍，引爲謀主。玄齡亦自以爲遇知己，罄竭心力，知無不爲。

淵命劉弘基、殷開山分兵西略扶風，有衆六萬，南渡渭水，屯長安故城。考異曰：創業注云：「敦煌公自涇陽趨司竹，留弘基、開山屯長安故城。」今從唐書弘基傳。城中出戰，弘基逆擊，破之。世民引兵趣司竹，李仲文、何潘仁、向善志皆帥衆從之，頓于阿城，趣，七喩翻。帥，讀曰率。阿城，卽秦阿房宮城。勝兵十三萬，軍令嚴整，秋毫不犯。乙亥，世民自盩厔遣使白淵，請期日赴長安。淵曰：「屈突東行不能復西，不足虞矣！」屈，居勿翻。復，扶又翻。乃命建成選倉上精兵自新豐趣長樂宮，新豐縣屬京兆郡；長樂宮，故漢宮也。樂，音洛。世民帥新附諸軍北屯長安故城，自盩厔趣長安，故謂之北。至並聽教。並至所期之地聽教令。延安、上郡、雕陰皆請降於淵。丙子，淵引軍西行，自馮翊西行。降，戶江翻。所過離宮園苑皆罷之，出宮女還其親屬。冬，十月，辛巳，淵至長安，營於春明門之西北，春明門，長安城東面三門之中門也。諸軍皆集，合二十餘萬。

淵命各依壁壘，毋得入村落侵暴。屢遣使至城下諭衞文昇等以欲尊隋之意，不報。辛卯，命諸軍進圍城。甲午，淵遷館於安興坊。安興坊，蓋在安興門外。雍錄：長安城東面三門，通化、春明、安興。帥，讀曰率。

17 巴陵校尉鄱陽董景珍、雷世猛、旅帥鄭文秀、許玄徹、萬瓚、徐德基、郭華、沔陽張繡等謀據郡叛隋，隋志：巴陵郡，梁置巴州；平陳，改曰岳州，大業初，改曰羅州，尋改爲郡。煬帝改大都督爲校尉，帥都督爲旅帥。沔陽郡，後置復州，大業初，改曰沔州，尋改爲郡。校，戶教翻；帥，所類翻；下同。瓚，藏旱翻。沔，彌兗翻。推景珍爲主。景珍曰：「吾素寒賤，不爲衆所服。羅川令蕭銑，梁室之後，按隋書帝紀：羅川縣卽巴陵郡之羅縣。銑，梁宣帝曾孫巖之孫。寬仁大度，請奉之以從衆望。」乃遣使報銑。使，疏吏翻。銑喜從之，聲言討賊，召募得數千人。銑，巖之孫也。蕭巖奔陳見開皇八〔禎明元〕年；見殺見〔開皇〕九年。

會潁川賊帥沈柳生寇羅川，煬帝改許州爲潁川郡。銑與戰不利，因謂其衆曰：「今天下皆叛，隋政不行，巴陵豪傑起兵，欲奉吾爲主。若從其請以號令江南，可以中興梁祚，以此召柳生，亦當從我矣。」衆皆悅，聽命，乃自稱梁公，改隋服色旗幟皆如梁舊。柳生卽帥衆歸之，以柳生爲車騎大將軍。起兵五日，遠近歸附者至數萬人，遂帥衆向巴陵。景珍遣徐德基帥郡中豪傑數百人出迎，幟，昌志翻。帥，讀曰率。騎，奇寄翻。未及見銑，柳生與其黨謀曰：

「我先奉梁公，勳居第一。今巴陵諸將，皆位高兵多，我若入城，返出其下。不如殺德基，質其首領，將，卽亮翻。質，音致。獨挾梁公進取郡城，則無出我右者矣。」遂殺德基。入白銑，銑大驚曰：「今欲撥亂反正，忽自相殺，吾不能爲若主矣。」因步出軍門。柳生大懼，伏地請罪，銑責而赦之，陳兵入城。景珍言於銑曰：「徐德基建義功臣，而柳生無故擅殺之，此而不誅，何以爲政！且柳生爲盜日久，今雖從義，凶悖不移，悖，蒲妹翻，又蒲沒翻。共處一城，處，昌呂翻。勢必爲變。失今不取，後悔無及！」銑又從之。景珍收柳生，斬之，其徒皆潰去。

丙申，銑築壇燔燎，自稱梁王，改元鳴鳳。

18 壬寅，王世充夜渡洛水，營於黑石，明日，分兵守營，自將精兵陳於洛北。李密聞之，引兵渡洛逆戰，密兵大敗，柴孝和溺死。密帥麾下精騎渡洛南，將，卽亮翻。陳，讀曰陣。帥，讀曰率。餘衆東走月城，月城，蓋臨洛水築偃月城，與倉城相應。世充追圍之。密自洛南策馬直趣黑石，趣，七喻翻。營中懼，連舉六烽，世充釋月城之圍，狼狽自救；密還與戰，大破之，斬首三千餘級。

19 甲辰，李淵命諸軍攻城，約「毋得犯七廟及代王、宗室，違者夷三族！」孫華中流矢卒。中，竹仲翻。十一月，丙辰，軍頭雷永吉先登，考異曰：唐高祖實錄作「雷紹」，今從創業注。遂克長安。代王在東宮，左右奔散，唯侍讀姚思廉侍側。軍士將登殿，思廉厲聲訶之曰：「唐公舉義兵、匡帝室，卿等毋得無禮！」衆皆愕然，布立庭下。訶，虎何翻。愕，五各翻。淵迎王於東宮，遷居大興殿後，大興殿，隋宮正殿也，未卽尊位，故居殿後。聽思廉扶王至順陽閤下，泣拜而去。思廉，察之子也。姚察，事陳，以文義稱。淵還，舍於長樂宮，樂，音洛。與民約法十二條，悉除隋苛禁。

淵之起兵也，留守官發其墳墓，毀其五廟。隋制，諸公立五廟。至是，衞文昇已卒，戊午，執陰世師、骨儀等，數以貪婪苛酷，且拒義師，俱斬之，卒，子恤翻。數，所具翻，又所主翻。按隋書稱「陰世師少有節概，性忠厚，多武藝。骨儀性剛鯁，有不可奪之志。于時朝政浸亂，濁貨公行，天下士大夫莫不變節，儀獨厲志守常，介然獨立。」如此，則皆隋之良也。唐公特以其發墳墓、毀家廟，拒守不下而誅之；數以貪婪苛酷，非其罪也。觀通鑑所書，可謂微而顯矣。婪，盧含翻。考異曰：隋書、北史衞玄傳皆曰：「城陷，歸于家，義寧中卒。」按文昇與二人俱爲留守官，不容獨免。今從唐本紀。死者十餘人，餘無所問。

馬邑郡丞三原李靖，素與淵有隙，隋志，三原縣屬京兆郡。煬帝改朔州爲馬邑郡。考異曰：柳芳唐曆及唐書靖傳云：「高祖擊突厥於塞外。靖察高祖知有四方之志，因自鎖上變，將詣江都，至長安，道塞不通而止。」按太宗謀起兵，高祖尚未知，知之猶不從。當擊突厥之時，未有異志，靖何從察知之！又上變當乘驛取疾，何爲自鎖也！今依靖行狀云：「昔在隋朝，曾經忤旨。及茲城陷，高祖追責舊言。公忼慨直論，特蒙宥釋。」但行狀題云魏徵撰，非也。按徵以貞觀十七年卒，靖二十三年乃卒，蓋後人爲之，託徵名。又敍靖事極怪誕無取，唯此可爲據耳。淵入城，【章：十二行本「城」下有「收靖」二字；乙十一行本同；孔本同；退齋校同。】將斬之。靖大呼曰：呼，火故翻。「公興義兵，欲平暴亂，乃以私怨殺壯士乎！」世民爲之固請，爲，于僞翻。乃捨之。世民因召置幕府。靖少負志氣，有文武才略，其舅韓擒虎每撫之曰：「可與言將帥之略者，獨此子耳！」少，詩照翻。將，卽亮翻。帥，所類翻。

20 王世充自洛北之敗，堅壁不出；越王侗遣使勞之，侗，他紅翻，又音同。使，疏吏翻。勞，力到翻。世充慙懼，請戰於密。丙辰，世充與密夾石子河而陳，密布陳南北十餘里。陳，讀曰陳。翟讓先與世充戰，不利而退；世充逐之，王伯當、裴仁基從旁橫斷其後，密勒中軍擊之，世充大敗，西走。考異曰：前已有丙辰、戊午，欲各敍西京、東都事，使不相亂，故重出。按通鑑下文書「戊午，殺翟讓」，考異於此兼言之。

翟讓司馬王儒信勸讓自爲大冢宰，總領衆務，以奪密權，讓不從。讓兄柱國滎陽公弘，考異曰：河洛記作「洪」。今從蒲山公傳。粗愚人也，謂讓曰：「天子汝當自爲，柰何與人！汝不爲者，我當爲之！」讓但大笑，不以爲意。密聞而惡之。惡，烏路翻。總管崔世樞自鄢陵初附於密，鄢陵縣，隋屬潁川郡。鄢，謁晚翻，又於建翻，又音偃。讓囚之私府，責其貨，世樞營求未辦，遽欲加刑。讓召元帥府記室邢義期博，逡巡未就，杖之八十。帥，所類翻。逡，七旬翻。讓謂左長史房彥藻曰：「君前破汝南，長，知兩翻。煬帝改蔡州爲汝南郡。大得寶貨，獨與魏公，全不與我！魏公我之所立，事未可知！」彥藻懼，以狀告密，因與左司馬鄭頲共說密曰：「讓貪愎不仁，頲，他鼎翻。說，式芮翻。愎，符逼翻。有無君之心，宜早圖之。」密曰：「今安危未定，遽相誅殺，何以示遠！」頲曰：「毒蛇螫手，壯士解腕，螫，音釋。腕，烏貫翻。所全者大故也。彼先得志，悔無所及。」密乃從之，置酒召讓。戊午，讓與兄弘及兄子司徒府長史摩侯同詣密，密與讓、弘、裴仁基、郝孝德共坐，單雄信等皆立侍，長，知兩翻。郝，呼各翻。單，慈淺翻。考異曰：河洛記云：「密讓讓兄子摩侯、王儒信同榻而坐。」今從蒲山公傳。房彥藻、鄭頲往來檢校。密曰：「今日與達官飲，不須多人，達官，猶言顯官也。左右止留【章：十二行本「留」下有「數人」二字；乙十一行本同；孔本同；張校同。】給使而已。」密左右皆引去，讓左右猶在。彥藻白密曰：「今方爲樂，樂，音洛。天時甚寒，司徒左右，請給酒食。」密曰：「聽司徒進止。」讓曰：「甚佳。」乃引讓左右盡出，獨密下壯士蔡建德持刀立侍。食未進，密出良弓，與讓習射，讓方引滿，建德自後斫之，踣於牀前，踣，蒲北翻。聲若牛吼，幷弘、摩侯、儒信皆殺之。徐世勣走出，門者斫之傷頸，王伯當遙訶止之。單雄信叩頭請命，密釋之。左右驚擾，莫知所爲，密大言曰：「與君等同起義兵，本除暴亂。司徒專行暴虐，陵辱羣僚，無復上下；今所誅止其一家，諸君無預也。」命扶徐世勣置幕下，親爲傅瘡。爲，于僞翻。讓麾下欲散，密使單雄信前往宣慰，密尋獨騎入其營，獨騎，猶言單騎也。騎，奇寄翻。歷加撫諭，令世勣、雄信、伯當分領其衆，中外遂定。讓殘忍，摩侯猜忌，儒信貪縱，故死之日，所部無哀之者；然密之將佐始有自疑之心矣。始，王世充知讓與密必不久睦，冀其相圖，得從而乘之。及聞讓死，大失望，歎曰：「李密天資明決，爲龍爲蛇，固不可測也！」

21 壬戌，李淵備法駕迎代王即皇帝位於天興殿，天興殿，當作大興殿。時年十三，大赦改元，改元義寧。遙尊煬帝爲太上皇。甲子，淵自長樂宮入長安。以淵爲假黃鉞、使持節、大都督內外諸軍事、尚書令、大丞相，進封唐王。樂，音洛。使，疏吏翻。令，力定翻。相，息亮翻。以武德殿爲丞相府，改教稱令，日於虔化門視事。虔化門，在大興殿前東偏。乙丑，榆林、靈武、平涼、安定諸郡皆遣使請命。使，疏吏翻。丙寅，詔軍國機務，事無大小，文武設官，位無貴賤，憲章賞罰，咸歸相府；唯郊祀天地，四時禘祫奏聞。祫，戶夾翻。置丞相府官屬，考異曰：唐帝紀在十二月癸未。今從創業注。以裴寂爲長史，劉文靜爲司馬。何潘仁使李綱入見，長，知兩翻。見，賢遍翻。淵留之，以爲丞相府司錄，錄者，總錄一府之事。隋自文帝受禪後，不復有丞相府，亦無官屬。唐公輔政，位絕羣后，凡官屬皆復特置之。專掌選事。選，宣戀翻。又以前考功郎中竇威爲司錄參軍，使定禮儀。威，熾之子也。竇熾，隋初三公。淵傾府庫以賜勳人，國用不足，右光祿大夫劉世龍獻策，隋散職，左右光祿，從二品。以爲「今義師數萬，並在京師，樵蘇貴而布帛賤；請伐六街及苑中樹爲樵，長安城中六街；苑城包漢故都，抵渭水。以易布帛，可得數十萬匹。」淵從之。己巳，以李建成爲唐世子，李世民爲京兆尹、秦公，李元吉爲齊公。

22 河南諸郡盡附李密，唯滎陽太守郇王慶、梁郡太守楊汪尚爲隋守。慶，河間王弘之子；弘，高祖從祖弟也。煬帝改宋州爲梁郡。郇，音荀。爲，于僞翻；下同。密以書招慶，爲陳利害，且曰：「王之家世，本住山東，本姓郭氏，乃非楊族。芝焚蕙歎，事不同此。」初，慶祖父元孫早孤，隨母郭氏養於舅族。及武元帝從周文【章：十二行本「文」下有「帝」字；乙十一行本同；孔本同。】起兵關中，楊忠，謚武元皇帝。元孫在鄴，恐爲高氏所誅，北齊高氏。冒姓郭氏，故密云然。慶得書惶恐，即以郡降密，降，戶江翻；下同。復姓郭氏。

23 十二月，癸未，追謚唐王淵大父襄公爲景王；考仁公爲元王，夫人竇氏爲穆妃。襄公，虎。仁公，昞。竇氏，毅之女，是爲太穆皇后。謚，神至翻。

24 薛舉遣其子仁果寇扶風，唐弼據汧源拒之。汧源縣，隋屬扶風郡。汧，苦堅翻。舉遣使招弼，弼乃殺李弘芝，請降於舉，唐弼立李弘芝見一百八十二卷大業十年。使，疏吏翻。降，戶江翻。仁果乘其無備，襲破之，悉幷其衆。弼以數百騎走詣扶風請降，扶風太守竇璡殺之。舉勢益張，守，式又翻。張，知亮翻。衆號三十萬，謀取長安；聞丞相淵已定長安，遂圍扶風。淵使李世民將兵擊之。將，即亮翻。又使姜謩、竇軌俱出散關，大散關，在扶風郡陳倉縣西南。散，悉亶翻。安撫隴右；左光祿大夫李孝恭招慰山南；府戶曹張道源招慰山東。道源，丞相府戶曹也。孝恭，淵之從父兄子也。從，才用翻。

癸巳，世民擊薛仁果於扶風，大破之，追奔至壠坻而還。坻，丁禮翻，又丁計翻。還，從宣翻，又如字。薛舉大懼，問其羣臣曰：「自古天子有降事乎？」黃門侍郎錢唐褚亮曰：隋志，錢唐縣屬餘杭郡。降，戶江翻；下同。「趙佗歸漢，事見漢高祖文帝紀。佗，徒何翻。劉禪仕晉，事見魏紀、晉紀。近世蕭琮，至今猶貴。謂蕭氏子弟也。轉禍爲福，自古有之。」衛尉卿郝瑗趨進曰：「陛下失問！褚亮之言又何悖也！郝，呼各翻。瑗，于眷翻。悖，蒲妹翻。昔漢高祖屢經奔敗，見本紀。蜀先主亟亡妻子，見漢獻帝紀。亟，去吏翻。卒成大業；卒，子恤翻。陛下柰何以一戰不利，遽爲亡國之計乎！」舉亦悔之曰：「聊以此試君等耳。」乃厚賞瑗，引爲謀主。

25 乙未，平涼留守張隆，丁酉，河池太守蕭瑀及扶風漢陽郡相繼來降。煬帝改成州爲漢陽郡，武都仇池之地也。守，式又翻。降，戶江翻。以竇璡爲工部尚書、燕國公，璡，則鄰翻。燕，因肩翻。蕭瑀爲禮部尚書、宋國公。瑀，音禹。

26 姜謩、竇軌進至長道，元魏分上祿置長道縣，隋屬漢陽郡。爲薛舉所敗，引還。敗，補邁翻。還，從宣翻。淵使通議大夫醴泉劉世讓安集唐弼餘黨，通議大大，隋散職，從四品。隋志，醴泉縣屬京兆郡，後魏之寧夷縣，開皇十八年改名。與舉相遇，戰敗，爲舉所虜。

27 李孝恭擊破朱粲，諸將請盡殺其俘，將，即亮翻。孝恭曰：「不可，自是以往，誰復肯降矣！」【章：十二行本「矣」下有「皆釋之」三字；乙十一行本同；孔本同；張校同；退齋校同。】復，扶又翻。於是自金川出巴、蜀，檄書所至，降附者三十餘州。隋志，金川縣，帶西城郡，漢西城縣地；梁初曰上廉，後曰吉陽，西魏改曰吉安，後周以西城入焉；大業三年，改曰金川，以其地產金也。自金川出巴中，自巴中則至蜀矣。

28屈突通與劉文靜相持月餘，通復使桑顯和夜襲其營，屈，居勿翻。復，扶又翻。文靜與左光祿大夫段志玄悉力苦戰，顯和敗走，盡俘其衆，通勢益蹙。或說通降，通泣曰：「吾歷事兩主，兩主，謂文帝、煬帝。說，式芮翻。降，戶江翻；下同。恩顧甚厚。食人之祿而違其難，難，乃旦翻。吾不爲也！」每自摩其頸曰：「要當爲國家受一刀！」勞勉將士，未嘗不流涕，爲，于僞翻。勞，力到翻。將，卽亮翻。人亦以此懷之。丞相淵遣其家僮召之，通立斬之。及聞長安不守，家屬悉爲淵所虜，乃留顯和鎭潼關，引兵東出，將趣洛陽。趣，七喻翻，又逡須翻。通適去，顯和卽以城降文靜。降，戶江翻。文靜遣竇琮等將輕騎與顯和追之，及於稠桑。虢州湖城縣有稠桑驛。琮，徂宗翻。將，卽亮翻，又音如字，領也。騎，奇寄翻。通結陳自固，陳，讀曰陣。竇琮遣通子壽往諭之，通罵曰：「此賊何來！昔與汝爲父子，今與汝爲仇讎！」命左右射之。射，而亦翻。顯和謂其衆曰：「今京城已陷，汝輩皆關中人，去欲何之！」衆皆釋仗而降。通知不免，下馬東南向再拜號哭曰：號，戶刀翻。「臣力屈至此，非敢負國，天地神祇實知之！」祇，其支翻。軍人執通送長安，考異曰：革命記：「高祖令諸將擊通，通走出潼關。仍令通子壽隨軍喚父，至稠桑，追及之。壽告通云：『天下今旣喪亡，相王舉義兵，平定禍亂；大人須轉禍爲福，以自保全。單馬輕身，將欲何往？』通叱壽云：『此賊何由可耐！』引弓射之。壽招喚通兵士，並悉放仗來降。壽乃馳走抱通，『請大人屈節歸義。』通遂回首東南，雨淚號哭，口稱至尊：『臣力屈以至於此，非臣敢虧名節，違背國恩。』然始收淚赴軍，以見唐王。」今從唐書。唐裴矩傳：

「屈突通敗問至江都，煬帝問矩方略，矩曰：『太原有變，京畿不靜，遙爲處分，恐失事機；唯鑾輿早還，方可平定。』」按隋失天下，皆因矩諂諛所致，豈敢輒勸帝西還！蓋矩經事唐朝，其子孫及史官附益此語，欲蓋其惡耳。今所不取。淵以爲兵部尚書，賜爵蔣公，蔣，古國名。兼秦公元帥府長史。長，知兩翻。

淵遣通至河東城下招諭堯君素，君素見通，歔欷不自勝，歔，音虛。欷，音希，又許既翻。勝，音升。通亦泣下霑衿，因謂君素曰：「吾軍已敗，義旗所指，莫不響應，事勢如此，卿宜早降。」君素曰：「公爲國大臣，主上委公以關中，代王付公以社稷，柰何負國生降，乃更爲人作說客邪！降，戶江翻。爲，于僞翻。說，輸芮翻。邪，音耶。公所乘馬，即代王所賜也，公何面目乘之哉！」通曰：「吁，君素，我力屈而來！」君素曰：「方今力猶未屈，何用多言！」通慙而退。

29 東都米斗三錢，【章：十二行本「錢」作「千」；乙十一行本同；孔本「三」作「千」；退齋校同。】人餓死者什二三。

30 庚子，王世充軍士有亡降李密者，密問：「世充軍中何所爲？」軍士曰：「比見益募兵，再饗將士，不知其故。」比，毗至翻。密謂裴仁基曰：「吾幾落奴度中。幾，居依翻。光祿知之乎？吾久不出兵，世充芻糧將竭，求戰不得，故募兵饗士，欲乘月晦以襲倉城耳，宜速備之。」乃命平原公郝孝德、琅邪公王伯當、齊郡公孟讓勒兵分屯倉城之側以待之。郝，呼各翻。邪，音耶。其夕三鼓，世充兵果至，伯當先遇之，與戰，不利。世充兵即陵城，總管魯儒拒卻之，伯當更收兵擊之，世充大敗，斬其驍將費青奴，驍，堅堯翻。將，卽亮翻。費，扶沸翻。士卒戰溺死者千餘人。世充屢與密戰，不勝，考異曰：蒲山公傳云：「自洛北敗至此，七十餘戰。」河洛記云：「四十餘戰，再三失利。」今但云屢與密戰。越王侗遣使勞之，侗，他紅翻。使，疏吏翻。勞，力到翻。世充訴以兵少，數戰疲弊；少，詩沼翻。數，所角翻。侗以兵七萬益之。

31 劉文靜等引兵東略地，取弘農郡，遂定新安以西。隋志：河南郡陝縣，舊置弘農郡，大業初置弘農宮。別自有弘農郡，領弘農、盧氏、長泉、朱陽等縣。新安縣亦屬河南郡，其地在陝東。則取弘農郡，併弘農宮取之矣。

32 甲辰，李淵遣雲陽令詹俊、武功縣正李仲袞徇巴、蜀，下之。隋志：雲陽、武功二縣皆屬京兆郡。煬帝改縣尉爲縣正。詹，姓也。周有詹父，楚有詹尹。考異曰：創業注云：「十一月甲子，遣使慰諭巴蜀。」實錄在十二月甲辰，唐曆在十二月丙午。未知創業注所云者卽俊等邪，爲別使也？今從實錄。

33 乙巳，方與賊帥張善安襲陷廬江郡，隋志：方與縣屬彭城郡。煬帝改廬州爲廬江郡。方與，音房豫。帥，所類翻。因渡江，歸林士弘於豫章；士弘疑之，營於南塘上。煬帝改洪州爲豫章郡。水經註：南昌縣南塘，本通大江，漢永元中，太守張躬築塘以通南路。大江，南江也。善安恨之，襲破士弘，焚其郛郭而去，士弘徙居南康。蕭銑遣其將蘇胡兒襲豫章，克之，將，卽亮翻。士弘退保餘干。煬帝改虔州爲南康郡。餘干縣屬鄱陽郡。

王崇武標點容肇祖聶崇岐覆校